DOCUMENTS

RELATIFS

A L'HISTOIRE DU HAVRE.

ROUEN. — IMPRIMERIE DE H. BOISSEL
Rue de la Vicomté, 55

DOCUMENTS

RELATIFS

A LA FONDATION DU HAVRE

RECUEILLIS ET PUBLIÉS

PAR

STEPHANO DE MERVAL.

ROUEN

Chez Ch. MÉTÉRIE, succr de A. LE BRUMENT
LIBRAIRE DE LA SOCIÉTÉ DE L'HISTOIRE DE NORMANDIE
RUE JEANNE-D'ARC, N° 11
—
M DCCC LXXV

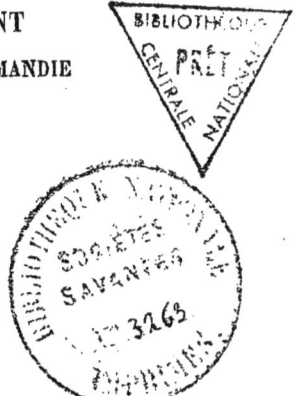

EXTRAIT DU RÉGLEMENT.

ART. 16. — Aucun volume ou fascicule ne peut être livré à l'impression qu'en vertu d'une délibération du Conseil, prise au vu de la déclaration du Commissaire délégué et, lorsqu'il y a lieu, de l'avis du Comité intéressé portant que le travail *est digne d'être publié*. Cette délibération est imprimée au verso de la feuille de titre du premier volume de chaque ouvrage.

Le Conseil, vu la déclaration de M. C. DE BEAUREPAIRE, *commissaire délégué, portant que l'édition des* DOCUMENTS RELATIFS A LA FONDATION DU HAVRE, *recueillis et publiés par* M. STEPHANO DE MERVAL, *lui a paru digne d'être publiée par la* SOCIÉTÉ DE L'HISTOIRE DE NORMANDIE, *après en avoir délibéré, décide que cet ouvrage sera livré à l'impression.*

Fait à Rouen, le Lundi 9 Juin 1873.

Certifié :

LE SECRÉTAIRE DE LA SOCIÉTÉ,

C. LORMIER.

INTRODUCTION.

M. le marquis de Biencourt, membre de la Société de l'Histoire de Normandie, en faisant inventorier le chartrier du beau château d'Azay-le-Rideau (Indre-et-Loire), trouva de nombreuses liasses provenant de la succession de Guyon Le Roy, seigneur du Chillou, vice-amiral de France, *premier capitaine de la ville Françoise de Grace*[1]. Pensant qu'elles pouvaient renfermer des documents historiques, il me les adressa en m'autorisant à les communiquer au conseil d'administration de la Société et à les mettre à sa disposition pour les publier en tout ou en partie.

[1] Le château d'Azay appartenait, au milieu du seizième siècle, à François du Plessis, sieur de Richelieu, qui avait épousé en secondes noces, par contrat du 31 mars 1506, Anne Le Roy, dame du Chillou, devenue, après la mort de son frère, seule héritière de Guyon Le Roy, ce qui explique la présence dans un château de Touraine de ces précieux titres.

Le conseil d'administration, dans sa séance du 5 mai 1873, nomma une commission de trois membres pour examiner les pièces que l'amitié de M. de Biencourt m'avait confiées.

Notre regretté président, M. de Lépinois, dans la séance du 9 juin suivant, rendit compte au conseil de l'examen auquel s'était livré la commission, et lui proposa de me charger de la préparation d'un volume réunissant, par ordre chronologique, toutes celles de ces pièces qui avaient rapport à la fondation du Havre, en m'adjoignant M. Ch. de Beaurepaire comme commissaire responsable, ce qui fut accepté.

C'est ce volume que je publie aujourd'hui dans les conditions qui m'ont été fixées par le conseil d'administration. J'ai cru seulement, intervertissant l'ordre chronologique, devoir faire imprimer, à la suite les unes des autres, les pièces qui se rapportent aux privilèges concédés par François Ier aux habitants du Havre et celles du procès intenté par le seigneur de Graville au vice-amiral Guyon Le Roy.

Tous ces documents authentiques fixent d'une manière certaine l'époque de la fondation du Havre. Ce point d'histoire locale, bien qu'il ne remonte pas au-delà du seizième siècle, n'était, pour ainsi dire, pas connu, car aucun de ceux qui ont écrit sur l'origine de cette ville n'a rencontré la vérité. Dubocage de Bléville[1] affirme que François Ier ne fut pas le fondateur du Havre qui existait déjà sous les règnes de Charles VIII et de Louis XII. Des écrivains presque contemporains n'ont pas été plus exacts : Taillepied[2] rapporte *que, ce dit an (1509), fut commencé le Havre et ville de grace qui estoit un lieu champestre;* Bourgueville de Bras[3] parle de *la ville Françoise, qui est ce grand Havre de Grace, qui fut faict bastir et construire viron l'an 1518 ou 1520;* l'abbé Pleuvry[4], prenant un terme moyen, assigne l'année 1516 parce que la tradition commune parmi les bourgeois est qu'*en mille cinq cens seize fut assise la première pierre.*

Toutes ces assertions tombent devant les documents qui sont imprimés dans ce volume, documents officiels constatant que le Roi François I[er][5], ayant résolu de faire

[1] *Mémoires sur le Port, la Navigation et le Commerce du Havre de Grace.* — Au Havre de Grace, chez P. J. D. G. Faure, MDCCLIII, p. 3 et 6.

[2] *Recveil des Antiqvitez et Singvlaritez de la Ville de Roven.* — Chez Raphael du Petit Val, MDLXXXVII, page 236.

[3] *Les Recherches et Antiqvitez de la Province de Neustrie....* — A Caen, de l'imprimerie de Jean Le Feure, 1588, page 54.

[4] *Histoire, Antiquités et Description de la Ville et du Havre de Grace.* — A Paris, chez Dufour, MDCCLXIX, page 23.

[5] M. de Beaurepaire, dans son introduction à l'*Entrée de François I à Rouen en* 1519, publiée par la *Société des Bibliophiles normands* en

au lieu de Grasse, entre le Chief de Caux et Harfleur, *un Havre pour tenir en seureté les navires et vaisseaux de lui et de ses subjectz navigans sur la mer Occeane*, délivra, le 7 février 1517, à l'amiral Bonnivet (v. page 9) qui la transmit, le 12 février de la même année (v. page 11), à Guyon Le Roy, seigneur du Chillou, vice-amiral de France[1], une commission de commissaire général pour

1867, exprime l'opinion que la première idée de créer le Havre appartient aux Etats de la province, et cite à ce propos cet extrait des *registres de ses délibérations*, 9 mai 1515 : « Maistre Nicolle Karadas a dict que seroit bon que l'en fist un bon havre en ce païs, fût à Honnefleu, ou à Harfleu ou autre lieu pour la garde des navires. »

[1] Issu d'une maison d'ancienne noblesse de Poitou, fils de Guillaume Le Roy et de Francoise de Fontenay, Guyon Le Roy, chevalier, seigneur de Chillou[1], de Mondon[2] et d'Orcher, vice-amiral de France, lieutenant général des armées de mer contre les Anglais, capitaine d'Honfleur, premier capitaine de la ville Françoise de Grace, maréchal hérédital de Normandie[3], servit sous quatre rois et mourut très âgé en 1533.

[1] Le Chillou, canton de Saint-Loup, arrondissement de Parthenay (Deux-Sèvres). Cette seigneurie, qui était déjà en la possession des Le Roy en 1424, fut incorporée dans les terres formant le duché pairie de Richelieu, érigé par lettres patentes données en août 1631, et enregistrées au Parlement le 7 septembre de la même année. (P. Anselme, *Hist. des grands officiers de la couronne.*)

[2] Mondon, canton de Laigné-sur-Usseau, arrondissement de Châtellerault (Vienne).

[3] L'office de maréchal hérédital de Normandie était afférent à la châtellenie d'Orcher que Guyon Le Roy acquit de Gaston de Brézé, seigneur de Planes, de Fauguernon et de Plainbosc, et qu'il revendit à Jean d'O, chevalier, seigneur d'O et de Maillebois, chevalier de l'ordre du Roi, premier capitaine des gardes écossaises du corps du roi François I, sénéchal héréditaire du comté d'Eu. (*Chartrier du château d'Orcher.*)

la construction d'un port et des fortifications destinées à le protéger; — que, le 2 mars suivant (v. page 24), Guyon Le Roy fit planter les pieux aux lieux où devait être creusé le port; — que, le 4 mars, les travaux furent adjugés (v. page 28) et que, dès le 13 avril, ils étaient commencés (v. page 59).

François Ier qui était jeune, entreprenant, dont le règne avait brillamment débuté par la victoire de Marignan et la conquête du Milanais, rêvant de soutenir Jacques V, roi d'Ecosse contre Henri VIII, sentit que la construction du port du Havre lui serait d'une grande utilité pour protéger son royaume et préparer ses expéditions; aussi y prit-il un si vif intérêt que, du 2 mai 1517 au 23 mai 1518, il se fit envoyer sept fois en cour (v. page 115) Jacques d'Estimauville[1], officier attaché au vice-amiral pour porter au Roi, partout où il se trouverait, les rapports de son chef et *les pourtraicts de la façon dont estoit fait led. Havre*[2].

Le 8 octobre 1517, il accordait à tous ceux qui vien-

---

[1] Jacques d'Estimauville fut nommé capitaine de Vernon en 1518, et, le 10 mars 1526, François I lui accorda des lettres patentes relatant les bons services qu'il en avait reçus, particulièrement lors de la fondation de la ville Françoise de Grace, pour l'autoriser à changer le nom de son fief de Gonneville en celui d'*Estimauville*.

[2] L'un de *ces pourtraicts* était peint par Cardin Joyse, de Rouen (v. p. 86.)

draient *faire bâtir et habiter au lieu de Grasse* exemption de tailles et droit de franc salé (v. page 257), privilèges qu'il confirma, lorsqu'en août 1520, il vint au Havre visiter la nouvelle ville, entouré d'une cour brillante (v. page 266).

Les lettres-patentes de confirmation nous apprennent qu'à cette époque les plus grands navires pouvaient y *amarrer et poser sans danger ou inconvénient*[1] et que les travaux du port et des fortifications étaient déjà très avancés.

Je n'ai point à écrire ici l'histoire du Havre, mais seulement à faire ressortir l'importance des documents que je publie et dont la plupart seraient restés inconnus sans la gracieuse communication de M. de Biencourt.

Les lettres adressées à Guyon Le Roy par François Ier, par l'amiral Bonnivet et par Thomas Bohier font connaître avec quelle activité étaient poussés les travaux de la nouvelle ville et en montrent l'utilité, puisqu'avant d'être terminé, le havre pouvait déjà servir à l'expédition des troupes envoyées en 1519 au secours de Christiern II (v. pages 175 et suivantes) et à préparer, en 1521, *le Voyage du duc d'Albany en Ecosse* (v. pages 200 et 209).

---

[1] La nef l'Hermine avait déjà été *menée dedans le havre* de Grace en octobre 1518 (v. pages 148, 149 et 150.)

Les rôles de dépenses, les procès-verbaux de toisage des jetées et des fortifications nous permettent de suivre, jour par jour, les travaux des ingénieurs et prouvent que rien n'était négligé. On creusait le port, on bâtissait la ville, on y amenait l'eau potable, on élevait des fontaines (v. pages 151 et suivantes) et on les ornait de statues.

Chacun peut recueillir dans ces documents des renseignements pour ses études particulières, les uns sur la comptabilité financière au XVIe siècle, les autres sur le prix de la main-d'œuvre et des matériaux; enfin, les philologues y relèveront une foule de mots normands et de termes techniques qui sont omis dans les glossaires les plus spéciaux.

A la suite des pièces concernant la fondation de la ville et des lettres-patentes accordées à ses habitants par François Ier, j'ai réuni toutes celles que j'ai pu recueillir sur un procès intenté à Guyon Le Roy par les seigneurs de Graville, à propos d'une cession faite par les habitants d'Ingouville, de vingt-quatre acres de terre sur lesquelles a été bâti tout le quartier Notre-Dame, celui qui s'étendait de la porte du Perrey au pont des Barres.

Guyon Le Roy avait pris à fieffe, le 6 mai 1517, des habitants d'Ingouville, vingt-quatre acres de terre faisant partie de leurs communes et attenant au havre creusé pour le service du Roi; mais le seigneur de Graville, prétendant que ces terres étaient partie intégrante de sa seigneurie et que les habitants d'Ingouville n'avaient pas eu le droit de les céder à celui-ci, intenta à Guyon Le Roy un procès qui dura plusieurs années, et ne fut définitivement jugé que le 13 mai 1524 par le Parlement de Rouen, qui donna en grande partie gain de cause au seigneur de Graville (v. page 289).

L'arrêt rendu par le Parlement, le mesurage des terrains fieffés ordonné par cet arrêt (v. page 231) et l'enquête faite en 1532 [1] pour établir les droits des seigneurs de Graville et ceux du Roi renferment des renseignements très précieux pour la topographie du Havre et de toute la contrée sur laquelle fut creusé le port et bâtie la ville. On y trouve les noms des premiers habitants du Havre, parmi lesquels nous reconnaissons le père de Guillaume de Marceilles, le premier annaliste de la ville Françoise de Grace (v. pages 248 et 377),

---

[1] L'importance de cette pièce, qui est aux Archives nationales, m'a été signalée par mon confrère M. Victor Toussaint. M. Morlent, conservateur de la Bibliothèque du Havre, dans un rapport adressé, le 15 septembre 1855, au maire de cette ville, avait proposé au Conseil municipal de la faire copier pour ses archives, en faisant ressortir l'intérêt qu'elle offrait; mais ce conseil éclairé avait reculé devant la dépense de 500 fr. qui lui était demandée pour les frais de copie de ce document et de quelques autres, telles que l'arrêt du 13 mai 1524, dont il n'existe qu'un extrait aux Archives municipales du Havre.

dont les curieux mémoires, publiés, pour la première fois, en 1847, demanderaient une nouvelle édition plus digne de leur auteur et de la juste importance que l'on attache maintenant à la reproduction fidèle des textes originaux, et le grand-père des trois Raullin, dont la mort tragique n'est pas encore expliquée, malgré les recherches consciencieuses de MM. Floquet et V. Toussaint (v. p. 244 et 372).

Je ne puis terminer ce court aperçu sur l'intérêt offert par cette publication aux travailleurs et à ceux qui s'occupent de l'histoire du Havre sans noter deux points qui s'y trouvent éclaircis de manière à mettre à néant toutes les suppositions imaginées jusqu'à ce jour.

La dénomination de Notre-Dame-des-Neiges est donnée, dès le seizième siècle (v. page 304), à la petite chapelle située sur le territoire de Leure. Dom Toussaints Duplessis[1] affirmait qu'elle avait été adoptée par les Capucins après leur prise de possession en 1622, ces religieux ayant alors choisi la fête de Notre-Dame-des-Neiges pour leur fête principale. C'était l'usage général d'appeler dès cette époque Sainte-Adresse le territoire et l'église du Chef de Caux

---

[1] *Description géographique et historique de la haute Normandie.* — A Paris, chez Pierre-François Giffard, MDCCXL, tome 1, page 206.

(v. page 152, le mesurage des terrains fieffés, page 231, et l'enquête de 1532). On attribuait généralement à cette dénomination, une origine beaucoup plus récente.

Après avoir remercié MM. de Beaurepaire, Léopold Delisle et Toussaint de leurs utiles et bienveillantes communications il ne me reste plus qu'à exprimer l'espoir que ce volume de documents, pour la plupart inconnus jusqu'ici et copiés avec la plus scrupuleuse exactitude, sera accueilli favorablement par les membres de la Société de l'Histoire de Normandie et tiendra une place honorable dans leurs bibliothèques.

DOCUMENTS

RELATIFS

A LA FONDATION DU HAVRE

I.

Commission de lieutenant-général des armées de mer contre les Anglais, délivrée à Guyon-le-Roy, s^r de Chillou, vice-amiral de France.

— 25 janvier 1513. —

Loys, par la grâce de Dieu, Roy de France, à tous ceulx qui ces présentes lectres verront, salut, comme pour obvier et resister aux dampnées machinacions, conspiracions et entreprinses de plusieurs Roys et princes, noz ennemys, mesmement à la descente que le Roy d'Angleterre se prepare de faire en brief en noz royaume, pays, terres et seigneuries en intencion d'iceulx invahir par hostilité de guerre, nous avons ordonné faire mectre sus une grosse et puissante armée de mer, garnie et équippée de bon et grant nombre de navires, lesquieulx nous faisons advitailler, armer et équipper tant en noz pays de Normendie que Bretaigne, pour laquelle nostre armée de mer mener et conduire et icelle employer et exploicter contre nosd. ennemys soit besoing bailler la charge à quelque bon et notable personnage expérimenté et entendu en telz matière, à nous seur et fiable, savoir faisons que nous ce consideré et la parfaicte et entière confiance que nous avons de la personne de nostre amé et féal conseiller Guyon-le-Roy, chevallier, seigneur du Chillou, de ses sens, suffisance, loyaulté, conduicte, experience et bonne dilligence, icelluy pour ces causes et autres à ce nous mouvans à nous, fait, constitué, ordonné et estably, faisons, constituons, ordonnons et establissons nostre lieutenant général et chef en nostre armée de mer et luy avons donné et donnons povoir et auctorité de mener, conduire et exploicter nostred. armée de mer à l'encontre de nosd. ennemys et adversaires par les meilleurs moyens, lyeux et passages qu'il verra estre à faire, de leur courir sus et les grever et endommager, obvier et résister aux descentes et entreprinses qu'ilz s'efforceroient faire sur nostred. royaume, pays, terres, seigneuries et subgectz, de séjourner et reposer nostre dicte armée en telz lieux, portz et havres qu'il verra estre à faire et les refranchir et pourveoir de vivres et autres munycions nécessaires en les paiant, ou faisant paier raisonnablement à ceulx de noz subjectz desquelz il les prendra, de mectre, asseoir et imposer sièges, lyvrer batailles, assaulx et faire tous autres actes et exploitcz de guerre, de faire ou faire faire les monstres et reveues de tous les mariniers et gens de guerre de lad. armée de mer, affin de les faire paier de leurs gaiges et souldes aux feurs et pris qui leur seront ordonnez, de ordonner des menuz fraiz nécessaires en lad. armée et les faire paier par celluy qui sera à ce commis et ordonné, de faire vivre en bon ordre, justice et pollice tous ceulx de lad. armée de mer, faire faire justice et pugnicion et correction de tous cas et crimes commis et perpetrés en icelle armée par quelques personnes que ce soient ou les remectre, quicter et pardonner s'il voit que faire se doyt; de mender et faire venir devers luy tous les capitaines, patrons et autres chefz et conducteurs desd. navires toutes et quantes foys que bon luy semblera pour tenir conseil et avoir leurs advis et oppinions du fait, conduicte et exploict de lad. armée et des moyens par lesquelz on pourra myeulz grever nosd. ennemys et pour à iceulx cappitaines, patrons et gens de guerre et autres et chaçun d'eulx commander et enjoindre des choses qu'ilz auront à faire et comment ilz auront à eulx conduyre et gouverner, ainsi qu'il trouvera par conseil et qu'il congnoistra estre nécessaire, soit de combatre, aborder et investir l'armée ou armées de nosd. ennemys, s'ilz les peuvent trouver et rencontrer en mer et bien opportun ou deffendre neu le faire, s'il voit et tienne que faire ne se doyve pour l'indisposicion du temps, lieu et heure, de faire toutes et telles descentes es ysles et terres de nosd. ennemys et en icelles faire courses, prinses et autres exploictz de guerre au dommage de nosd. ennemys, d'envoyer en cours sur nosd. ennemys et leurs alliez déclairez nos adversaires et non sur autres telles desd. naifz et autres vaisseaulx de lad. armée qu'il advisera et verra bon estre, pour les grever et endommayger par tous les moyens que possible sera, de garder et deffendre que aucun de lad. armée ne courre sus à aucuns qui soient noz amys, confederez et alliez ou soubz nostre protection, seureté et sauvegarde et s'ilz faisoient le contraire, le faire réparer, de faire pugnicion des malfecteurs et delinquans telle que ce soit exemple à tous autres, de prendre et recevoir de tous les cappitaines, patrons et maistres des navires les sermens de bien et loyaument nous servir durant qu'ilz seront en nostre service en ce présent affaire et luy estre obéissant comme à nostre lieutenant général, de demander en sesd. affaires l'aide, secours, renfort et assistance de tous princes et autres noz amys, allyés et bien veullans et en telle manière que besoing sera, envoyer et deleguer ambassades et autres messagiers pour lesd. affaires, de bailler et octroyer seurretés, saufconduictz à tous ceulx qui verra estre à faire, recevoir tous manieres de hostages, de prendre et recevoir en nostre grâce, mercy, party et obéissance tous ceulx qui libérallement se y vouldroient rendre cappables de y estre, de commectre et depputer gens à tous les actes nécessaires à la provision des vivres de ladicte armée et sur toutes et chacunes les choses dessusd. et leurs deppendences bailler et decerner ses lectres patentes, mandemens, commissions et autres choses nécessaires et telles que besoing sera, lesquelles nous voullons et auctorisons valoir par ces presentes et estre d'un tel effect et valeur, comme s'ilz estoient faitz par nos lectres et généralement de faire et exploicter, poursuivre et besongner touchant led. faict et conduicte de nostred. armée de mer, tout ce qu'il verra et congnoistra estre au bien, prouffit et honneur de nous et de nosd. royaume, pays, seigneuries et subgectz et à la grande soulle, perte, honte, confusion et dommaige de nosd. ennemys et adversaires que faire se pourra, tout autant que nous mesmes ferions, si nous y estions en personne et comme à lieutenant general et chef d'armées appartient. Ja soit ce que par adventure il y eust chose qui requist mandement plus especial, si donnons en mandement par ces mesmes presentes à tous nos cappitaines, chefz et conducteurs particuliers desd. navires, barches et autres vaisseaulx et aussi aux cappitaines desd. gens de guerre et à tous noz autres officiers que à nostred. lieutenant le sire de Chillou es choses dessusd. et chacune d'icelles et leurs deppendances, ilz obéissent et facent obéir dilligemment, prions et requerrons à tous noz amys et alliez que à luy et ses commis et depputtés et à toute nostred. armée ilz donnent passaige, assistence, faveur et aide tant de victuailles que autres choses nécessaires, y faisant pour nous ainsi qu'ilz vouldroient que faissions pour eulx et les leurs en cas semblable et d'abondant, voulons que le Vidimus de ces présentes fait soubz scel royal ou autentique et les ordonnances et acquitz dud. seigneur de Chillou, nostre lieutenant general en lad. presente armée de mer touchant lesd. menuz fraiz par vertu de ce servent à l'acquict de celluy ou ceulx que aurons commis ou commecterons à faire les paiemens d'iceulx menuz fraiz, car ainsi nous plaist il estre fait.

En tesmoing de ce nous avons signé ces presentes

de nostre main et à icelles fait mectre nostre scel.

Donné à Bloys le xxvme jour de janvier l'an de grâce mil cinq cens et douze [1] et de nostre règne le quinziesme, signé Loys, et sur le reply, par le Roy, Gedoyn. scellée en double queue de cire verte et jaulne.

Approuvé en gloze, seureté, tous vray.

Collacion faicte à l'original escript en parchemin, sain et entier en saingtz, scel et escripture par Syméon Dusolier et Guillaume Violle, tabellions en la vicomté du Pontaudemer, eu siège de la haute justice de Grestain et Honnefleu, en tant qu'il y en a en la dicte vicomté pour le Roy nostre seigneur. En tesmoing de ce, nous, Jacques de Fréville, garde du scel des obligacions de lad. vicomté, à la relacion desd. tabellions, avons mis à ce présent Vidimus le scel dessusd. le unziesme jour de février, l'an de grâce mil cinq cens et douze [2].

S. Dusolier.   J. Violle.

II.

Lettre de Jean Robineau à M. de Chillou.

— 13 février 1517. —

A Monseigneur, Monseigneur de Chillou, visadmiral de France.

Monseigneur, j'ay recu les lectres que vous m'avez escriptes du viiie de ce moys, ausquelles ne vous feray

---

[1] 1513. Nouveau style.
[2] 1513. Nouveau style.

longue réponse, car, par ce que Monseigneur ¹ vous escript, il vous satisfaict amplement à toutes choses, comme verrez par sa lectre.

Il vous envoye la lectre qu'il escript aux fermiers du Guect de Honnefleu ², ainsy que le demandez. Mond. seigneur vous escript touchant les deux navires de Jehan le Bailly; vous ferez bien de les lui remectre en ses mains, puisqu'il ne les veult vendre, car mond. seigneur m'a dit expressement qu'il ne les veult point avoir contre sa voulonté; mais si led. Bailly en eust esté content mond. seigneur en eust voulonstiers fait ce que luy en aviez escript ³.

Monseigneur, il me desplaist que mon greffe ne emplist autrement ma bourse, toutesfoiz le temps se pourra bien quelque jour amender et cependant me semble, si vous le trouvez bon, que ceste place dont vous avoit esté escript pour le Barbier doit estre convertie au lieu de gaiges de mond. greffe, car j'ay fait appoincter led. Barbier en la compaignie de mond. seigneur. Je ay dit ung mot à vostre homme présent porteur.

Monseigneur, il n'y a autre chose pour le present, sinon, que au retour de Cambray, Monseigneur vous ira veoir en vostre maryne et là deviserons à nostre ayse

---

¹ Guillaume Gouffier, sʳ de Bonnivet, amiral de France.

² La ferme du guet d'Honfleur, dont jouissait Guyon le Roy comme capitaine de cette ville, était une source de revenu considérable. Les fermiers étaient au moins quatre; nous avons trouvé les comptes de deux d'entre eux; l'un louait sa part cent soixante-quinze livres tournois par an, l'autre quatre-vingt-dix; nous ne connaissons pas les baux des autres.

³ Ces deux navires furent plus tard achetés de seconde main.

mieulx que par lectres, cependant vous pouvez adviser si je suis pour vous servir de quelque chose et je vous respondz que serez de bon cueur obéy.

Monseigneur, je prie à Dieu qu'il vous donne bonne et longue vie. A Paris ce xiiime jour de février [1].

R.

Monseigneur, Monseigneur le grand maistre [2] partit hier pour aller devant à Cambray, où se doit trouver Monseigneur de Chevres [3] et là adviseront de la mode de ceste veue de ses princes. Le Roy actendra icy de ses nouvelles et selon cela se mectra en chemin pour aller après luy.

Vostre humble serviteur,

Jehan ROBINEAU [4].

[1] Quoique cette lettre ne porte pas la date de l'année où elle a été écrite, on peut la dater : 13 février 1516 (1517. n. s.), car nous avons trouvé dans les archives d'Azay-le-Rideau la date de l'achat, par Guyon le Roy, des deux navires de Jean le Bailly. 1° Contrat de vente passé le 19 mars 1516 (1517. n. s.) devant Jehan le Parmentier et Charlot Vallée, tabellions à Honfleur, d'une nef nommée le St-Françoys, ayant appartenu à Jehan le Bailly, marchand à Angiers, achetée de lui par Michel Ferey, marchand, bourgeois d'Honfleur, qui l'a cédée à messire Guyon le Roy, s^r du Chillou, vice-amiral de France; 2° contrat passé le 20 octobre 1517 devant Guillaume Vollant et Robert Langloys, tabellions en la Vicomté de Rouen, par lequel Jehan Foucher, ayant acquis de Jehan Le Bailly la nef nommée la St-Laurens, la cède à Monseigneur Guillaume Gouffier, s^r de Bonnivet, amiral de France.

[2] Artus Gouffier, s^r de Boisy, c^{te} d'Estampes, gouverneur de François I, frère aîné de l'amiral Bonnivet, nommé Grand maître de France en 1515.

[3] Guillaume de Croy, s^r de Chievres, duc de Soria, chevalier de la Toison d'Or, gouverneur de Charles d'Autriche, depuis empereur sous le nom de Charles-Quint, mort au mois de mai 1521.

[4] Jean Robineau, l'un des secrétaires du roi François I.

III.

Commission de commissaire-général pour la construction du port et des fortifications du Hâvre de Grâce délivrée à l'amiral de France, Guillaume Gouffier, sr de Bonnivet.

— 7 février 1517. —

Francoys, par la grâce de Dieu, Roy de France, à nostre amé et féal conseiller, chambellan et chevalier de nostre ordre, le sr de Bonnyvet [1], admiral de France, salut et dilection : comme pour tenir en seureté les navires et vaissaulx de nous et de noz subjectz navigans sur la mer Occeane, ayons fait sercher en la coste de Normandie et pays de Caux lieu seur et convenable et nous ayt esté rapporté par vous et notables personnaiges en ce experimentez et entenduz que le lieu de Grasse soit le plus propre et plus aisé de lad. coste et pays de Caux, à faire havre auquel lesd. navires et vaisseaulx puissent aisement arriver et seurement séjourner, et faire faire led. havre en la forme qu'il appartient, soit besoing commectre et depputer quelque prudent et notable personnaige en ce congnoissant et en qui ayons totale seureté et fiance, savoir vous faisons que nous ce considéré, confians à plain de voz sens, prudence, experience et bonne dili-

---

[1] Guillaume Gouffier, sr de Bonnivet, Crèvecœur, Thois, Querdes, etc., chevalier de l'ordre du Roy, Chambellan, Amiral de France, Ambassadeur extraordinaire en Angleterre, Gouverneur de Dauphiné et de Guyenne, tué à la bataille de Pavie le 24 février 1525, fils puiné de Guillaume Gouffier, sr de Boisi, Bonnivet et autres lieux, et de sa seconde femme, Philippine de Montmorency.

gence, vous avons pour ces causes et autres considéracions à ce nous mouvans, commis, ordonné et depputé, commectons, et donnons et députons commissaire général pour la construction dud. havre et fortiffication nécessaire pour la seûreté d'icelluy par ces presentes, par lesquelles et de nostre plaine puissance et auctorité royal, vous avons donné et donnons plain pouvoir et auctorité de faire construire led. hâvre et fortiffication au lieu de Grasse aud. pays de Caux et pour icelle construction ordonner ou faire ordonner par celuy que y commectrez en vostre absence, toutes les choses qui seront requises et nécessaires, de prendre ou faire prendre boys et toutes autres choses convenables pour la construction dud. hâvre en tous les lieux que les trouverez à prix raisonnable, de y faire venir besoigner tous nos subgects des vicontez de Monstierviller, de Caudebec et autres plus prouchains voisins dud. lieu de Grasse par chacun chief de maison une foiz le moyz, mesmement que c'est le bien de la chose publicque et les y contraindre par toutes voyes deues et raisonnables, nonobstant opposicions ou appelacions, clameur de haro ou doléances quelqueconques et pareillement de ordonner ou faire ordonner par vostred. commis à celuy qui par nous sera commis à tenir le compte et faire les payements des fraiz qu'il conviendra faire pour la construction dud. havre, bailler et fournir tous les deniers qui seront nécessaires, lesquelz payemens, qui ainsi seront faiz par vostred. ordonnance ou de vostred. commis, voulons estre alloués es comptes de celluy qui sera commis aud.

payement partout où il appartiendra, tout ainsi que si par nous et nostre ordonnance ilz avoient esté ou estoient faiz et quant à ce, avons vostred. ordonnance ou de vostred. commis validée et auctorisée, validons et auctorisons par ces présentes signées de nostre main, par lesquelles vous mandons que à faire ce que dessus vous vacquez ou faictes vacquer vostred. commis le plus songneusement et diligemment que faire se pourra, en commandant à tous nos justiciers, officiers et subgectz, que à vous ou vostred. commis ilz obeissent et entendent diligemment, prestent et donnent conseil, confort, ayde et assistance, se mestier est, se requis en sont, car tel est nostre plaisir. Donné à Paris le viie jour de février l'an de grâce mil-cinq cens et seize [1] et de nostre regne le troysiesme.

Par le Roy.

ROBERTET.   FRANÇOYS.

IV.

Transmission, par l'amiral de Bonnivet, de sa commission de commissaire général pour la construction du port et des fortifications du Havre de Grâce, à Guyon le Roy, sieur de Chillou, vice-amiral de France.
— 12 février 1517. —

Guillaume Gouffier, chevalier de l'ordre, seigneur de Bonnyvet, conseiller et chambellan ordinaire du Roy et

---

[1] 1517. Nouveau style.

admiral de France à messire Guion le Roy, chevalier, seigneur de Chillou vis-admiral de France, salut : comme pour tenir en seureté les navires et vaisseaulx dud. seigneur et de ses subgectz navigans en la mer Occeane le plaisir dud. seigneur ait esté ordonné estre construict, basty et édiffié ung havre au lieu de Grasse es pays de Caux, qui est le lieu qui a esté trouvé par gens à ce congnoissans le plus commode et propre à ce faire et où lesd. navires pourront plus aisément entrer et reposer en seureté que en nul autre lieu de la Normandie et dud. pays, pour le devitz, bastiment et fortiffication duquel havre ayons esté ordonné par led. seigneur, commissaire général et aussi pour la distribucion des deniers qui se pourront despandre aud. bâstiment et soit ainsi que pour plusieurs empeschemens que avons journellement près et à l'entour de la personne du Roy ne nous seroit bonnement possible pour le présent vacquer pour faire besongner aud. havre et fortifficacion d'icelluy, par quoy soit besoing en mon lieu commectre quelque bon et notable personnaige à ce expert et congnoissant et en qui ayons toute fyance, savoir vous faisons que les choses dessusd., confidences et en vertu du pouvoir à nous donné et octroyé par led. seigneur en ceste partie, vous avons commis et ordonné, commectons et ordonnons pour, au lieu de nous et en nostre absence, deviser et ordonner dudict bastiment et construction dud. havre et fortiffication d'icelluy, contraindre et faire contraindre les subjectz dud. seigneur es vicontez de Monstierviller et Caudebec et autres lieux voisins dud. lieu

de Grasse, tel que adviserez, pour y venir besongner
une fois le moys pour chacun chef de maison, faire
prendre boys et autres choses nécessaires pour la
construction et bastiment dud. havre et fortiffication
partout où il sera trouvé es pris raisonnable, ordonner
de la distribucion des deniers à celuy qui par led.
seigneur sera commis à en faire les payemens nécessaires esd. havre et fortiffication et généralement de
faire tout ainsi que si nous mesmes y estions en personne et lesquelz payemens qui ainsi seront faictz par
vostre ordonnance par celluy qui y sera commis, seront
allouez en ses comptes sans difficulté suyvant le vouloir
et plaisir dud. seigneur, comme plus amplement est
contenu et déclaré es lad. commission que led. seigneur
nous a faict despecher esquelles ces presentes sont
atachées, par lesquelles vous prions et commandons que
à faire ce que dessus est dict vous vacquiez dilligemment et songneusement en commandant en oultre, en
tant que besoing seroit, en vertu du pouvoir dessusd., à
tous les officiers dud. seigneur et aultres qu'il appartiendra, qu'ilz ayent à vous y obeyr et entendre et faire
obeyr et entendre prestens et donnens conseil, confort
et ayde, se mestier est et requis en sont. En tesmoing de
ce, nous avons signé ces presentes de nostre main et
fait sceller du scel de nos armes [1] le douziesme jour
de février l'an mil cinq cens et seize [2].

GOUFFIER.

---

[1] Les armoiries de l'amiral de Bonnivet étaient : *d'or, à trois jumelles de sable.*

[2] 1517. Nouveau style.

V.

Ordre adressé par Guyon le Roy, vice-amiral de France à M. de Blosseville, capitaine de la côte de Normandie, d'appeler les maîtres maçons et autres ouvriers à l'adjudication des travaux qui doivent être faits pour la construction du port et des fortifications du Hâvre de Grâce.

— 22 février 1517. —

A Monsieur de Blosseville,

Monsieur de Blosseville [1], je me recommande à vous tant comme je puis. Le Roi m'a envoyé une commission pour faire construyre et ediffyer un avre au pays de Caux, nommé le Havre de Grasse, auquel lieu je me suis transporté avecques plusieurs personnes, et j'en ay fait faire le devis que je envoyé au Roy, et après icelluy veu, led. seigneur veult que incontinant on besongne aud. avre et à celle fin je vous envoye ces presentes pour faire cryer es marchés de Harfleu et Montivyllyer que l'adjudicacion dud. avre se fera de demain en huyt jours en la ville de Harfleu, affin que s'il y a aucuns macons, ouvryers ou autres personnes qui le veuille mectre à prix ou à rabaiz, qui s'y treuvent, et que l'adjudicacion se fera de ce qui fait en aura esté, faire bailler rellacion de lad. publicacion et non incon-

---

[1] Jehan de Saint-Maard, chevalier, vicomte de Blosseville, sieur d'Avremesnil, conseiller et chambellan du Roi, maître enquêteur et réformateur des eaux et forêts du Roi en Normandie, capitaine de Caudebec et de la côte de Normandie.

tinant affin que l'intencion du Roy soit acomplye et en ce faisant, vous ferez service et plaisir aud. seigneur. En vous disant à Dieu auquel je prye vous donner bonne et longue vie. Escript à Honnefleu le xxiime jour de fevryer.

                    Celuy qui . . . . . vostre.
                              GUYON LE ROY.

VI.

Publication des ordres de l'Amiral de France faite à Fécamp par Pierre Fouache, son sergent en ce lieu.

— 26 février 1517. —

A MON TRÈS HONNORÉ SEIGNEUR, MONSEIGNEUR
DE BLOSSEVILLE.

Mon très honnoré Seigneur, je me recommande à vostre bonne grace tout humblement comme je puis.

Monseigneur, plaise vous scavoir que, en acomplissant les lectres qu'il vous a pleu escripre, il a esté fait commandement de par le Roy et monseigneur l'admyral à Nicolas Boutier, pyonnier de ce lieu, en parlant à sa personne et Cardin Gondas, gouverneur des barres du havre de ce lieu, en parlant à la personne de sa femme, pour ce que il n'a encores peu estre recouvré, qu'ilz aient à eulx trouver dymanche prochain à Harfleu en ensuivant le contenu en lesd. lectres et oultre a esté fait scavoir à Jehan Leschaut et à Robin de Brix, maistre et ouvrier du mestier de machonnerie qu'ilz aient à eulx y trouver pour mectre à prix au rabaiz, s'ilz voient que bien soit, la machonnerie et ouvrage convenable estre faicts au hable que l'on doit faire à Grace et ce fait par Pierres Fouache, sergent de mond. seigneur l'admyral lequel se trouvera devers vous dymanche prochain, pour faire sa relacion entiere, tant de ce qu'il a fait que de ce qu'il vous plaira estre fait cy apres et à ce que vostre noble plaisir soit, qu'il convient en l'office de sergent, dont il est par vous pourveu, monseigneur, par le present, Florent Gibeaulx est requiz et vous plaira le tenir pour excusé.

Monseigneur, je prie Dieu de bon cueur vous donner santé, bonne vie et longue et ce que plus vous desirez.

De Fescamp, ce jeudy xxvime de février.

Vostre très humble et obbéissant serviteur,

Nicolas LE RICHE.

VII.

Publication des ordres de l'Amiral de France faite en la Vicomté d'Auge, par le sergent Guillaume Picot.

— 23 février 1517. —

Je, Guillaume Picot, sergent pour le Roy nostre sire en la vicomté d'Auge, atteste à tous à qui il appartient, que par le commandement de noble et puissant seigneur,

monseigneur le vis admiral de France, je cryé ce lundy
XXIIIme jour de février, jour de marché, l'eddiffice et
œuvre du havre de Grace au pays de Caulx et fait
assavoir s'il y a aucuns macons ou autres qui veillent
rabaisser led. ediffice, qu'ilz se trouvent en la ville de
Hareufleu lundy pronchain venant devant mond. sei
gneur le visadmiral et que par luy s'en fera adiudicacion
au rabaiz. En tesmoing de ce, je signe ceste presente led. jour mil v^c et XVI [1].

PICOT.

VIII.

Publication des ordres de l'Amiral de France faite dans le comté de
Lisieux et à Honfleur par les sergents Jean de Latache et Robert
Lesguillon.

— 25 et 28 février 1517. —

Je, Jehan de Latache, sergent de la sergenterye et
conté de Lisieux, confesse à tous à qui il appartient que
je cryé, ce mercredy xxvme jour de ce present moys de
février à jour de marché, l'ouvrage necessaire estre fete
au havre de Grasse au pays de Caux, afin s'il y a
aucunes personnes qui veullent rabaisser led. ouvrage,
qu'ilz se trouvent lundy pronchain venant à Harefleu et
que l'adiudicacion sy en fera par noble et puissant
seigneur, monseigneur le visadmiral de France.

[1] 1517. Nouveau style.

En tesmoing de ce, je signe ceste presente relacion led. jour vᶜ et xvi [1].

DE LATACHE.

Je, Robert Lesguillon, sergent royal à Honnefleu, certiffie avoir aujourd'huy derrain jour de février l'an mil cinq cens et saize [2], fait savoir et cryer ce que dessusd. au lieu acoustumé faire telz criez en cestuy lieu de Honnefleu.

Tesmoing mon signe ay mys les jour et an dessusd.

LESGUILLON.

IX.

Publication des ordres de l'Amiral de France faite à Fécamp par Pierre Fouache, son sergent.

— 27 et 28 février 1517. —

A monseigneur l'admiral ou à son lieutenant à son siege de Harfleu, plaise vous savoir, que je, Pierres Fouache, sergent d'icelluy seigneur eu siège de Fes-

[1] 1517. Nouveau style.
[2] 1517. Nouveau style.

camp, certiffye que vendredy desrain me transporté, à la rue de la mer et en la ville de Fescamp et autres lieulx, du mandement donné de noble et puissant seigneur, monseigneur de Blosseville, lieutenant et cappitaine de la coste de Caux par commandement dud. sieur l'admiral pour adjourner Cardon Gondas, charpentier recongnoissant au fait des barres du havre, Nicollas Boutier et Jacques Duboys, pyonniers, Jehan Bauches, Cardin Bauches, tous à ce recongnoissans, auxquelz je leur ay fait assavoir en personne à eulx trouver ce dimanche pronchain premier de mars et auxy je fait assignation à Robin Debris et à Jehan Leschox, Guillot Couchault, Pierres Debris, maçons, tous à ce recongnoissans, qu'ilz se trouvent ced. jour aud. lieu de Harfleu devers nostred. seigneur le visadmiral et les officiers du Roy, que par eulx leur sera ordonné ce qu'ils verront et de ce, nostre honnoré seigneur, vous certiffye estre vray; tesmoing mon sygne manuel cy mis. Fait le xxviime et le derrin^{me} jour dud. moys mil cinq cens et saize [1].

FOUACHE.

[1] 1517. Nouveau style.

X.

Publication des ordres de l'Amiral de France faite à Saint-Vallery par Nicolas Bosquet.

— 23 février 1517. —

A MON TRÈS HONORÉ SEIGNEUR, MONSEIGNEUR DE BLOSSEVILLE, CAPITAINE DE LA COSTE, HONNEUR ET REVÉRENCE.

Plaise vous scavoir que, ce jourduy, xxiiime jour de fevrier j'ay recu vos lettres en forme de mandement, lesquelles j'ay acomplies et que ced. jour j'ay adjourné Colin Harnas, Jehan le Breton le jeune, Jasquez Costentin, Jehan Bure, Bariot Prevost, Thomas Lequesne, bourgois de Sainct Vallery; Guillaume Barbe, Symonnet Coipel, Pierre Bacelier dict Guignon, Jehan le Presbtre, Robert Dingoville, maistres de navires; Michaut Guillebert, Marguerin Thomas, Jehan Osfin, carpentiers de navires; Guillaume Blanquet, Guillaume Lespere dict Carpentier, Jevenet Gallart, Robert Tibault, esperens[1] et vous certiffie avoir ce fait en leurs personnes, tesmoin mon sygne cy mis l'an et jour dessusd.

Nicolas BOSQUET.

[1] Esperent. Nous ignorons ce que peut signifier ce mot.

XI.

Publication des ordres de l'Amiral de France faite à Harfleur et à Montivilliers par le sergent Jacques Bourguet.

— 25 et 26 février 1517. —

Je, Jacques Bourguet, sergent du Roy nostre sire en la viconcté de Monstiervillier et sergenterie de Harfleu, certiffie à tous qu'il appartiendra, que par le commandement de noble et puissant seigneur monseigneur le visadmiral de France, je crié et peublié à son de trompe ce merquedy xxvme jour de février, jour de marché en ceste ville de Harfleu et ce jeudy xxvime jour dud. moys, jour de marché à Monstiervillier et mesmes ce samedy jour de marché à lad. ville de Harfleu que l'ediffice et œuvre du havre de Grace estant es pays de Caux se baillera lundy prochain deuxiesme jour de mars et fait savoir que s'il y a aucuns masons, charpentiers, manouvriers ou autres qui veillent rencseter ladicte ediffice à rabaiz devers mond. seigneur le visadmiral à Harfleu, que par luy s'en fera l'adiudication au rabaicz; en tesmoing de ce, j'ay signé ceste presente le desrain jour de février mil cinq cens et saize [1].

BOURGUET.

---

[1] 1517. Nouveau style.

XII.

Procès verbal de la visite des terrains sur lesquels doivent être construits le port et les fortifications du Havre de Grâce et de l'adjudication des travaux qui y seront exécutés, faites par Guyon le Roy, vice amiral de France et autres.

— 1, 2 et 3 mars 1517. —

A tous ceulx qui ces presentes lettres verront; messire Guyon le Roy, chevallier, sieur du Chillou et vis admyral de France et cappitaine de Honnefleu, commissaire ordonné et député par hault et puissant seigneur, Monseigneur Guillaume Gouffier, chevallier de l'ordre, sieur de Bonnyvet conseiller et chambellan ordynaire du Roy nostre sire et admyral de France, commis et député par led. seigneur affin faire beusongner et esdiffier ung havre appellé le avre de Grasse au pais de Caulx; comme pour mectre a exécucion nostred. commission atachée à celle du Roy nostred. seigneur et en ensuivant son plaisir et voulonté et aussi celluy de mond. sieur l'admyral, nous avons envoyé et escript en plusieurs villes de Normandie et de Caulx, mesmes à celles où avons esté informez qu'il y avoit des mestres de maconnerie et pyonniers, mesmes es villes de Rouen, Lizieux, Honnefleu, Pont levesque, Harfleu, Montyviller, Dieppe et Caudebec esquelz lieux avons fait cryer à son de trompe et cry public, que tous houvriers desd. maconneries et pyonniers se transportassent aud. lieu de Harfleu, au dimanche premier jour du mois de mars, auquel lieu de Harfleu, nous mesmes nous y sommes transportez pour nous conseiller et conférer de l'affaire dud. avre ausd. houvriers, et le lendemain IIme jour dud. mois avons fait venyr nobles hommes Etienne le Roux, lieutenant particulier de Monsieur le bailly de Caux en la viconté de Montiviller, Jehan Haquet, escuier, lieutenant général du viconte dud. lieu, maistre Adam Deschamps, sustitud du procureur du Roy en lad. viconté, Jehan Faulcon, aussi sustitud de l'advocat du Roy en lad. viconté, Robert Deschamps, greffier des esleux dud. lieu, maistre Guillaume le Roux, escuier, procureur du Roy en lad. ellection et plusieurs autres bourgois de lad. ville, tous lesquelz dessusd. se sont transportez aud. lieu de Grasse, où ils nous ont trouvez, acompaignez de Jehan Stuart, escuier, commis à la garde des mortes paies de lad. ville de Harfleu, en l'absence du lieutenant général de Monsieur d'Aubigny, cappitaine de lad. ville, messire Jehan de Sainct-Mars, chevalier, sieur de Blosseville, Loys Fouet, escuier, grenetier dud. lieu de Harfleu, Jehan de la Masure, escuier, lieutenant de l'un des esleux dud. Montiviller, et lieutenant commis aud. Harfleu sur le faict de la justice de mond. sieur l'admyral, Nicolas Raoullin, escuier, commys à la recepte des tailles et receveur de lad. ville, Loys Auber, aussi escuier, Robert de Harquambourg, escuier, procureur de lad. ville, Pierre de la Fontaine, Jehan Regnier, esleux de lad. ville, Pierre Henry, escuier, capitaine de navyre, Robert

Terryer, maistre de navyre et plusieurs autres bourgois et habitans d'icelle ville de Harfleu, avecques grant nombre de maistres maçons, pyonniers, maistres de navyres et autres plusieurs personnaiges à ce congnoissans et jusques à l'estimacion de cinq à six cens personnes, auquel lieu de Grasse avons advisé et fait adviser par tous les dessusd. le lieu le plus propre, utille et convenable et plus parfaict d'eau pour illec par leur advis et deliberacion, faire perser led. avre, construyre et esdiffier deux tours avec les gectées tant du cousté de la mer que du cousté des terres, pour la garde, tuission et deffence de tous les navyres, qui chacun jour pourront venir et affluer aud. avre de Grasse et aussi pour la deffense contre noz ennemys, s'il advenoit que Dieu ne veille que le cas se hoffryt et pour la seureté de tout led. pais de Normendie, auquel lieu apprès par nous houy l'oppynion et délibéracion de tous les maistres à ce congnoissans et aussi de tous les dénommez si dessus avons fait marquer et planter des pieux es lieux où led. avre sera persé et mesurer les longueurs et largeurs qui sont convenables faire pour l'entrée dud. avre, tant entre les deux gectées par devers la mer que entre les deux tours et aussi pareillement entre les deux gectées qui seront par dedans led. avre, et pareillement avons par les dessusd. maistres fait planter des pyeux depuys lesd. gectées jusques es tours de lad. ville de Harfleu, le plus droit et plus proffitable qu'il a esté possible faire pour, par les maistres pyonniers avec l'aide des paroisses tant de l'élection dud. Montiviller que de Caudebec, perser led. avre, pour faire venir et mectre la ryviere dud. Harfleu dedans led. avre et aussi recuyllir et faire choir en icelluy avec plusieurs eaux qui dessendent de la coste de Graville. Et ce fait, avons donné charge ausd. maistres de maconnerie et pyonniers, faire ung bon devys tout ensemblement de toutes les choses dessusd. et icelluy mectre et rediger par escript et le tout nous raporter demain pour après heu conseil avec tous les dessus denommez bailler led. houvrage au rabais.

Et le lendemain IIIe jour dud. mois de mars, lesd. maistres macons, c'est assavoir Rolland le Roux, maistre des heuvres de maconnerie à Rouen, Pierre de Lorme, maistre des houvrages dud. baillage dud. lieu de Rouen, Nicollas le Roux, maistre des houvrages dud. lieu de Caulx, Jehan Becquet, maistre des houvrages du Roy, à Dieppe, Jehan Gaulvyn, maistre des houvrages de Harfleu, Pierre Gregoire, Jehan Duchemin, Robert Legrand, Pierre des Vignes, maistres macons demeurans aud. Rouen, Thomas Theroude, maistre des houvrages de Cauldebec, Michel Féré, maistre des houvrages de Honnefleu, Jehan Bontemps, maistre des houvrages du Ponteau de mer, Guillaume Féré, Gervais Gredouyn, Thomas Chevalier et Guillaume Ruffin, macons demeurans aud. Harfleu, se sont transportez devers nous en notre logeiz aud. lieu de Harfleu, de matin, en présence desd. le Roux, lieutenant dessusd., Adam Deschamps, sustitud du procureur du Roy, messire Jehan de St-Mars, chevalier, sr de Blosseville, Jehan Stuart, commis en l'absence du capitaine, le sr de Berquetot, Loys Fouet, grenetier dud. Harfleu, Jehan de la Masure, Nicollas Raoullin et plusieurs autres officiers, bourgois et habitans tant de cested. ville de Harfleu que dud. Montiviller, lesquelz maçons nous ont presenté le devys par eulz fait, nous affermant par honneur qu'ilz ont en leurs consciences fait led. devys le plus loyallement et profitablement qu'ilz ont sceu adviser. Duquel devys avons fait faire lecture es presence de tous les dessus nommez, après laquelle lecture faicte, avons dit et demandé ausd. maistres maçons qu'ilz myssent led. houvrage à prix et au rabais leur remonstrant que c'estoit heuvre du Roy et pour le prouffit et utilité de toute la chose publique du royaulme de France, mesmes de tout le pais de Normandie, où ilz sont demourans, leur pryant qu'ilz se deliberassent d'en faire le meilleur marché qu'ilz pourroient et lors par led. Rolland le Roux, maistre desd. houvrages de Rouen a esté mys la toize, tous paremens contez à xxxvi pieds pour toize sur ung. pié d'espoisseur chacun parement et tout le surplus des espoasses massives à deux cens seize piez pour toize a esté mise de premier denier à xxxii livres x solz tournois lad. toise et du depuys par led. le Roux a esté rabaissé lad. toise à xxx livres tournois.

Et peu après par Jehan Bontemps, maistre des houvrages de Ponteau-de-mer, a esté rabaissé lad. toise à xxix livres tournois et par led. le Roux a esté mis au rabais lad. toise à xxv livres tournois, et par Gervais Gredouyn, maçon, a esté mys lad. toise au rabaiz à xxiii livres tournois.

Et ce voyant que neulz desd. macons ne veulloient plus rabaisser led. houvrage, ains estoient hostinez à demeurer en leur entier, parquoy differasme à faire lajudication et passement desd. houvrages jusques à demain. Et lors lesd. maistres macons se retirèrent en leur logeiz et mesmes led. le Roux et autres maistres macons de lad. ville de Rouen prindre congé de nous en nous disant que jamais ilz ne vouldroient entreprendre led. houvrage pour xxiiii livres tournois et qu'ilz ne le feroient pour au moins de xxv livres tournois, à quoy par nous leur fust respondu qu'ilz y pensassent et que si voulloient revenir après avoir pensé aud. affaire que voullontiers les recevryons aud. affaire.

Et depuis environ le vespre aud. jour, voyant que neulz desd. maistres macons ne revenoient point, ains estoient tous absentez par le conseil et deliberacion des hofficiers du Roy et autres dessus denommez avons mandé venir devers nous lesd. maistres Jehan Gaulvyn et Michel Feré ausquelz, avec lesd. officiers du Roy avons remonstré plusieurs raisons par quoy ilz devoient eulx amoderer et mectre à la raison pour mectre led. houvrage à plus grant rabais qu'il n'estoit, lesquelz Gaulvyn et Feré ce voyant nous ont acordé faire led. houvrage à xxii livres x sols tournois pour toise, ce néanmoins voyant que tous lesd. maistres n'estoient encores absentez de cested. ville de Harfleu ainsi que avons esté assertenez par plusieurs estans avec nous, avons différé faire lad. adjudicacion jusques à demain et avons fait savoir esd. maistres macons led. rabais, et s'ilz voulloient venir led. jour de demain mectre plus avent aud. rabais que les recevryons.

Auquel jour de demain IIIIme jour de ced. mois de mars avons, en la présence de noble homme [Allain Setuart, capitaine de ceste ville soubz led. sieur d'Aubigny et Loys Viennens, escuier, esleu à Montiviller, lesquelz ne fesoient aud. jour que arryver de court, où ilz estoient allez pour aucuns affaires, led. grenetier et et plusieurs autres officiers de lad. ville, bourgois et habitans d'icelle fait savoir que s'il y avoit aucune personne qui voulust mectre led houvrage au rabais et moindre prix que lad. somme de XXII livres x solz, qu'ilz vinsent et que voullontiers les y recevryons. Auquel jour ne s'est [presenté] aucune personne qui ayent voullu mectre led. houvrage au rabais fors que lesd. maistres Gaulvyn et Feré, lesquelz nous ont dit et déclaré que ilz ne rabaisseroient plus led. houvrage, mais que si nostre plaisir estoit de leur adjuger aud. prix de XXII livres x sols tournois, que ilz le prandroient et non à moyns, par quoy les avons fait retirer et sur ce heu conseil à tous les dessusd. qui tous ont esté d'oppynion que leur devyons acorder led. prix, et qu'il estoient savans et suffisans pour faire led. houvrage, voyant lesquelles oppynions avec lesquelles la nostre s'acorda, avons, en la présence et par devant les deux tabellions royaulx de lad. ville de Harfleu que avyons mandé pour ceste affaire, adjugé esd. maistres Gaulvyn et Feré lesd. houvrages aud. prix de XXII livres x solz tournois pour toise à la subjection de trouver, fournir et quérir toutes matyeres pour faire lesd. houvrages, le tout ainsi qu'il est contenu aud. devys avec tous engins, establissemens et cordages à eulx nécessaires, lesquelz avons fait obliger par devant lesd. tabellions par corps l'un pour l'autre et de bailler bons pleiges et suffisances pour bien faire et parfaire lesd. houvrages de maconnerie dedans la fin du moys d'octobre prouchain venant, en leur fournissant deniers ainsi que la besoigne yra avant; pour tesmoing desquelles choses nous avons signé et fait signer aux cy dessussignez ces presentes et pour plus grant aprobacion y avons fait mectre le scel de nos armes [1] cy mis le IIIIme jour de mars aud. an cinq cens et saize [2].

>GUYON LE ROY, Allan STEVARDE, Lois VIENNENS, de la MASURE, FOUET, LE ROUX, DESCHAMPS, de BERQUETOT.
>
>Jeh. DE BLOSSEVILLE.

Est écrit au dos : Proces-verbal pour le Havre de Grace, pour Monsr du Chillou, vis admiral de France.

---

[1] Les armoiries de Guyon le Roy étaient: *Ecartelé*; *au* 1 *et* 4 ; *d'argent, à la bande de gueules*, qui est le Roy ; *au* 2 *et* 3 ; *échiqueté d'or et d'azur, à la bordure de gueules*, qui est de Dreux, à cause de l'alliance de Jeanne de Dreux, avec Guillaume le Roy, chevalier, Sr de Chavigny, son ayeul.

[2] 1517. Nouveau style.

XIII.

Proces verbal de l'adjudication des travaux de terrassement et de maconnerie à executer pour la construction du port et des fortifications du Havre de Grâce, et reconnaissance des devis et charges par Jean Gauvain et Michel Feré.

— 4 mars 1517. —

A TOUS CEULX qui ces presentes lectres verront, JACQUES DESCHAMPS, escuier, garde du scel des obligacions de la viconté de Monstierviller salut: savoir faisons que par devant Nicollas Maugart et Pierre Gosselin, tabellions jurés pour le Roy nostre sire en lad. viconté eu siège et sergenterie de Harfleu, furent presens, maistres Jehan Gauvain, bourgois dud. Harfleu et Micquellot Feré de Honnefleu, maistres du mestier de machonnerie, lesquelz de leurs bonnes voullontés sans aucune contraincte, congnurent et confesserent avoir fait marché et contract avecques noble et puissant seigneur, messire Guy le Roy, chevallier, seigneur de Chillou, vis admiral de France, qui present estoit, pour faire et parfaire bien et deuement l'ouvrage de machonnerie, requis et nécessaire estre fait es tours, gectéez, paons de mur et entrée du havre de Grace ordonné par le Roy notre sire estre fait près le Chief de Caux et y quérir toutes matieres selon ainsy qu'il est plus au loing contenu es devys duquel la teneur en suyt.

EN SUYT le devys pour construire et ediffier le havre

de Grace, pour recueullir et poser navires qui pourront aller et venir aud. havre, ledict devys fait par le commandement de messire Guyon le Roy, chevallier, seigneur de Chillou, visadmiral de France et cappitaine de Honnefleu soubz monseigneur l'admiral, commissaire du Roy nostre sire en ceste partie, ce jourduy second jour de mars mil cinq censet saize[1] par Roullant le Roux, maistre des œuvres de machonnerie à Rouen; Pierre Delorme, maistre des ouvrages du Roy es bailliage de Rouen; Nicollas le Roux, maistre des ouvrages du Roy es bailliage de Caux; Jehan Becquet, maistre des ouvrages du Roy à Dieppe; Jehan Gauvain, maistre des ouvrages de Harfleu; Pierre Grégoire, Jehan Duchamp, Robert Legrant, Pierres Desvignes, machons, démourans à Rouen; Thomas Theroulde, maistre des ouvrages de Caudebec; Michel Ferey, maistre des ouvrages de Honnefleu; Jehan Bontemps, maistre des ouvrages du Pontaudemer; Guillaume Ferey, Gervaiz Gredouyn, Thomas Chevallier et Guillaume Ruffin, aussy machons dud. lieu de Harfleu, en ensuyvant l'adviz de plusieurs maistres de navire tant dud. Honnefleu que Harfleu et aussy l'advis de plusieurs pyonnyers principaulx du pais et par la deliberacion des officiers du Roy tant dud. lieu de Harfleu que Monstierviller et de plusieurs bourgois, manans et habitans desd. lieux de Harfleu et Monstierviller et par lesd. adviz et oppinions, led. deviz a esté redigé en la maniere qui ensuyt : premierement, il convyent pour le commencement dud. havre faire deux grosses tours avec deux

---

[1] 1517. Nouveau style.

gectéez de grant pierre de Vernon par devers la mer, l'une desd. gectéez devers l'amont et l'autre devers l'aval, qui n'auront de longueur pour cest heure, c'est assavoir la gectée par devers l'aval depuis l'une desd. tours en tirant vers l'aval que vingt toizes et la gectée de devers l'amont jusques à l'autre tour à commencer vers la mer aura dix sept toizes de longueur. ITEM, au bout desd. deux gectéez, entre les deux tours, sera l'entrée dud. havre et y aura de longueur entre lesd. deux tours cent piedz et l'entrée de devant desd. gectéez par devers la mer aura deux cens piedz de large et seront lesd. gectéez plantées et assises ainsy que le lieu le requerra pour le prouffict dud. havre, lesquelles gectéez viendront querir lesd. tours et liées l'un à l'autre ainsy qu'il est requis. ITEM, par devers les champs se feront deux paons de murs, l'un à ung costé dud. havre et l'autre à l'autre costé, lyés à chacune tour pour soustenir les parois et terres et garder qu'ilz ne tombent aud. havre et aura chacun paon de mur de longueur trente deux toizes et d'espesseur deux toizes par bas en revenant à toize et demye par hault et de telle haulteur qui sera requis et aura led. havre de large en droict lesd. murs vingt et quatre toizes et de longueur jusques à l'entrée de la trenchée qui se fera pour recueillir la ryviere de Harfleu dedans led. havre, laquelle trenchée contient de long, depuis led. havre jusques à l'entrée de la ville de Harfleu, le nombre de troys mil cinq cens toizes et soixante piedz de large, le tout à six piedz pour toize et douze poussés pour pyé et est à entendre que chacune desd. tours auront de creulx trente six piedz. ITEM, il convient eriger lesd. tours sy bas que le lieu le requerra et desoubz faire pillotys et plateformes se mestier est, bien entaillée par moictié, l'une dedens l'autre, fettez par logens et bien chevillée et fichée aux testes desd. pieulx et par devant se fera tout en tour desd. machonneries aux plateformes, une piece de boys qui portera ung ravallement de deux pousses pour recouvrir le premier joingt desd. machonneries. ITEM, par devant lesd. plateformes se cachera un reng de pieulx carrés joinctifs sy bas que le lieu le pourra endurer et par devant lesd. pieulx se mectra une ventriere de boys qui sera enherponnée et chevillée et bien fichée de fiches de fer à lad. plateforme pour garder que l'eaue ne puisse desgrader le desoubz desd. plateformes ny eslaver le pied desd. murailles et convyent emplir toutes les veuillières desd. plateformes de pierre dure, cachée à coup de mail avecques bon mortier, le tout du boys dessusd. à bon reffaict tel qu'il est requis à lad. besongne. ITEM, sur icelles plateformes convient eriger lesd. tours chacune de dix huit piedz d'espoisse par bas en revenant à douze piedz par hault, lesquelles tours seront à troys estages, comprins l'estage dedens les terres, qui servira à mectre les estoiremens et pouldre, ou ce qu'il sera necessaire, lequel premier estage aura douze piedz de hault, depuis l'aire jusques à la voulte, enquel estage se fera ung parpain de deux piedz et demy d'espoisse pour separer ce que on vouldra bouter dedens, auquel parpain y aura une huisserie telle que le lieu le requerra et se voultera ced. premier estage en vers tant de costé que d'autre dud. parpain, le tout dud. premier estage par dedens ouvré de bonne pierre du Val des Leux [1] et se fera à chacune tour une huisserie pour y entrer, de quatre piedz de large et sept piedz de hault. ITEM, le deuxiesme estage aura saize piedz de hault, enquel estage se feront canonnyeres à tous les lieulx où il sera requis pour deffendre led. havre et lesd. tours et se feront esvens dedens les espoisses en droict lesd. canonnyeres, pour vuyder les fumées desd. artilleries quant on en tirera et convient faire au parmy ung pillier ront ou a pans de deux piedz et demy d'espoisse ou plus, se mestier est, qui vindra de tout bas et yra jusques soubz la tarrasse, lequel pillier portera les estocqz de charges à la haulteur qui sera requis pour voulter icelluy estage et celluy de dessus, lequel pillier sera de bonne pierre de Vernon et tout le sourplus dud. estage et celluy de dessus sera de bonne grant pierre de Saint-Leu et de Scerans [1]. ITEM, le troysiesme estage aura dix huit piedz de hault auquel estage se feront canonnyeres à tous les lieux, où mestier en sera, pour servir à garder et deffendre led. havre et tours et tirer à la mer, quant il sera requis, et sera le dedens de ced. estage de bonne grant pierre de Saint-Leu ainsy que celluy de desoubz et voulte de la hauteur qui sera requis, aussy convient faire touées, au lieu où il sera plus propre, de grandeur suffisante pour garder l'artillerie et ce quy sera nécessaire. ITEM,

[1] Val des Leux, hameau de la commune de Mauny, canton de Duclair, limitrophe des carrières de pierre de Caumont.

[2] Saint Leu d'Esserent, village du département de l'Oise, où sont les plus renommées carrières de pierre à bâtir du plateau de Paris.

en faisant le dedens desd. estages, se feront au deuxiesme et troysiesme estages, cheminées encorporées dedens les espoisses par devers les terres et s'y fera une vis poùr servir lesd. estages desd. tours, laquelle vis aura quatre piedz de marche entre le noyau et la serche, lesquelles marches seront à pierre de Vau des Leux et aussy convient faire unes latrynes au lieu plus propre que on verra ausd. tours.

ITEM, en érigant lesd. tours convient faire par devant lesd. tours par devers le havre une allée pour servir à aller sur la gectée porter du cordage ou en recueullir pour secourir le navyre qui en auroit mestier en entrant et sortant dud. havre, laquelle allée se érigera par bas de neuf piedz d'espoisse en revenant à six piedz par hault, laquelle allée vendra quérir au néant le bout de la gectée. ITEM, tout le dehors desd. tours sera de grant pierre de Vernon bonne et forte, de plus grant appareil que faire se pourra, tant en paremens que eslez et en montant lesd. tours par dehors œuvre, se feront larmyers au deuxiesme et troysiesme estage de demy pied de saillie pour gecter l'eaue arrière de la muraille. ITEM, à la hauteur qui sera requis, convyent faire un machicollix, dont les pierres auront cinq, six ou sept piedz de long bien fermées dedens l'espoisse du mur, lequel machicollix portera ung avant mur de saize pousses d'espoisse et six piedz de hault portant crenyaulx et arballestrieres pour tirer en la mer, quant mestier en sera, de dessus la tarrasse. ITEM, lesd. tours seront tarrasséez le plus plat que faire se pourra de bonne grant pierre de Lyais, à bonne pente machonnée, à mendre joingt que faire se pourra, de bon chyment et en bonne saizon, et se feront gargoulles de pierre de Vernon de quatre piedz de saillie hors, requis pour gecter et conduire l'eaue de dessus lesd. tarrasses, ainsy que la chose le requiert, et se feront, ausd. tours aux endroictz où il sera requiz, es lieux où il sera à travers la muraille à chacune tour, troux pour recueullir la chaine ou chaynes pour clorre le havre par engins qu'ilz seront dedens lesd. tours et conviendra en faisant lesd. tours bouter groz poullyotz de cuyvre pour conduire lesd. chaynes. ITEM, par dessus lad. tarrasse convient faire passer l'adviz, si hault qui sera requis, pour porter une lanterne ou falloctz ou feu pour le navyre, quant mestier en sera, de telle facon et ordonnance qu'il plaira ordonner à mond. seigneur. ITEM, esd. tours, depuis l'eaue jusques en hault, seront assises, de troys assiectez en trois assiectez, pierres debout qui auront yssue d'un pied dehors en facon de poincte de dyamant et de ronde pierre en pierre de bonbarde, moictié de l'un, moictié de l'autre. ITEM, lesd. gectéez se esligiront sur lesd. plateformes, qui seront bien et duement fetteez et devysees et pillotages pareillement, lesquelles gectéez auront par bas quatre toizes, en revenant à troys toizes par hault, tant la poincte que le demourant, laquelle poincte vendra en dymynuant en hault et de haulteur troys piedz plus hault ou environ que la plus hault, tant qui y pourra venir et au dessus de la derraine assiecte desd. gectéez passeront longues pierres de grectz, dont il y en aura quatre piedz dedens

le parmy de l'espoisse desd. gectéez et deux piedz
dehors pour estaller le navyre, quant mestier en
sera.

ITEM, lesd. gectéez se ferront par dehors œuvre de
grandes pierres de Vernon bonne et forte de plus grant
appareil que faire se pourra, tant es paremens que
elles et les asseoir toutes boutiches aux poinctez desd.
gectéez, pour myeulx deffendre les vagues de la mer,
et tout le remplage et mesconnage se fera de bonnes
bictez du Vau des Leux, des plus grandes que faire se
pourra, jaugeez de haulteur des pierres de paremens
bien joingtisves l'une à l'autre à baing de bon mortier
et les tours pareillement, et en machonnant toute lad.
besogne, se mectra de la mousse demy pied de large
tant aux lictz que aux joingtz, jusques à la haulteur
de la plus haulte eaue qui y pourra venir.

ITEM, quant lad. besongne sera faicte et parfaicte en
besongnant, se tezera lad. besongne tous paremens
comptéez à trente-six piedz pour toize sur ung pied
d'espoisse chacun parement et tout le surplus des
espoisses massives à deux cens saize piedz pour toize
et l'ouvrier qui fera lad. besongne sera subject de
trouver toutes matieres pour faire lad. besongne, ainsy
qu'il est cy devant devisé, avecques enginctz et leurs
establissemens, sans ce que le machon soit tenu querir
fer, plomb, ne plateforme, maiz leur baillera tou place
necte à machonner, lequel ouvrage contenu aud. devys,
lesd. Gauvain et Feré, chacun d'eulx et l'un pour le
tout, promisdrent et s'obligèrent leurs corps, biens et
heritages, faire bien et deuement et le rendre parfaict

à la fin du moys d'octobre pronchain venant, en leur baillant et delivrant deniers pour ce faire, ainsy qu'ilz besongneront et que la besongne yra avant, pour achapter les matières requises et payer les ouvriers, desquelz deniers, qu'ilz seront avancés, ilz bailleront cauxion suffisant, lors de l'avance, de les employer aud. ouvrage moyennant, et par ce qu'ilz auront et leur sera payé et délivré par les commis et depputés à ce faire, la somme de vingt-deux livres dix solz tournoiz pour chacune toize dud. ouvrage à le toiser ainsy qu'il est contenu aud. devys et qu'il est acoustumé toizer les ouvrages du Roy nostred. Seigneur et auquel prix ilz l'ont mis au derrain rabaiz aprez tous autrez rabaiz mis par les maistres ouvriers desnommez es commencement dud. devys et autres pour ce venuz et fait venir et à assembler par cry publicque fait es bonnes villes de ce pais de Normendie, ausquelz rabaiz et proclamacions estoient presens et appelés comme il a esté tesmoingné ausd. tabellions le seigneur de Blosseville, le cappitaine dud. Harfleu, les lieutenant du Bailly, procureur du Roy nostre sire, les esluz dud. Seigneur en ceste viconté de Monstierviller, le grenetier et autres bourgois, manans et habitans dud. Harfleu.

EN TESMOINGT desquelles choses, nous, à la rellation desd. tabellions avons mis à ces lectres le scel aux obligacions delad. Viconté. Ce fut fait et passé en la maison Robert Terrier le mercredy quatriesme jour de mars, l'an de grace mille cinq cens et saize [1] pre-

---

[1] 1517. Nouveau style.

sens Collin Esnault, escuier et Jacques de Sepmanville, escuier, s^r du Monsault tesmoingtz.

MAUGART[1].   GOSSELIN.

Au dos est écrit :

L'adjudicacion fait aux macons pour l'ediffice du Havre de Grasse.

XIV

Douze copies des rôles de la dépense faite pour la construction du port et des fortifications du Havre de Grace (1).

— 27 avril. — 11 juillet 1157 —

Ensuit les parties baillées et fournies par Guillaume Savary contrerolleur de la ville de Harfleu pour le Havre de Grace.

PREMIÈREMENT

Douze besches ferrées baillées à Thibault de Lisle gardain des houstilz dud. Havre, achetées au prix de III^s.o.t. pièce, vallent XXVI^s.

Item. XXXVI pelles ferrées baillées aud. Thibault achetées au prix de II^s.o.t. pièce vallent LXXII^s.

Item. XXV picquoys et quatre houetes de fer, le tout pesant cent deux livres et demye, vallent à IX^d chacune livre, cy, LXXVI^s IX^d.

[1] Au dos de chacune de ces pièces est écrit : Coppie pour monseigneur le visadmiral.

Item. cent pelles faitieres baillées par led. Savary, vallent xxxv s.

Item. pour cinq cens de clou de x lignes, vii^{xx}v livres de clou de xi lignes, paiés à Jehan du Fresne, mareschal, pour radouber les beneaulx, brouetes, pelles et autres choses servans aud. Havre, vallent xiii^s.

Item. pour avoir fait esmouldre et affiler xxiiii picquoys de fer iiii s.

Item. pour vingt-cinq houetes à xx^d pièce vallent xli^s viii^d.

Item. pour xxiiii maisches de bois servans pour lesd. picquoys iiii^s.

Plus pour xxxiiii livres de cordaige à faire mesches es lignes dont il n'a rendu environ de ii livres de reste achetées au seur de xii^d. la livre, vallent xxxiii^s.

Plus paié pour demy cent de busches servant à faire brouetes x^s.

Item. paié pour quatre brouetes et cinq bacquetieres servans aud. Havre xxvii^s.

Pour une fleur de lix de fer à mercher les houstilz de bois dud. Havre, paié xx^d.

Pour viii livres de cordaige pour tirer l'eaue du puys qui a esté faict pour essay pour trouver la meilleure terre à xii^d la livre, vallent viii^s.

Plus, pour troys seilles de bois à x^d pièce pour tirer l'eaue dud. puys, vallent ii^s vi^d.

Somme total : xviii^l iiii^s viii^d obolle tournoys.

Monsieur le grenetier Claude Guiot, commis de monsieur le receveur Preudhomme, trésorier de la despence du Havre de Grace, paiez à Guillaume Savary, dessus nommé, la somme de dix-huit livres quatre solz huit deniers obolle tournois que nous lui avons ordonnée pour les parties qu'il a fournies selon qu'il est contenu cy-dessus et nous vous en prometons expedier acquict vallable en rapportant la presente. Escript le premier jour de may, l'an mil cinq cens et dix-sept.

N. DE LA PRIMAUDAYE.

Parties payées durant la sepmaine commancée le lundi xxviime jour d'avril, en laquelle a cinq jours ouvrables et finie le samedy ensuivant iime jour de may, par Claude Guiot, grenetier de Ponthoyse pour le fait du Havre, commis de monsieur le receveur de Lisieux.

PREMIÈREMENT

A Guillaume Savary, contrerolleur de la ville comme il appert par ces parties xviii^l iii^s viii^d.

A Pierre Leger, marchant charpentier, pour ii^c pictz à xx^s pièce ii^{cl}.

À Pierre Parmentier, Richard Bouquet, Jehan Ruzé et Jehan Leroy, chartiers, demourans hors ville de Harfleu, pour iiii beneaulx pour besongner aud. Havre, à x solz par jour pour v journées x^l.

A six commissaires ordonnez à faire besongner les ouvriers à raison de v solz par jour pour v jours chacun vallent vii^l x^s.

Aux quatre maistres pionniers bretons aussi pour v journées à iiii s vi d par jour, iiii l x s.

A huit autres commissaires à iiii s par jour pour v jours la somme de viii l.

A quatre autres maistres pyonniers de Harfleu à iiii s. par jour pour v jours, iiii l.

A huit autres pyonniers à raison de iii s par jour pour v jours, vi l.

A xvi autres pyonniers à raison de ii s vi d par jour pour v jours, viii l.

A xlviii autres pyonniers et manouvriers à raison de xx d par jour pour v jours xx l.

Sommes des parties cy dessus déclarées deux cens iiii xx vi l quatre solz huit deniers tournois obolle qui a esté payée pour la sepmaine cy devant déclarée par Claude Guyot, grenetier de Ponthoise, commis de monsieur le receveur de Lisieux. Fait le iiii me jour de may v c xvii.

N. DE LA PRIMAUDAYE.

Parties payées durant la sepmaine commencée le lundy iiii me jour de may et finie le samedy ensuivant ix me jour de may en laquelle a cinq jours ouvrables par Claude Guiot, grenetier de Ponthoyse, commis de M. Guillaume Prendomme, notaire et secrétaire du Roy par luy commis à lever ce compte et faire le paiement de la construction du Havre de Grace.

PREMIÈREMENT

A Michellet Bray dit Fleury, demeurant à Harfleu, la somme de cent-deux solz six deniers tournois pour vente de pelles festieres, pelles ferrées, lochetz et seilles pour ce, CII^s VI^d.

A Geuffroy Goret, voicturier par eaue, et Robert Drieu, voicturier par terre, pour voicturer du boys près de la ville de Harfleu, ce sont les dix oges et des clayes, payé LXXIII^s.

Item pour la pompe prinse à Harfleu et pour le port d'icelle, IIII^l VI^s.

Pour X beneaulx à raison de X$^{s.t.}$ par jour chacun beneau pour V jours, XXV^l.

A huit commissaires ordonnez pour faire besongner les ouvriers à V$^{s.t.}$ par jour pour cinq jours, X^l.

Aux quatre pyonnyers bretons à III^s VI^d par jour pour lesd. V journées IIII^l X^s.

A XIII pyonnyers dont en y a IX commissaires à IIII$^{s.t.}$ par jour vallent pour lesd. V jours, XIII^l.

A XX autres pyonnyers à III$^{s.t.}$ par jour, vallent pour lesd. V jours, XV^l.

A VIII^{xx} XVIII autres pyonniers et manouvriers à II^s VI^d par jour, vallent pour lesd. cinq jours, CXI^l V^s.

Sommes des parties cy devant déclarées, neuf vingts unze livres quinze solz six deniers tournois qui ont esté payez par led. Claude Guiot, grenetier dessud. commis de mond. sieur le receveur de Lisieux, durant la sepmaine dessusd. Fait le XIme jour de may l'an mil cinq cens et dix-sept.

N. DE LA PRIMAUDAYE.

Durant la sepmaine commencée le lundi XIme jour de may mil cinq cens dix-sept et finie le samedi ensuivant, XVIme dud. moys en laquelle a six jours houvrables ont esté payées les parties qui s'ensuivent.

PREMIÈREMENT

A Mychault Tanquerel, demourant à Monstierviller, la somme de XX l. t. à luy ordonnée pour son payement de la petite maison pour garder les houstilz qu'il a faicte aud. Havre ainsy qu'il sera à plain déclaré au roolle par marché fait à XX l.

Aud. Tanquerel la somme de XXIII l. X s. t. pour son payement de cent aiz par luy livrez au seur de IIII s. VI d tournois pièce pour ce, XXII l. X s.

A Henry Mocquelin pour plusieurs parties deubz de busche ainsy qu'il sera déclaré au roolle CXVI s.

Pour dix-huit beneaulx durant lad. sepmaine à raison de X s. t. par jour chacun beneau vallent pour lesd. VI jours, la somme de LIIII l.

Aux commissaires ordonnez à faire besongner les ouvriers aud. Havre à raison de V s. t. par jour vallent pour lesd. six jours XIII l. X s.

Aux quatre piogniers bretons à IIII s. VI d par jour vallent pour lesd. six jours XIX l. IIII s.

A xx autres piogniers à raison de III s. t. par jour, vallent pour lesd. six jours XVIII l.

A II^c IIII^{xx} VIII piogniers et manouvriers à raison de II^s VI^d par jour vallent pour lesd. six jours II^c XVI l.

Somme des parties cy dessus contenues troys cens soixante quatorze livres huit solz tournois, qui ont estez payées durant lad. sepmaine. Fait le xxme jour de may mil cinq cens dix-sept ainsy signé,

N. DE LA PRIMAUDAYE.

Durant la sepmaine commençant le lundi XVIIIme jour de may mil cinq cens dix-sept et finie le samedi XXIIIme dud. moys ensuivant laquelle a cinq jours ouvrables ont estez payez les parties qui s'ensuivent.

PREMIÈREMENT

A Loys Godes, marchant, demourant en la ville de Rouen, la somme de trente-une livre cinq solz tournoys, pour son payement de deux cens cinquante clayes par marché fait rendus au Havre de Grasse, au seu de douze livres tournoys le cent pour eux la somme de XXXI l v s. t.

A Martin Léger, charpentier, et pour autres ses compaignons qui ont vacqué à faire le pont et les aulges de la tranchée du Havre pour le temps contenu aud. roolle x l x s.

Pour vingt beneaulx durant lad. sepmaine, à raison

de x ˢ·ᵗ· par jour chacun beneau vallent pour lesd. cinq jours la somme de L ˡ.

A neuf commissaires à raison de v ˢ·ᵗ· par jour vallent pour lesd. cinq jours la somme de xI ˡ v ˢ·ᵗ·

A quatre piogniers bretons à raison de IIII ˢ vI ᵈ pièce vallent pour lesd. cinq jours xvI ˡ.

Aux autres piogniers à raison de III ˢ par jour chacun vallent pour lesd. cinq jours xv ˡ.

A xxII hommes qui ont besongné chacun troys nuytz à vuyder les eaues des fondements dud. Havre à raison de II ˢ·ᵗ· chacune nuyt vallent vI ˡ xII ˢ.

A II ᶜ LXXVI piogniers et manouvriers à raison de II ˢ vI ᵈ pour chacun jour, pour cinq jours vallent vIII ˣˣ xII ˡ x ˢ.

Somme des parties contenues cy dessus trois cens dix-sept livres douze solz tournois qui ont estez payez durant lad. sepmaine. Fait le xxvII ᵐᵉ jour de may l'an mil cinq cens dix-sept ainsy signé,

N. DE LA PRYMAUDAYE.

Durant la sepmaine commencée le lundy xxv ᵐᵉ jour de may mil cinq cens dix-sept et finie le samedy penultième jour dud. moys en laquelle sepmaine a six jours ouvrables ont estez payéez les parties qui s'ensuivent.

PREMIÈREMENT

A Jehan Bullant, mareschal, demourant à Harfleu, pour plusieurs parties de clouterye et picquoys ainsi qu'il est à plain déclaré au roolle la somme de Ix ˡ I ˢ vI ᵈ.

A Pierre-Roze, Guillaume Consore et Jehan Pellerin, cordiers, pour plusieurs parties de cordages déclarées aud. roolle a esté payé la somme de XIX¹ XVˢ.

A Pierre Léger, maistre charpentier, demourant aud. Harfleu, Martin Robert, Pierre Delacroix, et Guion Jourdain, autres charpentiers, pour les journées qu'ilz ont vacquées durant lad. sepmaine ainsi qu'il est contenu aud. roolle la somme de LXXIIIIˢ.

A Martin Fleury, demourant aud. Harfleu, pour ventes de seilles de boys, poullyes, clapetz à pompes, lanternes et chandelles, ainsi qu'il est à plain contenu aud. roolle a esté payé VIII¹ XVIIIˢ IIIIᵈ.

Pour Robinet Terrier, bon mestre du mestier de la mer, Girard Delisle, Philippes Pellerin ses serviteurs, aussi mestres mariniers pour les journées comptées aud. roolle la somme de XVI¹ IIIIˢ.

A Maciot Duvallet, pillote, demourant à Quillebeuf, par taux la somme de Cˢ.

Pour Jehan Bontemps, mestre marin, demourant au Pontaudemer par ordonnance, pour les journées contenues aud. roolle IIII¹ IIIIˢ.

Pour le paiement de XXIIII beneaulx qui ont besongné durant six jours en lad. sepmaine à raison de Xˢ·ᵗ· par jour chacun beneau la somme de LXXII¹.

Pour le paiement de dix commissaires à raison de Vˢ·ᵗ· par jour pour six jours qu'ilz ont vacqué chacun en lad. sepmaine la somme de XV¹·ᵗ·.

Pour le paiement de huit mestres pyonniers bretons besongnans aud. Havre à raison de IIIIˢ XIᵈ **par jour** pour six journées qu'ilz ont vacquées en lad. sepmaine x^l xvi^s.

Item pour le paiement de dix-huit autres pyonniers et commissaires y comprins à raison de iii^s.^{t}. par jour aussi pour six journées xxi^l xii^s.

Pour le paiement de xx autres pyonniers à raison de iii^s.^{t}. par jour, aussi pour six jours chacun xviii^l.

Pour le paiement de lxix autres pyonniers qui ont besongné aud. Havre durant lad. sepmaine le jour et la nuyt à raison de ii^s vi^d.^{t}. par jour et ii^s.^{t}. par nuyt qui est iiii^s vi^d.^{t}. pour homme par jour et nuyt pour ce iiii^{xx} xiii^l iii^s.

Item pour le paiement de ii^c. vii autres pyonniers et gens de manœuvre à raison de ii^s vi^d.^{t}. par jour vallent pour lesd six journées à chacun la somme de vii^{xx} xv^l v^s.

Somme des parties contenues cy-dessus quatre cens cinquante-deux livres, douze solz, dix deniers tournoys qui ont esté payées durant lad. sepmaine. Faict le iiiime jour de juing mil cinq cens et dix-sept,

  Signé, N. DE LA PRIMAUDAYE, ung paraffe.

Durant la sepmaine commençant le dymance dernier jour de may jour de Penthecouste et finie le samedi vime jour de juing durant laquelle sepmaine a esté besongné sept jours y comprins le jour de Penthecouste et festes ensuivans ont esté paiées les parties qui s'ensuivent :

ET PREMIÈREMENT.

Pour Guillaume Consore, cordier pour plusieurs pièces de cordages ainsi qu'il est contenu au roolle XII l.

A Pierre Leger, mestre charpentier, demourant à Harfleu, Pierre Delacroix, Guyon Jourdain, Marin Milloys et Colas Touppelin autres compaignons charpentiers ses serviteurs pour les journées qu'ilz ont vacquées durant lad. sepmaine ainsi qu'il est contenu aud. roolle la somme de VI l VI s.

A Jehan Beaute, Jehan Bourguet et Jacques Frontault, compaignons brasseurs pour les journées qu'ilz ont vacquées à tirer l'eaue en lad. sepmaine ainsi qu'il est contenu aud. roolle VII l IIII s.

A Robinet Terrier, bon mestre du mestier de la mer, Girard Delisle, Jehan Trac et Philippes Pellerin autres mariniers ses serviteurs pour les journées qu'ilz ont vacquées durant lad. sepmaine ainsi qu'il est contenu aud. roolle IX l XVI s.

Pour Jehan Bullant, demourant aud. Harfleu pour clouterye, planche, aiz, haussières, goultières, raisine, cuyr, bray, mousse et autres parties de fraiz paiéez et remboursécz durant lad. sepmaine XVII l XVI s VIII d.

Pour le paiement de douze béneaulx qui ont vacqué en lad. sepmaine cinq jours à raison de X s. t. par jour pour ce XXX l.

Pour le paiement de VIII mestres pyonniers bretons à raison de IIII s VI d. t. par jour vallent pour sept jours XII l XII s.

Pour la sepmaine de unze commissaires à raison de v$^{s.t.}$ par jour pour vi journées xvi^l x^s.

Pour le paiement de xxiiii autres pyonniers et commissaires y comprins à raison de iiii$^{s.t.}$ par jour pour six jours xxviii^l xvi^s.

Pour le paiement de xxx autres pyonniers à raison de iii$^{s.t.}$ par jour pour sept jours vallent xxi^l x^s.

Pour le paiement de xxiiii autres pyonniers à raison de ii^s vi$^{d.t.}$ par jour pour sept jours xiii^l v^s.

Pour le paiement de ii^c xlviii autres pyonniers à lad. raison de ii^s vi^d par jour ix^{xx} vi^l.

Item pour le paiement de lii autres pyonniers et manœuvres qui ont vacqué en lad. sepmaine vii nuyctz à raison de ii^s vi$^{d.t.}$ par nuyt vallent xlv^l x^s.

Somme des parties contenues cy-dessus quatre cens cinq livres, quinze solz huit deniers tournoys qui ont esté paiez durant lad. sepmaine. Faict le mercredi xme jour de juing l'an mil cinq cens dix-sept.

Signé, N. DE LA PRIMAUDAYE. ung paraffe.

Parties payées durant la sepmaine commencée le dimanche viime jour de juing le dimanche comprins et le jeudi d'icelle, jour de Sainct-Sacrement, durant lesquelz jours a esté besongné le jour et la nuyt et fynissant le samedi ensuivant xiiime du moys qui sont sept jours :

PREMIÈREMENT

A Guillaume Consore, cordier pour plusieurs cordaiges par luy livrez durant lad. sepmaine ainsi qu'il sera contenu au roolle viii^l vi$^{s.t.}$

A Pierre Leger, charpentier et à ses serviteurs pour lad. semaine ainsi qu'il sera à plain déclaré au roolle vi^l vi^s.

Aux brasseurs pour ii jours de lad. sepmaine ainsi qu'il sera déclaré au roolle xlviii^s.

A Robinet Terrier, mestre du mestier de la mer, comptés ses serviteurs ainsi qu'il sera déclaré au roolle pour les jours de lad. sepmaine la somme de ix^l xvi^s.

A Jehan le Parmentier, demourant à Honnefleu, pour xxv bronetes à iii^s pièce ainsi qu'il sera déclaré aud. roolle lxxv^s.

A Pierre Fontaine pour vente de cuyr pour les pompes l^s, i cofret à mestre la clouterye x^s, ii gros seaulz cerclez xx^s, i rouet de cuyr et dix livres de cyre à sirer les poullyes xxiiii^s vi^d. t. et pour iiii livres de chandelle vi^s viii^d, pour ce cxi^s ii^d.

Pour xi commissaires pour six jours durant la sepmaine à v^s par jour a esté payé xvi^l x^s.

A huit mestres pyonniers bretons pour sept journées à iii^s vi^d par jour xii^l xii^s.

A xxiiii autres pyonniers pour sept jours à iiii^s. t. par jour a esté payé vallent xxxiiii^l xii^s.

Pour le paiement de xx autres pyonniers aussi pour sept jours à iii^s par jour xxi^l.

Pour le paiement de neuf autres pyonniers aussi pour sept jours à ii^s vi^d. t. par jour vii^l xvii^s vi^d.

Item pour le paiement de vi^{xx} xiiii pyonniers pour cinq jours ouvrables à ii^s vi^d. t. par jour iiii^{xx} iiii^l xv^s.

Item pour le paiement de xliii hommes qui ont vacqué en lad. sepmaine sept nuytz lesd. festes comprinses à lad. raison de II^s VI^d. t. par nuyt vallent XXXVII^l XII^s VI^d.

Somme des parties cy-dessus contenues deux cens quarante-neuf livres ung solz deux deniers tournoys dont a esté espédié acquit le XVIme dud. moys de juing de l'an mil V^c et dix-sept.

Parties payées durant la sepmaine commencée le dimanche XIIIIme jour de juing led. jour comprins durant laquelle a esté besogné le jour et la nuyt comme les autres jours ouvrables de la sepmaine et finye le samedi ensuivant XXme dud. moys de juing led. jour comprins qui sont sept jours.

PREMIÈREMENT

A Guillaume Consore, cordier, pour plusieurs parties de cordaiges contenues au roole par luy livréez durant lad. sepmaine IIII^l XVII^s.

A Pierre Leger, charpentier, et autres ses serviteurs pour lad. sepmaine ainsi qu'il sera à plain declaré aud. roolle CII^s.

A Robinet Terrier, mestre du mestier de la mer et à trois ses serviteurs ainsi qu'il est declaré aud. roolle pour lad. sepmaine IX^l XVI^s.

A Pierre de la Fontaine, pour rouetz de cuyvre, poullyes, clouterye, autres parties, escoppes, aiz, suif, chandelles et autres parties payées durant lad. sepmaine comme apparoit bien declaré par led. roolle VII^l X^s VI^d.

A XI commissaires pour six jours de lad. sepmaine à V^s par jour vallent XVI^l X^s.

A VIII maistres pyonniers bretons pour sept journées à IIII^s VI^d. t. par jour XII^l XII^s.

A xxiiii autres pyonniers aussi pour sept jours à raison de iiii^s par jour xxxiii^l xii^s.

A xx autres pyonniers aussi pour sept jours à iii^s par jour xxi^l.

A ix autres pyonniers aussi pour vii jours à ii^s vi^d par jour vii^l xvii^s vi^d.

Item pour le paiement de vi^{xx} xiiii pyonniers pour six jours ouvrables à raison de ii^s vi^d. ^t. par jour c^l x^s.

Item pour le paiement de xliii hommes qui ont vacqué en lad. sepmaine sept nuytz, lad. nuyt de dimanche comprinse à raison de ii^s vi^d par nuyt vallent xxxvii xii^s vi^d.

Somme des parties cy-dessus contenues deux cens cinquante-six livres, dix-neuf solz, six deniers tournoys dont a esté expédié acquict le xxiiiime jour de juing mil v^c et dix-sept.

Durant la sepmaine commencée le dimanche xxime jour de juing l'an mil v^c xvii led. jour comprins et le mercredi d'icelle ensuivant xxiiiime d'icelluy moys faiste de sainct Jehan-Baptiste y comprins qui sont sept jours ont esté payé les parties qui s'ensuivent :

PREMIÈREMENT

A Loys Godes marchand de cloyes demourant à Rouen, la somme de trente-une livres cinq solz tournoys pour ii^c L cloyes ayant chacune six piedz de long et quatre piedz de large à raison de xiii^l x^s. ^t. le cent rendu aud. Havre pour cecy lad. somme de xxxi^l v^s.^t.

A Guillaume Consore cordier demourant à Harfleu

pour III^c xxxv livres de cordaige à douze deniers la livre par luy livrez durant lad. sepmaine pour cecy xvi^l xv^s.

A Jaques Nourry pour plusieurs parties de clousterie, cuyr, plon, I rouetz de cuivre, fustailles et chandelle ainsy qu'il est déclaré aud. roolle xiii^l viii^d.

A Pierre Leger charpentier et à deux ses serviteurs pour six journées qu'ilz ont vacquées durant lad. sepmaine ainsi qu'il est déclaré aud. roolle la somme de lxx^l viii^s.

A Robinet Terrier, mestre du mestier de la mer et à troys ses serviteurs marigniers pour sept journées qu'ilz ont vacquées durant lad. sepmaine ainsy qu'il est déclaré aud. roolle la somme de ix^l xvi^s.

Pour le payement de unze commissaires qui ont vacqué lad. sepmaine six jours à raison de v^{s.t.} par jour la somme de xvi^l x^s.

Pour le payement de huit mestres pyonniers bretons qui ont vacqué lesd. sept jours comprins lesd. faistes à raison de iii^s vi^d par jour xii^l xii^s.

Pour le payement de trente pionniers qui ont vacqué lad. sepmaine sept jours lesd. faistes comprinses à raison de iiii^{s.t.} par jour vallent la somme de xvii^l.

Pour le payement de xx autres pionniers qui ont vacqué en lad. sepmaine semblable espace de vii jours à raison de iii^{s.t.} par jour vallent xxi^l.

Pour le payement de seize autres pionniers qui ont vacqué en lad. sepmaine sept jours lesd. faistes comprinses à lad. raison de ii^s vi^{d.t.} par jour vallent xiiii^l.

Pour le payement de vii^{xx} xiii pionniers qui ont vacqué en lad. sepmaine v jours ouvrables à raison de

IIˢ VIᵈ·ᵗ· par jour vallent la somme de IIIIˣˣ XVIˡ Vˢ.

Pour le payement de cinquante deux autres pionniers et manouvriers qui ont besongné sept nuytz en lad. sepmaine les nuytz desd. faistes comprinses à raison de IIˢ VIᵈ·ᵗ· par nuyt vallent la somme de XLVˡ Xˢ.

Somme des parties cy dessus contenues IIIᶜ XXIIˡ XIˢ VIIIᵈ tournoys dont a esté expédié l'acquict le derrain jour de juing l'an mil cinq cens dix sept.

Durant la sepmaine commencée le dimanche XXVIIIᵐᵉ jour de juing et finissant le samedi IIIIᵐᵉ jour de juillet en laquelle sepmaine est compris le dimanche et le jeudi ensuivant jour feste Sainct-Pierre durant lesquelz a esté besongné le jour et la nuyct qui sont sept jours ont esté payées les parties qui s'ensuivent.

ET PREMIÈREMENT

A Denis de la Marine marchant de boys demourant à Tancarville la somme de sept vingts quatre livres tournoys pour son paiement de VIIIˣˣ pictz de boys à raison de XVIIIˢ chacun pic ayant de longueur XXXVI piedz et d'espoisse II piedz vallent VIIˣˣ IIIIˡ.

A Guillaume Consore cordier demourant aud. Harfleu pour son paiement de IIᶜ XXXVII livres de gros cordaige par luy livrés durant lad. sepmaine comme apparoit par led. roolle à raison de XIIᵈ la livre cy la somme de XIˡ XVIIˢ.

A Jehan Bullant demourant aud. Harfleu pour picquoys, clouterye, ferrailles, oultilz, pompe, seilles de boys, suif, chandelle, fustailles et autres parties payées durant lad. sepmaine comme apparoit par led. roolle la somme de XIX¹ XIˢ VIIIᵈ.

A Pierre Leger maistre charpentier et Marin Mylloys son serviteur pour chacun six journées qu'ilz ont besongné durant lad. sepmaine, c'est assavoir led. Leger à vˢ et led. Mylloys à IIIIˢ par jour LIIIIˢ.

A Robinet Terrier maistre du mestier de la mer, Girard Delisle, Jehan Crocq, Philippes Petit, ses serviteurs ayans la charge des pompes pour leur paiement de lad. sepmaine ainsi qu'il est contenu aud. roolle la somme de IX¹ XVIˢ.

Pour le paiement de XI commissaires qui ont vacqué en lad. sepmaine le jour de dimanche compris et la feste Saint-Pierre compris VII jours à raison de Vˢ par jour vallent XIX¹ Vˢ.

Pour le paiement de huit autres pyonnyers bretons qui ont vacqué en lad. sepmaine cinq jours à raison de IIIˢ VIᵈ par jour vallent IX¹.

Pour le paiement de XXX pyonniers qui ont aussi vacqué V jours à raison de IIIˢ par jour vallent XXX¹.

Pour le paiement de XXVII autres pyonnyers qui ont vacqué en lad. sepmaine compris lesd. festes, de dimanche et Sainct-Pierre VII jours à raison de IIIˢ par jour vallent XXVIII¹ VIIˢ.

Pour le paiement de VIIIˣˣ XI autres manouvriers et pyonnyers qui ont vacqué en lad. sepmaine V jours à raison de IIˢ VIᵈ par jour CVI¹ XVIIˢ VIᵈ.

Item pour le paiement de XXVI autres pyonnyers à lad. raison de IIˢ VIᵈ par jour qui ont vacqué VII jours compris lesd. festes vallent XXII¹ XVˢ.

Item pour le paiement de lii autres pyonnyers qui ont vacqué en lad. sepmaine sept nuyctz à raison de ii^s vi^d par nuyct xlv^l x^s.

Somme des parties cy devant declaréez quatre cens quarante neuf livres treize solz deux deniers tournoys dont a esté expédié l'acquict le vime jour de juillet l'an mil cinq cens et dix sept

Durant la sepmaine commencée le dimanche vme jour de juillet mil v^c xvii ont esté payées pour le Havre de Grace les parties qui s'ensuivent

ET PREMIÈREMENT

A Micquellet Ferey et Jehan Gauvin maistres maçons ayans la charge de maçonnerye dud. Havre pour ii^c xxv toises par eulx faictes et parfaictes à raison de xxii^l x^s la toise comme apparoit par led. roolle sur ce jourduy expedié v^m iiii^{xx} v^l.

A Guillaume Consore cordier pour ii^c lxxvii livres de gros cordaige par luy livrés durant lad. sepmaine à raison de xii deniers la livre vallent xiii^l xvii^d

A Guillaume Tanquerel pour seilles, aiz, clouterye, houes, picquoys, billes, goutran, suif, chandelles et autres parties par luy livrées durant lad. sepmaine comme appert par led. roolle la somme de xxx^l xvi^s.

A Pierre Leger charpentier et Marin Milloys pour six journées qu'ilz ont besongné durant lad. sepmaine led. Leger à v^s par jour et led. Milloys à iiii^s comme appert par led. roolle pour ce liiii^s.

A Robinet Terrier, Girard Delisle, Jehan Croc et

Philippes Petit mariniers ayant lad. charge des pompes pour leur paiement de lad. sepmaine ainssi qu'il est à plain déclaré aud. roolle ix^l xvi^s.

Pour le paiement de quatre beneaulx qui ont vacqué vi jours en lad. sepmaine à raison de x solz par jour pour chacun beneau la somme de xii^l.

Pour le paiement de unze commissaires qui ont vacqué en lad. sepmaine compris le dimanche vii jours à raison de v^s par jour vallent xix^l v^s.

Pour le paiement de huit maistres pyonniers bretons qui ont vacqué en lad. sepmaine six jours, à raison de iii^s vi^d par jour vallent x^l xvi^s.

Pour le paiement de trente autres pyonnyers à raison de iiii^s par jour pour six jours qu'ilz ont vacqué durant lad. sepmaine la somme de xxxvi^l.

Pour le payement de xxvii autres pyonnyers qui ont besongné vii jours en lad. sepmaine compris le dimanche, à raison de iii^s. ^{t}. par jour vallent la somme de xxviii^l vii^s.

Pour le payement de viii^{xx} xvi manœuvriers et pyonnyers qui ont vacqué en lad. sepmaine vi jours à raison de ii^s vi^d par jour comme apparoit par led. roolle la somme de vi^{xx} xii^s.

Pour le paiement de xxvi autres pyonnyers à lad. raison de ii^s vi^d par jour qui ont vacqué vii jours compris le dimanche en lad. sepmaine, xxii^l xv^s.

Pour le paiement de lii autres pyonnyers qui ont vacqué en lad. sepmaine vii nuyctz à raison de ii^s vi^d par nuyct. xlv^l x^s.

Somme des parties cy-dessus contenues : cinq mil

quatre cens quarante huit livres seize solz tournoys dont a esté expedié le roolle le xiiime jour de juillet mil vc et dix-sept.

XV.

Estat abregié de la despence qui cest faicte au Havre de Grace jusques au xiime jour de juillet mil vc xvii [1].

Le premier roolle monte à .	cxii l xii s iiii d.
Le iime.	iiiixx xiii l xvii s vi d.
Le iiime	ii c iiiixx vi l iiii s viii d.
Le iiiime.	ixxx xi l xv s vi d.
Le vme.	iii c lxxiiii l viii s.
Le vime.	iii c xvii l xii s.
Le viime.	iiii c lii l xii s x d.
Le viiime.	iiii c v l xv s viii d.
Le ixme.	ii c xlix l i s ii d.
Le xme.	ii c lvi l xix s vi d.
Le xime.	iii c xxii l xi s viii d.
Le xiime.	iiii c xlix l xiii s ii d.
Le xiiime	v m iiii c xlviii l xvi s.
Toutal.	viii m ix c lxii l.

[1] Les deux premiers rôles de cette récapitulation manquent. Les copies qui précèdent vont du troisième au treizième. Le montant du premier que nous avons publié est compris dans le total du troisième rôle de cet état abrégé de la dépense faite au Havre du 27 avril au 12 juillet 1517.

XVI.

Huit copies des roles de la dépense faite pour la construction du port et des fortifications du Havre de Grace [1].

— 12 juillet — 5 septembre 1517. —

Parties paiées durant la sepmaine commencée le dimanche XIIme juillet et finie le samedi ensuivant XVIIIme dud. moys dans laquelle a sept jours compris led. dimanche durant lesquelz a esté besongné le jour et la nuyct comme es autres sepmaines précédentes.

ET PREMIÈREMENT

A Loys Godes, marchant de boys, demourant à Rouen, pour son paiement de II^c L cloyes par luy livrées durant lad. sepmaine à raison de XII^l X^s le cent rendues aud. Havre de Grace, cy XXXI^l V^s.

A Guillaume Consore, marchant de boys, demourant à Harfleu, pour son paiement de II^c IIII^xx XVI livres et demye de cordaige à raison de XII^d la livre, XIIII^l XVII^s VI^d.

A Jaques Nourry, demourant à Harfleu, pour II pompes, III poullyes de cuyvre, II cuyrs et demy de cuyr gras, II XII^nes et demye de seilles de boys, huit livres suif et six livres de chandelles ainssi qu'il est à plain contenu aud. roolle, XX^l XV^s.

---

[1] Au dos de chacune de ces pièces est écrit: coppie pour monseigneur le vis-admiral.

A Robinet Terrier et à trois mariniers ses serviteurs pour le paiement de chacun vii jours qu'ilz ont vacqué durant lad. sepmaine ainsi qu'il est à plain contenu aud. roolle la somme de ix¹ xvi ˢ.

Pour le paiement de xii commissaires à raison de v ˢ qui ont vacqué lesd. vii jours en lad. sepmaine cy xxi¹.

Pour le paiement de huit maistres pyonnyers bretons à raison de iiii ˢ vi ᵈ par jour qui ont vacqué six jours en lad. sepmaine x¹ xvi ˢ.

Pour le paiement de xxxi autres pyonniers à raison de iiii ˢ par jour qui ont vacqué six jours en lad. sepmaine xxxvii¹ iiii ˢ.

Item pour le paiement de xxvii autres pyonnyers à raison de iii ˢ par jour qui ont vacqué en lad. sepmaine vallent à lad. raison xxviii¹ vii ˢ.

Item pour le paiement de vi ˣˣ xvi pyonnyers qui ont vacqué en lad. sepmaine six jours à raison de ii ˢ vi ᵈ. t. par jour cii¹. t.

Item pour le paiement de xxxiiii autres pyonnyers qui ont vacqué en lad. sepmaine comprins led. dimanche vii jours à raison de ii ˢ vi ᵈ par jour vallent xxix¹ xv ˢ.

Item pour le paiement de lx manouvriers qui ont vacqué en lad. sepmaine sept nuyctz à raison de ii ˢ xi ᵈ par nuyct vallent lii¹ x ˢ.

Somme des parties contenues aud. roolle : trois cens cinquante huit livres cinq solz six deniers tournoys dont a esté expedié l'acquict le xx ᵐᵉ jour de juillet mil cinq cens et dix sept.

Durant la sepmaine commencée le dimanche xixme jour de juillet finie le samedi ensuivant xxvme dud. moys ont esté payées pour le Havre de Grace les parties qui s'ensuivent.

ET PREMIÈREMENT

A Jehan Delysle marchant demourant à Harfleu pour ung cent de Cloyes par luy livrées par marché faict rendues aud. Havre x^l x^s.

A Guillaume Consore cordier demourant aud. Harfleu pour ii^c iiii^{xx} xvii livres et demye de gros cordaige à raison de xii deniers la livre xiiii^l xvii^s vi^d.

A Jehan Bullant demourant aud. Harfleu pour plusieurs parties de clouterye, brouetes, clapetz, fustailles, seilles de boys, cuyr, suif, chandelle ainsi qu'il est à plain contenu aud. roolle la somme de x^l iiii^s.

A Robinet Terrier maistre du mestier de la mer, Girard Delisle, Jehan Cracq et Jehan Petit pour vii journées qu'ilz ont vacqué durant lad. sepmaine ainsi qu'il est contenu aud. roolle ix^l xvi^s.

Pour le paiement de xii commissaires à raison de v^s par jour qui ont vacqué vii jours en lad. sepmaine vallent xxxi^l.

Pour le paiement de huit autres pyonnyers bretons qui ont vacqué en lad. sepmaine cinq jours à raison de iiii^s vi^d par jour ix^l.

Pour le paiement de xxx autres pyonnyers qui ont vacqué en lad. sepmaine v jours à raison de iiii^s par jours xxx^l.

Pour le paiement de xxvii autres pyonnyers qui ont vacqué en lad. sepmaine comprins les festes vii jours vallent à iii s par jour xxviii^l vii s.

Pour le paiement de vi^xx iiii autres pyonnyers et manouvriers qui ont vacqué en lad. sepmaine v jours à raison de ii s vi d par jour vallent lxxviii^l x s

Pour le paiement de xxxiiii autres pyonnyers qui ont vacqué en lad. sepmaine vii jours comprins lesd. festes à lad. raison de ii s vi d par jour vallent xxxix^l xv s.

Item pour le paiement de lx compaignons manouvriers qui ont vacqué en lad. sepmaine sept nuyctz les nuyctz desd. Festes comprinses pour ce cy à la raison de ii s vi d par nuyct lii^l x s.

Somme toutal des parties contenues aud. roolle : deux cens quatre vingts treize livres neuf solz six deniers tournoys. Faict et expedié led. roolle le xxviime jour de juillet mil v^c xvii.

Durant la sepmaine commencée le dymanche xxvime jour de juillet et finissant le samedy ensuivant premier jour d'aoust qui sont sept jours ont esté payées les parties qui s'ensuivent pour le faict de l'édiffice du Havre de Grace.

ET PREMIÈREMENT

A Jehan Lemery merchant de boys demourant à Rouen, la somme de cinquante une livre six solz tournoys pour son payement de ii^c xxviii aiz de dix pied de long et troys doiz d'épesseur à raison de iiii s vi d tournoys pièce pour ce li^l vi s.

A Guillaume Consore cordier pour son payement de
II^c IIII^{xx} XVII et demye l. de gros cordaige à raison de
XII^d la livre par luy fourniz durant lad. sepmaine la
somme de XIIII^l XVII^s.

A Jaques Nourry pour vente de seilles de boys,
arbres, cuyr, suif et chandelle ainsy qu'il est contenu
aud. roolle la somme de XIIII^l V^s VI^d.

A Robinet Terrier bon maistre du mestier de la mer,
Girard Delisle, Jehan Crauc et Jehan Petit, mariniers
pour les journées qu'ilz ont vacqué en lad. sepmaine
ainsy qu'il est déclairé aud. roolle la somme de IX^l XVI^s.

Pour le payement de XII commissaires ordonnez à
fere besongner les pionniers, manouvriers et brouettiers
à raison de V^s. t. par jour qui ont vacqué chacun sept
jours en lad. sepmaine lesd. festes comprinses vallent
la somme de XXI^l.

Pour le payement de huyt maistres pionniers bretons
à raison de IIII^s VI^d par jour qui ont vacqué en lad.
sepmaine VI jours vallent X^l XVI^s.

Item pour le payement de XXX autres pionniers à
raison de IIII^s VI^d par jour qui ont vacqué en lad. sepmaine VI jours vallent XLVI^l.

Item pour le payement de XXXIIII autres pionniers
à raison de III^s. t. par jour qui ont vacqué en lad. sepmaine comprinses lesd. festes sept jours vallent XXXV^l
XIIII^s.

Item pour le payement de VI^{xx} IIII autres pionniers
qui ont vacqué en lad. sepmaine lesd. festes comprinses
sept jours vallent à lad. raison de II^s VI^d. t. par jour XXIII^l
XII^s VI^d.

Pour le payement de lx autres pionniers qui ont vacqué en lad. sepmaine sept nuys à la raison de ii^s vi^d par nuyt vallent lii^l x^s.

Somme de la despence de la sepmaine dessus déclairée troys cens soixante deux livres dix sept solz six deniers tournoys dont sera expedié l'acquict en forme en me rendant ceste presente sinée de ma main le viiie jour d'aoust l'an mil v^c xvii ainsi signé,

N. DE LA PRYMAUDAYE.

Durant la sepmaine commançant le dymanche iime jour d'aoust et finissant le samedi en suivant viiime jour dud. moys qui sont sept jours comprins led. dimanche ont esté payées les parties qui s'ensuivent.

ET PREMIÈREMENT.

A Guillaume Consort, cordier demourant aud. Harfleu la somme de xiii l. t. pour ii^c lx livres de gros cordaige ainsi qu'il est contenu aud. roolle sur ce expédié, pour ce xiii^l.

A Jehan Bullant demourant aud. Harfleu pour plusieurs parties de clousterye par luy fournies ainsi qu'il est à plain contenu aud. roolle durant lad. sepmaine la somme de iiii^l x^s.

A Jacques Nourry demourant aud. Harfleu pour seilles de boys, cuyr, clappetz, suif, chandelles et poullyes ainsy qu'il est à plain contenu aud. roolle la somme de vi^l xii^s vi^d.

A Robinet Terrier et à troys mariniers ses serviteurs

qui ont la charge des pompes pour chacun sept journées qu'ilz ont vacquées en lad. sepmaine, led. Terrier à x s. t. par jour et sesd. serviteurs à vi s. t. la somme de ix¹ xvi s.

Pour le payement de xii commissaires qui ont vacqué en lad. sepmaine sept jours à raison de v s. t. par jour xxi¹.

Pour le payement de huit maistres pionnyers bretons qui ont vacqué en lad. sepmaine six jours à raison de iiii s vi d. t. par jour x¹ xvi s.

Pour le payement de xxx pionnyers qui ont vacqué en lad. sepmaine vi jours à raison de iiii s. t. par jour xxxvi¹.

Pour le payement de xxxiiii autres pionnyers qui ont vacqué en lad. sepmaine sept jours à raison de iii s. t. par jour comprins led. dymanche la somme de xxxv¹ xiiii s.

Pour le payement de vi xx iiii pionnyers qui ont vacqué en lad. sepmaine six jours à raison de ii s vi d. t. par jour iiii xx xiii¹.

Pour le payement de xxvii manouvriers qui ont vacqué en lad. sepmaine led. dymanche comprins sept jours à raison de ii s vi d. t. par jour vallent xxiii¹ xii s vi d.

Item pour le payement de lx manouvriers qui ont besongné durant les nuytz en lad. sepmaine qui sont sept nuyts à raison de ii s v d. t. par chacune nuyt la somme de lii¹ x s.

Somme des parties contenues cy dessus troys cens six livres tournoys dont a esté expédié le roolle le xime jour d'aoust l'an mil v^c et xvii.

Durant la sepmaine commancée le dymanche IXme jour d'aoust led. jour samedi d'icelle jour nostre dame comprins qui sont sept jours ont esté payées pour l'édiffice du Havre de Grace les parties qui s'ensuivent.

ET PREMIÈREMENT.

A Guillaume Consort, marchant cordier, demourant à Harfleu, pour son payement de CXII livres de gros cordaige à raison de XII d. t. la livre par luy livréez durant lad. sepmaine pour les causes à plain contenues aud. roolle la somme de CXII s. t.

A Jehan Bullant, demourant aud. Harfleu pour plusieurs parties de clousterie, seilles de boys, cuyr, clappetz, suif, chandelle par luy fournies durant lad. sepmaine, ainsi qu'il est à plain contenu aud. roolle la somme de VII^l XV^s.

A Robert Terrier bon m^tre du mestier de la mer et à troys mariniers ses serviteurs pour chacun sept journées qu'ilz ont vacquées, led. Terrier à X^s.t. par jour et sesd. serviteurs à VI^s.t. par jour IX^l XVI^s.

Pour le payement de huit m^tres pioniers bretons qui ont vacqué en lad. sepmaine V jours à raison de IIII^s VI^d par jour IX^l.

Pour le payement de XII commissaires qui ont vacqué durant lad. sepmaine lesd. festes comprinses, VII jours à raison de V^s.t. par jour vallent XXI^l.

Pour le payement de XXX autres pioniers qui ont vacqué en lad. sepmaine cinq jours à raison de IIII^s.t. par jour vallent XXX^l.

Pour le payement de xxxiii autres pioniers qui ont vacqué en lad. sepmaine comprins lesd. festes vii jours à raison de iii s. t. par jour xxxvl xiiii s.

Pour le payement de vixx quatre manouvriers qui ont vacqué en lad. sepmaine v jours à raison de ii s vi d par jour vallent la somme de lxxviil x s.

Pour le payement de xxvii autres manouvriers qui ont vacqué en lad. sepmaine lesd. festes comprinses, vii jours à raison de ii s vi d. t. par jour vallent xxiiil xii s vi d.

Item pour le payement de lx autres manouvriers qui ont vacqué en lad. sepmaine sept nuytz les nuytz desd. festes comprinses vallent à raison de ii s vi d par nuyt liil x s.

Somme des parties mentionnées cy dessus deux cens soixante douze livres neuf solz six deniers tournoys dont a esté expédié le roolle le xviime jour d'aoust l'an mil cinq cens et dix-sept.

Durant la sepmaine commencée le dymanche xvime jour d'août led. jour comprins et finissant le samedi ensuivant xxiime dud. moys ont esté payées pour l'édiffice du Havre de Grasse les parties qui s'ensuivent.

ET PREMIÈREMENT.

A Guillaume Consort marchant cordier demourant aud. Harfleu, pour son payement de iic xxxv livres de gros cordaige à raison de xii d la livre par luy livrez durant lad. sepmaine, ainsy qu'il est à plain contenu aud. roolle la somme de xi l xv s.

A Jehan Bullant, demourant aud. Harfleu, pour plussieurs parties de clousterie, seilles de boys, cuyr, boys, suif et chandelle, ainsy qu'il est à plain contenu aud. roolle, pour cecy x l viii s.

A Robert Terrier, bon m^tre du mestier de la mer et à troys mariniers ses serviteurs pour chacun sept journées comprins led. dymanche, led. Terrier à x s. t. par jour et sesd. serviteurs à vi s. t., pour ce ix l xvi s.

Pour le payement de xii commissaires qui ont vacqué en lad. sepmaine comprins led. dymanche, vii jours vallent à la raison de v s. t. par jour, pour ce xxi l.

Pour le payement de huit m^tres pioniers bretons qui ont vacqué en lad. sepmaine six jours ouvrables à raison de iiii s vi d. t. par jour vallent la somme de x l xvi s.

Pour le payement de xxxii m^tres pioniers à raison de iiii s. t. par jour, qui ont vacqué six jours vallent xxxviii l viii s.

Pour le payement de xxx autres m^tres pioniers qui ont vacqué en lad. sepmaine led. dymanche comprins, vii jours à raison de iii s. t. par jour, vallent xxxi l x s.

Pour le payement de viii^xx ii manouvriers qui ont vacqué en lad. sepmaine six jours vallent à raison de ii s vi d par jour, vi^xx i l x s.

Item pour le payement de xxxvi autres manouvriers qui ont vacqué en lad. sepmaine vii nuytz à raison de ii s vi d. t. par nuyt, vallent xxviii l ii s vi d.

Somme des parties contenues cy dessus deux cens

quatre vingtz deux livres cinq solz six deniers tournoys dont a esté expedié le roolle le xxiiiime jour d'aoust, l'an mil cinq cens et dix-sept.

Durant la sepmaine finissant le xxixme jour d'aoust ont esté payéez pour le Havre de grace les parties qui s'ensuivent

ET PREMIÈREMENT.

Pour ii^c de clayes à Loys Godes demourant à Rouen la somme de xxv l. t. qui est à raison de xii^l vi^d. t. le cent rendu au Havre, pour ce xxv^l.

A Guillaume Cousore cordier demourant à Harfleu pour cordaige par luy livré durant lad. sepmaine lxxviii^s.

A Martin Fleury, pour seilles de boys, escoppes, pompes, pippes, clouterye, cuyr, chandelle et autres parties par luy payées et remboursées ainsi qu'il est à plain contenu au roolle la somme de x^l xi^s.

A Nicolas Touppelin et trois autres charpentiers durant lad. sepmaine a esté payé iiii^l.

A Girard Delisle, Jehan Croc et Jehan Petit mariniers a esté payé durant lad. sepmaine vi^l vi^s.

Pour le payement de xiii commissaires qui ont vacqué en lad. sepmaine vii jours les festes comprinses a esté payé à raison de v^s par jour la somme de xxii^l xv^s.

Pour le paiement de huit maistres pyonnyers bretons qui ont vacqué en lad. sepmaine cinq jours à raison de iiii^s vi^d par jour ix^l.

Pour le payement de xxx autres pyonnyers et commissaires à raison de iiii s par jour qui ont vacqué en lad. sepmaine cinq jours a esté payé xxx l.

Pour le payement de xx autres pyonniers qui ont vacqué en lad. sepmaine cinq jours à raison de iii s par jour xv s.

Pour le payement de viii xx ii manouvriers qui ont vacqué en lad. sepmaine v jours à raison de ii s vi d par jour ci l v s.

Pour le payement de xx autres manouvriers qui ont vacqué en lad. sepmaine les festes comprinses sept jours à lad. raison de ii s vi d par jour xvii l x s.

Pour le paiement de dix autres compaignons qui ont vacqué en lad. sepmaine sept nuytz à raison de iii s par nuytz vallent x l x s.

Pour le paiement de xi autres manouvriers qui ont vacqué en lad. sepmaine sept nuyctz avec les dessusd. à raison de ii s vi d par nuyct ix l xii s vi d.

Somme des parties cy devant contenues deux cens soixante cinq livres sept solz six deniers tournoys dont a esté expedié le roolle le dernier jour d'aoust l'an mil cinq cens et dix sept.

Durant la sepmaine finissant le samedy vme jour de septembre ont este payéez pour le faict du Havre de grace les parties qui s'ensuivent

ET PREMIÈREMENT

A Micquelet Férey et Jehan Gauvain maistres maçons dud. Havre pour le paiement de iii^c lviii toises, ung tiers de toise à raison de xxii¹ x︎s la toise ainsi qu'il est contenu aud. roole a esté payé la somme de viii︎m lxii¹ x︎s.

A Jehan Lepermentier pour ii douzaines de brouetes rendues aud. Havre a esté payé iiii¹ iiii︎s.

A Guillaume Consore cordier pour cordaige par luy livré durant lad. sepmaine a esté payé lix︎s vi︎d.

A Jehan Bullant pour plusieurs parties de clouterye, cuyr, chandelle par luy livréez durant lad. sepmaine, iiii¹ xv︎s.

A Girard Delisle, Jean Croc et Jehan Petit mariniers a esté payé pour chacun vii jours en lad. sepmaine à vi︎s par jour vi¹ vi︎s.

A Thomas Theroulde maistre maçon de Caudebec pour le voiage qu'il a faict à venir toiser l'ouvrage de maçonnerye a esté payé x¹.

Pour le paiement de xiii commissaires qui ont vacqué en lad. sepmaine vii jours à raison de v︎s par jour xxii¹ xv︎s.

Pour le paiement de huit maistres-pyonyers bretons qui ont vacqué en lad. sepmaine six jours à raison de iiii︎s vi︎d par jour vallent la somme x¹ xvi︎s

Pour le paiement de trente huit maistres pyonyers, en ce compris commissaires charpentiers à raison de iiii︎s par jour qui ont vacqué en lad. sepmaine six jours a esté payé xlv¹ xii︎s.

Pour le paiement de xx autres pyonnyers qui ont vacqué en lad. sepmaine semblable espace de six jours à raison de iii︎s par jour a esté payé xviii¹.

Pour le paiement de viii︎xx ii manouvriers qui ont

vacqué en lad. sepmaine semblable espace de six jours à raison de II^s VI^d par jour vallent VI^{xx} I^l X^s.

Pour le paiement de XX autres manouvriers qui ont vacqué en lad. sepmaine compris led. dimanche VII jours vallent à lad. raison de II^s VI^d par jour XVII^l X^s.

Pour le paiement de dix autres compaignons qui ont vacqué en lad. sepmaine VII nuytz à la raison de III^s par nuyt X^l X^s.

Pour le paiement de XI autres compaignons qui ont vacqué en lad. sepmaine avec les dessusd. VII nuytz à raison de II^s VI^d par nuyt IX^l XII^s VI^d.

Somme toutal des parties cy devant contenues huit mil trois cens quarante sept livres tournois dont a esté expedyé le roolle le VIIme jour de septembre l'an mil cinq cens dix sept.

XVII

Ordre de payement adressé par M. de Chillou au receveur général de Normandie.

— 7 septembre 1517. —

Monsieur le receveur general de Normandye, maistre Guillaume Preudhomme, conseiller du Roy nostre sire et par luy commys pour faire le compte et finir le paiement de la construction et ediffice du port et havre de Grace paiez et delivrez comptant à Micquiel Ferey et Jehan Gauvain maistres maçons aiant la charge de la maçonnerye dud. Havre, la somme de huit mil soixante deux livres dix solz tournois, pour leur paiement de troys cens cinquante huit toises et ung tiers de toise de massonerye par eulx faicte et parfaicte à raison de XXII livres x solz tournois la toise et en oultre et par dessus, leur paiement de deux cens vingt six toises d'autre massonerye par eulx cy devant faicte, dont ilz ont par vous esté paiez à lad. raison et en rapportant ceste presente il vous sera expédié acquict de lad. somme de VIII^m LXII livres x solz tournois à employer en vos roolles.

Faict le VIIme jour de septembre mil cinq cens et dix sept.

GUYON LE ROY.

Au dos est écrit: Ordre de monseigneur l'admiral pour payer les maçons.

XVIII.

Trois copies des rôles de la dépense faite pour la construction du port et des fortifications du Havre de Grace[1].

— 6 septembre — 26 septembre 1517. —

Durant la sepmaine commencée le dymence VIme jour de septembre et finissant le samedy ensuyvant

---

[1] Au dos de chacune de ces pièces est écrit : coppie pour monseigneur le vis admiral.

XIIme jour dud. moys le jour Nostre Dame comprins, qui fust le mardy d'icelle sepmaine ont esté paiez les partyes qui s'ensuyvent pour le Havre de Grace

ET PREMIÈREMENT

A Jacques Regnault pour XXXIX pictz de boys à raison de XVIII s. t. la pièce la somme de XXXV l II s.

A Jehan Bullant marchant demourant en Harfleu pour clouterye, cuir et chandelle par luy livrés durant lad. sepmaine la somme de CIII s VIII d.

Pour le paiement de sept charpenthiers qui ont faict le rempare devant la mer pour leurs journées comptez aud. roolle la somme de VI l X s.

Aux deux mariniers qui ont la garde des pompes pour chacun six journées qu'ilz ont vacqué en lad. sepmaine à raison de VI s. t. par jour LXXII s.

Pour le paiement de huit commissaires à raison de de V s. t. par jour pour six journées qu'ilz ont vacquées en lad. sepmaine le somme de XII l.

Pour le paiement de huit maistres pyonnyers bretons qui ont vacqué en lad. sepmaine cinq journées à raison de IIII s. t. VI d. par jour la somme de IX l.

Pour le paiement de XXIX autres pyonniers qui ont vacqué en lad. sepmaine cinq journées à raison de IIII s. t. par jour XXIX l.

Pour le paiement de XIX autres pyonniers qui ont vacqué en lad. sepmaine cinq journées à raison de III s. t. par jours XIIII l V s.

Pour le payement de VIII^xx II pyonniers et manouvriers qui ont vacqué en lad. sepmaine cinq journées à raison de II^s VI^d.^{t}. par jour la somme de CI^l V^s.

Pour le paiement de dix manouvriers qui ont vacqué en ladicte sepmaine sept journées led. dymence et feste de Nostre Dame comprins à raison de II^s VI^d.^{t}. par jour vallent la somme de VIII^l XV^s.

Pour le paiement de XII autres manouvriers qui ont vacqué en la dicte sepmaine une nuyt chacun à raison de II^s VI^d.^{t}. par nuyt pour homme vallent XXX^s.

Somme des partyes cy dessus declerez deux cens vingt six livres deux solz huit deniers tournoys dont a esté expédié le roolle le XIIIIme jour de septembre l'an mil V^c dix sept.

Durant la sepmaine commencée le lundy XIIIme jour de septembre et finissant le samedy XIXme dud. moys ont esté payéez pour le Havre de Grace les parties qui s'ensuyvent

ET PREMIÈREMENT

A Richard Boullart demourant à Honnefleu pour deux XIImes de sivières à raison de XVIII^d.^{t}. pièce la somme de XXXVI^s.

A Jehan Bullant pour clouterye et cuir ainsi qu'il est compté au roolle la somme de IIII^l XVII^s VI^d.

A Jehan Croq et Jehan Petit mariniers qui ont la charge des pompes pour chacun V journées qu'ilz ont vacqué en lad. sepmaine à raison de VI^s.^{t}. par jour la somme de LX^s.^{t}.

Pour le paiement de huit commissaires qui ont vacqué en lad. sepmaine v jours à raison de v s. t. par jour x l.

Pour le paiement de huit maistres pyonniers bretons qui ont vacqué en lad. sepmaine cinq jours à raison de IIII s. VI d. t. par jour IX l.

Pour le paiement de XXVIII autres pyonniers qui ont vacqué en lad. sepmaine cinq jours à raison de IIII s. par jour XXVIII l.

Pour le paiement de XIX autres pyonniers qui ont vacqué en lad. sepmaine cinq jours à raison de III s par jour XIIII l v s.

Item pour le paiement de VIII xx II autres pyonniers qui ont vacqué en lad. sepmaine cinq jours, à raison de II s VI d. t. par jour la somme de CI l. v s.

Sommes des partyez cy dessus contenues huit vingtz douze livres troys solz tournoys dont a esté expédié l'acquict du XXIme jour de septembre l'an mil v^c. dix sept.

Durant la sepmaine finissant le samedy XXVIme jour de septembre mil cinq sens dix sept ont été payées pour le Havre de Grace les parties qui s'ensuivent.

A Jehan Bullant demourant à Harfleu pour plusieurs parties de clouterye par luy payéez durand lad. sepmaine comptées par led. roolle la somme de LV s. t.

A Denis Lefran pour cuyr, goutran, estouppes et fil durant lad. sepmaine. LI s.

A Jehan Croc et Jehan Petit mariniers pour chacun v journées à raison de vi s. par jour lx s.

Pour le paiement de viii commissaires qui ont vacqué en lad. sepmaine cinq jours à raison de v s par jour x l.

Pour le paiement de huit maistres pyonnyers bretons qui ont vacqué en lad. sepmaine v jours à raison de iiii s. vi d. par jour ix l.

Pour le paiement de xxviii autres pyonnyers à raison de iiii s. t. par jour qui ont vacqué en lad. sepmaine, cinq jours vallent la somme de xxviii l.

Pour le paiement de xviii autres pyonnyers à raison de iii s. t. par jour, pour cinq jours xiii l. x s.

Pour le paiement de viii xx viii autres pyonnyers qui ont vacqué en lad. sepmaine cinq jours à raison de ii s vi d. t. par jour cv l.

Sommes des parties cy dessus contenues huit vingts treize livres seize solz tournoys dont a esté expedyé le roolle le xxviii me jour de septembre l'an mil cinq cens et dix sept.

XIX.

Rôle de la dépense faite au Havre de Grâce du 21 au 26 septembre 1517[1].

Roolle des parties de despence que messire Guyon le Roy, chevalier, seigneur de Chillou, vis admiral de

[1] Ce Rôle, dont la pièce précédente est la copie abrégée, nous a été communiqué par notre savant confrère, M. L. Delisle, qui l'a trouvé dans la série des quittances et pièces diverses de la Chambre des

France a ordonnées estre paiées durant la sepmaine commencée le lundi XXIme jour de ce présent moys de septembre et finissant le samedi ensuivant XXVIme jour dud. moys en laquelle sepmaine a cinq jours ouvrables, par maistre Guillaume Preudomme notaire et secrétaire du Roy nostre sire et par luy commis à tenir le compte et faire le paiement de la construction et ediffice des port et Havre de Grace aux personnes, pour les causes et ainsi qu'il s'ensuict.

ET PREMIÈREMENT

Achapt de clouterye. A Jehan Bullant, marchant demourant à Harfleu la somme de LV s. t. pour son paiement des parties par luy livréez tant pour servir aux pompes estans à icelluy Havre que eschafaudaiges d'icelles.....

Achapt de cuyr, goutran, estouppes et fil tant pour servir ausd. pompes que à l'auge qui a esté faicte à la grant trenchée pour l'esgoust des eaues d'icelluy Havre.....

Journées de mariniers. A Jehan Croc et Jehan Petit, compaignons du mestier de la mer, la somme de LX s. t. pour cinq journées qu'ilz ont vacquées en lad. sepmaine, à raison de VI s. t. chacun par jour à remonster et acoustrer les pompes estant es fondemens d'icellui Havre..... pour la vuidange des eaues estans à iceulx

---

Comptes, conservée à la Bibliothèque de la rue Richelieu, et confirme par son identité l'authenticité de celles découvertes dans le Chartrier d'Azay-le-Rideau.

fondemens, desquelles pompes lesd. Croc et Petit ont la charge.....

Commissaires ordonnés à faire besongner les pyonnyers, brouetiers et austres gens besongnans aud. Havre à raison de v$^{s.t.}$ par jour.... somme viii..... vallent à lad. raison de v$^{s.t.}$ par jour... x$^{l.t.}$

Pyonnyers bretons besongnans à faire les fondemens dud. Havre à raison de iiii $^{s.}$ vi $^{d.t.}$ par jour..... somme: viii vallent à lad. raison de iiii$^{s.}$ vi$^{d.t.}$ par jour... ix$^{l.t.}$

Autres pyonnyers besongnans aux fondemens dud. Havre à raison de iiii $^{s.t.}$ par jour..... somme xxviii... vallent xxviii$^{l.t.}$

Autres pyonnyers besongnans aud. Havre, à raison de iii$^{s.t.}$ par jour... somme: xviii.... vallent xiii$^{l.}$ x $^{s.t.}$

Autres pyonnyers et manouvriers besongnans aud. Havre à raison de ii$^{s.}$ vi$^{d.t.}$ par jour..... somme viii^{xx} viii... vallent cv$^{l.t.}$

Somme toutal des parties contenues en ce present roolle viii^{xx} xiii^{l} xvi$^{s.t.}$

Suivent le certificat de Guyon le Roy, du 28 septembre 1517 et l'attestation de paiement de Nicolas de la Primaudaye du 30 septembre 1517.

XX.

Quatre copies des Rôles de la dépense faite pour la construction du port et des fortifications du Havre de Grâce[1].

— 5 octobre — 31 octobre 1517 —

Durant la sepmaine commencée le lundi vme jour d'octobre et finissant le samedi xme dud. moys qui sont six jours, ont esté payées pour le Havre de Grace les partyes qui s'ensuyvent.

ET PREMIÈREMENT

A Jehan le Pellé, Cardin Guillotz et Cardin Detalonde la somme de quatre livres dix solz tournois pour le prix de chacun ung arbre, à raison de xxx^s pièce, pour cecy lad. somme de IIII^l x^s.

A Jehan Bullant pour plusieurs partyes de clouterye, cordaige et cuyr par luy lyvrées durant lad. sepmaine ainsi qu'il est contenu aud. roolle la somme de cx^s vi^d.

A Jehan Croc et Jehan Petit, compaignons mariniers pour chacun six jours qu'ils ont vacqués en lad. sepmaine à raison de vi^s par jour Lxxii^s.

Pour le paiement de huit commissaires qui ont

---

[1] Au dos de chacune de ces pièces est écrit : Coppie pour monseigneur le visadmiral.

vacqué en lad. sepmaine six jours à raison de vs par jour xii l.

Pour le paiement de huit maistres pyonniers bretons qui ont vacqué en lad. sepmaine six jours à raison de iiii s vi d par jour x l xvi s.

Pour le paiement de xxiiii autres pyonnyers qui ont vacqué en lad. sepmaine six jours à raison de iiii s par jour xxviii l xvi s.

Pour le paiement de seize autres pyonnyers qui ont vacqué en lad. sepmaine six jours à raison de iii s par jour xiiii l xvi s.

Item pour le paiement de viii xx viii autres pyonnyers et manouvriers qui ont vacqué en lad. sepmaine six jours à raison de ii s vi d pièce, vallent vi xx vi l.

Somme des partyes cy-dessus contenues deux cens cinq livres douze solz six deniers tournoys dont a esté expédié l'acquict du xii me jour d'octobre mil cinq cens et dix-sept.

Durant la sepmaine commencée le lundy xii me jour d'octobre et finissant le samedy ensuivant xvii e dud. moys v c xvii ont esté paiéez les parties qui s'ensuivent pour le faict du Havre de Grace

ET PREMIÈREMENT

A Loys Godes marchant de clayes pour ung cent de clayes rendues aud. Havre, par merché faict la somme de xi l.

A Jehan Bullant pour plusieurs parties de fer ouvré, clouterye et cuyr à plain declerez aud. roolle la somme de VII^l XVIII^s.

A Jehan Croc et Jehan Petit, mariniers, pour le le paiement de chacun six journées qu'ilz ont vacqué en lad. sepmaine à raison de VI^s par jour LXXII^s.

Pour le paiement de VIII commissaires qui ont vacqué en lad. sepmaine à raison de V^s par jour XII^l.

Pour le paiement de VIII m^{tres} pyonnyers bretons qui ont vacqué en lad. sepmaine, six journées à raison de IIII^s VI^d par jour X^l XVI^s.

Pour le paiement de unze autres pyonnyers qui ont vacqué en lad. sepmaine six journées à raison de IIII^s par jour XIII^l IIII^s.

Pour le paiement de XIII autres pyonnyers qui ont vacqué en lad. sepmaine trois jours à lad. raison de IIII^s par jour VII^l XVI^s.

Pour le paiement de XVI autres pyonnyers qui ont vacqué en lad. sepmaine trois jours à raison de III^s par jour VII^l IIII^s.

Item pour le paiement de VIII^{xx}VIII autres pyonnyers et manouvriers qui ont vacqué en lad. sepmaine trois jours à raison de II^s VI^d par jour LXIII^l.

Sommes des partyes cy dessus contenues six vingtz quinze livres dix solz tournoys dont a esté expédié le roolle du XIXme jour d'octobre l'an mil cinq cens et dix sept.

Durant la sepmaine commencée le lundy XIXme jour d'octobre et finissant le samedy ensuivant XXIIIIme dud.

moys ont esté payéez pour le Havre de Grace les partyes qui ensuivent

ET PREMIÈREMENT

A Robin Hebert, Jehan Maze, Guillaume des Monts, Estienne des Champs, Jehan Fournier, Jehan Pellé, Jaque Boullen, Richard Hetelonde et Pierre Pellé, laboureurs, demourans à Bléville, pour plusieurs arbres par eulx fourniz et livrez durant lad. sepmaine ainsi qu'il est contenu aud. roolle la somme de xvii^l vi^d.

A Robert Vigard demourant à Harfleu pour plusieurs partyes de seilles de boys, pelles, bouetes de pompes, clappetz, roues, cordaige, cuyr, chandelles et lanternes par luy livrez durant lad. sepmaine la somme de xiiii^l viii^s vi^d.

A Robinet Terrier et Jehan Petit maistres mariniers pour le paiement de lad. sepmaine ainsi qu'il est contenu aud. roolle la somme de cxvi^s.

Pour le paiement de huit commissaires qui ont vacqué en lad. sepmaine six jours à raison de v^s par jour xii^l.

Pour le paiement de huit maistres pyonnyers bretons qui ont vacqué en lad. sepmaine vi jours à raison de iiii^s vi par chaçun jour x^l xvi^s.

Pour le paiement de xxiiii autres pyonnyers qui ont vacqué en lad. sepmaine six jours à raison de iiii^s par jour la somme de xxviii^l xvi^s.

Pour le paiement de xvi autres pyonnyers qui ont

vacqué en lad. sepmaine six jours vallent à lad. raison de
IIII^s par jour la somme de XIIII^l VIII^s.

Pour le paiement de IX^{xx} XIIII pyonnyers et manouvriers qui ont vacqué en lad. sepmaine VI jours à raison de II^s VI^d par jour la somme de VII^{xx} V^l X^s.

Item pour le paiement de XVI autres manouvriers qui ont vacqué en lad. sepmaine six nuytz à raison de II^s VI^d par nuyct vallent la somme de XII^l.

Sommes des parties cy dessus contenues deux cens soixante livres quinze solz tournois dont a esté expedyé le roolle du XXVIme jour d'octobre l'an mil cinq cens et dix sept.

Durant la sepmaine commencée le dimanche XXVme jour d'octobre et finissant le samedy ensuivant dernier jour dud. moys, led. dimanche et jeudy d'icelle sepmaine jour sainct Simon sont comprins, ont esté payéez pour le Havre de grace les parties qui s'ensuivent

ET PREMIÈREMENT

A Micquelet Ferey et Jehan Gauvain m^{tres} maçons aians la charge de la maçonnerye dud. Havre pour leur paiement de II^c XLVIII toises deux piedz et demy de massonnerye à raison de XXII^l X^s la toise [1], la somme de V^m V^c III^{xx} ^{l}.

A Jehan de la Mothe marchant de boys demourant

---

[1] Voir n° 21, procès-verbal de toisage des travaux de maçonnerie du port du Havre.

à Monstierviller, pour son paiement de II mylliers de gros fagotz de huit piedz de long pour faire rampart à raison de LXV^s le cent rendus aud. Havre la somme de LXV ^l.

A Jehan Bullant marchant demourant à Harfleu pour son paiement de plusieurs parties de fer ouvré et de clouterye à plain declairéez au roolle de lad. sepmaine la somme de LXXV^l VIII^s VIII^d.

A Jehan Regnault pour tailler planches payé ainsi qu'il est contenu aud. roollè la somme de LXXIII^s.

A Cardin Joyse et   painctres demourans à Rouen qui ont pourtraict la ville de Grasse, ainssi qu'il est à plain contenu aud. roolle leur a esté ordonné la somme de....

A Jehan Benard dict Malo pour plusieurs voiages par luy faitz par les parroisses de l'ellection de Monstierviller, [pour] contraindre les gens à venir à corvées ainssi qu'il est plus à plain contenu aud. roolle, la somme de X^l IIII^s.

A maistre Thomas Theroulde maistre maçon de Caudebec, pour ung voiage par luy faict à venir toiser led. ouvraige de massonnerye, la somme de C^{s. t.}

A Josse Cormillau fontenyer et Achilles de Beaulieu pompier pour les causes contenues aud. roolle, IIII^l X^s.

A Robinet Terrier m^{tre} du mestier de la mer et Jehan Petit autre marinier pour les journées comptez aud. roolle la somme de LVI^s.

Pour le paiement de VIII commissaires qui ont vacqué en lad. sepmaine six jours, à raison de VI^s par jour la somme de XII^l.

Pour le paiement de huit m^{tres} pionnyers bretons qui ont vacqué en lad. sepmaine à raison de IIII^s VI^d par jour la somme de X^l XVI^s.

Pour le paiement de XXIIII autres maistres pionnyers qui ont vacqué en lad. sepmaine six jours à raison de IIII^s par jour, la somme de XXVIII^l XVI^s.

Pour le paiement de XVI autres pionnyers qui ont vacqué en lad. sepmaine six jours à raison de III^s par jour la somme de XIIII^l VIII^s.

Pour le paiement de IX autres pionnyers qui ont vacqué en lad. sepmaine sept journées comprins le dimenche, à raison de II^s VI^d par jour VII^l XVII^s VI^d.

Pour le paiement de IX^{xx} XIIII autres pionnyers qui ont vacqué en lad. sepmaine six jours à lad. raison de II^s VI^d par jour, la somme de VII^{xx} V^l X^s.

Item pour le paiement de XVI manouvriers qui ont vacqué en lad. sepmaine six nuytz à raison de II^s VI^d par nuyct la somme de XII^l.

Item pour le paiement de XXIIII pyonnyers qui ont vacqué en lad. sepmaine trois jours à raison de IIII^s par jour la somme de XIIII^l VIII^s.

Item pour le paiement de XII autres pyonnyers qui ont vacqué en lad. sepmaine trois jours à raison de III^s par jour la somme de CVIII^s.

Item pour le paiement de LXIIII autres pyonnyers qui ont vacqué en lad. sepmaine trois jours à raison de II^s VI^d par jour la somme de XXIIII^l.

Toutal des partyes cy dessus contenues la somme

de vi^m lxv^l xv^s ii^d tournois dont a esté expedyé le roolle du iiime jour de novembre l'an mil cinq cens dix-sept.

La despence total faicte au Havre de Grasse despuis le lundy xiiime jour d'avril jusques et y comprins le dernier jour d'octobre ensuivant v^c xvii monte vingt-sept mil six cens quatre vingtz dix huit livres, dix huit solz, dix deniers tournois obolle.

Pour ce xxvii^m vi^c iiii^{xx} xviii^l xviii^s x d. t. ob.

XXI.

Procès-verbal de toisage des travaux de maçonnerie du Havre de Grâce.

— 29 octobre 1517 —

Du jeudy xxixme jour d'octobre mil v^c et xvii, fut toisé le tesaige de la maconnerye de la tour qui n'avait esté toisé que depuys le iiiime jour de septembre et a esté toisé depuys la iime assiette du parement dedans la tour jusques à sept piedz de hault.

Le chaint de la tour de parement entre les deux gectées par dedans le Havre contient de chaint xxii toises iiii piedz et demy sur la haulteur de sept piedz à ce comprins les deux gectées à xxxvi piedz pour toise, vallent xxvi^t ɪ p et demy.

Le chaint des paremens depuys la gectée du costé devers les terres contient xvii toises et ung pied sur la haulteur de vii piedz à xxxvi piedz la toize, vallent xx^t ung pied.

La grosse espoisse autant que la tour contient chains par le parmy du mur contient de chaint xxxi toises sur la laise de xix piedz sur la haulteur de sept piedz à ɪɪ^c xvi piedz à toize, vallent cxɪɪɪɪ^t vi piedz.

La grosse espoisse de la gectée devers les prés contient de long oultre le corps de la tour ix piedz de long et xviii piedz de large sur la haulteur de vii pieds à ɪɪ^c xvi piedz la toise, vallent v^t ɪ quard.

La gectée devers la mer contient de large iiii toises et de saillye iii piedz sur sept piedz de hault à ɪɪ^c xvi piedz la toise, vallent iii^t lxxii piedz.

Le parement par dedans œuvre contient de chains xx toises sur la haulteur de vii pieds à xxxvi piedz la toise, vallent xxiii^t xi piedz.

Le chaint de la cerce de la visz par dedans œuvre contient v toises v piedz sur la haulteur de vii piedz à xxxvi piedz la toise, vallent vi^t xi piedz.

Plus les deux jambes de l'huysserye soubz la coquille de la visz contient viii piedz de chaint sur la haulteur de vii piedz à xxxvi piedz pour toise, vallent ɪ^t ɪɪ piedz.

Item deux assiettes de dessoubz les marches contient de long vi piedz et demy sur la haulteur de deux piedz parce qu'ilz sont soubz les marches n'y a plus grant haulteur à xxxvi piedz la toise, vallent xiii piedz.

Item les paremens des deux huysseryes de lad. visz pour entrer dedans le creux de la tour, contient de chaint IIII toises ung pied sur la haulteur de VII piedz à XXXVI la t., vallent IIII^t XIII p.

Item une assiette au-dessus de deux marches du creux de la tour sur le premier pallier contient XI piedz sur la haulteur d'ung pied à XXXVI piedz la toise, vallent XI piedz.

Le pas d'une des marches contient de chaint II piedz III pousses sur la longueur de VI piedz prins par le parmy de la marche, vallent XII piedz et demy.

Item le dégochissement de lad. marche contient de chaint XXII pousses de chaint qui vallent XI piedz dont y a XII marches sur la longueur de VI piedz, vallent chacune desd. marches XXIIII piedz et demy qui est en somme VIII^t VI piedz.

Le parement et paliés de dedans la visz à l'entrée de soubz lad. visz, contiennent XX^t petites II piedz à XXXVI piedz la toise, vallent III^t XIII piedz.

Item la cloture du parmy contient de long VI^t demy pied sur la hautteur de X piedz et II piedz d'espoisse à XXXVI piedz la toise tous les paremens comptés, vallent XX^t X piedz.

Item pour l'autre cloueson qui fera la séparation de la prison et de la chambre des pouldres contient de long III toises III pousses sur la hauteur de X piedz à XXXVI piedz la toise, vallent X^t II piedz et demy.

Le tout II^c XLVIII toyses II piedz et demy.

PIERRE DE LOURME. THOMAS THEROULDE.

XXII.

Quatre copies des rôles de la dépense faite pour la construction du port et des fortifications du Havre de Grace[1].

— 1er mars. — 27 mars 1518. —

Durant la sepmaine commencée le lundi premier jour de mars mil cinq cens dix sept[2] et finissant le samedi sixme jour dud. moys qui sont six jours ouvrables ont esté paiéez pour le fait du Havre de Grace les parties qui s'ensuyvent

ET PREMIÈREMENT

A Guion de Freville, Jehan Gallet son pionnyer et Massiot du Vallet pillotte qui avoyent esté délaissez aud. Havre pour la garde et seureté d'icelluy durant les moys de novembre, decembre, janvier et fevrier que fut délaissé led. ouvrage durant lequel temps ilz ont vacqué et assisté sur le lieu CXVIII jours qui est pour led. Freville et sond. pionnyer x s. t. par jour et pour led. du Vallet v s. t. par jour, pour ce IIII xx VIII^l x s.

Pour le paiement de quatre manouvriers qui ont besongné chacun cinq jours à la vuidenge des eaues

---

[1] Au dos de chacune de ces pièces est écrit : coppie pour monseigneur le vis-amiral.
[2] 1518. Nouveau style.

durant la sepmaine commencée le XVIme jour de novembre dernier passé à raison de II^s VI^d. t. par jour la somme de L^s.

A Jehan Bullant cloutier demourant à Harfleu pour quatre gros agneaulx de fer garnys de barres à crampon pour amarer navyres et pour plusieurs parties de clouterie à plain declairez aud. roolle XXXV^l XVIII^s VIII^d.

A Thibault Boudin et Zacarie Petit, marchans de plomb demourans à Harfleu pour XI^c livres de plomb par eulx livré durant lad. sepmaine à raison de X^d. t. la livre la somme de XLV^l XVI^s VIII^d.

A Robinet Terrier pour plusieurs parties de toilles, estouppes, fil et esguilles par luy fournyes et livrées durant lad. sepmaine pour servir aud. Havre ainsi qu'il est à plain contenu aud. roolle XXXIII^s.

Pour le paiement de quatorze maistres pionnyers qui ont vacqué en lad. sepmaine six jours à raison de V^s par jour la somme de XXI^l.

Pour le paiement de soixante douze autres maistres pionnyers bretons qui ont vacqué en lad. sepmaine semblable espace de six jours à raison de IIII^s.t. par jour la somme de IIII^xx VI^l VIII^s.

Pour le paiement de XVII autres pionnyers qui ont vacqué en lad. sepmaine semblable espace de six jours à raison de III^s par jour la somme de XV^l VI^s.

Et pour le paiement de II^c XXXVI autres pionnyers et manouvriers qui ont vacqué en lad. sepmaine semblable espace de six jours à raison de II^s VI^d par jour la somme de VIII^xx XVIII^l.

Somme total des parties payées durant lad. sepmaine

la somme de quatre cens soixante quatorze livres deux solz quatre deniers tournois. Fait le VIIIe jour dud. moys de mars l'an mil cinq cens dix sept[1].

N. DE LA PRIMAUDAYE.

Durant la sepmaine commencée le lundi VIIIe jour de mars mil cinq cens dix sept[2], et finissant le samedi ensuivant XIIIme jour dud. moys ont esté payées pour le fait du Havre de Grace les parties qui s'ensuyvent.

ET PREMIÈREMENT.

A Robinet Fleury mesureur de boys qui a mesuré les deux arpens de boys que le Roy a donnez à prendre en la forest de Touque ainsi qu'il est à plain contenu aud. roolle la somme de XL^s.

A Guillaume Atan demourant à Hannes de Queville[3] pour la façon de VI^c pieulx de boys et III^c clayes, lesd. pieulx de XXV et XXX piedz de long et lesd. clayes de cinq piedz de long et de troys piedz et demy de large garnys de six harses, c'est assavoir pour la façon de chacun cent desd. pieulx LII^s VI^d.t. et chacun cent desd. clayes LXII^s XI ^d.t. et pour deux milliers de fagotz de cinq piedz de long et de grosseur compectente liez à trois harses pour servir à faire rampart à raison de VI^s

---

[1] 1518, Nouveau style.
[2] 1518, Nouveau style.
[3] Hennequeville, paroisse du canton de Pont-l'Evêque, limitrophe de Trouville (Calvados).

chacun cent, pour ce et pour lesd. partyes la somme de xxxi¹ iiˢ vi ᵈ.

A Guillaume Duval demourant à Touque pour la façon de vingt douzaines de planches de vingt piedz de long et troys doys d'espoisseur à raison de xviiˢ vi ᵈ·ᵗ· chacune douzaine et pour la façon de ii ᵐ v ᶜ busches à raison de xxˢ chacun millier pour ce xx¹.

A Jullien Gruault pour la voicture de deux cens quarante cinq charetées qui ont admené et charié lesd. pieux, clayes, planches, fagotz et busches depuis la forest de Touque jusques sur la rive de la mer à raison de vˢ·ᵗ· chacune charetée ainsi qu'il est à plain contenu aud. roolle la somme de lxi¹ vˢ.

A Guillaume Aubery et Guillaume Lamballe, maistres de navyres pour leur paiement d'avoir apporté en leur nef du port de xxx tonneaulx plusieurs pieulx et clayes ainsi qu'il est déclairé aud. roolle depuis la rive de la mer de lad. forestz de Touque jusques aud. Havre à raison de viiˢ vi ᵈ pour le port de chacun tonneau de lad. nef la somme de xi¹ vˢ.

A Henry Fribert demourant à Honnefleu pour troys douzaines de brouetes à raison de iiiˢ·ᵗ· pièce et deux douzaines de bacquetieres à raison de iiiˢ pièce ainsi qu'il est contenu aud. roolle la somme de x¹ xviˢ.

A Jehan Collette, mareschal demourant aud. Honnefleu pour deux douzaines de picquoys à raison de iiiiˢ pièce par luy livrez comme appert par led. roolle la somme de iiii¹ xviˢ.

A Jehan le Villain pour soixante busches pour racoustrer les oultilz à raison de vi^d pièce comme appert par led. roolle la somme de xxx^s.

Pour le paiement de xiiii m^{tres} pionnyers qui ont vacqué en lad. sepmaine chacun vi jours à raison de v^s par jour la somme de xxi^l.

Pour le paiement de lxxii autres maistres pionnyers bretons qui ont vacqué en lad. sepmaine chacun six jours à raison de iiii^{s.t.} par jour la somme de iiii^{xx} vi^l viii^s.

Pour le paiement de xvii autres pionniers qui ont vacqué en lad. sepmaine six jours à raison de iii^s par jour xv^l vi^s.

Pour le paiement de unze autres pionnyers et manouvriers qui ont besongné chacun iiii nuytz en lad. sepmaine à raison de ii^s vi^{d.t.} par nuyt la somme de cx^s.

Item pour le paiement de troys cens unze pionnyers et manouvriers qui ont vacqué en lad. sepmaine chacun six jours vallent à raison de ii^s vi^d par jour la somme de ii^c xxxiii^l v^s.

Somme total des parties contenues cy dessus cinq cens quatre livres troys solz six deniers tournois. Fait le xvie jour de mars l'an mil cinq cens dix sept [1].

N. de la Primaudaye.

Durant la sepmaine commencée le lundi quinz^{me} jour de mars mil cinq cens dix sept [2] et finissant le samedi ensuivant xxme jour dud. moys ont esté paiéez pour le fait du Havre de Grace les parties qui s'ensuyvent :

---

[1] 1518. Nouveau style.
[2] 1518. Nouveau style.

ET PREMIEREMENT :

A Nicollas le Tellier, marchant de fer demourant à Harfleu pour son paiement de quatre grans anneaulx de fer garnis de barres à crampon poisans xviii^c xxiiii livres à raison de xv$^{d.t.}$ la livre, plus pour iiii douzaines et demye de picquoys à raison de iiii$^{s.t.}$ pièce x^l xvi^s et pour cinq gros gons pour pandre les huisseries de la tour dud. Havre iiii^l iii^s iiii$^{d.t.}$, pour cecy et pour lesd. parties la somme de vi^{xx} viii^l xix^s iiii^d.

A Pierre Huart, pour cordages et brouetes par luy livrées durant lad. sepmaine ainsi qu'il est à plain déclairé au roolle d'icelle la somme de xi^l iii^s.

A Jehan Fara, dict Malide, pour voicturées par mer par luy faictes du boys qui a esté faict en la forest de Touque ainsi qu'il est à plain contenu aud. roolle la somme de xxx^l.

Pour le paiement de xxiii maistres pionniers qui ont vacqué en lad. sepmaine chacun six jours à raison de v$^{s.t.}$ par jour la somme de xxxiiii^l x^s.

Pour le paiement de lxxiii autres maistres pionniers bretons qui ont vacqué en lad. sepmaine six jours à raison de iiii$^{s.t.}$ par jour la somme de iiii^{xx} vii^l xii^s.

Pour le paiement de xxxii pionniers et manouvriers qui ont vacqué en lad. sepmaine six jours à raison de iii$^{s.t.}$ par jour la somme de xxxviii^l xvi^s

Pour le paiement de xii autres compaignons manouvriers qui ont vacqué en lad. sepmaine sept nuytz, la nuyct dud. dimence comprinse pour la vuidange des eaues à raison de II^s VI^{d. t.} la nuyct la somme de X^l X^s.

Pour le paiement de III^c XVIII autres manouvriers et pionniers qui ont vacqué en lad. sepmaine six jours à raison de II^s VI^{d. t.} par jour la somme de II^c XXXVIII^l X^s.

Toutal des parties cy dessus declairées cinq cens soixante dix livres quatre deniers tournois dont a esté expédié le roolle au trésorier. Fait le XXIIe jour de mars l'an mil cinq cens dix sept [1].

Pour coppie : N. DE LA PRIMAUDAYE.

Durant la sepmaine commencée le lundi XXIIme jour de Mars et finissant le samedi ensuivant le XXVIIme jour dud. moys en laquelle ny a que cinq jours ouvrables par ce que le jeudy d'icelle fust la feste de Nostre Dame de mars ont esté paiées pour le faict de l'ediffice du Havre de Grace les parties qui s'ensuyvent :

ET PREMIÈREMENT.

A Micquelet Férey et Jehan Cauvain maistres massons ayans la charge de la massonnerye dud. Havre la somme de six mil troys cens cinquante trois livres huit solz neuf deniers pour leur paiement de II^c IIII^{xx} II toises ung quart et demy toise par eulx faictes et parfaictes à raison de XXIII^l X^{s. t.} la toise [2] ainsi qu'il appert par

---

[1] 1518. Nouveau style.
[2] Voir n° 23, procès-verbal du toisage des travaux de maçonnerie du port du Havre.

le roolle fait et expédié, pour cecy, lad. somme de vi^m iii^c liii^l viii^s ix^d.

A Jehan Bullant marchant demourant à Harfleu pour plusieurs parties de clouterie et menu ouvrage de fer, boys, chandelle et escoppes qu'il a livrées durant lad. sepmaine ainsi qu'il appert par led. roolle la somme de xiii^l xiii^s viii^d.

A Guillaume Consore, cordier pour plusieurs parties de cordaige par luy livrées durant lad. sepmaine comme appert par led. roolle la somme de iiii^l xviii^s vi^d.

A Colin Pinet maistre de navyre pour deux voiages qu'il a faictz chargés du boys de Touque ainsi qu'il appert par led. roolle la somme de xviii^l xv^s.

A maistre Thomas Theroulde, maistre masson des œuvres de Caudebec pour ung voiage qu'il a faict pour toiser l'ouvraige de massonnerie dont cy dessus est faicte mencion ainsi qu'il appert par led. roolle la somme de viii^l.

A Charles de Vaulx pour ung voiage qu'il a fait à Rouen et à Caudebec querir les maistres massons desd. lieux pour venir toiser ledict ouvraige la somme de lx^s.

Pour le paiement de xxiii maistres pionniers qui ont vacqué en lad. sepmaine cinq jours à raison de cinq solz tournois par jour la somme de xxviii^l xv^s.

Pour le paiement de lxxiii autres maistres pionniers bretons qui ont vacqué en lad. sepmaine cinq jours à raison de iiii^{s,t}. par jour la somme de lxxiii^l.

Pour le paiement de xxxiii autres pionniers et manouvriers qui ont vacqué en lad. sepmaine cinq jours à raison de iii^{s,t}. par jour xxiiii^l xv^s.

Pour le paiement de dix autres compaignons manouvriers qui ont vacqué en lad. sepmaine sept nuytz les nuytz du dymence et jour de Nostre Dame comprinses pour la vuidenge des eaues à raison de II^s VI$^{d.t.}$ par nuyt VIII^l XV^s.

Pour le paiement de dix autres compaignons qui ont vacqué en lad. sepmaine sept jours lesd. festes de dymence et Nostre Dame comprinses pour la vuidenge des eaues à raison de II^s VI$^{d.t.}$ par jour VIII^l XV^s.

Pour le paiement de III^c IIII^{xx} XVI gens qui ont vacqué en lad. sepmaine cinq jours à raison de II^s VI^d par jour II^c XLVII^l X^s.

Somme toutal des parties cy dessus declairées six mil sept cens quatre vingtz traize livres cinq solz unze deniers tournois dont en a esté expédié led. roolle au tresorier. Fait le XXIXme jour de mars V^c dix sept [1] avant Pasques.

Pour coppie : N. DE LA PRIMAUDAYE.

XXIII.

Procès-verbal de toisage des travaux de maçonnerie du Havre de Grâce.

— 27 mars 1518. —

Du samedy XXVIIme jour de mars avant Pasques mil cinq cens dix sept [2] fut toisé la maçonnerie de la

---

[1] 1518. Nouveau style.
[2] 1518. Nouveau style.

tour de devers l'aval laquelle n'avait esté toisée depuis le xxixme jour d'octobre aud. an qui sont cinq moys le xxixme jour de ce présent moys de mars et a esté toisé lad. tour présentement à une toise de hault.

PREMIÈREMENT.

La vouste d'entre les deux huisseries à entrer dedens la tour au creux d'icelle contient de sains cinquante six piedz et demy et ce de parement qui vallent à xxxvi piedz la toise,
      Une toise et demye, deux piedz et demy.
Item, l'arrière vouste pour soustenir la masse et grosse espoisse du mur de dessus la vouste de la vis contient cinquante six piedz et demy qui est autant que l'article précédent à xxx piedz la toyse pour parement vallent une toyse deux piedz et demy.

Item, les chambranles qui sont en nombre quatre, qui sont soubz la vouste, contiennent trente quatre piedz et demy à xxxvi pieds pour toise de parement vallent xxxiiii piedz et demy.

Item, la vouste de l'uisserie de l'entrée du dedens de la tour contient trois piedz sur traize poulces de large tout calculé et de parement vallent iii piedz iii poulces.

L'un des estocz des charges de la première vouste du dedens de la tour dont y en a troys semblables jusques à la haulteur des retumbées contient l'une d'icelles vingt sept piedz à xxxvi piedz pour chacune toise de parement vallent ii toises ix piedz.

L'une des atentes des tierserons sur la haulteur des retumbées contient dix-neuf piedz et y a six tierserons semblables l'un à l'autre à xxxvi piedz la toise de parement vallent iii toises vi piedz.

Item, l'atente du doubleau jusques à la haulteur de la retumbée contient quatre piedz de parement à xxxvi piedz pour chacune toise vallent iiii piedz.

Item, le sains de la tour par dedens œuvre contient de sains vingt toises sur la haulteur d'une toyse prinse à la haulteur du dernier tesage qui se montoit sept piedz et deux assietes qui sont oultre lesd. sept piedz près du pavé à xxxvi piedz pour chacune toise parement vallent xx toyses.

Item, le parement de dessoubz la vis contient quarante six piedz troys poulces à xxxvi piedz chacune toise pour parement vallent une toyse dix piedz iiii poulces.

Item, le sains de la tour hors œuvre par dedens le Havre entre les deux gectées contient vingt une toise neuf poulces sur la haulteur de sept piedz comprins le sains du gros membre du lermier à xxxvi piedz pour chacune toise de parement vallent xxiiii toises et demye, cinq piedz ung quart.

Item, l'autre sains du costé des terres entre les deux gectées contient quatorze toises quatre piedz ung poulce sur la haulteur de sept piedz comprins le grant membre du lermier à xxxvi piedz chacune toise pour parement vallent xvii toises iiii piedz vii poulces.

L'esclere devers la mer contient de sains quatre piedz sur la longueur de huit piedz à xxxvi piedz chacune toise pour parement vallent xxxii piedz.

Item, les deux autres escleres, l'une contient de saint six piedz et traize piedz de long et l'autre qui est la troisième contient aussi six piedz de sains et XIII piedz de long à XXXVI piedz pour chacune toise pour parement vallent IIII toyses XII piedz qui est pour les deux.

Item, le cahot pour faire venir la fontaine dedens la tour contient de sains ung pied et demy et de longueur XXIIII piedz à XXXVI piedz chacune toise pour parement vallent une toyse.

Item, le sains de la vis contient cinq toises cinq piedz sur la haulteur d'une toise à XXXVI piedz chacune toise pour parement vallent cinq toises XXX piedz.

Item, la grosse espoisse de la tour contient XIX piedz, rabattu deux piedz pour les paremens et de sains XXXI toises pour le parmy de l'espoisse sur la haulteur de six pieds à II^c XVI piedz pour toise vallent IIII^{xx} XVIII toises XXXVI piedz.

Item, la gectée devers la mer contient XXII piedz de grosse espoisse sur la laise et longueur de deux piedz et haulteur de six pieds à II^c XVI pieds pour toise vallent une toise XLVIII piedz.

La grosse espoisse de la gectée devers les terres contient de laise XIIII piedz sur la saillie de neuf piedz et de haulteur six piedz à deux cens saize piedz pour toise vallent III toyses et demye.

Item, la gectée devers la terre par dedens le Havre depuis les atentes de la tour contient de long huit toises et demye sur la haulteur de deux toises à XXXVI piedz pour chacune toise vallent pour parement XVII toises.

Item, le parement de la gectée devers les terres depuis les atentes de la tour contient trois toises quatre piedz et demy sur la haulteur de deux toises à XXXVI piedz chacune toise pour parement vallent VII toises et demye.

Item, la grosse espoisse de lad. gectée contient quinze piedz de large les paremens rabatus sur la longueur de troys toises quatre pieds et demy et sur la haulteur de deux toises à deux cens saize piedz pour toise vallent XVIII toises et demye ung quart.

Item la grosse espoisse de lad. gectée contient de large depuis le parement du fossé qui doit estre devers les terres, lequel parement contient troys toises et demye de long le parement rabatu, lad. grosse espoisse contient XIIII piedz sur la longueur de cinq toises et de haulteur deux toises à II^c XVI piedz pour toise vallent XXIIII toises.

Item, la closture du parmy de la tour depuis le dernier tesage, qui estoit de sept piedz de hault non comprins les deux premières assietes au dessus du parement du creux de la tour ausd. VII piedz, contient lad. closture qui à présent a esté toisée sur la haulteur de six piedz et deux piedz d'espoisse non comprins les atentes des charges de la voulte du pillier du parmy et la rondeur dud. pillier, contient douze toises six piedz à trente six piedz pour chacune toise pour parement vallent XII toises VI piedz.

Item, l'autre closture, qui sera la séparation de la prison et de la chambre des pouldres, contient de long trois toises trois poulces sur la haulteur de six piedz oultre le dernier tesage comme dessus est dit à xxxvi piedz pour chacune toise tout calcullé tous paremens comprins vallent vi toises iii piedz.

Pour l'atente de la gectée tant devers les terres que devers le Havre contient tout calcullé xxxvi piedz qui vallent de parement une toise.

Item, douze marches qui ont esté aujourduy toisées sur la haulteur de six piedz et en oultre douze autres marches qui estoient par cy devant assises, lesquelles douze marches ont esté au dernier toisage toisées et y en a ou doit avoir en nombre pour les susd. xxiiii marches dont chacune marche contient xxiiii piedz et demy de parement tous paremens comprins vallent lesd. douze marches qu'on toise présentement à xxxvi piedz pour chacune toise, viii toises, vi piedz.

Et se monte tout le tesage ii^c iiii^{xx} ii toises ung quart et demy.

   Pierre de Lourme. Thomas Theroulde.

XXIV.

Six copies des rôles de la dépense faite pour la construction du port et des fortifications du Havre de Grâce[1].

— 29 mars — 9 mai 1518. —

Durant la sepmaine commencée le lundi xxixme jour de mars mil cinq cens dix sept[2] et finissant le samedi

---

[1] Au dos de chacune de ces pièces est écrit : Coppie pour monseigneur le vis amiral.

[2] 1518. Nouveau style.

ensuyvant troys^me jour d'avril ont esté payées les parties qui s'ensuyvent

ET PREMIÈREMENT

A Nicolas Gradier pour plusieurs parties de chaynons, trenchouers de fer, platecones et autre fer ouvré et clouterie la somme de LXXVI^l I^s VI^d.

A Jehan Bullant pour autre partie de clouterie par luy fournye durant lad. sepmaine la somme de LXXVII^s VI^d.

A Guillaume de la Salle maistre charpentier pour les journées qu'il a vacquées luy et ses serviteurs pour le fait des pompes dud. Havre la somme de IIII^l.

Pour le paiement de XXIIII maistres pionniers besongnans aux fondemens dud. Havre à raison de V^s. ^t. par jour qui ont vacqué en lad. sepmaine trois jours la somme de XVIII^l.

Pour le paiement de LXXV autres maistres pionniers qui ont vacqué en lad. sepmaine trois jours à raison de IIII^s. ^t. par jour la somme de XLV^l.

Pour le paiement de XXXIII autres pionniers et manouvriers qui ont vacqué en lad. sepmaine semblable espace de troys jours à raison de troys solz tournois par jour la somme de XIIII^l XVII^s.

Pour le paiement de XI compaignons manouvriers qui ont vacqué à la vuidenge des eaues en lad. sepmaine six nuytz à raison de II^s VI^d par nuyt la somme de VIII^l V^s.

Pour le paiement de unze autres compaignons manouvriers qui ont vacqué en lad. sepmaine six jours les festes comprinses pour la vuidenge des eaues à raison de II^s VI^d par jour la somme de VIII^l V^s.

Item pour le paiement de III^c IIII^{xx} XVI autres manouvriers qui ont vacqué en lad. sepmaine semblable espace de troys jours à raison de II^s VI^d par jour la somme de VII^{xx} VIII^l X^s.

Somme toutal des parties paiées durant lad. sepmaine la somme de troys cens vingt six livres seize solz tournois. Fait le VIIIme jour d'avril l'an mil cinq cens dix huit après Pasques.

Pour coppie : N. DE LA PRYMAUDAYE.

Durant la sepmaine commencée le lundi Vme jour d'avril mil V^c dix huit aprez Pasques et finissant le samedi ensuivant Xme jour dud. moys ont esté payéez pour le faict de l'ediffice du Havre de Grace les parties qui s'ensuivent,

ET PREMIÈREMENT

A Henry Fribert pour brouetes, esçoppes, arbre et lautrin par luy livrez durant lad. sepmaine la somme de XXII^l VIII^s.

A Jullien Gruault pour plusieurs voictures par terre par luy payéez du boys qui a esté faict en la forestz de Toucque la somme de XVI^l V^s.

A Guillaume Beconsson voicturier par eaue pour le fret du sien navire qu'il a admené chargé, depuis la rive de Touque jusques aud. Havre, de pictz et autres boys ainssy qu'il a esté faict par icelluy, la somme de xxx l.

A Guillaume Fara dict Malide pour le fret d'un autre navire chargé comme dessus, la somme de xv l.

A Jehan du Boys et Pierre le Duc, maistres estayemyers pour chacun deux journées qu'ilz ont vacquées pour asseoir les gros agneaulx de fer d'icelluy Havre xx s.

A Collin Pannier maistre pauvre homme du mestier de la mer pour la perte qu'il a eu à descharger de pierres qui a brisé son navire luy a esté ordonné xl s.

Pour le paiement de xxiiii maistres pyonniers qui ont vacqué en lad. sepmaine trois jours à raison de v s par jour la somme de xviii l.

Pour le paiement de lxxv autres maistres pyonnyers qui ont vacqué en lad. sepmaine trois jours vallent à raison de iiii s par jour la somme de xlv l.

Pour le paiement de xxxiii autres maistres pyonniers qui ont vacqué en lad. sepmaine trois jours à raison de iii s par jour la somme de xiiii l. xvii s.

Pour le paiement de unze autres manouvriers qui ont vacqué en lad. sepmaine sept nuytz à raison de ii s vi d par nuyt la somme de ix l xii s vi d.

Pour le paiement de xi autres compaignons manouvriers qui ont vacqué en lad. sepmaine sept jours aux eaues à raison de ii s vi d. t. par jour ix l xii s vi d.

Item pour le paiement de iii c iiii xx xvi autres manouvriers qui ont vacqué en lad. sepmaine iii jours à raison de ii s vi d. t. par jour vii xx viii l x s.

Somme toutal des parties payées pour lad. sepmaine

la somme de trois cens trente une livres cinq solz tournois. Faict le xiiiime jour d'avril l'an mil cinq cens et dix-huit.

Pour coppie N. DE LA PRIMAUDAYE.

Durant la sepmaine commencée le lundi xiime jour d'avril et finissant le dymence xviiime jour dud. moys mil cinq cens dix huit ont été payées pour le fait du Havre de Grace les parties qui s'ensuyvent.

ET PREMIÈREMENT.

A Loys Godes, marchant de clayes demourant à Rouen pour son paiement de deux cens et demy de clayes à raison de xii^l pour le cent renduz aud. Havre la somme de xxxi^l v.^s

A Guillaume Forbisson pour son paiement de la façon d'une grant pompe qu'il a faicte et charriée aud. Havre la somme de c^s.

A Jehan Desmonz, voiturier par eaue pour le fret d'un sien navyre chargé de pictz de boys, fagotz et planches ainssy qu'il appert par le roolle sur ce expedié la somme de vii^l x^s.

A Jehan Bullant, cloutier pour plusieurs parties de clouterye par luy fournyes et livrées durant lad. sepmaine la somme de xlvii^s vi^d.

Pour le paiement de xxv maistres pyonnyers qui ont vacqué et besongné aux fondemens des gectées dud. Havre à raison de vs par jour durant six jours de lad. sepmaine vallent la somme de xxxvii¹ xs.

Pour le paiement de lxxv autres maistres pyonnyers qui ont vacqué en lad. sepmaine six jours à raison de iiii s par jour vallent la somme de iiii xx x¹.

Pour le paiement de trente troys autres pyonnyers et manouvriers qui ont vacqué en lad. sepmaine semblable espace de six jours à raison de iii s par jour vallent la somme de xxix¹ xiii s.

Pour le paiement de xi compaignons manouvriers qui ont esté prins pour besongner à la vuidenge des eaues et ont vacqué en lad. sepmaine sept nuyctz à raison de ii s vi d par nuyct vallent la somme de ix¹ xii s vi d.

Pour le paiement de xi autres compaignons manouvriers qui ont vacqué en lad. sepmaine sept jours le dymence comprins pour la vuidenge desd. eaues à raison de ii s vi d par jour vallent la somme de ix¹ xii s vi d.

Item pour le paiement de troys cens quatre vingtz saize autres manouvriers qui ont vacqué en lad. sepmaine semblable espace de six jours à raison de ii s vi d par jour vallent la somme de ii c iiii xx xviii¹.

Somme toutal des parties paiées durant lad. sepmaine la somme de cinq cens dix neuf livres unze solz six deniers tournois. Faict le xxi me jour d'avril l'an mil cinq cens et dix huit.

Pour coppie : N. DE LA PRIMAUDAYE.

Durant la sepmaine commencée le lundi xix me jour d'avril et finissant le dymence ensuyvant xxv me jour dud.

moys mil cinq cens dix huit ont esté paiez pour le fait du Havre de Grace les parties qui s'ensuyvent.

ET PREMIÈREMENT

A Guillaume Consore, cordier pour II^c XIII livres de cordage par luy livrées durant lad. sepmaine à raison de XII$^{d.t.}$ la livre la somme de X^l XIII^s.

A Guillaume Aubery, voicturier par eaue pour le fret d'un sien navyre chargé de boys qui a esté fait à Touque la somme de IX^l X^s.

A Guillaume Mallyde, autre voicturier pour le fret d'un sien navyre chargé de semblable boys la somme de XV^l.

Pour le paiement de vingt cinq maistres pionnyers qui ont vacqué en lad. sepmaine six jours pour besongner aux fondemens des gectées d'icelluy Havre à raison de V^s par jour vallent la somme de XXXVII^l X^s.

Pour le paiement de LXXV autres maistres pionnyers qui ont vacqué en lad. sepmaine six jours à besongner ausd. fondemens à raison de IIII$^{s.t.}$ par jour vallent la somme de IIII^{xx} X^l.

Pour le paiement de XXXIII autres pionnyers qui ont vacqué ausd. fondemens semblable espace de six jours à raison de III^s par jour vallent la somme de XXIX^l XIIII^s.

Pour le paiement de XI compaignons qui ont vacqué en lad. sepmaine sept nuytz pour la vuidenge des eaues qui affluent esd. fondemens à raison de II^s VI^d par nuyct la somme de IX^l XII^s VI^d.

Pour le paiement de xi autres compaignons qui ont vacqué en lad. sepmaine sept jours le dymence comprins à la vuidenge desd. eaues à raison de ii s vi d par jour vallent la somme de ix l xii s vi d.

Pour le paiement de iiii c vi autres manouvriers qui ont vacqué lad. sepmaine six jours pour besongner aud. Havre à raison de ii s vi d par jour vallent la somme de iii c iiii l x s.

Somme toutal des parties paiées durant lad. sepmaine la somme de cinq cens saize livres deux solz tournois. Fait le xxix me jour d'avril mil cinq cens dix huit.

Pour coppie : N. DE LA PRIMAUDAYE.

Durant la sepmaine commencée le lundy xxvi me jour d'avril mil cinq cens dix huit et finissant le dymence ensuyvant ii me jour de may aud. an ont esté payées pour le fait du Havre de Grace les parties qui s'ensuyvent.

ET PREMIÈREMENT

A Martin Brunet pour son paiement de quatre douzaines de brouetes par luy fournyes durant lad. sepmaine à iii s vi d pièce renduz aud. Havre la somme de ix l xii s. t.

A Jehan Caillon, cordier pour son paiement de iiii xx xvi livres et demye de cordage de plusieurs sortes à raison de xii d. t. la livre la somme de iiii l xvi s vi d.

A Jehan Cossin, marynyer pour le fret d'un sien navyre chargé de boys de Touque comme appert plus à plain par le roolle la somme de vi l. t.

A Jehan Desmontiers dict la Gouge pour son paiement et fret d'un sien navyre chargé comme dessus d. la somme de LXXV s.

A Gilles de Varennes, autre voicturier pour le fret d'un sien navyre chargé de boys de Touque ainsi qu'il appert par led. roolle la somme de XI l v s.

Pour le paiement de XXV maistres pionnyers qui ont vacqué en lad. sepmaine cinq jours à besongner es fondemens des gectées dud. Havre à raison de v s par jour la somme de XXXI l v s.

Pour le paiement de LXXV autres maistres pionnyers qui ont vacqué en lad. sepmaine cinq jours à besongner aud. Havre à raison de IIII s par jour vallent la somme de LXXV l.

Pour le paiement de XXXIII autres manouvriers qui ont vacqué par semblablement en lad. sepmaine cinq jours à raison de III s par jour la somme de XXIIII l XV s.

Pour le paiment de XI manouvriers qui ont vacqué en lad. sepmaine sept nuyctz à besongner à la vuidenge des eaues qui affluent esd. fondemens à raison de II s VI d par nuyct vallent la somme de IX l XII s VI d.

Pour le paiement de XI autres manouvriers besongnans à la vuidenge desd. eaues par semblable espace de sept jours les festes et dymence compris à raison de II s VI d par jour vallent la somme de IX l XII s VI d.

Pour le paiement de IIII c XII autres manouvriers qui ont vacqué en lad. sepmaine cinq jours à besongner aud. Havre à raison de IIs VId par jour vallent la somme de IIc LVIIl Xs.

Somme toutal des parties payées durant lad. sepmaine la somme de quatre cens quarante trois livres trois solz six deniers tournois. Fait le VIme jour de may l'an mil cinq cens dix huit.

Pour coppie : N. DE LA PRIMAUDAYE.

Durant la sepmaine commencée le IIIme jour de May mil cinq cens dix huit et finissant le dymence IXme jour dud. moys ont esté paiez pour le faict de l'édiffice dud. Havre de Grace les parties qui s'ensuyvent

ET PREMIÈREMENT

A Jehan Bullant, cloutier, pour plusieurs parties de clouterie par luy fournyes durant lad. sepmaine ainsi qu'il est plus à plain contenu aud. roolle la somme de CIIs VId.

A Guillaume Forbisson pour avoir charié et percé une pompe la somme de XXXs.

A Jehan Desmontz, voicturier par eaue pour le fret d'un sien navyre chargé de boys faict à Touque ainsy qu'il appert par le roolle la somme de VIIl Xs.

Pour le paiement de XXVI maistres pionniers qui ont vacqué en lad. sepmaine cinq jours à besongner aux fondemens des gectées dud. Havre à raison de Vs par jour vallent la somme de XXXIIl Xs.

Pour le paiement de LXXV autres maistres pionnyers

qui ont vacqué et besongné ausd. fondemens l'espace de cinq jours à IIII s par jour vallent la somme de LXXV l.

Pour le payement de XXXIII autres pyonnyers qui ont vacqué à besongner aud. Havre l'espace de cinq jours durant icelle sepmaine à III s par jour vallent la somme de XXIIII l XV s.

Pour le paiement de XI manouvriers qui ont besongné à la vuidenge des eaues desd. fondemens par l'espace de sept nuytz à raison de II s VI d par nuyt vallent IX l XII s VI d.

Pour le paiement de XI autres manouvriers qui ont besongné à la vuidenge desd. eaues par sept jours le dymence d'icelle sepmaine comprins à raison de II s VI d par jour vallent IX l XII s VI d.

Pour le paiement de IIII e XII autres pionniers et manouvriers qui ont besongné aud. Havre l'espace de cinq jours à raison de II s VI d par jour vallent la somme de II c LVII l X s.

Somme toutal des parties paiées durant lad. sepmaine la somme de quatre cens vingt trois livres deux solz six deniers tournois. Fait le XIII me jour de may l'an mil cinq cens dix huit.

Pour coppie :   N. DE LA PRIMAUDAYE.

XXV.

Ordre donné par François 1er de payer diverses sommes
à Jacques d'Estimauville.

— 13 mai 1518[1]. —

FRANCOIS, par la grâce de Dieu, roy de France, à noz amez et féaulz les généraulx conseillers par nous ordonnez sur le fait et gouvernement de noz finances, sallut et dillection. Nous voullons et vous mandons que par nostre amé et féal, aussi conseiller et receveur général de nos dites finances en nostre païs et duché de Normandie, maistre Guillaume Preudomme par nous commis à tenir le compte et faire le paiement de la construction et ediffice du Havre de Grâce, et des deniers quy lui ont esté ordonnez pour convertir et employer au fait de sa dicte commission durant ceste présente année faictes paier, bailler et delivreer comptant à nostre cher et bien amé Jaques d'Estimauville[2],

---

[1] Archives nationales (K. 81 n° 27). (Au Musée 568).

[2] Jacques d'Estimauville, écuyer, sieur du lieu, d'une ancienne famille de l'élection de Pont-l'Évèque, attaché, nous ne savons à quel titre, à Guyon le Roy, souvent employé par lui. Lors de la construction de la ville du Havre, il lui fut concédé à fieffe un terrain de *six vingtz piedz carrez* ayant façade sur les rues Sainte-Adresse, de la Fontaine et *une petite tendante* de l'une à l'autre.

la somme de cent cinquante livres tournois auquel nous l'avons ordonnée et ordonnons par ces présentes, pour les voiaiges par lui faictz devers nous en ladicte année derrenière concernans les affaires dudict ouvraige, le premier partant dicelluy lieu de Grâce le deuxième jour de May mil cinq cens dix sept de l'ordonnance de nostre amé et féal le sieur du Chillou, visadmiral ayant la charge et conduicte dudict ediffice, allant à Paris, où nous étions lors, nous apporter lettres dudict visadmiral et du conterolleur à ce commis, pour nous donner à entendre que le meilleur et le plus expédiant seroit pour advencer ledict ouvraige ne se aider plus des courvées que faisoient les habitans de l'ellection de Caudebec, mais les composer à fournir quelque somme au lieu d'icelles courvées affin que de l'argent qui en viendroit feust mis de par nous au lieu desdictz habitanz, gens souldoiez et paiez par l'ordonnance des dessusdictz, auquel voiaige tant allant, séiournant, actendant son expédicion, que son retour comprins audict Havre, il a vacqué vingt cinq jours entiers que lui avons ordonnez estre paiez à la raison de vingt solz par jour vallant vingt cinq livres. Le deuxième voiaige partant dudict lieu de Grâce de l'ordonnance que dessus, le septième jour du mois de juing d'icelle année derrenière allant à Compiègne, où estions lors, nous apporter lettres des dessusdicts faisans mention des ondemens que ja on avoit commancé à faire pour asseoir l'une des tours audict Havre et avoir advis de nous de la grandeur et espoisseur que entendions lui faire bailler affin que selon nostre devis elle feust faicte, où il a vacqué tant allant, seiournant devers nous, actendant son expédition que son retour comprins audict Havre vingt deux jours entiers vallant à la raison dessusdicte vingt deux livres. Le troisiesme voiaige partant dudict Havre le cinquiesme jour de Juillet ensuivant, allant à la ville de Rouen et autres lieux illec environ où nous estions lors, nous apporter autres lettres des dessus dictz avec le portraict de la façon dont seroit fait ledict Havre, affin que eussions à le diminuer, augmenter, ou faire remectre en autre forme, si nostre plaisir estoit, avant que de plus avant besoigner audict affaire. Ouquel voiaige il a vacqué tant allant, seiournant lèz nous, pour actendre sa dépesche que son retour comprins audict Havre, l'espace de vingt jours entiers qui à ladite raison de vingt sols par jour vallent vingt livres tournois. Le quatriesme voiaige partant dudict Havre le vingtiesme jour d'aoust aussi ensuivant, allant en la ville de Lisieux où nous estions lors, apporter lettres des dessus dictz et recouvrer de nous certaines provisions et lettres missives adressées à nos officiers ordinaires du baillage de Caux pour tenir la main ad ce que on sceust recouvrer ouvriers pour besoigner oudict ediffice en les paiant raisonnablement ; et à vacquer en ce faisant cinq jours entiers vallent au feur susdict cent solz tournois. Le cinquiesme voiaige partant dudict Havre le huitiesme jour de septembre ensuivant allant à Argenten, où nous estions lors, nous apporter autres lectres des dessusdicts faisans mention, que si nostre plaisir estoit, donner les franchises à tous ceulx qui vouldroient venir demourer et habiter audict lieu de

Grâce, que ledict port en seroit beaucoup rendu plus commode, et à ce moyen y arriveroit grant quantité de navires qui seroient la cause de plus facillement le faire reduire en perfection d'ouvraige et où nous et la chose publicque pourrions avoir gros prouffit. Ouquel voiaige susdict, séiournant devers nous actendans l'expedicion des provisions ad ce necessaires, il a vacqué, son retour comprins audict Havre, vingt cinq jours entiers qui à ladicte raison de vingt solz tournois par jour vallent vingt cinq livres tournois. Le sixiesme voiaige partant dudict Havre le cinquiesme jour de Novembre ensuivant allant à Tours, où lors nous estions, nous apporter autres lettres des dessusdicts avec le portraict de la grandeur et largeur de la placte forme d'une ville que avions desliberé faire clorre à fossez et muraille à l'entour dudict Havre et d'une fontaine à eaue doulce[1] que pareillement voullions estre fait venir par tuyaulx et autres industries du lieu dit Vitainval prez le Chief de Caux audict Havre pour la commodité dicelluy affin que sur ce nostre plaisir feust ordonner de ce qui s'en devroit faire par les dessusdictz, et a vacqué en ce faisant, actendant son expédicion, son retour comprins audict lieu de Grâce l'espace de vingt huit jours entiers, qui a ladicte raison de vingt solz tournois par jour vallent vingt huit livres tournois. Et le septiesme et dernier voiaige partant dudict lieu de Grâce le sixiesme jour de janvier ensuivant et dernier passé, venant en ceste nostre ville d'Amboise nous apporter

---

[1] Voir nos 34, 35, 36 et 37.

autres lectres des dessusdictz faisans mention de l'advencement dudict ouvraige et aussi ad ce que nostre plaisir feust envoyer audict lieu quelques bons personnaiges, recognoissans la façon de ediffier forteresses et havres pour adviser du lieu et endroit où se feroient cannonnières et basteries en la Grosse tour qui désia estoit eslevée jusques à l'endroit auquel il la convenoit percer pour ce faire; aussi pour nous faire entendre la nature de la terre et lieu qui s'estoit trouvée où l'on avoit encommancé à faire les gectées dudict Havre. Ouquel voiaige il a vacqué son retour comprins en icelluy porter responce de nostre intencion sur ce aux dessusdictz, vingt cinq jours entiers qui à ladicte raison de vingt sols tournois par jour vallent vingt cinq livres tournois, et par rapportant ces dictes présentes signées de nostre main avec quictance sur ce souffisant dudict Jaques d'Estimauville. Nous voullons les parties dessusdictes montans ensemble ladicte somme de cent cinquante livres tournois estre allouées et comptées et rabatues de la recepte et commission de nostre dict conseiller et receveur général commis susdict, par nos amez et féaulx les genz de nos comptes à Paris ausquelz par ces mesmes présentes mandons ainsi le faire sans aucune difficulté, car tel est nostre plaisir, non obstant que ladicte partie ne soit couchèe en l'estat général de nos dictes finances que descharge ne soit levée en ensuivant l'ordonnance derrenièrement faicte sur icelles, et quelzconques autres ordonnances, rigueur de compte, restrinctions, mandemens ou deffenses à ce contraires. Donné à Amboise le vingt troisiesme jour de May l'an de grâce mil cinq cens dix huit et de nostre règne le quatriesme.

  FRANCOIS.   Par le Roy : GEDOYN.

XXVI.

Procés-verbal de toisage des travaux de maçonnerie du Havre de Grace.

— 4 juillet 1518. —

Du samedy IIIIme jour de juillet mil cinq cens et dix huit a esté toisé l'ouvraige de la tour en la présence de monseigneur le Vis amyral et maistre Pierre Delorme, maistre des œuvres de maçonnerie de Rouen, de maistre Thomas Theroulde, maistre maçon des œuvres de maçonnerie de Caudebec à ce appellez pour led. tesaige.

Le sains de la tour par dehors œuvre contient de saintz despuis le dernier toisaige quarante toises quatre piedz sur la haulteur de pied et demy qui vault tout calcullé à xxxvi piedz pour toyse, x toises ii piedz.

Item, en icelle assiette qui ce jourduy a esté toisée, y a xxxvii boulles et xxxvii pointes, dont chacune boulle contient de parement troys piedz neuf poulces, sur quoy est à rabattre ung pied ung quart qui est cy après compté en grosse espoisse et vallent lesd. xxxvii boulles à xxxvi piedz pour toise, ii toises et demye ii piedz et demy.

La grosse espoisse desd. xxxvii boulles contient xlvi piedz iii poulces à ii^c xvi piedz pour toise vallent xlvi piedz iii poulces.

Item, les xxxvii pointes de dyamens assises en lad. assiette contient chacune d'icelles deux piedz quatre poulces qui est pour lesd. xxxvii pointes i toise viii piedz iiii poulces, sur quoy fault rabatre pour la grosse espoisse i pied pour chacune pointe qui sera cy après compté à xxxvi piedz la toise, i toise xiii piedz et iiii poulces.

Item, pour la grosse espoisse desd. xxxvii pointes contient à ii^c xvi piedz pour toise, xxxvii piedz.

Le sains de parement par dedans œuvre de lad. tour contient dix sept toises quatre piedz de sains sur la haulteur d'un pied et demy les huisseries rabattues à xxxvi pied pour chacune toise vallent iiii toises xv piedz.

Le sains de la grosse espoisse contient xxiiii toises v piedz sur la largueur de xvii piedz, sur la haulteur de pied et demy vallent rabattu la vis et les deux petites chambres sur la haulteur de pied et demy à ii^c xvi piedz la toise, xvii toises lxxiii piedz et demy.

Le sains de la vis contient quatre toises quatre piedz sur la haulteur de pied et demy rabatu les deux huisseries qui vallent à xxxvi piedz pour chacune toise, i toise vi piedz.

Le parement de l'allée à aller sur la gectée devers la mer contient de long xix piedz et demy sur la laize de

III piedz et demy qui vallent à xxxvi piedz pour chacune toise, i toise et demye xiiii piedz.

L'une des joue de lad. allée devers la gectée de la mer contient de long xix piedz sur la haulteur d'un pied et autant pour l'autre joue de lad. allée vault le tout à xxxvi piedz pour chacune toise, i toise ii piedz.

Item, le parement de la petite chambre devers la gectée de la mer contient sept piedz de long et six piedz et demy de laize vallent à xxxvi piedz pour toise tout calcullé, i toise ix piedz et demy.

Item, deux marches pour entrer à icelle chambre contient cinq piedz petitz à xxxvi piedz pour toise, v piedz.

La joue du pont levis contient de long xvii piedz sur la haulteur de iii piez vault sur le tout calcullé à xxxvi piedz la toise, i toise xv piedz.

Item, l'autre joue vers la chambre du portier contient de long xix piedz sur la haulteur de iii piedz rabbattu les huisseries vault à xxxvi piedz chacune toise, i toise et demye iii piedz.

Le parement d'entre les deux portes du pont levys contient xx piedz et demy de long comprins les deux merches sur la laize de vii piedz et demy et sur ce a esté rabbatu les deux entrées de la porte tout calcullé vallent à xxxvi piedz la toise, iiii toises ix piedz et demy.

Le parement de la chambre du portier qui est à l'entrée de lad. tour contient quarante piedz et demy tout calcullé qui vallent à xxxvi piedz pour chacune toise, i toise iiii piedz et demy.

Item, les deux merches pour entrer à icelle chambre contient vi piedz à xxxvi piedz pour toise, vi piedz.

L'embrassement des deux jambes de l'uisserie de lad. chambre du portier contient iii piedz viii poulces sur la haulteur de pied et demy à xxxvi piedz pour toise vallent v piedz.

Le parement pour entrer en la vis contient vingt huit piedz et demy à xxxvi piedz pour toise vallent demye toise dix piedz et demy.

La jambe de l'uisserie de la vis contient de sains iiii piedz sur la haulteur de ii pieds à xxxvi piedz pour toise vallent viii pieds.

L'autre jambe de lad. huisserie contient neuf piedz de sains sur la haulteur de ii piedz à xxxvi piedz pour toise vault demye toise.

Item, deux merches du degré contient chacune xxiii piedz et demy qui sont pour lesd. deux merches quarante neuf piedz à xxxvi piedz pour toise vallent i toise xiii piedz.

Item, troys lumyeres estant en lad. tour contiennent chacune iiii piedz de sains sur la haulteur de pied et demy vallent lesd. troys escleres à xxxvi piedz pour toise, demye toise.

La première gettée près de la tour du cousté devers les terres par dedans le Havre contient de long xxxvi toises et demye sur iii piedz de hault qui est jusques et comprins les troys assiettes au dessus de la premiere boule deux anneau à amarer les navires du premier degré de lad. gettée contient tout calcullé à xxxvi piedz pour chacune toise et rabatu les paremens des deux degrés de lad. gettée, xvii toises et demye ix piedz.

La grosse espoisse de lad. gettée contient de laize douze piez et demy sur la haulteur de iii piedz à ii^c xvi piedz pour chacune toise vallent xl toises xviii piedz et demy.

Le parement de la gettée devers les terres près de la tour contient de long iiii toises i pied et demy sur la haulteur de iii piedz à xxxvi piedz pour chacune toise vallent ii toises iiii piedz et demy.

La grosse espoisse du parement près de la tour contient de long quatre toises sur la laize de sept piedz et demy et de haulteur iii piedz vallant ii toises ung quart quarante neuf piedz dont il fault rabatre une toise et demye pour les deux degrés en grosse espoisse et par ce reste à ii^c xvi piedz pour thoise tout calcullé, demye toise ung quart de toise et xlix piedz.

Item, pour cinq marches à chacun degré de lad. gettée devers les terres près la tour contiennent de sains vii piedz et demy sur la laize de ix piedz qui vault pour chacun degrey desd. v marches une toise et demye xiii piedz et demy qui est pour les deux degrez qui contiennent pour ce present toisaige dix marches vallent à xxxvi piedz pour toise, iii toises et demye viii piedz et demy.

Item, les deux joues du premier degrey de lad. gettée devers les terres à ce comprins les autres joues du iie degrey de lad. mesme gettée contiennent lesd. joues de lad. gettée tout calcullé de long xiii piedz et demy sur la haulteur de III piedz à XXXVI piedz pour thoise, IIII thoises.

La longueur de la gettée du cousté d'amont par dedans le Havre vers les terres contient XXIII toises et demy sur le sains et haulteur de III toises vallent à XXXVI piedz pour toise, LXX toises et demye.

La grosse espoisse contient de long XXIII toises et demye sur la laize de XIII piedz rabattu ung pied pour le parement et de haulteur XVI piedz desquelles XXIII toises et demye a esté rabatu ung pied et demy de haulteur sur seize toises de long et sur la laize de VI piedz qui vallent à II^c XVI piedz pour toises tout cacullé, VI^{xx} X toises et demye LV piedz.

Les deux joues du degrey de lad. gettée devers amont du dedans du Havre contient tout calculé du parement à XXXVI piedz pour toise, II toises et demye XIIII piedz et y avons toisé à lad. gectée pour deux degrez qui vallent lesd. deux degrez, V toises et demye X piedz.

Item, les marches contiennent de sains XXI piedz IIII poulces sur la longueur de IX piedz III poulces et autant pour les autres marches de l'autre degrey de lad. gettée devers amont au dedans du Havre qui vallent à XXXVI piedz pour toise, dont a esté rabatu pour le parement d'iceulx deux degrez qui avaient esté comptés à la longueur de lad. gettée IIII toises IIII piedz reste, VI toises et demye XIIII piedz.

Item, a été rabbatu pour la grosse espoisse des deux degrez de lad. gettée qui avoient esté comprins à la longueur II toises, car il y avait VI^{xx} XII toises et demye LV piedz, par ce n'y a que VI^{xx} X toises.

Somme toutal du toisaige qui a esté trouvé par les susd. troys cens trente six toises ung quart de toise.

Nous, Pierre de Lorme, maistre maçon des œuvres de massonnerie de Rouen et Thomas Theroulde, aussy maistre maçon des œuvres de massonnerie de Caudebec, certifions à tous qu'il appartiendra que ce jourduy samedy IIIIme jour de juillet l'an mil cinq cens dix huit avons loyaulment toisé l'ouvraige de la massonnerie de la tour de gettée devers les terres qui a esté fait despuis le XIXme jour de may dernier passé, qui par nous avoit esté toisé et ce par l'ordonnance de monseigneur le Vys amiral de France, messire Guyon le Roy, s^r du Chillou et commissaire ordonné aud. ouvraige à ce présent et maistre Nycollas de la Primaudaye, contrerolleur ordonné par le Roy, nostre seigneur sur le fait de l'édiffice dud. ouvraige de Grace et Claude Guyot, receveur des tailles et aydes de Rouen et Pierre de Bonnay, escuyer, s^r dud. lieu et autres à ce présens, auquel ouvraige y avons trouvé, despuis led. dernier toisaige par nous fait ainsy qu'il appert cy dessus par articles amplement, tout calcullé troys cens trente six toises ung quart de toise au juste, tesmoings noz seings manuelz cy mis le jour et an que dessus.

PIERRE DE LOURME. THOMAS THEROULDE.

XXVII

Neuf copies des rôles de la dépense faite pour la construction du port et des fortifications du Havre de Grâce[1].

— 29 août. — 15 octobre 1518. —

Durant la sepmaine commencée le dymence XXIXme jour d'aoust mil cinq cens dix huit et finissant le samedi ensuyvant IIIIme jour de ce present moys de septembre qui sont sept jours durant lesquelz led. dymence comprins a esté besongné par aucuns manouvriers ont esté paiez les parties qui s'ensuyvent pour le Havre de Grace.

PREMIÈREMENT.

A Guillaume Consore, cordier demourant à Harfleu la somme de huit livres dix sept solz tournois pour VIII^{xx} XVII livres de cordages par luy livrés a XII^d la livre vallent lad. somme de VIII^l XVII^s.

A Jehan Bulland, cloutier et marchant de fer la somme de soixante quatre solz tournois pour plusieurs parties de clou et autre fer ouvré par luy livré durant lad. sepmaine comme appert par le roolle de ce expédié lad. somme de LXIIII^s.

---

[1] Au dos de chacune de ces pièces est écrit : coppie pour monseigneur le vis amiral.

A Jehan Tampin, demourant aud. Harfleu la somme de xxxiiii^s vi^d pour son paiement de xviii livres de chandelle et un quarteron de busches ainsi qu'il est à plain declairé aud. roolle la somme de xxxiiii^s vi^d.

Pour le paiement de la voicture de xxiiii beneaulx qui ont besongné en lad. sepmaine six jours à raison de xii^s par jour vallent iiii^{xx} vi^l viii^s.

Pour le paiement de xxxii maistres pionnyers bretons qui ont vacqué semblable espace de six jours à v^s par jour vallent la somme de xlviii^l.

Pour le paiement de xxxv autres maistres pionnyers bretons qui ont besongné en lad. semaine six jours à iiii^s par jour vallent xlii^l.

Pour le paiement de lxxviii autres pionnyers qui ont besongné aud. Havre six jours à iii^s par jour vallent la la somme lxx^l iiii^s.

Pour le paiement de douze manouvriers qui ont vacqué et besongné à la vuidenge des eaues d'icelluy Havre durant sept jours led. dymence comprins à raide ii^s vi^d. t. par jour vallent x^l x^s.

Pour le paiement de iiii^c lxii autres pionnyers et manouvriers qui ont vacqué en lad. sepmaine six jours vallent à raison de ii^s vi^d par jour la somme de iii^c xlvi^l x^s.

Somme toutal des parties cy dessus contenues six cens dix sept livres sept solz six deniers tournois dont en a esté expedié le roolle le vime jour de septembre l'an mil cinq cens dix huit

Pour coppie abregé : N. DE LA PRIMAUDAYE.

Durant la sepmaine commencée le dymence cinqme jour de septembre et finissant le samedy ensuyvant xɪme jour dud. moys mil cinq cens dix huit en laquelle ny a que cinq jours ouvrables parceque le mercredi d'icelle fut la feste Nostre Dame ont esté paiez les parties qui s'ensuyvent pour le Havre de Grace.

ET PREMIÈREMENT

A Pierre Ansel, Jehan Hebert et plusieurs autres demourans es parroisses de saincte Adresse, Bléville et Hoteville[1] la somme de sept vingtz deux livres onze solz tournois pour plusieurs arbres qui ont esté prins et levez sur leurs heritages pour servir à faire ung bastardeau aud. Havre ainsi qu'il est à plain declairé aud. roolle pour ce, lad. somme de vɪɪxx ɪɪl xɪs.

A Jehan Vallée, maistre charpentier demourant à Honnefleu et autres charpentiers et maistres du mestier de la mer la somme de dix huit livres unze solz tournois pour leurs journées d'avoir vacqué à chercher lesd. boys et merquer iceulx, lad. somme de xvɪɪɪl xɪs.

A Robinet Terrier, demourant à Harfleu pour ɪɪɪ pieces de toille d'Ollande et pour plusieurs autres parties de marchandises par luy livrées comme appert par led. roolle, la somme de xɪɪl xɪɪs ɪɪɪd.

Pour la voicture de xxɪɪɪɪ beneaulx qui ont vacqué

---

[1] Octeville, paroisse du canton de Montivilliers.

en lad. sepmaine cinq jours à raison de XII^s chacun beneau par jour, la somme de LXXII^l.

Pour le paiement de XXXII maistres pionnyers qui ont besongné aud. Havre cinq jours à raison de V^s par jour, vallent la somme de XL^l.

Pour le paiement de XXXV autres maistres pionnyers bretons qui ont vacqué en lad. sepmaine cinq jours à IIII^s par jour, vallent la somme de XXXV^l.

Pour le paiement de LXXVIII autres pionnyers qui ont vacqué en lad. sepmaine semblable espace de cinq jours à III^s par jour, vallent LVIII^l X^s.

Pour le paiement de XII manouvriers qui ont besongné aud. Havre à la vuidenge des eaues d'icelluy sept jours, lesd. dymence et feste Nostre Dame comprins à II^s VI^d par jour, vallent la somme de X^l X^s.

Pour le paiement de IIII^c LXII autres pionnyers et manouvriers qui ont besongné aud. Havre cinq jours à II^s VI^d par jour, vallent la somme de II^c IIII^{xx} VIII^l XV^s.

Somme toutal des parties cy dessus contenues, six cens soixante dix huit livres neuf solz troys deniers tournoys, dont en a esté expédié le roolle le XIIme jour de septembre l'an mil cinq cens dix huit.

Pour coppie abregée : N. DE LA PRIMAUDAYE.

Durant la sepmaine commencée le dymence XIIme jour de ce present moys de septembre et finissant le samedi ensuyvant XVIIIme jour dud. moys V^c XVIII, en laquelle sepmaine ny a que cinq jours ouvrables par ce que le mardi d'icelle fut la feste saincte Croix ont esté paiez pour le Havre de Grace les parties qui s'ensuyvent.

ET PREMIÈREMENT

A Guillaume Consore, cordier pour II ᶜ XL livres de cordage par luy livré ainsi qu'il est à plain decleré par le roolle de ce expedié, la somme de XII ˡ.

A Martin Fleury, pour plusieurs seilles de boys et pelles faistieres comme appert par led. roolle, la somme de IIII ˡ XIII ˢ.

A Olivier Duchemyn, menuysier pour plusieurs aiz par luy livrez pour servir à faire les pourtraictz des canonnyères de la tour dud. Havre et iceulx mis en œuvre, la somme de LXVII ˢ VI ᵈ.

Pour le paiement de la voicture de XXV beneaulx qui ont vacqué en lad. sepmaine cinq jours à XII ˢ par jour chacun beneau, vallent LXXV ˢ.

Pour le paiement de XXX maistres pionnyers qui ont besongné aud. Havre à V ˢ par jour l'espace de cinq jours, vallent XXXVII ˡ X ˢ.

Pour le paiement de XXXV autres maistres pionnyers bretons qui ont vacqué en lad. sepmaine cinq jours à IIII ˢ par jour, vallent XXXV ˡ.

Pour le paiement de LXXVIII autres pionnyers qui ont vacqué en lad. sepmaine cinq jours à III ˢ par jour, vallent LVIII ˡ X ˢ.

Pour le paiement de XII manouvriers qui ont besongné à la vuidenge des eaues d'icelluy Havre durant sept jours lesd. dymence et feste saincte Croix comprinses à II ˢ VI ᵈ par jour, vallent X ˡ X ˢ.

Pour le paiement de XII autres manouvriers qui ont

besongné à la vuidenge des eaues dud. Havre durant sept nuytz en lad. sepmaine, lesd. dymence et feste saincte Croix comprinses à II s VI d par nuyt, vallent la somme de xl x s.

Pour le paiement de IIII c XLVIII autres pionnyers et manouvriers qui ont besongné aud. Havre à II s VI d par jour l'espace de cinq jours, vallent II c IIII xx l.

Somme toutal des parties cy dessus contenues, cinq cens vingt sept livres six deniers tournois, dont a esté expédié le roolle le xx me de septembre l'an mil cinq cens dix huit.

Pour coppie abregée :   N. DE LA PRIMAUDAYE.

Durant la sepmaine commencée le dymence XIX me jour de septembre mil cinq cens dix huit et finissant le samedi ensuyvant xxv me jour dud. moys, en laquelle sepmaine ny a que cinq jours ouvrables parceque le mardi d'icelle sepmaine fut la feste sainct Mathieu, mais a esté besongné par aucuns manouvriers ainsi qu'il s'ensuyt, ont été paiez pour le Havre de Grace les parties qui s'ensuyvent.

ET PREMIÈREMENT

A Guillaume Consore, cordier pour II c L livres de cordage par luy livrez aud. Havre à XII d la livre ainsi qu'il appert par le roolle sur ce expédié pour cecy, la somme de XII l x s.

A Jehan Bynart, pour plusieurs seilles de boys et

pelles fustieres par luy livrez comme appert par led. roolle, la somme de LXXVI s.

A Jehan Bullant, pour plusieurs picquoys par luy livrez durant lad. sepmaine ainsi qu'il appert par led. roolle, pour ce IX l XII s.

Pour le paiement de la voicture de vingt beneaulx qui ont vacqué en lad. sepmaine cinq jours à raison de XII s par jour, vallent LX l.

Pour le paiement de XXX maistres pionnyers qui ont vacqué en lad. sepmaine six jours à raison de V s par jour, vallent XLV l.

Pour le paiement de XXXV autres maistres pionnyers bretons qui ont besongné aud. Havre à raison de IIII s par jour l'espace de cinq jours, vallent XXXV l.

Pour le paiement de XLVIII autres pionnyers qui ont vacqué six jours comprins led. mardi à III s par jour, vallent XLIII l IIII s.

Pour le paiement de XXVIII autres pionnyers qui ont vacqué en lad. sepmaine cinq jours aud. prix de III s par jour, vallent XXI l.

Pour le paiement de douze autres manouvriers qui ont vacqué sept jours lesd. dymence et mardi feste sainct Mathieu comprins à II s VI d par jour, vallent X l X s.

Pour le paiement de douze autres manouvriers qui ont vacqué les sept nuyctz des jours dessusd. à la vuidenge des eaues dud. Havre aud. prix de II s VI d par nuyctz, vallent X l X s.

Pour le paiement de VII xx IIII autres pionnyers et manouvriers qui ont vacqué six jours led. mardi comprins aud. prix de II s VI d par jour vallent CVIII l.

Pour le paiement de IIᶜ IIIIˣˣ XVI autres pionnyers et manouvriers qui n'ont besongné en lad. sepmaine que cinq jours aud. prix de II ˢ VI ᵈ par jour, vallent IXˣˣ vˡ.

Somme toutal des parties cy dessus contenues, cinq cens quarante quatre livres deux solz tournois dont a esté expédié le roolle le XXVIIᵐᵉ jour de septembre l'an mil cinq cens dix huit.

Pour coppie abregée : N. DE LA PRIMAUDAYE.

Durant la sepmaine commencée le dymence XXVIᵐᵉ jour de septembre et finissant le samedi ensuyvant IIᵐᵉ jour d'octobre mil cinq cens dix huit, en laquelle ny a que cinq jours ouvrables ont esté paiez les parties qui s'ensuyvent pour le Havre de Grace.

ET PREMIÈREMENT

A Hector Baudouyn, pour IIᶜ XXX clayes par luy fournyes pour led. Havre ainsi qu'il est à plain contenu au roolle de ce expédié, pour cecy la somme de XXI ˡ.

A Jacques de Estymauville, pour douze arbres par luy livrez aud. Havre comme appert par led. roolle, pour ce XII ˡ.

A Guillaume Consore, cordier pour IIᶜ L livres de cordage par luy livrez comme appert par led. roolle, pour ce XII ˡ X ˢ.

A Robinet Terrier, pour plusieurs parties de toiles d'Ollande, gresse et esguilles par luy fournyes durant lad. sepmaine, pour ce XXII ˡ XIIII ˢ.

Pour le paiement de xx beneaulx qui ont vacqué en lad. sepmaine cinq jours à xii s par jour chacun beneau, pour ce lx l

Pour le paiement de xxx maistres pionnyers qui ont vacqué en lad. sepmaine cinq jours à v s par jour, vallent xxxvii l x s.

Pour le paiement de xxxv autres maistres pionnyers bretons qui ont vacqué semblable espace de cinq jours à iiii s par jour, vallent la somme de xxxv l.

Pour le paiement de lxxviii autres pionnyers qui ont vacqué cinq jours à iii s par jour vallent lviii l x s.

Pour le paiement de douze autres manouvriers qui ont vacqué en lad. sepmaine sept jours à la vuidenge des eaues dud. Havre, en ce comprins le dymence et la feste sainct Michel qui estoit le mercredi d'icelle sepmaine à ii s vi d. par jour vallent x l x s.

Pour le paiement de xii autres manouvriers qui ont vacqué les sept nuyctz des jours susd. à la vuidenge desd. eaues à ii s vi d par nuyct, vallent x l x s.

Pour le paiement de iiii c xlvi autres pionnyers et manouvriers qui ont vacqué en lad. sepmaine cinq jours à ii s vi d par jour, vallent ii c lxxviii l xv s.

Somme toutal des parties cy dessus contenues, cinq cens cinquante huit livres dix neuf solz tournois, dont a esté expedié le roolle le v me jour d'octobre mil cinq cens dix huit.

Pour coppie : N. DE LA PRIMAUDAYE.

Durant la sepmaine commencée le dymenche iii me jour de ce présent moys d'octobre mil v c dix huit et finissant le samedy ensuyvant ixme jour dud. moys en laquelle ny a que cinq jours ouvrables parceque led. samedi fut la feste sainct Denys, ont été paiez pour le Havre de Grace les parties qui s'ensuyvent.

PREMIEREMENT

A Pierre Leger, marchant de boys pour son paiement de cx pieudx de boys de hestre ainsi qu'il est amplement contenu au roolle de ce expédié, la somme de cx l.

A Jehan Blotin et Jehan Hebert et autres pour plusieurs arbres par eulx fournys et livrez aud. Havre comme appert par led. roolle, la somme de xxix l ii s vi d.

A Jehan Bulland, pour plusieurs parties de fer ouvré par luy fourny aud. Havre comme appert par led. roolle, la somme de xix l vi s iiii d.

A Jehan Laurens, pour plusieurs seilles et troys grans fallotz par luy livrez aud. Havre comme appert par led. roolle, la somme de vi l xv s.

Pour le paiement de la voicture de xx beneaulx qui ont vacqué aud. Havre cinq jours en lad. sepmaine à xii s par jour chacun, vallent lx l.

Pour le paiement de xxxi maistres pionnyers qui ont vacqué cinq jours en lad. sepmaine à v s par jour, vallent xxxviii l xv s.

Pour le paiement de xxxv autres maistres pionnyers qui ont vacqué cinq jours en lad. sepmaine à iiii s par jour, vallent xxxv l.

Pour le paiement de LXXVIII autres pionnyers qui ont vacqué cinq jours à III^s par jour, vallent LVIII^l X^s.

Pour le paiement de VI autres maistres pionnyers qui ont besongné à la gectée d'icelluy Havre du costé d'aval led. samedy jour sainct Denys à raison de IIII^s chacun, vallent XXIIII^s.

Pour le paiement de XXXVII autres pionnyers qui ont besongné led. jour saint Denys avec les dessusd. à III^s chacun vallent CXI^s.

Pour le paiement de XII manouvriers qui ont besongné à la vuidenge des eaues dud. Havre durant sept jours lesd. dymence et jour sainct Denys comprins à II^s VI^d par jour, X^l X^s.

Pour le paiement de XII autres manouvriers qui ont besongné les sept nuyctz des jours susd. à la vuidenge desd. eaues à II^s VI^d par nuyct, vallent X^l X^s.

Pour le paiement de IIII^c XXXVIII autres pionnyers et manouvriers qui ont vacqué en lad. sepmaine cinq jours à II^s VI^d par jour, vallent II^c LXXIII^l XV^s.

Somme toutal des parties cy dessus contenues, six cens cinquante huit livres dix huit solz dix deniers tournois, dont a esté expédié le roolle le XIIme jour d'octobre l'an mil cinq cens dix huit.

Pour coppie : N. DE LA PRIMAUDAYE.

Durant la sepmaine commencée le dymenche Xme jour de ce présent moys d'octobre et finissant le samedy ensuyvant XVIme jour dud. moys mil cinq cens dix huit, en laquelle y a six jours ouvrables, mais a esté besongné durant led. dymence à la vuidenge des eaues par aucuns pionnyers, ont esté paiez les parties qui s'ensuyvent pour le Havre de Grace.

ET PREMIÈREMENT.

A Guillaume Consore, cordier pour six vingtz quinze livres de cordage par luy fourniz durant lad. sepmaine à xii^d la livre, vallent vi^l xv^s.

Pour le paiement de xx beneaulx qui ont vacqué en lad. sepmaine six jours à raison de xii^s par jour chacun beneau, vallent lxxii^l.

Pour le paiement de xxxi maistres pionnyers qui ont vacqué aud. Havre six jours à raison de v^s par jour, vallent xlvi^l x^s.

Pour le paiement de xxxv autres maistres pionnyers bretons qui ont vacqué en lad. sepmaine six jours à iiii^s par jour, vallent xlii^l.

Pour le paiement de lxxviii autres pionnyers qui ont vacqué en lad. sepmaine six jours à iii^s par jour, vallent lxx^l iiii^s.

Pour le paiement de xii manouvriers qui ont vacqué en lad. sepmaine sept jours led. dymenche comprins à la vuidenge des eaues à ii^s vi^d par jour vallent x^l x^s.

Pour le paiement de xii autres manouvriers qui ont vacqué les sept nuyctz des jours susd. à la vuidenge desd. eaues à ii^s vi^d par nuyct, vallent x^l x^s.

Pour le paiement de iiii^c xxviii hommes qui ont

vacqué en lad. sepmaine six jours à II^s VI^d par jour, vallent III^c XXI^l.

Somme des parties cy dessus contenues, cinq cens soixante dix neuf livres neuf solz tournois, dont a esté expédié le roolle le XVIIIme jour d'octobre mil cinq cens dix huit.

N. DE LA PRIMAUDAYE.

Durant la sepmaine commencée le dymenche XVIIme jour de ce moys d'octobre mil cinq cens dix huit et finissant le samedi ensuyvant XXIIIme jour dud. moys en laquelle ny a que cinq jours ouvrables parce que le lundi fut le jour sainct Luc, maiz a esté besongné lesd. dymence et jour sainct Luc par aucuns denommez au roolle de ce expédié, ont esté payez pour le Havre de Grace les parties qui s'ensuyvent.

PREMIÈREMENT

A Estienne Marie, pour son paiement du boys qui a esté prins pour faire III^c XVIII clayes, luy a esté ordonné par monseigneur le vis admiral comme appert par led. roolle, XIX^l X^s.

A Pierre Leger, pour plusieurs pieudz de boys par luy fournys et livrez comme appert par led. roolle, XVIII^l.

A Guillaume Consore, cordier pour XII^c L livres de cordage à XII^d la livre, XII^l X^s.

A Robinet Terrier, pour troys pièces de toille d'Ollande XII^l III^s.

A Jehan Bullant, marchant de fer pour plusieurs parties de fer ouvré avec un grant aigneau de fer comme appert par led. roolle, IIIIxx xviiil iis xid.

A Martin Fleury, pour plusieurs seilles de boys et pelles fustieres par luy livrez, xiiiil vis.

Pour le paiement de xx beneaulx qui ont vacqué cinq jours en lad. sepmaine à xiis par jour, vallent lxl.

Pour le paiement de xxxi maistres pionnyers qui ont vacqué cinq jours à vs par jour, vallent xxxviiil xvs.

Pour le paiement de xxxv autres maistres pionnyers bretons qui ont vacqué cinq jours iiiis par jour, vallent xxxvl.

Pour le paiement de lxxviii autres pionnyers qui ont vacqué cinq jours à iiis par jour, vallent lviiil xs.

Pour le paiement de vi maistres pionnyers qui ont besongné led. jour sainct Luc aux fondemens de la gectée du costé d'aval à iiiis par jour, vallent xxiiiis.

Pour le paiement de xxxvii autres pionnyers qui ont besongné led. jour sainct Luc avec les dessusd. à iiis par jour, vallent cxis.

Pour le paiement de xii manouvriers qui ont vacqué sept jours lesd. dymence et jour sainct Luc comprins à la vuidenge des eaues dud. Havre à iis vid par jour, vallent xl xs.

Pour le paiement de xii autres manouvriers qui ont vacqué les sept nuyctz des jours susd. à la vuidenge des eaues à iis vid par nuyct, vallent xl xs.

Pour le paiement de iiiic xxviii pionnyers et manouvriers qui ont besongné aud. Havre cinq jours en lad. sepmaine à iis vid par jour, vallent iic lxviil xs.

Somme des parties cy dessus contenues, six cens soixante une livre ung sol unze deniers tournois, dont a esté expédié le roolle le . . . . . jour d'octobre mil cinq cens dix huit.

N. DE LA PRIMAUDAYE.

Durant la sepmaine commencée le dymenche XXIIIIme jour d'octobre mil cinq cens dix huit et finissant le samedy ensuyvant penultieme jour dud. moys en laquelle ny a que cinq jours ouvrables, parce que le jeudi d'icelle fut la feste sainct Symon sainct Jude ont esté paiez pour le Havre de Grace les parties qui s'ensuyvent.

PREMIÈREMENT.

A Micquelet Ferey et Jehan Gauvain, maistres maçons ayans la charge de la maçonnerie dud. Havre pour leur paiement de mil XVII toises de maconnerie par eulx fetes aud. Havre depuis le IIIme jour de juillet dernier passé jusques à present à raison de XXII^l x^s la toise[1] comme appert par le roolle sur ce expédié, vallent XXII^m VIII^c IIII^{xx} II^l X^s.

A Jehan Vallée, maistre charpentier pour ung bastardeau par luy fait aud. Havre comme appert par led. roolle, II^l.

---

[1] Voir n° 28, procès-verbal de toisage des travaux de maçonnerie du port du Havre.

A Guillaume Consore, pour plusieurs cordages et autres choses par luy livrez ainsi qu'il est contenu aud. roolle, x^l xiiii^s.

A Pierre Delorme, Jacques Touroulde et Thomas Theroulde, maistres maçons qui ont toisé lad. massonnerie à chacun c^s, vallent xv^l.

Pour le paiement de xix beneaulx qui on vacqné en lad. sepmaine cinq jours à xii^s par jour, vallent lvii^l.

Pour le paiement de xxxi maistres pionnyers qui ont vacqué cinq jours à v^s par jour, vallent xxxviii^l xv^s.

Pour le paiement de xxxv autres maistres pionnyers qui ont vacqué cinq jours à iiii^s par jour, vallent xxxv^l.

Pour le paiement de lxxviii autres pionnyers qui ont vacqué cinq jours à iii^s par jour, vallent lviii^l x^s.

Pour le paiement de vi maistres pionnyers qui ont vacqué led. jour sainct Symon-sainct Jude à iiii^s par jour à la gectée du costé d'aval dud. Havre, vallent xxiiii^s.

Pour le paiement de xxxvii autres pionnyers qui ont vacqué led. jour sainct Symon-sainct Jude avec les dessusd. à iiii^s par jour, cxi^s.

Pour le paiement de xii manouvriers qui ont vacqué sept jours à la vuidenge des eaues dud. Havre à ii^s vi^d par jour, vallent x^l x^s.

Pour le paiement de xii autres manouvriers qui ont vacqué les sept nuyctz des jours susd. à la vuidenge des eaues à ii^s vi^d par nuyct, vallent x^l x^s.

Pour le paiement de iiii^c xxviii autres pionnyers et manouvriers qui ont vacqué cinq jours à ii^s vi^d par jour, ii^c lvii^l x^s.

Somme du contenu cy dessus, vingt troys mil cinq

cens quatre vingtz douze livres quatorze solz tournois, dont a esté expédié le roolle le IIIme jour de novembre l'an mil cinq cens dix huit.

N. DE LA PRIMAUDAYE.

XXVIII.

Procès-verbal de toisage des travaux de maçonnerie du Havre de Grâce.

— 30 octobre 1518 —

Du samedy penultième jour d'octobre v^c xviii.

Ensuit le toisage de la besongne de massonnerie qui a esté faite par Michel Féré au Havre de Grace depuis le desrenyer toisage qui fut fait le samedy troysième de juillet cinq cens dix huit.

PREMYEREMENT.

Le parement de la jetée vers la mer contient de lonc trente toyses deulx piez demy sur la haulteur de quatre toyses, les paremens des retretes comprins qui est toult carcullé à trente six piez pour toyse tous paremens comptés, vii^{xx} i toyses demye vi piez.

Item, le parement vers les terres contient tout carcullé et rabatu ce qui ne porte point de parement et qui demeure en grosse espoisse, xxxv toyses.

Item, la grosse espoisse de icelle jettée contient de

lonc trente toyses sur la laisze de vingt cinq piez les paremens rabatus sur la haulteur de xix piez demy qui est toult carcullé à deulx cens saize piez pour toyse, iiii^c xiiii toyses demye.

Item, le cahot qui traverse à travers ladite jetée pour aporter l'eaue du fossé dedans le Havre contient le parement de chaint cinq piez sur la longueur de vingt cinq piez demy et le neuf de lese qui contient de chaint quatre piez troys pousses sur la hauteur de douze piez qui est pour les paremens des cahos dessusdits à trente six piez pour toyse, v toyses pié demy.

Item, l'une des jetées du dedens dudit Havre du costé de devers Ygoville [1] le parement de ce qui en a esté fait depuis le dit toysage contient de lonc trente cinq toyses demye sur la hauteur de deulx piez et demy les degrés non comprins qui est toult carcullé à trente six piez pour toyse, xiiii toyses demye x piez.

Item, la grosse espoisse de ycelle jetée sur celle hauteur de deulx piez demy et sur ladite longueur de xxxv toyses demye et sur la laize de onze piez demy le parement rabatu vault lad. espoisse à deulx cens saize piez pour toyse, xxviii toyses ung tiers de toyse.

Item l'une des joues de l'un des degrés de la dite jetée contient de lonc dix huit piez demy sur la hauteur de deulx piez demy et y en a quatre aux deulx degrés semblabes qui est pour les quatre à trente six piez pour toyse, v toyses v piedz.

Item, le chaint de troys des marches de l'un des degrés

---

[1] Ingouville.

contient six piez sur la longueur de neuf piez et les marches de l'autre degré contiennent autant qui est pour les deulx à trente six piez pour toyse, III toyses.

Item, la grosse espoisse de l'une des joues contient de lonc six piez sur la hauteur de deulx piez et demy et sur ladite laize de deulx piez et demy et y en a quatre semblabes qui est pour les quatre à deulx cens saize piez pour toyse ains que dit est, demye toyse XL piez.

Item, l'un des estos qui sont sur ladite jetée pour amarer les navires contient de chaint de parement douze piez demy et y en a cinq qui est pour les cinq à trente six piez pour toise, une toyse demye IX piez.

Item, le pavé de ycelle jetée contient le lonc trente cinq toyses demye sur la laize de quatorze piez demy les deulx piez des deux costés de parement comprins qui est toult carcullé à trente six piez pour toyse, IIII^{xx} v toyses demye.

Item, le tallut de ladite jetée auprès de la dite tour contient de lonc dix sept piez de parement sur la hauteur de quatre piez qui est toult carcullé à trente six piez pour toyse, II toyses IIII piez.

Item, la grosse espoisse dud. tallut contient toult carcullé au compte de deulx cens saize piez pour toyse comme dit est, une toyse demye XXXVI piez.

Item, le parement de l'autre jetée du Havre contient de lonc vingt deulx toyses le degré rabatu sur la hauteur de quatre piez demy qui est toult carcullé à XXXVI piez, XVI toyses demye.

Item, la grosse espoisse de yceluy en droit contient de lonc vingt deulx toyses sur la layse de treize piez sur ladite hauteur de quatre piez demy qui est toult carcullé à deulx cens saize piez pour toyse, XXXVII toyses.

Item, la longuée de ladite jetée en venant vers la mer, le parement en contient de lonc dix toyses ung pié et demy sur la hauteur de vingt quatre piez et demy les parements des en deus comptés et avalués qui est toult carcullé à trente six piez pour toyse comme dit est, XLI toyses demye XII piez.

Item, la grosse espoisse de ycelle alonguée contient de lonc dix toyses pié et demy sur laize de treyze piez le parement rabatu et sur la hauteur de vingt et deulx piez qui est toult carcullé à deulx cens saize piez pour toyse LXXIX toyses, IIII^{xx} XVI piez.

Item, l'une des joues de l'un des degrés de lad. jetée contient, le parement en contient de lonc dix sept piez demy sur la hauteur de quatre piez et demy et y en a quatre semblabes qui est pour les quatre à trente six piez pour toyse comme dit est, VIII toyses demye IX piez.

Item, l'une des grosses espoisses de l'une desdites joues contient de lonc six piez sur quatre piez demy de laize et sur quatre piez demy de hault et y en a quatre semblabes qui est pour les quatre à deulx cens saize piez pour toyse, II toyses.

Item, le chaint de cinq marches de l'un des degrés de lad. jetée contient dix piez sur la longueur de neuf piez et y en a deulx semblabes qui est pour les deulx à trente six piez pour toyse, V toyses.

Item, plu y a à la dite jetée quatre estocs pour amarer les navires qui vallent toult carcullé, une toyse XIIII piez.

Item, le pavé de lad. jetée contient de lonc trente

deulx toyses pié et demy sur la laize de saize piez les deulx costés de parement dud. pavement comprins et avalué vault à trente six piez pour toyse, IIII^{xx} VI toyses.

Item, le front de ladite jetée d'aval vers la mer lequel est fait à parement par retraictes, le chaint dud. front et retraictes contient quatre toyses quatre piez demy sur la longueur de quatre toyses ung pié qui est toult carcullé à trente six piez pour toyse comme parement et à la subjessyon de le rendre en grosse espoisse quant la perfecyon de ladite jetée se fera, qui est pour yceluy parement comme dit est, XIX toyses demye X piez demy.

Somme de ces parties cy dessus escriptes se montant à mil XVII toyses, piez de paremens et de grosses espoisses comptés et avalués.

Pierre de Lourme. Thomas Theroulde.
Theroude.

XXIX.

Lettre du Roi Francois I à monsieur du Chillou.

— 24 octobre 1518. —

A Monsieur du Chillou visadmiral de France.

Monsieur du Chillou, j'escriptz à monsieur le général de Normandie qu'il face continuer pour XII ou XV jours la gectée encommançée pour le Havre de Grace, affin que ce qui y a esté fait ne soit perdu et aussi qu'il vous face bailler cent escuz pour estre employez par vostre ordonnance à mectre ma nef de Lermine [1] dedans le Havre de Grace pour illec estre gardée et mie hors du danger où elle seroit. A ceste cause, je vous prie que vous continuez à faire besongner aud. Havre de Grace es choses qui seront les plus necessaires ainsi que avez fait et vous me ferez service et adieu monsieur du Chillou.

Escript à Baugé le XXIIIIme iour d'octobre.

FRANCOYS.   GEDOYN.

XXX.

Ordre de paiement adressé par le Roi Francois I au général de Normandie.

— 24 octobre 1518. —

A Monsieur le général de Normandie.

Monsieur le général, j'ay receu des lectres du vis-admiral qui m'escript que qu'il ne continuera l'ouvrage de la gectée qui est encommancée au Havre de Grace pour XII ou XV jours et sera pour perdre tout ce qui a esté fait, à ceste cause je vous prie que pendant que

---

[1] La nef *Lermine* avait pour capitaine *Monseigneur du Plessis*, gendre de Guyon le Roy, sieur du Chillou. Voir l'état des dépenses de la marine en 1522, n° 56.

vous estes par delà vous trouvez moyen de faire continuer led. ouvrage de sorte que ce qui a esté fait ne se puisse perdre et gaster. Pareillement faictes bailler cent escuz pour mectre mon navire de Lermine dedans led. Havre de Grace, car au lieu où il est il seroit en danger d'estre perdu et s'il est dedans led. Havre il sera en bonne seureté et ne coustera riens à garder et vous me ferez en ce faisant très grant service et adieu monsr le général.

Escript à Baugé le xxiiiime jour d'octobre.
    FRANCOIS.   GEDOYN.

Au dos est écrit : Pour le Havre de Grace et pr Lermine, xxviiime d'octobre mvc xviii.

XXXI.

Lettre de Thomas Bohier à Guillaume Preudomme.

— 8 novembre 1518. —

Monsieur le receveur général de Normandie, maistre Guillaume Preudomme, je me recommande à vous.

Le Roy m'a présentement escript qu'il est besoing de fournir à monsieur du Chillou, visadmiral la somme de deux cens livres tournois que pourront monter les fraiz qu'il commendra payer pour faire mectre et entrer dedans le Havre de Grace la nef Hermyne que feist faire feu Berquetot, laquelle, comme led. sieur a entendu, n'est en seureté au lieu où de present elle est et pour ce que led. deffunct par son marché estoit tenu la rendre faicte et parfaicte dedans icelluy Havre, fournissez lad. somme de ii^c livres^t à mond. sieur du Chillou par son recepice des deniers que avez encores en vos mains du paiement qui reste à faire aux héritiers dud. feu Berquetot à cause de lad. nef et en les parachevant de fournir leurd. reste, mais qu'ilz aient fait et acompli le contenu en le marché, baillez leur en paiement, led. recepice ou quictan dud. visadmiral desd. ii^c livres tournois pour argent comptant, priant Dieu, monsieur le receveur général, qu'il soit garde de vous.

Escript de Condé Lévesque [1] le viiime jour de novembre l'an mil cinq cens dix huit.

Vostre bon compère et parfaict ami,
THOMAS BOHIER [2].

---

[1] Condé-sur-Iton, diocèse d'Evreux, aussi surnommé l'Evêque, parce que les évêques d'Evreux en possédaient le château et la baronnie.

[2] Thomas Bohier, baron de St Ciergue, s^r de la Tour-Bohier, Chenonceaux, Chizé, Nazelle et St Martin le Beau, fils d'Astremoine Bohier, baron de St Ciergue et de Beraulde du Prat, chambellan des Rois Louis XI, Charles VIII, Louis XII et François I, général ou intendant des finances et lieutenant pour le Roi en Italie. Il était frère d'Antoine Bohier, cardinal, archevêque de Bourges, abbé commandataire de St Ouen et de Fécamp, qui fut président en l'Echiquier de Rouen, lors de son établissement, en 1499.

XXXII.

Quittance de Guyon le Roy.

— 27 novembre 1518. —

Nous, Guyon le Roy, chevalier, seigneur du Chillou, visadmiral de France confessons avoir eu et receu comptant de maistre Guillaume Preudomme, conseiller du Roy et receveur général de Normendie la somme de cent escuz d'or solleil de laquelle nous luy prometons fournir acquict et quictance telle qui luy sera nécessaire pour son acquict. En tesmoing de çe, nous avons signé ceste présente de nostre main le xxviime jour de novembre l'an mil cinq cens dix huit.

GUYON LE ROY.

XXXIII.

Engagement par M. du Chillou de faire construire une fontaine au Havre de Grace.

— 5 janvier 1518. —

L'an de grace mil cinq cens dix sept[1] le cinq^{me} jour de janvier devant Jehan le Parmentier et Jehan de

[1] 1518. Nouveau style.

Nantes, tabellions royaulx jurez en la viconté d'Auge es siège de Honnefleu fut présent noble homme messire Guyon le Roy, chevalier, sr du Chillou, vis admiral de France lequel confessa ce jourduy en la présence desd. tabellions avoir faict marché au Roy nostred. seigneur de faire faire, construire et édiffier et rendre toute preste, faicte et parfaicte dedans la fin du moys d'aoust prouchain venant à compter du jour et dacte de la présente une fontaine dont la source sort de présent de la coste du chief de Caulx, d'un lieu nommé Vitenval, passant le long et joignant à l'église de nostre dame de saincte Adresse jusques au lieu du havre de Grace que led. seigneur faict de présent édiffier, où il peult avoir de distance environ une lieue de pays et par ce présent marché sera icelluy sr du Chillou subgect faire chercher jusques à la vive raucq icelle fontaine tant et sy avant dedans le rocq dont elle part qui sera de besoing et au lieu d'icelle vive source fera faire une cloture de bonne et dure pierre de taille bien ensaisonnée qui aura de creux de cinq à six piedz en tous sens et troys piedz d'espoisseur toute pante au fons de semblable pierre d'une boultée et couverte de mesmes pierre en facon de cytterne pour receuillir et assembler les eaues en ung seul lieu affin de rendre le cours d'icelle fontaine plus fort et puissant. Item, seront faictes tranchées dedans les terres depuis le lieu d'icelle source jusques aud. havre de haulteur convenable et telz qu'il appartiendra pour conduire almeau et de mesure lad. eaue en façon qu'elle coule et passe facilement sans soy arrester le long d'icelles tranchées dedans les tuyaulx de terre qui seront ordonnez et posez pour le passaige de lad. eaue et seront iceulx tuyaulx couchez en terre tout le long d'icelles trenchées sur bonne espoisse de chault et cyment revestuz et à l'entour d'iceulx maconnez de bonne et forte pierre dure lyée en bain de cyment portant demy pied d'espoisseur ainsy que le cas le requiert. Item, sera pareillement tenu de faire faire, depuis le lieu où commance lad. source jusques aud. havre où icelle fontaine yra tumber, la quantité de trente cuves toutes de bonne et forte pierre dure et de taille contenans chacune quatre piedz de creux en ung sens et troys en l'autre, qui seront couvertes de semblable pierre de taille, lesquelles cuves serviront pour receuillir et assembler l'eaue de lad. fontaine et aussy pour veoir et regarder quant elle discontinuroyt son cours, à quoy il tiendra et dont procédera le deffault, lesquelles cuves seront assises par mesure distantes es lieux qui sera advisé pour le mieulx en procedant aud. ouvraige et pareillement sera icelluy s^r du Chillou tenu de faire faire dedans led. havre de grace, au lieu le plus convenable qu'il sera advisé pour faire tumber l'eaue d'icelle fontaine, une belle et sumptueuse estanfiche de bonne pierre de Vernon aux armes de France, qui sera plantée aud. havre garnye d'un beau bassin de mesmes pierres, par laquelle estanfiche et bassin saillira l'eaue d'icelle fontaine pour la receuillir le plus facilement et aisément que faire se pourra, pour la commodité des manans et habitans dud. lieu et pour faire et entierement achever et parfaire led. ouvraige au temps cy dessus contenu, sera led. s^r du Chillou subgect et s'est submis fornir de toutes matieres quelzconques, paier les ouvriers et faire tous les autres fraiz en tel cas requis, sans ce que le Roy nostred. seigneur ne autre pour luy en soyt tenu pour aucune chose, moyennant le prix et somme de trois mil livres tournoys que le Roy nostred. seigneur sera tenu luy fournir et faire paier comptant pour toutes les choses dessusd. à deux termes et paiemens esgaulx c'est assavoir, présentement la somme de quinze cens livres tournoys et semblable somme de quinze cens livres tournoys, tant incontinent que led. ouvraige sera faict, acomply et rendu tout prest comme et selon qu'il est contenu en ce présent marché, sur lequel luy a esté présentement paié et baillé comptant en la présence de nous, tabellions dessus nommez, par maistre Guillaume Preudomme, conseiller du Roy nostred. seigneur, receveur général de ses finances et par luy commis à tenir le compte dud. havre de grace lad. somme de quinze cens livres tournoys pour le premier paiement en sept cens cinquante escus d'or soleil et dont icelluy s^r du Chillou s'est tenu à content et bien paié et d'icelle somme promest tenir compte, déduire et rabbattre sur led. marché et somme de trois mil livres tournoys promectant led. s^r du Chillou le contenu en ces présentes tenir, entrepriz et deuement acomplir ainsi et en la maniere que dit est, à quoy il oblige ses biens et héritaiges, etc., comme pour les propres debtes et affaires du Roy nostred. seigneur, renonçant à toutes lectres qui pourroient empescher l'exécucion du contenu en cestes. Tesmoingtz par Jacques d'Estimauville et Anthoine Dumesnil, escuiers.

PARMENTIER.   J. DE NANTES.

XXXIV.

Procès-verbal de réception des travaux faits au Havre de Grace pour la construction d'une fontaine.

— 14 septembre 1518. —

L'an de grace mil cinq cens dix-huit le quatorziesme jour de septembre, devant nous, Jacques Auvray[1], escuyer, seigneur de la Poinctellière, eslu pour le Roy sur le fait des aides ordonnées pour la guerre en l'eslection de Monstierviller, furent présens Michel Ferey, maistre machon de l'ouvrage du port de grace, Jehan Gauvain, autre maistre machon de la ville de Harfleu, Pierre Delorme, maistre des œuvres de maçonnerye es bailliage de Rouen et Jehan Duchamp, aussi autre maistre machon, demourant en lad. ville de Rouen, lesquelz nous certiffièrent, atestèrent et tesmongnèrent pour vérité que par plussieurs et diverses foys durant l'année présente ilz avoient asisté et esté présens à veoir

---

[1] J. Auvray, d'une famille annoblie aux francs fiefs et dont on perd la trace au XVIIe siècle.

besongner à une fontayne que le Roy nostre dict seigneur avoit ordonné estre fait venir du lieu de Vittenval dedens le havre de grace pour la commodité des habitans dud. lieu, lequel Vittenval est distant d'environ une bonne lieue dud. havre, de laquelle fontayne, depuis le commencement d'icelle, ilz disoient avoir par plussieurs foys veu et visité et laquelle ilz avoient trouvée raisonnablement faicte et parfaicte ainsi quilz s'ensuyt. Premierement, disoient que le rocq, dont procédoit la source d'icelle estoit duement aparfondy et charché jusques à la vyve eaüe. La closture d'entour ladicte source de parfondeur de six piedz à toyse en tous sans et de troys piedz d'espoisseur, pante voulue et toute couverte de belle et bonne pierre de taille. Item, les tuyaulx par lesquelz se conduict l'eaue depuis lad. source jusques au lieu dud. havre de grace sont de terre bien recuyte et cymentez tout autour et revestus de pierre à chaux et chyment et par dessus semblablement. Item, que le long du chemyn que contient la dicte fontayne, depuis icelle source jusques aud. havre, y a trente ensuis de pierre de taille de parfondeur et largeur compectente pour reppozer l'eaue d'icelle fontayne, aussi quant elle discontynueroit son cours pour plus facyllement adviser ce dont la faulte procèderoit et et y donner le remedde, lesquelles ensuis sont assises d'instance compectente l'une de l'autre. Item au lieu dud. havre, devant la grosse tour qui à present y est encommencée à faire, sourt et afflue l'eaue d'icelle fontaine, dont les habitans dud. Havre sont pourveus et encommodez en laquelle y a une belle et sumpteuse estantfiche garnye de bachin, le tout de pierre de Vernon taillée à l'anticque, qui est de la haulteur de bien demye lance, en laquelle y a un sainct Francoys portant les armes de France et plussieurs autres ymages de pierre. Disoient oultre lesd. atestans que à leurs adviz et conscience ilz ne congnoissent, ne sachent choze en tout l'ouvrage d'icelle fontaine qu'il ne soit tel et sy bien fait qu'il appartient et qu'elle est de present agrée et parachevée de toutes choses généralement quelzconques et de laquelle il sourt et afflue grosse eaue, ainsi que le fait le demonstre. Desquelles choses, noble homme messire Guyon le Roy, chevallier, sr du Chillou, vis admiral de France nous requist ces présentes pour luy servir et valloir qu'il appartendra que luy avons accordé. Ce fut fait et donné audict lieu du havre de grace soubz nostre saing manuel et scel, dont avons acoutusmé user audict office d'esleu les jour et an dessusd.

J. AUVRAY.

XXXV.

Ordre donné par les généraux des finances de payer à M. du Chillou 800 livres pour surveiller les travaux faits au Havre.

— 28 décembre 1518[1]. —

Les généraulx, conseillers du Roy nostre sire sur le fait et gouvernement de ses finances, maistre Guillaume Preudomme[2], aussi conseiller dud. sire et receveur général des dictes finances es païs et duché de Normandie, commis par icelluy sire à tenir le compte et faire le paiement de la construiction et édiffice du havre de Grâce en acomplissant le contenu ès lettres patentes du roy nostre dict seigneur signées de sa main ausquelles ces présentes sont attachées soubz l'un de nos signetz, paiez, baillés, et délivrés comptant des deniers à vous ordonnez pour convertir et employer ou fait de vostre dicte commission de ceste présente année, à messire Guion le Roy, chevallier, seigneur du Chillou, visadmiral de France, commissaire ordonné en l'absence de monseigneur de Bonnyvet, admiral, pour ordonner de l'édiffice, ouvraige, et des priz, marchez et paiemens dudict Havre la somme de huit cens livres

---

[1] Archives nationales (K. 81 30.)

[2] Guillaume Preudomme, sieur de Freschines et de Fontenay en Brie, receveur général en Normandie, devint ensuite trésorier de l'épargne et mourut presque centenaire. Il avait marié sa fille Jeanne Preudomme à Nicolas de Neufville, premier seigneur de Villeroy, qui fut ministre sous quatre de nos Rois.

tournois, et à maistre Nicollas de la Primaudaye, contrerolleur dudict Havre, la somme de trois cens soixante livres tournois ausquelz ledict sire les a ordonnées par ses dictes lettres, c'est assavoir, audict visadmiral, commissaire, pour ses peines et sallaires d'avoir continuellement fait séjour audict lieu de Grâce, vacqué et entendu oudict édiffice et ordonner des deviz, priz, marchez et paiemens durant huit mois entiers commancez le premier jour de mars mil cinq cens dix sept et finiz le dernier jour d'octobre dernier passé, qui est à raison de cent livres pour chacun d'iceulx mois les dictes huit cens livres. Et ledict de la Primaudaye pour avoir servi en l'estat de conterrolleur et estre présent à veoir faire iceulx deviz, priz, marchéz et paiemens, et de ce faire régulièrement expédié les reolles et acquictz à ce nécessaires, où il a continuellement entendu depuis le douziesme jour du mois de fevrier l'an dessusdict qu'il partist de la ville de Tours où il est demourant pour aller faire et exercer sadicte commission, ainsi que commandé luy avoit esté, jusques au seiziesme jour du mois de novembre ensuivant et dernier passé qui sont neuf mois entiers, en quoy sont comprins huit jours de séjour par lui fait audict Havre aprés ledict mois d'octobre fini pour mectre ordre à faire serrer et inventorier les picqs, pelles, clayes, engins et autres extencilles servans oudict édiffice appartenans au roy nostre dict seigneur, et iceulx mectre en seureté jusques à l'année prochaine que ledict sire espère faire continuer ledict ouvrage et autres huit jours pour s'en retourner audict Tours. Lesquels neuf moys à raison de quinze livres tournois pour chacun d'iceulx vallent ladicte somme de troys cens soixante livres tournois. Le tout ainsi que plus à plain lesdictes lettres le contiennent et que le roy nostre dict seigneur le veult et mande par icelles. Donné soubz l'un de noz signetz le vingt huitiesme jour de décembre l'an mil cinq cens dix huit.

XXXVI.

Quittance, donnée par M. du Chillou, d'un à compte sur ce qui lui est dû pour la construction d'une fontaine.

— 31 décembre 1518.[1] —

Nous, Guyon le Roy, chevalier, seigneur du Chillou, visadmiral de France, confessons avoir eu et reçu comptant de Maistre Guillaume Preudomme, conseiller du roy nostre sire, et par luy commis à tenir le compte de la construction et édiffice du Havre de Grâce, la somme de quinze cens livres tournois, faisant le parfaict et entier paiement de la somme de troys mille livres tournois qui nous a esté ordonnée par le Roy. nostredict sire pour nostre paiement de semblable somme, à quoy avyons dès le cinquesme jour de janvier mil cinq cens dix sept[2], fait marché pour luy rendre conduicte, faicte

[1] Archives nationales K. 81 n° 32. (Musée n° 569).
[2] 1518. Nouveau style.

et parfaicte, une fontaine d'eaue doulce sortissant du lieu dit de Vitenval, préz le chief de Caux, jusques dedens ledict Havre où il y a distance d'une bonne lieue, et pour ce faire, avoir fourny de pierre, chault, cyment, tuyaulx de terre recuytz, paine et salaire d'ouvriers et que toutes autres matières et choses ad ce utiles et nécessaires, selon et aussi qu'il est à plain contenu et déclairé oudict marché de ce faict et passé les jour et an dessusdiçts devant Jehan le Parmentier et Jehan de Nantes, tabellions royaulx et jurez en la viconté d'Auge ou siége de Honnefleu, et quant aux autres quinze cens livres tournois faisans moictié desdictes trois mil livres, nous les avons receuz dudict Preudomme dès le jour que fut faict et passé ledict marché, ainsi qu'il appert par icelluy, dont nous tenons de rechef contentz ensemble de pareille somme de quinze cens livres faisant le parfaict d'iceulx troys mil livres qu'il nous a ce jourd'hui semblablement payée et délivrée comme dict est. Et d'icelle quictons le Roy nostredict seigneur, le dict receveur général commis susdict et tous autres. En tesmoing de ce, nous avons signées ces présentes de nostre main et scellées du scel de noz armes, le dernier jour de décembre l'an mil cinq cens dix huit.

GUYON LE ROY.

XXXVII.

Evaluation des travaux de réparation faits à une fontaine
du Havre de Grace.

— 4 septembre 1521. —

Nous, Michel Ferey, Pierre Delorme, Thomas Theroulde, Jehan du Champ et Robert Quatre-Mains, maistres massons en Normendie, par le commandement et ordonnance de monseigneur le vis admiral de France, messire Guyon le Roy, chevallier, seigneur du Chillou, nous dessusd. avons veu et visité la réparation qu'il a convenu faire pour la fontaine estante au havre, qui par cy devant avoit esté faicte, laquelle pour le présent ne peult avoir son cours obstant et pour raison que les terres estans es maretz, par où les cahotz d'icelle fontaine estoient emflouys et assiz et icelles pierres asaissiz sur lesd. cahotz, de sorte qu'il a convenu donner autre cours à lad. fontaine et en rasserrer d'autres neufz et prendre les fondemens pour asseoir lesd. cahotz plus parfons que n'estoient le précédent et aussy qu'il les a falleu passer par dessoubz les fossez de la ville dud. havre pour l'asseureté, perfection à demeure et cours d'icelle fontaine, où led. seigneur vis admiral a faict continuellement besongner, laquelle besongne et radoub d'icelle fontaine jusques à présent y comprins le cours depuys l'estanfiche d'icelle jusques dedens la tour, appartient la somme de cinq cens livres tournoiz et ce, nous dessus nommez certiffions que lad. réparation vault bien lad. somme de v^c livres tournoys, tesmoing noz saingz manuelz cy mys le IIIIme jour de septembre l'an mil cinq cens XXI.

        M. FEREY.
 DELORME.
   T. THEROULDE. DUCHAMP.
 QUATRE MAINS.

XXXVIII.

Lettre de Thomas Bohier à M. du Chillou.

— 31 janvier 1519. —

A Monsieur du Chillou, vis admiral de France.

Monsieur, je me recommande à vostre bonne grace. Estimauville s'en retourne par delà. Je ne vous escripray autre chose. Il vous dira toutes nouvelles, fors que je désire souvent savoir des vostres et du fait du Havre et au demourant vous me trouverez tousiours prest et appareillé à vous faire service, priant Dieu, monsieur, vous donner bonne vie et longue.

Escript de Chenonceau, le dernier jour de janvier.

    Vostre sincere et bon amy,
      THOMAS BOHIER.

XXXIX.

Lettre de Thomas Bohier à M. du Chillou.

— 6 février 1519. —

Monsieur, Monsieur du Chillou, vis amiral de France.

Monsieur le visamiral, je me recommande tousiours à vostre bonne grace. Monsieur l'amyral devant son partement pour aler en Lorraine et moy avons parlé ensemble du fait du Havre. Il m'avoit dit qu'il viendroit quelque argent de Bourdeaux. J'en ay parlé à Monsieur Desparroux, qui m'a dit que la chouse est en projet et qu'il ne sera pas si tost prest. J'en ay escript à Mond. sieur l'amyral affin qu'il en escrive à Monsieur le grant maistre et à mond. sieur Desparroux et j'en feray la solicitacion. Il m'a semblé qu'Estimauville ne faisoit plus riens icy; à ceste cause il s'en retourne devers vous. Monsieur le receveur général de Normandie est icy, m'aidera à soliciter et tous deux y ferons le mieulx que possible nous sera. Vous aurez peu scavoir les nouvelles de la mort de l'Empereur[1]. Il y a grande apa-

---

[1] L'empereur Maximilien premier, mort à Lintz le 12 janvier 1519, âgé de 60 ans.

rence et bonne espérance que le Roy le sera[1]. Ce sera un grant honneur et bien pour la maison de France. Autre chose ny a pour le présent digne d'escripre, si non que je prie à Dieu vous donner bonne et longue vie.

Escript à Paris le VIme jour de febvrier.

        Vostre sincère et bon amy,
            THOMAS BOHIER.

XL.

Lettre de Thomas Bohier à M. du Chillou.

— 12 mars 1519. —

A Monsieur, Monsieur du Chillou, vis amiral de France.

Monsieur le vis amiral, je me recommande tousiours à vostre bonne grace tant de bon cueur que je peux. J'ay receu vos lectres, je n'ay peu avoir congé pour aler en Normandie. A ceste cause j'ay donné charge au receveur général qui y est alé de vous aider et escripre

---

[1] Les espérances de Thomas Bohier ne se réalisèrent pas et ce fut l'archiduc Charles d'Autriche, fils de Maximilien, roi d'Espagne, plus connu sous le nom de Charles-Quint, qui fut élu empereur le 28 juin 1519 par cinq voix contre une.

de ce quy a esté ordonné par le Roy pour le Havre et despuis vous ay envoyé le contreroolleur Primaudaye, par lequel vous ay escript. Au regard des arrests qu'on a faiz sur les finances, vous n'estes en riens comprins ausd. arrests. A ceste cause, j'escripts présentement au receveur des tailles de Rouen qu'il vous paye non obstant lesd. arrests et tousiours me trouverez prest et apareillé à vous faire plaisir de mon pouvoir, priant Dieu vous donner bonne et longue vie.

Escript à Paris le XIIme jour de mars.

Vostre sincère et bon amy,
THOMAS BOHIER.

XLI.

Lettre de Guillaume Preudomme à M. du Chillou.

— 16 mars 1519 —

A Monseigneur, monseigneur du Chillou, Visadmiral à Honnefleu.

Monseigneur, je vous ay naguères escript par Monsieur du Plessiz, vostre filz[1] et depuis le controolleur

---

[1]. Monsieur du Plessis n'était pas le fils, mais le gendre de Guyon le Roy. François du Plessis, chevalier, sieur de Richelieu, fils de François, sieur de Richelieu et de Rénée Eveillechien avait épousé par

est arrivé de Paris qui s'en va devers vous avec le receveur de Rouen pour mectre ordre à ce qui est affaire pour ceste année et a esté advisé que se fera despence de v^m livres par moys durant les moys acoustumez, qui est depuis le premier de mars jusques et comprins le dernier jour d'octobre prochain et est l'intencion de Monseigneur l'admiral et de Monseigneur le général, si vous estes de cest advis que l'on doit continuer la gectée qui est faicte du cousté du chief de Caux le plus avant en la mer que l'on pourra, par quoy aprez que y aurez advisé, vous y ferez faire telle dilligence que congnoistrez estre de nécessité.

Monseigneur le Roy et mesd. seigneurs ont ordonné que serez paié de vos gaiges et estat durant les huit moys dessusd. à raison de 100 livres tournoys comme l'année passée à commencer du premier jour du présent moys de mars, néantmoins que l'on n'aist besoigné [1], car la besoigne est retardée, parceque l'on ne savoit où prendre argent et si mond. seigneur le général ny eust aidé tout estoit demouré pour cested. année.

Monseigneur, il ny aura nulle faulte que au pénultiesme d'avril ne soiez remboursé de vos II^m livres et pour le fait de vostre pension, monseigneur le général

---

contrat du 31 mars 1506 Anne le Roy, dame du Chillou après la mort de son frère aîné, fille de Guyon le Roy, chevalier, sieur du Chillou, de Mondon et d'Orcher, vice amiral de France, capitaine d'Honfleur et d'Isabeau de Villeroye en Ponthieu. Il fut le bisayeul du cardinal de Richelieu.

[1] Voir n° 43, Etat des dépenses faites pendant l'année 1519 qui prouve que les travaux pour la construction du Havre ne commencèrent en cette année que le lundi 14 mars.

vous en escript¹ ce qu'il a empesché que vostre affaire n'aist esté recullée.

Touchant la nef de Berquetot, je vous en ay escript ce qu'il s'en peut faire. J'esperre entre cy et peu de jours me trouver vers vous par delà pour adviser avec vous ce qui sera de faire au demourant.

Cependant me recommande humblement à vostre bonne grace et à celle de madame, priant Dieu à vous et elle donner tout ce que plus désirez.

De Rouen ce xvime jour de mars.

Vostre humble serviteur,

GUILLAUME PREUDOMME

XLII.

Lettre de François I à M. du Chillou.

— 27 mars 1519. —

A Monsieur du Chillou, vis amiral de France.

Monsieur le vis admiral, j'ay receu vos lectres et pour responce en tant que touche le parachèvement de la nef de feu Berquetot, je trouve très bon que vous y faictes besoigner et qu'on y employe les derniers qui restent

¹ Voir la lettre précente n° 40.

encores du marché qui en avoit esté fait es mains du receveur général de Normandie, auquel j'escripz les bailler et fournir aux ouvriers qui y besoigneront ainsi que vous le luy ordonnerez. A ceste cause, faictes y besoigner le plus tost que faire se pourra pour la conservacion de lad. nef et afin qu'elle ne se gaste et si led. reste n'y peult satisfaire, il fault que vous faictes commander la vefve et héritiers dud. feu Berquetot, à fournir ce qui sera nécessaire en ensuivant le marché d'icelle nef fait avec led. feu Berquetot, ains que la raison le veult.

Au regard de ce que m'escripvez d'une terre que vous tenez à ferme de moy en Normandie durant dix années pour six vingtz escuz par an, attendez, le retour de l'admiral qui m'en fait la requeste pour vous et j'adviseray avec luy ce qui y sera affaire.

Je ne vous escripveray riens pour ceste heure du fait du navire ne de l'accoustrement d'icelluy, mais en brief vous serez adverty de ce que vous aurez à faire, vous disant à Dieu, Monsieur le vis admiral, qui vous ait en sa garde.

Escript à Saint Germain en Laye le xxviime jour de mars.

FRANCOYS   ROBERTET [1].

---

[1] Florimond Robertet, baron d'Alluye au Perche, sieur de Brou et de Bury, né sous le règne de Louis XI, était conseiller en la chambre des comptes de Montbrison, lorsque Pierre de Beaujeu, comte de Forez le donna à son beau-frère, Charles VIII, qui le fit trésorier de France et secrétaire des finances.

Florimond Robertet conserva la charge de secrétaire d'état des

XLIII.

Ordre de payement donné par le Roy François I à Guillaume Preudomme.

— 27 mars 1519. —

A nostre amé et féal conseiller, à Mre Guillaume Preudomme, receveur général de nos finances de Normandie.

DE PAR LE ROY,

Nostre amé et féal, pour ce qu'il est requis faire parachever le navire de feu Berquetot pour la conservacion de icelluy et afin aussi qu'il ne se périsse, nous avons advisé de y faire employer les deniers qui restent encores du marché qui en avoit esté fait avec led. feu Berquetot, lesquelz deniers sont en vos mains. A ceste cause baillez et fournissez lesd. deniers aux ouvriers qui besoigneront aud. navire ainsi qu'il vous sera ordonné par le seigneur du Chillou, vis admiral de France et ny veuillez faillir, car ce seroit dommage de laisser perdre ung tel navire par faulte de y pourveoir, et si led. reste ny peult satisfaire, il fault que led. vis admiral face commander la vefve et heritiers dud. feu Berquetot

---

finances sous les rois Louis XII et François I et mourut en 1523 après avoir été ministre pendant 40 ans.

Clément Marot fit *une complainte* ou *déploration* de 400 vers *sur la mort du bon Florimond Roberlet.*

— 171 —

à fournir ce qui sera nécessaire en ensuivant le marché de lad. nef fait avec led. feu Berquetot ainsi que la raison le veult. Et si vous avez l'acquict, il vous sera expedié en rapportant les pièces et les ordonnances dud. sieur du Chillou avec les quictances des pièces sans aucunes despences.

Donné à St Germain en Laye, le xxviime jour de mars l'an mil cinq cens dix-huit [1] avant Pasques.

  FRANCOYS.   ROBERTET.

XLIV.

Procès-verbal de toisage des travaux de maçonnerie du Havre de Grace.

— 14 avril 1519. —

Du jeudi xiiiime jour d'avril vc xviii [2], ensuyt le tesage de la besongne de massonnerie qui a esté faicte par Michel Ferey, au Havre de Grace, depuis le dernier tesage qui fut fait le samedi pénultième jour d'octobre mil cinq cens dix huit.

[1] 1519. Nouveau style.
[2] 1519. Nouveau style.

PREMIEREMENT.

Le chaint de la tour des paremens par dedens œuvre, comprins les jourz des canonnyères et huisseries, contiennent cinquante toises deux piez mains sur la haulteur de quatre piez neuf pouces, tout carcullé à trente six piez pour toyse, vallent xxxix toises xi piez demy.

Le chaint de la tour par dehors œuvre contient cinquante quatre toises sur la haulteur de quatre piez neuf pouces dont a esté rabatu les bées des quatre canonnyeres, tout carculé à trente six piez pour toise, vallent xxii toises viii piez.

Item, le parement de l'une des canonnyères par dedens œuvre contiennent unze petites toises, deux piez et demy, dont y en y a quatre semblables, les quatre vallent vii toises demye ii piez.

Item, le parement de l'une des canonnyères par dehors œuvre, comprins les jours de parement, contiennent pour les quatre canonnyères à trente six piez pour toise qui est pour les quatre, vallent xii toises.

Item, l'une des escleres contient de chaint cinq piez sur la haulteur de six piez, dont y en y a troys semblables, tout carcullé pour lesd. escleres, vallent ii toises demye.

Item, il a convenu haulcer une assiette au trou là où sont les chaines, tout carcullé, xxiiii piez demy.

Item, la couverture d'icelluy trou contient de parement tout carcullé, xxx piez.

Item, le chaint de la vys contient quatre toises et demye, les huisseries non comprinses sur la haulteur de quatre piez neuf pouces, tout carcullé à trente six piez pour toise, vallent III toises demye II piez III pouces.

Item, il y a dix marches, dont chacune contient vingt et quatre piez et demy qui sont pour lesd. dix marches, tout carcullé à trente six piez pour toise, vallent VI toises demye VI piez.

Item, il y a à l'entour d'icelle haulteur trente deux boulles et trente deux pointes, dont chacune boulle contient de parement troys piez neuf pouces, dont est à rabatre ung pié ung cart qui sera cy aprez conté en grosse espoisse. Item, chacune pointe contient deux piez quatre pouces, sur quoy fault à rabatre ung pié sur la grosse espoisse qui sera cy aprez conté, tout carcullé tant pour lesd. boulles que pointes, V toises XIIII piez VIII pouces.

Item, la grosse espoisse de lad. tour, les canonnyères, les huisseries, la vys et cabynet, tout carcullé et rabatu à deux cent saize piez pour toise sur la haulteur dessusd., vallent XLII toises demye LXXVI piez.

Item, le chaint du cahot pour conduyre la fontaine de dedens lad. tour contient de chaint et parement dix sept pouces sur la longueur de dix neuf piez, tout carcullé à trente six piez pour toise vault le tout, demye toise VIII piez demy.

Item le parement du costé des terres de la getée de devers la mer contient de long huit toises qui est depuis le derrain tesage qui avoit esté faict, qui se montoit de long de lad. getée depuis la tour trente toises deux piez et demy sur la haulteur de quatre toises et demye, tout carcullé à trente six piez pour toise, vault le tout XXXIIII toises.

Item, le parement par dedens la mer de lad. getée contient de long six toises deux piez et demy sur la haulteur de quatre toises et demye, tout carcullé à trente six piez pour toise, vallent xxviii toises demye xiii piez demy.

Item, la grosse espoisse contient de long pryns par le parmy de la getée sept toises ung pié troys pouces sur la laise de quatre toises ung pié les paremens rabatus, tout carcullé à deux cens saize piez pour toise, le tout vault vi^{xx} v toises iii cars de toise xlv piez.

Item, le parement de lad. getée contient de long trente sept toises sur le chaint de vingt neuf piez et demy qui est tout carcullé à trente six piez pour toise, vallent ix^{xx} ii toises.

Item, la grosse espoisse de dessoubz led. parement qui est de deux piez de hault, ung pié de parement rabatu, qui est de la longueur de trente sept toises et de quatre toises de laize, tout carcullé à deux cens saize piez pour toise, vallent xii toises demye.

Item, pour six pillons pour amarer les navyres, lesquelz sont sur lad. getée contiennent chacun pillon douze piez et demy qui seroit pour les six à trente six piez pour toise tout conté, vaut ii toises iii piez.

Somme de toutes les parties dessusd. tant des paremens que grosses espoisses, v^c xxix toises demye v piez demy.

PIERRE DE LOURME. THOMAS THEROULDE. THEROUDE.

XLV.

Lettre de l'amiral Bonnivet à M. du Chillou.

— 29 mai 1519. —

A Monsieur du Chillou vis admiral.

Monsieur du Chillou, j'ay entendu que le maistre de la petite hourque ou de l'un des navires qui estoit ordonné pour acompaigner Saligain à l'entreprinse que savez[1] et aussi une partie des compaignons dud. esquippage après qu'ilz furent en mer s'en retournèrent et habandonnèrent led. Saligain et à ce que l'on m'a dit sont au havre de Dieppe et par ce que c'est une chose de très mauvaise conséquence et que cela a cuidé estre cause de faire faillir lad. entreprinse, je vous prie, que incontinent vous faictes prendre et saisir tous ceulx qui l'ont ainsy habandonné, quelque part qu'ilz soient et en

---

[1] La conduite en Danemark des troupes envoyées par François Ier à Christiern II pour l'aider dans son expédition contre la Suède qui se termina, dit Varillas, par le triomphe des Français et de leurs alliés. Ces troupes étaient commandées par Gaston de Brezé, sr de Planes, d'Orcher, de Plainbosc et de Fauguernon, quatrième fils de Jacques de Brézé et de Charlotte, bâtarde de France, fille de Charles VII et d'Agnès Sorel, et par Arnaud de Pardaillan, baron de Gondrin, sr de Bruch, Justian, Roques et Gants, chevalier de l'ordre du Roi, second fils de Jean de Pardaillan, sr de Gondrin, vicomte de Castillon et de Marie de Rivière.

faictes faire la justice et pugnicion telle que en l'advenir les autres y preignent exemple ; car il est besoing que ainsi se face et autrement ilz en feroient tousiours autant et ne se trouveroit nulle obéissance. Priant Dieu, Monsieur du Chillou, vous donner ce que désirez.

A Bloys le xxixme de may.

C'est vostre bon allyé[1] et amy,
BONNIVET.

XLVI.

Commission donnée à Guyon le Roy, s^r du Chillou pour commander une expédition en Danemark.

— 4 juin 1519. —

François, par la grace de Dieu, Roy de France, à nostre cher et amé cousin, le s^r de Bonyvet, chevallier de nostre ordre, admiral de France et en son absence à nostre amé et féal conseiller et chambellan, Guyon le Roy. chevallier, s^r du Chillou, son vis admiral, salut et dillection, comme nous avons ordonné faire équi-

---

[1] Magdeleine Gouffier, fille de Guillaume Gouffier, sieur de Boisy, Bonnivet, Oiron, Maulévrier, etc., Sénéchal de Saintonge, premier chambellan du Roi Charles VII, gouverneur du Roi Charles VIII, etc., et de sa première femme Louise d'Amboise, sœur de l'amiral Bonnivet avait épousé René le Roy, s^r de Chavigny, cousin de M. du Chillou.

per, mectre sus, advitailler et armer certains navires et vaisseaulx estans es ports et havres de nostre pais et duché de Normandie pour les envoyer au secours de nostre très cher et très amé frere, cousin et allyé le Roy de Dannemarcq[1] pour son secours à l'encontre de quelques siens subgectz qui luy font la guerre, pour lesquelz navires et vaisseaulx faire adouber, advitailler, equipper et mectre à la voille, y ordonner et establir gens et mariniers pour les mener et les conduire et y faire embarquer lesd. mille hommes de guerre soit besoing faire plusieurs fraiz, mises et despences pour desquelz ordonner et en faire faire les paiemens néçessaires, pareillement pour recouvrer desd. mariniers et gens pour servir à la conduite desd. vaisseaulx et navires et les victuaillez et municions nécessaires pour l'advitaillement d'iceulx soit besoing bailler la charge et povoir à aucun bon et notable personnaige d'auctorité et en qui aions fiance, nous à ces causes et pour la bonne confidence de avons de vos personnes et de vos sens, souffisances, loyaultez preudommyes et bonnes diligences vous avons donné et donnons par ses présentes povoir et commission et mandement especial de faire faire lesd. equippaiges, advitaillemens, municions, adoubz et apparoitz desd. navires et vaisseaulx de mer que avons ordonnez pour porter lesd. gens de guerre et faire led. voyaige de Dannemarcq et en icelles les embarquer, prendre et choisir des mariniers et gens pour servir à la conduicte desd. navires et

---

[1] Le Roi Christiern II.

vaisseaulx et aussi des victuailles nécessaires pour l'advitaillement d'icelles, ordonner des souldes et paiemens tant desd. navires et vaisseaulx que desd. mariniers et autres gens qui seront mis et ordonnez pour la conduicte d'icelles, en faire faire les monstres et reveues par celluy ou ceulx que à ce faire commectrez et en expedier les roolles et acquitz, pour en faire faire les paiemens par nostre amé et féal notaire et secrétaire, maistre Jehan Robineau, que nous avons à ce commis, lesquelz paiemens qui ainsi seront faictz pour le faict dud. voyaige de Dannemarcq par vosd. ordonnances, roolles et acquitz deuemens signez et expédiez par vous et contrerollez par nostre cher et bien aimé Seviestre Damain, aussi par nous commis à faire le contrerolle du faict de la marine, nous voullons fornir à l'acquit et estre alloez es comptes dud. Robineau par noz améz et féaulx les Gens de noz comptes, ausquelz nous mandons ainsi le faire sans difficulté, si vous mandons et ordonnons que au faict de ceste présente charge vous vacquez et entendez et à ce faire et souffrir et venir servir par lesd. mariniers et autres gens de marine au faict et conduicte desd. navires et vaisseaulx et pareillement de bailler et délivrer desd. victuailles, provisions et munycions nécessaires pour led. advictuaillement d'icelles, en paiant le tout raisonnablement, contraignez ou faictes contraindre reaument et de faict tous ceulx qu'il appartiendra et qui de ce faire seroient reffusans et en delay par toutes voyes et manieres deues et en tel cas requises comme pour noz propres affaires, nonobstant oppositions, appellacions, clameurs de haro et doléances, pour lesquelles ne voulons estre différé, mandons et commandons à tous noz justiciers, officiers et subgectz que, à vous et chacun de vous et à voz commis et depputez sur ce, ilz obéissent et entendent, prestent et donnent conseil, confort, aide et si mestier est et requis en sont, car tel est nostre plaisir.

Donné à Saint-Germain en Laye, le IIIIme jour de juing l'an de grace mil cinq cens dix neuf et de nostre règne le cinquiesme[1]

Par le Roy.
GEDOYN.

XLVII.

Lettre du Roi François Ier à M. du Chillou.

— 28 septembre 1519. —

A Monsieur du Chillou, nostre vis admiral.

Monsieur du Chillou, je vous ay escript par cidevant de prendre et constituer prisonniers les conducteurs

---

[1] Cette expédition, à peine mentionnée par les historiens, ne fut pourtant pas sans gloire pour les armes françaises. « Les quatre mille « hommes d'infanterie envoyés sous le commandement de Gaston de « Brezé et du Baron de Gondrin au secours du Roi Christiern II « pour l'aider contre les entreprises des Suédois montrèrent une vail- « lance sans égale, forcèrent les retranchements des Suédois, taillèrent « en pièces l'infanterie et par des miracles de valeur ramenèrent la « victoire du côté des Danois. » (*Histoire de France* de Varillas.) C'est à peu près tout ce que l'on sait de ces faits d'armes, à l'occasion desquels Christiern II écrivit à François Ier qu'il lui était redevable de la couronne qu'il venait de recouvrer.

des navires par moy ordonnez à mener au *Roy* de Dannemarch, mon très cher et très amé frère, cousin et allyé les gens de guerre que luy envoyois, tant pour ce que sans congé des cappitaines s'en estoient retournez que aussi pour les depprédacions que avoient faictes d'aucuns navires appartenans à aucuns marchans de la ville de Lubec, mes alliez et confédérez. Ce que deslors escripvez à icelluy *Roy* de Dannemarch et cytoiens de Lubec, afin qu'ilz congneussent par effect que icelle depprédacion avoit esté contre mon vouloir et intencion et que entendoys qu'ilz en feussent satisfaiz. Si ont à ceste cause envoyé ce présent porteur pour en faire la poursuicte et diligence, lequel nous vous envoyons, afin que, sommairement et de plain et sans forme et figure de procès et le plus brefvement que faire se pourra, vous luy faictes rendre et restituer les marchandises depredées et du demourant qui ne se pourroit trouver. contraignez les depprédateurs et leurs plèges et cautions de les rembourser tant du principal que interestz et dommaiges et vous me ferez, en ce faisant, service très agréable et à Dieu, monsieur du Chillou, qui vous ait en sa garde.

Escript à sainct Germain en Laye le XXVIIIme de septembre.

    FRANÇOYS.

              DE NEUFVILLE[1].

---

[1] Premier échanson de Monseigneur Charles, duc d'Alençon, beau-frère du Roi, gouverneur du pays de Normandie; il fut le premier secrétaire d'Etat de cette illustre famille qui a produit tant de grands hommes, plus connus depuis sous le surnom de Villeroi, que commença à porter son petit-fils, Nicolas de Neufville, qui fut ministre sous quatre de nos rois.

XLVIII.

Etat des dépenses faites au Havre de Grace pour la construction du port et des fortifications.

— 1ᵉʳ mars - 31 octobre 1519. —

Estat abregé de la despence faicte au Havre de Grace depuis le premier jour de mars mil cinq cens dix-huit[1] jusques au dernier jour d'octobre mil cinq cens et dix-neuf.

La despence de la première sepmaine finissant le samedy xvIIII^me jour de mars mil v^c dix-huit[2] monte à la somme de IIII^c I^l xv^s.

La despence de la IIme ensuivante monte à IIII^c LX^l x^s IV^d.

La IIIme ensuivante monte à VI^c x^l x^s.

La IIIIme monte à VI^c LXXIX^l xv^s.

La cinquiesme ensuivante où est comprins le premier toisage de maconnerye faict aud. Havre en ceste d. année[3] monte à XII^m v^c VIII^l xvI^s vI^d.

La VIme ensuivante monte à v^c XLI^l IIII^s.

La VIIme ensuivante monte à III^c IIII^l vI^s vIII^d.

La VIIIme ensuivante monte à III^c IIII^xx vII^l vI^s.

La IXme ensuivante monte à v^c LXXVII^l xvIII^s.

La xme ensuivante à v^c xxx^l x^s vI^d.

---

[1] 1519. Nouveau style.
[2] 1519. Nouveau style.
[3] Voir n° 44.

La xime ensuivante à v^c lxxvi^l xvii^s vi^d.

La xiime ensuivante à iii^c lxxviii^l xv^s.

La xiiime ensuivante à iii^c iiii^xx^l xv^s.

La xiiiime ensuivante à ii^c iiii^xx xvi^l iiii^s.

La xvme ensuivante à iii^c iiii^xx xiii^l ii^s iiii^d.

La xvime ensuivante à iii^c iiii^xx vi^l xvii^s.

La xviime ensuivante à v^c lxxvii^l vi^s.

La xviiime ensuivante à vi^c iiii^l xv^s iiii^d.

La xixme ensuivante à iii^c iiii^xx viii^l xv^s.

La xxme sepmaine ensuivante où est comprins le second toisage faict aud. Havre monte à xiii^m iiii^xx xvii^l iii^s ix^d.

La xxime ensuivante à iii^c iiii^xx ix^l ix^s vi^d.

La xxiime ensuivante à vi^c iiii^l iiii^d.

La xxiiime ensuivante à iiii^c lxxiii^l xv^s.

La xxiiiime ensuivante à v^c xiii^l xv^s.

La xxvme monte à iiii^c lxxi^l ix^s.

La xxvime ensuivante monte à v^c lxxviii^l xv^s.

La xxviime monte à v^c iiii^xx x^l vii^s viii^d.

La xxviiime à iii^c lxxiii^l ii^s.

La xxixme à iiii^c iiii^xx viii^l i^s iiii^d.

La xxxme à iiii^c iiii^xx xii^l xiii^s iiii^d.

La xxxime à iiii^c xlvi^l ix^s.

La xxxiime monte à ii^c iiii^xx xiii^l xvi^s viii^d.

La xxxiiime sepmaine finissant au samedy xxixme jour d'octobre mil cinq cens dix-neuf où est comprins le dernier toisage[1] monte à xi^m ii^c lxi^l tournoys.

Le toutal de la despence dud. Havre s'esleve à la somme de lii^m vii^c lxiii^l xvi^s ix^d tournoys.

[1] Voir n° 49.

Dans la despense de la première sepmaine commencée le lundy xiiime jour de mars et finissant le samedy xviiime jour dud. moys est comprins le paiement de ceulx qui estoient demourez pour la garde dud. Havre et autres parties qui avoient esté payéez durant le temps qu'on avoit discontinué led. ouvraige ainsi qu'il appert par le roolle sur ce expedié.

XLIX.

Procès-verbal de toisage des travaux de maçonnerie du Havre de Grâce.

— 31 octobre 1519. —

Tesage faite le derrain jour d'octobre mil cinq cens et dix neuf par Pierre de Lorme, Thomas Theroulde et Jacques Theroulde, maistres maçons à ce deputez et commis pour led. tesage, lequel ne fut tesé depuis le jeudi vingt huit^me jour de juillet aud. an cinq cens dix neuf.

Le chaint de la tour par dehors œuvre contient de long quarante deux toises sur la haulteur de douze piedz, comprins le chaint du lermier, à ce comprins les pillers du portail qui est tout calcullé, iiii^xx iiii toises.

Item, le chaint par dedens œuvre contient de hault xx toises deux piez et demy sur la haulteur de unze piez qui est tout calcullé à xxxvi piez pour toise, xxxvii toises xv piez demy.

Item, le chaint de la grosse espoisse de lad. tour par le parmy du meur contient xxxvii toises et demye sur la laise de xvii piez, les deux paremens rabatus sur la haulteur dessusd., qui est tout calcullé à deux cens saize piez pour toise, vii^{xx} toises, dont est à rabatre pour le cœur de la vys pour lad. grosse espoisse quatre toises, reste, vi^{xx} xvi toises.

Item, le chaint de la vys de lad. tour contient de long cinq toises sur lad. haulteur de unze piez, qui est tout calcullé à xxxvi piez pour toise, ix toises vi piedz.

Item, en lad. vys convyent vingt deux merches à revenir à lad. haulteur qui seroit en nombre de xxiiii piez pour merche, qui est tout calcullé à xxxvi piez pour toise, xiiii toises demye vi piez.

Item, il y a à lad. vys deux fenestres qui contiennent de chaint chacune six piez sur la longueur de troys piez, qui reste pour les deux tout compté et rabatu à trente six piez pour toise, i toise.

Item, chacun rang de lad. tour y a soixante et traize boulles et pointes, dont y en y a quatre rangs sur lad. haulteur de douze piez par le dehors, le lermyer comprins, dont les dictes boulles contiennent tout compté et rabatu, dix toises cinq piez et les pointes contiennent cinq toises quinze piez qui seroit pour le tout à xxxvi piez pour toise, xv toises demye i pié.

Item, le chaint des moulleures de l'une des charges de la seconde voulte de lad. tour, comprins les prinses, contient tout rabattu xliii piez et demy, dont y en a six semblables, qui est tout calcullé pour les six à xxxvi piez pour toise, vii toises ix piez.

Item, l'une des charges trousséez sur l'une des canonnyères contient tout calcullé xxxvi piez, dont y en y a deux semblables qui pour les deux à xxxvi piez pour toise ainsy comme dit est, ii toises.

Item, la longueur de la voulte de dedens le grant portail contient de long saize piez et demy sur dix piez de chaint, qui est tout calcullé a xxxvi piez pour toise, iiii toises demye iii piez.

Item, le chaint de la touée de la voulte de lad. tour par dehors œuvre contient xxv piez et demy sur le chaint de troys piez, qui est tout calcullé à xxxvi piez pour toise. ii toises iiii piez demy.

Item, le chaint de lad. touée par dedens œuvre contient neuf piez sur la haulteur de deux piez, qui est tout calcullé à xxxvi piez pour toise, i toise ii piez.

Item, l'une des branches d'ogive de lad. voulte depuis le lys de dessus les charges jusques à lad. touée contient de long dix huit piez sur le chaint de cinq piez, dont y en y a huit semblables, qui est pour l'une tout calcullé à xxxvi piez pour toise, deux toises et demye, ainsy se seroit pour les huit, xx toises.

Item, le chaint des branches de l'un des tiercerons contiennent depuis le dessus desd. charges jusques à la touée, pour les troys branches à xxx piez sur le chaint de quatre piez, qui seroit troys toises, douze piez et y en a huit semblables, qui est pour les huit à xxxvi piez pour toise, xxvi toises demye vi piez.

Item, l'un des cartiers du pendant de l'un desd. tiercerons de lad. voulte contient tout calcullé IIII toises, qui seroit à XXXVI piez pour toise, dont y en a huit semblables, XXXII toises.

Item, le renplages des tremuys de lad. voulte, dont y en a huit qui vallent en grosse espoisse II^c XVI piez pour toise, XVI toises.

Item, le front du bout de la getée de devers la mer contient de long cinq toises, les deux paremens rabatus sur la haulteur de XXIIII piez, sans en ce comprendre les lys et l'autre parement premier fait estant autant, en contient qui est tout calcullé à XXXVI piez pour toise, vallent pour les deux ainsy que dict est avecques ce comprins troys toises qui estoient demeurez, lesquelles ont esté tesées pour la deffence à l'amont de la mer, pour ce, XLIII toises.

Item, le pavé estant sur lad. voulte contient le tout calcullé le nombre de XXX toises, pour ce, XXX toises.

Item, les apréciacions de huit entrepiez, dont y en y a IIII à mode de tabernacle aulx pillers de la grant porte et les autres à dessoubz desd. tabernacles ainsy ausd. pillers et pour le grant entrepié qui sera entre deux pillers de lad. porte et aussy pour l'entre pié, pillers et trimphes estans sur lad. petite porte vers la mer se montent tout calcullé et avallué au prix de XXXVI piez pour toise, III toises demye.

Somme total IIII^{cc} IIII^{xx} VII toises.

Nous, Pierre de Lorme, maistre des œuvres de maçonnerie au bailliage de Rouen, Thomas Theroulde, maistre des œuvres de maçonnerie à Caudebec et

Jacques Theroulde, maistre maçon en la ville de Rouen, certiffions avoir ce jourduy tesé l'ouvrage de maçonnerie du Havre de grace cy devant déclarée et en icelle trouvé tout gecté et calcullé, le nombre de quatre cens quatre vingtz sept toises de maçonnerie et ce certiffions estre vray et par nous avoir esté faict comme dessusd. par le commandement de monseigneur le Vis admiral de France, commissaire dud. Havre es présences de maistre Jehan du Champs, aussy maistre maçon demourant aud. lieu de Rouen, Pierre Bournay, escuier, maistre du Broise, demourant à Harfleu, tesmoing noz signes cy mys le derrain jour d'octobre mil cinq cens dix neuf.

PIERRE DE LOURME, THOMAS THEROULDE.
THEROULDE.

L

Deux procès-verbaux de toisage des travaux de maçonnerie du Havre de Grace.

— 4 mai — 14 juin 1520. —

Du samedi quatre^{me} jour de may cinq cens et vingt fut toisé l'ouvrage de maçonnerie du Havre de grace tant de deux assiectes de la tour d'iceluy, des degrés de la getée de devers aval au dedens de la mer tenant à icelle tour que du treste de la gectée au dedens des terres joignant aussi à icelle tour et aussi du bout de la gectée du costé d'amont au dedens du Havre vers Gauvain, lequel ouvrage n'avoit esté toisé depuis le dernier jour d'octobre mil cinq cens et dix neuf derrain passé et sommes demourez du tesage de lad. tour de deux assiectes au-dessus des tabernacles servans d'entrepié du portail du devant d'icelle tour, qui se montent lesd. deux assiectes de troys piedz de hault tezé par nous, Pierre de Lorme et Thomas Theroulde, maistres maçons à Rouen et à Caudebec, aprèz le serment par nous fait en la présence de monseigneur le Vis admiral de France, seigneur du Chillou et commissaire en ceste partie à ce présent.

Les marches du degré qui sont sur la gectée devant à icelle tour devers la mer du costé d'aval, qui sont pour entrer en icelle, la première marche dud. degré contient de long quatre toises et demye et de sain XVIII pousses qui vallent tout calcullé à XXXVI piedz pour toise de parement, I toise IIII piedz et demye.

La IIme marche contient de long vingt deux piedz troys pousses sur le sain de XXI pousses, qui vault tout calcullé à XXXVI piedz pour toise, une toise VII piedz III quars.

La IIIme marche contient de long troys toises ung pied et demy sur le sains de XXI pousses qui vallent à XXXVI piedz pour toise de parement, XXXIIII piedz.

La IIIIme marche contient de long deux toises et demye, ung pied sur le sains de deux piedz qui vault tout quarcullé à XXXVI piez pour toise de parement XXXII piedz.

La vme marche contient de long deux toises sur la haulteur de neuf pousses qui vault tout quarcullé à XXXVI piedz pour toise de parement, IX piedz.

Item, le pallier d'iceluy degré contient XVII piedz et demy sur lad. haulteur de IX pousses qui vallent à XXXVI piedz pour toise de parement, XII piedz.

La grosse espoisse desd. v marches contient de long une toise et demye sur une toise de leze et sur la haulteur de XXVII pousses vault tout quarcullé à II^{cc} XVI piedz pour toise de grosse espoisse, demye toise XIII piedz et demy.

Le sains de la tour depuis le dernier tesage par dehors œuvre contient de sains XLII toises sur la haulteur de troys piedz, vault tout carcullé à XXXVI piedz pour toise de parement, XXI toises.

Le sains du piller de la tour qui porte le poullenys qu'on appelle treste contient VII toises III piedz sur la haulteur de IIII toises, tout quarcullé à XXXVI pied pour toise de parement, XXX toises.

La grosse espoisse d'icelluy contient de long treze piedz sur la leze de XIII piedz, ung pied de parement de chacun costé rabattu, vault à II^{cc} XVI piedz pour chacune toise de grosse espoisse, XV toises XXXVI piedz.

Les deux marches servant à monter sur icelluy piller d'icelle tour pour aller sur   contient de long vingt six piedz, qui est pour chacune marche XIII piedz, qui est tout calculé à XXXVI piedz pour toise chacune toise de parement, XXXII piedz et demy.

Le pavement de dessus la getée près led. pont et treste d'icelle tour contient de long à XXXVI piedz pour chacune toise tout calcullé, X toises.

Item, la grosse espoisse au dessoubz dud. pavé qui se monte à deux assiectes qu'il a esté besoing fere pour entrer en lad. tour, contient de long huit toises sur la leze de XIII piedz, les deux parements rabattus et sur la haulteur de deux piez vault à II^{cc} XVI piedz pour toise de grosse espoisse, V toises et demye LX piedz.

Item, le parement d'une assiecte au dessoubz dud. pavé du costé de devers les terres contient de long huit toises sur la haulteur de neuf poulces à XXXVI piedz pour chacune toise de parement, une toise.

L'autre parement d'icelle assiecte par dedens le Havre contient de long quatre toises quatre piez et demy sur lad. haulteur de neuf pousses vallent à XXXVI piedz pour chacune toise de parement, demye toise IX pousses.

Item, le pavé de dessus led. piller contient de long six toises et demye tout carcullé qui vallent à XXXVI piedz, toisé chacune toise de parement, VI toises et demye.

Item, le caho qui sert à vuider les eaues qui tumbent derrière la getée, piller et treste joignant lad. tour contient de long XIIII piedz sur la haulteur d'un pied tout calcullé vallent, XIIII piedz.

Item, le parement de la getée au dedans du Havre devers amont du costé de Gauvain par dedans œuvre contient de long quatre toises quatre piedz sur la haulteur de trois toises deux piedz pour ce que le parement est plus bas de deux piedz que la grosse espoisse et est ce qui a esté faict de lad. getée depuis le dernier tesage qui vault tout carcullé à xxxvi piedz pour toise de parement, xv toises et demye x piedz.

Item, y a, pour lesd. deux assiectes d'icelle tour qui présentement sont taiséez, xxxvi pointes, chacune d'icelles pointes contient de parement tout carcullé et la grosse espoisse d'icelles rabatue, ung pied quatre pousses qui vallent une toise ix piedz.

Item, en icelles deux assiectes susd. y a xxxvii boulles, dont chacune d'icelles contient de parement tout carcullé et la grosse espoisse rabatue, deux piedz et demy qui est pour lesd. xxxvii boulles à xxxvi piedz pour toise de parement tout carcullé, ii toises demye ii piedz et demy.

Le sains d'icelle tour par dedans œuvre à l'assiecte de la terresse de la iime voulte d'icelle contient vingt toises sur la haulteur de xiii pousses, vault tout callcullé à xxxvi piedz pour toise de parement, iii toises et demye iii piedz.

Le sains de la grosse espoisse de lad. tour, sains par le parmy du mur d'icelle, contient vingt toises et demye, le creux et grosse espoisse de la viz d'icelle tour rabatus sur la leze de dix sept piedz, les deux parements rabatus et sur lad. haulteur de troys piedz qui vallent tout callcullé à ii^{cc} xvi piedz pour chacune toise, xxxviii toises.

Item, la grosse espoisse d'entre le pavé et la touée qui est demeurée à teser au précédent tesage contient xxix petites toises sur ung pied de hault, qui vallent tout calcullé à ii^{cc}. xvi piedz pour chacune toise, iiii toises xxx piedz.

Item, le sains de la vys d'icelle tour contient de long v toises sur lad. haulteur de III piedz qui vallent tout calculllé à XXXVI piedz pour chacune toise de parement, II toises et demye.

Item, a esté tesé à lad. viz quatre marches pour venir à lad. haulteur desd. troys piedz qui est la haulteur qui à présent est tezée et contient chacune d'icelles marches XXIIII piedz qui vallent lesd. quatre marches à XXXVI piedz pour chacune toise de parement tout calcullé, II toises et demye VI piedz.

Item, ung des cahos estans sur le pavé de la deux^{me} voulte d'icelle tour pour vuyder les eaues qui pourront estre, contient de long XVII piedz et de sains ung pied, dont y en y a IIII semblables qui vallent tout carcullé à XXXVI piedz pour chacune toise de parement, pour lesd. IIII cahos, une toize demye XIIII piedz.

Sur quoy est à rabatre la grosse espoisse desd. quatre cahos, soixante et huit piedz.

Le parement du bout d'icelle gectée faict depuis led. derrain tesage contient de long IIII toises IIII piedz sur la leze de XVI piedz et demy qui vault tout carcullé à XXXVI piedz pour chacune toise de parement, XI toises II piedz III pousses.

La grosse espoisse de lad. getée du costé d'amont contient de long par dedens œuvre quatre toises quatre piedz sur la leze de XV piedz, plus le millieu en esquipollant le bas qui est plus large que le hault et sur la haulteur de dix huit piedz, qui vault tout carcullé à à II^{cc} XVI piedz pour chacune toise de grosse espoisse, XXXV toises.

Item, huit chanteaulx estans sur la croppe des VIII branches, lesquelz avoient esté obmys à teser au dernier et précédent tesage et pour ce qu'il est besoing pour mieulx porter le pendant à son estat deu, contient tout carcullé à XXXVI piedz pour toise de parement, I toise demye VIII piedz.

Item, il a convenu espoisser cartement de maçonnerie derrière les deux huis du bas de la tour tirant vers le treste de peur que l'eaue n'entrast en icelle tour et contient icelle maçonnerye, IX piedz de hault sur la longueur de VII piedz et demy qui seroit à XXXVI piedz pour toise tout carcullé, I toise demye XIII piedz et demy.

Somme deue : CCXVIII toises et demye sans y comprendre XXXI piedz et demy de grosse espoisse.

PIERRE DE LOURME. THOMAS THEROULDE.

Tesage faict au Havre tant des bares que des deux getées, tant d'amont que d'aval le XIIIIme jour de juing mil cinq cens et vingt, lequel ouvrage n'avoit esté tezé depuis le cinq^{me} jour de may aud. an cinq cens et vingt.

ET PREMIÈREMENT.

Le chaint d'un des costés de la barre vers Ingouville, en ce comprins le chaint de l'enclaveure où seront mys et enheuzes les postz pour entretenir les escluses d'icelle bare, contiennent de long VIII toises II piedz sur la haulteur de II toises IIII piedz, en ce comprins la haulteur du pavé d'icelluy costé de bare, vault tout carcullé à XXXVI piedz pour toise, XLVIII toises demye XIIII piedz.

Item, la longueur de la grosse espouesse d'icelluy costé de bare contient de long huit toises III piedz et demy prins par le parmy du mur, ung pied de parement rabatu sur la laise de IX piedz demy et de hault II toises et demye vault tout carcullé à II^{cc} XVI piedz pour toise, XXXIII toises demye LX piedz en grosse espoeusse.

Item, la grosse espouesse des deux escouainsons d'icelluy costé de bare contiennent de long prins par le parmy du mur IIII toises de long sur la laise de six piedz et autant pour l'autre costé, qui seroit pour les deux à II^{cc} XVI piedz pour toise, X toises.

Item, le pavement de dessus icelle bare contient tout calcullé à XXXVI piedz pour toise, XXIII toises.

Le chaint du pavement de l'autre costé de lad. bare devers sainct Nicolas de l'heure contient de long dix huit toises II piedz, sur la haulteur de deux toises IIII piedz, à ce comprins la haulteur du pavé d'icelluy costé de bare, vault tout calcullé à XXXVI piedz pour toise, XLVIII toises demye XIIII piedz.

Item, la longueur de la grosse espouesse d'icelluy costé de bare contient de long VIII toises III pied et demy prins par le parmy du mur, ung pied de parement rabattu sur la laize de VIII piedz et demy et de haulteur II toises et demye, vault tout calcullé à II^{cc} XVI piedz pour toise, XXX toises, XIIII piedz IIII poulces et demy.

Item, la grosse espouesse des deux escouainssons d'icelluy costé de bare contient de long prins par le parmy du mur III toises sur la laize de six piedz et de haulteur II toises et demye qui seroit pour les deux à II^{cc} XVI piedz pour toise, X toises.

Item, le pavement de dessus icelle bare contient tout calcullé à XXXVI piez pour toise, XXII toises.

Item, le nogranyer servant à porter le plancher et sonmier de lad. bare contient de long XX piedz sur la laize de deux piedz et de haulteur III piedz, vault tout calcullé à XXXVI piedz pour toise, II toises demye X piedz.

Item, la grosse espouesse vault tout calcullé à II^{cc} XVI piedz pour toise, XL piedz.

Item, ung autre semblable au bout d'icelluy plancher contient autant que le precédent qui vault tout calcullé à XXXVI piedz pour toise, II toises demye X piedz.

Item, la grosse espouesse paraille à la précédente vault à II^{cc} XVI piedz pour toise, XL piedz.

Item, le parement de la getée au dedens du Havre devers amont du costé Gauvain par dedens œuvre contient de long IIII toises IIII piedz prins par le liz de dessus sur la haulteur de III toises II piedz pour ce que le parement est plus bas de deux piedz que la grosse espouesse et est ce qui a esté faict de lad. getée depuis le dernier tesage et est le merc, où sommes desmourez pour lesd. deux tesages derniers, à deux cranpons de fer tenans au parement tant du costé de devers les terres que dedens œuvre qui vault à XXXVI piedz pour toise, XV toises demye X piedz.

Item, le parement desd. IIII toises IIII piedz à présent tesé contient IIII toises IIII piedz sur la laize de XVI piedz et demy, qui vault tout cullé à XXXVI piedz pour toise de parement, XI toises II piedz III poulces.

Item, la grosse espouesse de lad. getée du costé d'amont contient de long par dedens œuvre IIII toises IIII piedz sur la laize de XV piedz par le milleur en equy pollant le bas qui est plus large que le hault, sur la haulteur de XVIII piedz, qui vault tout callé à II^{cc} XVI piedz pour toise de grosse espouesse, XXXV toises.

Item, le chaint du parement de la getée du costé d'aval devers la mer de dedens le Havre contient de long six toises et demye sur la haulteur de IIII toises V piedz et demy, le parement du pavé rabatu qui vauldroit à XXXVI piedz pour toise, XXXI toises XV piedz.

Item, l'autre parement de devers le perray contient de long VI toises et demye sur la haulteur de XXVII piedz, vault tout callé à trente six piedz pour toise, XXIX toises IX piedz.

Item, la grosse espouesse d'icelle getée contient de long prins par le parmy six toises et demye sur la laize de cinq toises sur la haulteur de vingt sept piedz, qui est tout callé à deux cens saize piedz pour toise, VII^{xx} VI toises LIIII piedz.

Item, le parement de lad. getée contient de long six toises et demye sur la laize de cinq toises, qui est tout callé à trente six piedz pour toise de parement, XXXII toises et demye.

Item, le parement du front de lad. getée qu'il a convenu fere pour garder la maçonnerie du bout d'icelle getée contient tout calcullé, sans à ce comprendre les litz, à xxxvi piedz pour toise, xx toises.

Somme total du tesaige cy dessus spéciffié par articles et par nous, Pierre de Lorme et Thomas Theroulde, maistres maçons de la ville de Rouen et de Caudebec, tesé justement et loyaulment tesay après le serment par nous faict, le tout en la présence et commandement de monseigneur du Chillou, vis admyral de France et commissaire en ceste partie le vendredi xvme jour de juing l'an mil cinq cens et vingt, auquel tesaige avons trouvé, tant en parement que en grosse espoisse, cinq cens cinquante quatre toises et demye.

PIERRE DE LOURME. THOMAS THEROULDE.

LI.

Rôle de dépenses faites pour la construction du port et des fortifications du Havre de Grâce.

— 20 aoùt¹ 1520. —

Roolle des parties de despence que messire Guyon le Roy, chevallier, seigneur du Chillou, vis admiral de France a ordonné estre paiez durant la sepmaine commencée le lundi xxme jour de ce présent moys d'aoust mil cinq cens et vingt et finie le samedi ensuyvant xxvme jour dud. moys, en la quelle sepmaine n'y a que cinq jours ouvrables. . . . . par maistre Guillaume Preudomme, notaire et secrétaire du Roy, par luy commis à tenir le compte et faire le paiement de la construction et édiffice du port et havre de Grace aux personnes pour les causes et ainsi qu'il s'ensuit

ET PREMIÈREMENT.

Achapt de planches de boys. A Jehan Fournier, marchant de boys, demourant à Harefleu la somme de xv^l xvi^s iii^d. t. à luy ordonnée pour son paiement de douze planches de troys doitz d'espez contenant ensemble ii^c liii piedz, lesquelles ont esté livréez par led. Fournier aud. Havre pour servir à faire la grant porte de la tour d'icelluy.

Voictures de beneaulx à raison de x^s. t. par jour chacun beneau. Somme xvi... xl^l. t.

Maistres pionnyers besongnans à faire les fondemens des gectées dud. havre à raison de v^s. t. par jour. Somme xxvi... xxxii^l x^s. t.

Charpentiers besongnans à faire la bare dud. havre, à iiii ^{s}. ^{t}. par jour. Somme vii... vii^l. t.

Autres pionnyers bretons besongnans aux fondemens desd. gectées à raison de iiii ^{s}. t. par jour. Somme xlvii.. xlvii^l. t.

Autres pionnyers besongnans aud. havre à raison de iii ^{s}. t. par jour. Somme lvi... xlii^l. t.

Autres pionnyers et manouviers besongnans aud. havre à raison de ii^s vi^d. t. par jour. Somme xxxviii... xxiii^l xv^s. t.

Somme toutal des parties contenues en ce présent roolle, CCVIII[1] I s III d. t.

Suit le certificat de Guyon le Roy, du 26 aout 1520, puis l'attestation de paiement de Nicolas de la Prymaudaye, du 28 aout 1520.

LII.

Lettre du Roi François Ier à Monsieur du Chillou.

— 12 décembre 1520. —

A Monsieur du Chillou, vis admiral de France.

Monsieur du Chillou, pour ce que je désire bien entendre quels navires il y a en Normendie en manière que, si je vouloys dresser une armée de mer, je puisse savoir de quoy je me pourray ayder et servir, je vous prie y adviser et m'en advertyr et admonestez ceulx qui ont navires à les acoustrer et mectre en ordre, en sorte que nos voisins entendent que vous ne dormez point et que vous ne serez pris au despourveu et adieu, Monsieur du Chillou, qu'il vous ait en sa garde.

Escript à Amboyse le XIIme jour de décembre.

FRANCOYS.   ROBERTET.

---

[1] Ce rôle, qui se trouve dans la série des pièces diverses de la chambre des comptes conservées à la bibliothèque nationale, nous a été obligeamment communiqué par notre savant confrère M. Léopold Delisle.

LIII.

Lettre du Roi François Ier à Monsieur de Chillou.

— 16 juillet 1521. —

A Monsieur de Chillou, vis admiral de France,

Monsieur de Chillou, combien que vous aye par deux ou troys foiz escript que n'eussiez à bailler aucuns congiez ne permissions aux navires qui sont sur la couste de Normandie d'aller sur mer que premièrement mon cousin, le duc d'Albanye[1] n'eust entièrement reconneut ce qu'il luy en fault pour son voyage qui est de l'importance que vous savez et tant hasté et pressé qu'il n'est possible de plus ; néantmoins j'ay entendu que de jour à l'autre les navires de lad. couste de Normandie s'en vont à leur adventure, dont je ne suis content et pour ce que j'auroys à merveilleux déplaisir que mond. cousin ne feust à son embarquement pourveu et équippé entièrement de tout ce qu'il luy appartient tant de na-

---

[1] Jean Stuart, duc d'Albany, neveu de Jean III, après la mort de Jacques IV, en septembre 1513, fut investi de la régence de Jacques V, quand Marguerite d'Angleterre sa mère, épousa Douglas, comte d'Angus ; mais n'ayant pas su se faire obéir des nobles écossais qu'il voulait faire combattre contre Henri VIII, il vint en France et obtint de François Ier un secours de troupes françaises qu'il conduisit en Ecosse en 1523. Son expédition n'obtint aucun succès et il fut obligé de revenir en France où il resta et mourut.

vires que austres choses, je vous prie et ordonne, Monsieur de Chillou, sur tout le service que faire me debvez donner si bon ordre que aucun navire ne parte de lad. couste que mond. cousin n'en ait premierement prins et retenu ce qu'il luy en fault. Et sur ce, faictes telles et si bonnes deffences et inhibicions que pourrez en ce cas requises, en pugnissant les infracteurs d'icelles, de sorte que les autres y preignent exemple faisant et accomplissant au surplus tout ce que mond. cousin vous mandera pour le fait et équypage de sond. voyage et n'y faicte faulte et vous me ferez service en ne faisant autrement.

Adieu, Monsieur de Chillou, qu'il vous ait en sa garde.

Escript à Sainct Germain en Laye le xvime jour de juillet

FRANÇOYS.   ROBERTET.

LIV.

Rôle de dépenses faites pour la construction du port et des fortifications du Havre de Grace.

— 29 juillet 1521 [1]. —

Roolle des parties de despence que messire Guyon le Roy, chevalier, seigneur du Chillou, vis admiral de

---

[1] Ce rôle, qui se trouve dans la série des pièces diverses de la Chambre des comptes conservées à la bibliothèque nationale, nous a été obligeamment communiqué par notre savant confrère M Léopold Delisle.

France a ordonné estre payez durant la sepmaine commencée le lundi XXIXme jour de juillet l'an mil cinq cens vingt et ung et finie le samedi ensuyvant IIIme jour de ce présent moys d'aoust, en laquelle sepmaine n'y a que quatre jours ouvrables, parce que le jeudi d'icelle estoit la feste sainct Pierre et le dit jour de samedi sainct Estienne par maistre Guillaume Preudomme, notaire et secrétaire du Roy par luy commis à tenir le compte et faire le paiement de la construction et ediffice du port et havre de Grace aux personnes, pour les causes et ainsi qu'il s'ensuit.

ET PREMIÈREMENT.

Cordage payé durant ladicte sepmaine à Robert Galopin, cordier, demourant aud. Havre la somme de neuf livres tournoys à luy ordonnée pour son paiement de CL livres de cordage gros et menu par luy fourny aud. Havre pour servir de renffort à lyer et amarer l'un à l'autre les pieudz des deux grans bastardeaux de la bare dud. Havre affin qu'ilz ne se puissent séparer ne eslongner l'un de l'autre pour myeulx soustenir le faiz des eaues et terres que portent lesd. bastardeaux et ce oultre et par dessus l'autre cordage par luy cy devant livré pour semblable cause, dont luy a esté ordonné par mond. s. le vis admiral VI livres tournoys pour cent qui vallent lad. somme de IX l. t.

Voictures de benneaulx paiez durant lad. sepmaine à raison de X^s chascun benneau par jour . . . somme, XII l. t.

Maistres pionnyers besongnans aux fondemens du pavement de pierre de lad. bare à raison de v s. t. par jour. . . . . .

Somme xxi, qui ont vacqué en lad. sepmaine quatre jours entiers, vallent à lad. raison de v s. t. par jour, xxi l. t.

Autres maistres pionnyers bretons besongnans ausd. fondemens à raison de iiii s. t. par jour. . . . . .

Somme xliii, qui ont vacqué en lad. sepmaine sembl. espace de quatre jours entiers que les dessusd. vallent à lad. raison de iiii s. t. par jour, xxxiiii l. viii s. t.

Menuysiers et charpentiers besongnans à la première porte pont levy de la tour dud. havre et à l'engin pour belyner les pieudz à raison de iiii s. t. par jour. . . . .

Somme viii, vallent à lad. raison de iiii s. t. par jour, vi l. viii s. t.

Autres pionnyers besongnans aud. havre à raison de iii s. t. par jour. . . . . Somme xxxv vallent à lad. raison de iii s. t. par jour la somme de xxi l. t.

Somme toutal des parties contenues en ce présent roolle, ciii l xvi s. t.

Suit l'attestation de ces dépenses par un mandement de Guyon le Roy, daté du 7 aout 1521.

Puis une attestation des paiements par Nicolas de la Prymaudaye, notaire et secrétaire du Roy et contrerolleur ordonné et estably sur le fait du Havre de Grace, en date du 11 août 1521.

LV.

Lettre du Roi François I aux échevins de Rouen.

— 15 septembre 1521. —

De par le roy. — Tres chers et bien amez nous sommes advertiz que nos ennemiz ont faict entreprinse de venir en puissance par mer au havre de grace pour bouster ou emmener nostre navire qui y est et faire le plus de mal qu'ilz pourront, à quoy fault obvier et de bonne heure, à ceste cause, pour ce que audict havre n'y a aucunne artillerye ne municions, qui est la chose la plus nécessaire pour le deffendre, nous vous prions que vous en faictes bailler et délivrer de la vostre au s^r de Chillou, nostre vis admiral, deux gros canons et une coulevrine avecques les municions, pouldres, boulletz et equippaige pour les faire mener incontinent aud. havre jusques à ce que l'affaire soit passée et après nous vous ferons rendre et bailler lesd. pièces et autant de municions et le vous prometons par ces présentes signées de nostre main en prenant recepissé dud. sieur du Chillou de ce que vous luy baillerez et fournirez et en ce ne veulles faire faulte, ne difficulté, car vous entendez le danger en quoy nous et vous en pourroient tomber. Donné à Troyes, le quinziesme jour de septembre, ainsy signé, Françoys et au bas de Neufville, et au dos, à nos très chers et bien amez les conseillers, bourgoys, manans et habitans de nostre bonne ville de Rouen.

Collation faicte à l'original par moy, Jaques Le Lieur, notaire et secrétaire du Roy le quat^me jour de octobre l'an de grace mil cinq cens vingt et ung.

LE LIEUR [1].

LVI.

Etat des dépenses de la marine dans le port du Havre.

— 1522. —

Extraict des partyes couchées en l'estat de la marine, dont il fault faire payement en Normandye au long de ceste présente année v^c XXII.

PREMIEREMENT.

A monseigneur du Chillou, cappitaine de la grant nef Loyse, pour son estat, VI^c l. t.

---

[1] Jacques Le Lieur, s^r de Bresmetot et de Bosc-Bénard-Commin, échevin de Rouen de 1517 à 1523, fils de Robert Le Lieur, s^r de Bosc-Bénard-Commin, premier avocat du Roi en son échiquier de Rouen et de Jehanne Bouté, dame de Bresmetot. C'est l'auteur du fameux *Livre des Fontaines*, reproduit en fac-simile en 1845 par T. de Jolimont.

A monseigneur le Prince de Brezé, cappitaine de la nef Princesse, IIII^c l. t.

Au cappitaine Lespargne, capp^{ne} de la nef d'Orléans, IIII^c l. t.

A monseigneur du Plessis, cappitaine de la nef Lermyne, III^c l. t.

A monseigneur de Marran, cappitaine de la nef la Pensée, II^c l. t.

A monseigneur de Joué, capp^{ne} de la nef Barbe, c l. t.

Au cappitaine Conflans, cappitaine de la barque Daulphyne, II^c l. t.

Au maistre de la grant nef Loyse estant au Havre de Grace en Normandye, VI^{xx} x l. t.

Au gardien de lad. nef, IIII^{xx} x l. t.

A quatre compaignons maryniers, à chacun LX l. t., cy, II^c XL l. t.

Au maistre de la nef Lermyne estant au Havre de Grace en Normandye, c l. t.

Au gardien de lad. nef, IIII^{xx} l. t.

A III compaignons maryniers, à chacun LX l, cy, IX^{xx} l. t.

Au maistre de la nef Princesse estant en Normandye, VI^{xx} l. t.

Au gardien de lad. nef, c l. t.

A IIII compaignons maryniers, à chacun LX l, II^c XL l. t.

Au maistre de la nef Barbe, IIII^{xx} x l. t.

Au gardien d'icelle nef, LXX l. t.

A II compaignons maryniers, à chacun LX l, VI^{xx} l. t.

Au maistre de la nef Pensée estant au havre de Dieppe, c l. t.

Au gardien de lad. nef, IIII xx l. t.

A III compaignons maryniers, à chacun LX l, IX xx l. t.

Au maistre de la barque Daulphyne, IIII xx l. t.

A ung gardien, LX l. t.

A II compaignons, à chacun LX l, VI xx l. t.

Au cappitaine de Pierre de Consches, II c l. t.

A André Chapperon, II c l. t.

A maistre Jaques Thirel, VI xx l. t.

LVII.

Etat des vivres nécessaires pour l'entretien de vingt mille hommes pendant six semaines.

— 3 avril 1523. —

Estat par estimacion et au plus près de la verité de ce qui est nécessaire pour le vivre de vingt mil hommes pour six sepmaines et les prix que lesd. vivres pourront couster, led. estat fait par nous, Guyon le Roy, chevalier, seigneur du Chillou, visadmiral de France et Guillaume Preudomme, receveur général des finances du Roy en Normendie à ce présens et appelez, Anthoine de Conflans, premier huissier de salle du Roy, nostre seigneur et le contreroller de la marine.

Biscuyt, VIII xx XIIII ^{M} LX XII^{nes}, à VII l le cent de XII^{nes}, vallent XII^M II c XXIX livres.

Pain fraiz, II^M V^c XII^nes, à VI^d pièce, vallent LXIII^l VI^s VIII^d.

Farines, XL pippes, à X livres la pippe, IIII^c livres.

Cildres, III^M IIII^c IIII XX pippes, à LX^s la pippe, X^M IIII^c X livres.

Bierres, XVII^c pippes, à LX^s la pippe, V^M livres.

Vin, II^c LX pippes, à XVIII^l la pippe, vallent IIII^M VII^c IIII^xx livres.

Chair sallée, V^c pippes, à XX^l la pippe, X^M livres.

Chair fresche, LX beufz, à X^l le beuf, VI^c livres.

Moutons, II^c XL, à XX^s la pièce, II^c XL livres.

Lardz, VI^M IIII^c costez, à XXV^s le costé, VIII^M livres.

Beurres, LVI^M livres, à XII^d la livre, II^M VIII^c livres.

Pois, VI^xx pippes, à C^s la pippe, VI^c livres.

Febves, LX pippes, à VIII^l la pippe, IIII^c IIII^xx livres.

Chandelles, XX^M livres, à XVIII^d la livre, XV^c livres.

Suif, XX^M livres, à XV^d la livre, XII^c livres.

Boys, XXVII^M II^c busches, à XL^s le cent, vallent V^c XLIIII livres.

Vinaigre, XL pippes, à VIII^l la pippe, III^c XX livres.

Verjust, XXIIII pippes, aud. prix de VIII^l la pippe, IX^xx XII livres.

Pippes à eaue, VIII^c pippes, à XII^s VI^d la pièce, V^c livres.

Sel, XXX pippes, à XIII^l la pippe, III^c IIII^xx X livres.

    Total . . . . LX^M III^c XXVIII^l VI^s VIII^d.

Sans en comprendre les extencilles comme platz, escuelles, bidons, bauquetz, lanternes, escouppes, cuilliers, panniers, chantepleures, veilles et autres choses qui pourront monter environ viiic livres.

Fait au Havre de Grace, le iiime jour d'avril avant Pasques, l'an mil cinq cens vingt deux [1].

LVIII.

Lettre de l'amiral Bonnivet à Guyon le Roy.

— 10 juillet 1523. —

A Monsieur du Chillou, vis admiral.

Monsieur du Chillou, j'ay receu la lectre que vous m'avez escripte par ce porteur. Et quant aux navires bretons qu'avez arrestez par delà, qui demandent avoir victuailles ou eulx en aller, j'en advertiz présentement monseigneur d'Albanye, afin qu'il advise s'il s'en veult servir ou non pour son passaige, vous priant d'en faire ce qu'il vous en escripra et mandera et non autrement. Et cependant faictes leur bailler ce qui leur sera

[1] 1523. Nouveau style.

nécessaire desd. victuailles et sur ce, Monsieur du Chillou, nostre seigneur vous donne ce que désirez.

A Paris, le xme juillet.

Le tout vostre bon allyé[1] et amy,
BONNIVET.

LIX.

Lettre de J. de Beaune à Guyon le Roy.

— 22 juillet 1523. —

Monseigneur, Monseigneur du Chillou, vys admyral de Normandie,

Monseigneur, je me recommande à vostre bonne grace de bon cueur, j'ay receu vos lectres que m'avez escriptes du xvime de ce moys, par lesquelles me faictes response à ce que vous avoys escript du fait de la marine et de ce qu'il est bien tard pour y donner l'ordre qui est requis en telle affaire, j'entends bien que l'on a beaucoup attendu, mais je vous advertis que je ne scavoys riens de tout cest affaire et n'en parloit on point jusques à ce que monseigneur l'admyral s'en est allé. Toutesfois comme vous dites, il vault myeulx tard que jamais et fault faire tout ce que l'on poura ; il fault,

---

[1] Bonnivet se dit allié de Guyon le Roy, parce que Magdeleine Gouffier, fille de Guillaume Gouffier, sieur de Boisy, Bonnivet, Oiron, Maulévrier, etc., sénéchal de Saintonge, premier chambellan du Roi Charles VII, gouverneur du Roi Charles VIII et de sa première femme Louise d'Amboise avait épousé René le Roy, s^r de Chavigny.

monseigneur, que vous faciez arrester les trois navires bretons qui sont par dellà pour porter les victuailles que l'on doit envoyer à Brest; il y poura avoir en tout de quinze à seize cens pippes, tant citres et biscuitz. Nous ne nous ayderons point des navires du Roy et ce que lesd. trois navires ne pouront porter, on le fera porter par les gallions de monseigneur d'Albanye et par les navires de Dieppe venus d'Escosse, qui sont par dellà, surtout fault faire attendre lesd. navires de Bretaigne, jusques à ce que les provisions desd. navires soient toutes prestes à charger, où l'on fera la plus grant diligence qu'il sera possible, je vous recommande l'affaire. Au demourant, je vous advertis que le Roy s'en part de St Germain pour aller bien tost commancer son voyaige droit à Lyon pour suivre son entreprise d'Ytalie. S'il y a chose par deçà que je puisse pour vous faire, je m'employeroys voulontiers à vous faire plaisir de bon cueur, priant Dieu qu'il vous donne santé.

De St Germain en Laye le XXIIme jour de juillet.

Il y a cinq ou six navires d'Escosse à Dieppe, que monseigneur d'Albanye a fait arrester pour ayder à porter lesd. vivres, s'il vous plaist, monseigneur, prandrez la peine de regarder à la provision qui se fera desd. cytres et biscuitz[1] et les certiffierez pour la seureté de celluy qui en a la charge, affin aussi que l'on congnoisse que vous y avez mis la main et vous prie, donnez ordre que le tout soit prest à partir de

---

[1] Ces ordres furent exécutés rapidement, ainsi que le prouve le certificat délivré le 27 aout suivant par le capitaine général des galions du duc d'Albany. Voir n° 61.

dans la fin de ce moys, car les affaires requièrent célérité.

Vostre bon serviteur et amy,
JACQUES DE BEAUNE[1].

LX.

Ordre de payement donné par le roi François Ier aux généraux des finances.

— 25 juillet 1523. —

François, par la grâce de Dieu roy de France, à nos amez et féaulx les généraulx, conseillers par nous ordounez sur le fait et gouvernement de noz finances, salut et dillection. Nous voulons et vous mandons que vous permectez et consentez à nostre amé et féal aussi conseiller et recevèur général de nos dictes finances en noz pays et duché de Normandie, maistre Guillaume Preudomme, par nous commys à tenir le compte et faire le paiement de l'édiffice de nostre havre de Grace,

---

[1] Jacques de Beaune, Baron de Samblançai, fils de Jean de Beaune, bourgeois de Tours, argentier des Rois Louis XI et Charles VIII, fut surintendant des finances des Rois Charles VIII, Louis XII et François Ier. Sa longue faveur, son intégrité et son zèle à défendre les intérêts du trésor contre l'avidité de certains personnages lui attirèrent beaucoup d'ennemis. Des intrigues de cour, la haine de la Duchesse d'Angoulême et du chancelier Duprat le firent, pendant la captivité de François Ier, traduire devant une commission qui, sur une vague accusation de péculat, le condamna à mort et à la confiscation de ses biens. Ce malheureux ministre, âgé de soixante-deux ans, fut pendu au gibet de Montfaucon. Sa mémoire fut réhabilitée et ses biens restitués en 1529 à son fils Guillaume de Beaune, qui fut général des finances.

prendre et rethenir par ses mains, des deniers qui luy ont esté ordonnez ceste présente année pour convertir ou fait du dict office de receveur général, la somme de deux mil huit cens livres tournoiz que nous luy avions ordonnée et ordonnons par ces dictes présentes pour emploier ou fait d'icelle sa commission du dict havre durant ceste dicte année, à icelle somme avoir et prendre sur une partie couchée en l'estat général de nos dictes finances de la dicte charge de ceste dicte présente année, montant xxv^m l. t., faisant mencion par maistre Michel Menant, trésorier de la marine, et à luy par nous ordonnée pour le radob de noz navires. Et par rapportant seullement ces dictes présentes signées de nostre main, nous voullons la dicte somme de II^m VIII^c livres estre allouée es comptes et rabatue à icelluy nostre dict receveur général des deniers d'icelle recepte généralle par noz amez et féaulx les gens de noz comptes, ausquelz par ces mesmes présentes mandons ainsi le faire sans difficulté. Car tel est nostre plaisir, non obstant quelz conques ordonnances, rigueur de compte, restrinctions, mandemens ou deffences ad ce contraires.

Donné à Paris, le xxvme jour de juillet, l'an de grace mil cinq cens vingt troys, et de nostre règne le neufviesme[1].

FRANÇOYS.   Par le Roy : DORNE.

---

[1] Original à la Bibl. Nat., vol. intitulé : Chartes royales, tome XXIV, pièce cotée 236, communiqué par M. Léopold Delisle.

LXI.

Certificat de livraison de denrées délivré par le capitaine général des galions du duc d'Albany.

— 27 août 1523. —

Nous, Vidal de Platade, cappitaine général des gallyons de monseigneur le duc d'Albanye, certiffions qu'il a esté chargé en plusieurs navires au Havre de Grace le nombre et quantité de huit cens pippes de sildre et neuf cens soixante pippes de biscuyt pour estre menez et conduytz à Brest pour partie de l'envictuaillement que le Roy fournit à monseigneur d'Albanye pour son voyage d'Escosse. En tesmoing de ce, advons signé ces présentes de nostre signe manuel cy mis le xxvII^{me} jour d'aoust mil cinq cens vingt troys.

PLANTADE.

LXII.

Etat des dépenses faites au Havre de Grâce pour la construction du port et des fortifications.

— 1er juin. — 31 octobre 1523. —

Estat abregé de la despense faicte pour le Havre de Grace depuis le premier jour de juing mil cinq cens vingt troys jusques et comprins le dernier jour d'octobre ensuivant par les sepmaines et ainsi qu'il suit :

La première sepmaine commencée le lundy premier jour dud. moys de juing et finissant le samedy ensuivant VIme jour dud. moys monte, comprins le remboursement de ceulx qui avoient fait rabiller la bare dud. Havre, la somme de IIII^c XVI^s.

La IIme sepmaine monte, IX^{xx} VII^l X^s.

La IIIme, CXVII^l III^s VI^d.

La IIIIme, CXVIII^l V^s VI^d.

La cinq^{me}, CXIX^l XIII^s.

La VIme, II^c V^l XVI^s.

La VIIme, VIII^{xx} XI^l XIII^s IIII^d.

La VIIIme, VI^{xx}. l.

La IXme, VI^{xx} X^l X^s X^d.

La Xme, CXVIII^l XI^s.

La XIme, VIII^{xx} XVI^l X^s.

La XIIme, VIII^{xx} IX^l X^d.

La XIIIme sepmaine monte, CXII^l.

La XIIIIme monte, VIII^{xx} XI^l XV^s.

La XVme, VII^{xx} II^l X^s.

La XVIme, VI^{xx} XVI^l X^s.

La XVIIme, VI^{xx} XIX^l XIII^s IIII^d.

La XVIIIme, II^c XXV^l V^s.

La XIXme, II^c IIII^{xx} XIX^l XI^s VI^d.

La XXme, II^c XXX^l XIII^s VI^d.

La XXIme, II^c LXX^l XIIII^s VII^d.

La XXIIme, sepmaine, où est comprins le toysage monte, VI^M VI^c LXVˡ VIIˢ VI d¹.

Somme toutal de la despence dud. Havre, X^M IIII^c IXˡ Xˢ Vᵈ.

LXIII.

Procès-verbal de toisage des travaux de maçonnerie du Havre de Grace.

— 2 novembre 1523. —

Thesaige faict au Havre de grace le pénultième jour d'Octobre, l'an mil cinq cens vingt et troys, par maistre Thomas Theroulde et maistre Robert Quatremains, maistres jurez en l'œuvre de massonnerie, de l'ouvraige faict de massonnerie aud. Havre despuis le dernier thesaige faict le XIIIIme jour de septembre V^c XXI

Premierement

La prinse fete sur la gectée du d'amont qui prendra à la joue que l'on y doibt fere le parement dedans le Havre, contient de largeur XXX piedz et demy sur la haulteur du IIII toyses IIII piedz ung poulce, comprins

¹ Voir la pièce suivante, n° 63.

la haulteur du parement de dessus qui vallent tout callculé à xxxvi piedz pour toise, vallent xxiiii toyses x piedz iiii poulces et demy.

Led. parement contient de haulteur xx poulces.

Le front de l'acteinte de devers la mer a de longueur de parement cinq toyses viii poulces à vi piedz pour toyse sur la haulteur de iiii toyses iiii piedz, qui aud. fere de xxxvi piedz pour toyse tout cacullé, vallent xxiii toyses et demye viii piedz et ii poulces.

Le cousté de lad. prinse devers la mayson de Vauchuquet a de parement iiii toyses iiii piedz iii poulces de longueur sur la haulteur de xix piedz ix poulces, y comprins le parement de dessus, qui aud. fere de xxxvi piedz tout calcullé, vallent xv toyses vii piedz v poulces demy.

Somme de parement xiii toizes et demye et viii piedz.

La grosse espoisse de lad. gectée de la prinse a de haulteur iii toizes v piedz ii poulces, le pied du parement rabatu sur la leze de iiii toyses vi piedz iii poulces et sur la longueur de iiii toizes iiii piedz i poulce à vi piedz pour toyse, le pied de chacun parement rabatu, qui a ii^c xvi piedz pour chacune toyse, vallent iiii^{xx} ii toyses xvi piedz ix poulces.

Le pavé de dessus lad. prinse prins par le parmy contient de longueur xxviii piedz et i poulce sur la leze de troys toyses cinq piedz ix poulces, qui aud. fere de xxxvi piedz par toyse tout calcullé et le pied de parement rabatu, vallent xviii toyses xvi piedz xi poulces.

L'avant mur de la gectée de d'aval par dedans depuis

le bout dud. avant mur devers le bout de lad. gectée jusques devers la carteboucle, à commencer à le compter vers la tour à une merque que y avons fete, a de longueur xxxvii toyses à vi piedz pour toyse par dedans sur la haulteur de iii piedz jusques à la haulteur des cannonières de leur commencement, qui au fere de xxxvi piedz pour toyse tout calcullé, vallent xviii toyse et demye.

Led. avant mur depuis lad. merque jusques au bout de lad. gectée et fin dud. avant mur contient de longueur xl toyses iiii piedz par dehors vers le Chief de Caulx sur la haulteur de iii piedz ii poulces, qui au fere de xxxvi piedz pour toyse tout calcullé, vallent xxi toyses xvi piedz ung poulce.

La troys^{me} assiecte dud. avant mur par dedans depuis le degré de hault du bout vers le bout de la gectée jusques à lad. merque, comprins les jouées de xii cannonières et demye, qui y sont depuis le degré dud. avant mur jusques à lad. merque, jusques au parement du dehors contient de longueur xlv toyse v piedz et demy sur la haulteur de xix poulces, vallent tout calcullé à xxxvi piedz pour toyse, xii toyses iiii piedz viii poulces.

La grosse espoisse dud. avant mur depuis lesd. degrez du bout de lad. gectée vers la mer jusques à lad. merque contient de longueur xxxviii toyses sur troys piedz de haulteur et sur ii piedz iii poulces de leze, qui aud. fere de ii^c xvi piedz pour toyse tout calculé, vallent vii toyses xxxi piedz.

Lad. troys^{me} assiecte dud. avant mur depuis lesd. degrez vers le bout dud. avant mur'et de lad. gectée jusques à lad. merque contient de longueur xxv toyses par dehors, rabatu le fere des cannonières sur lad. haulteur de xix poulces, vallent tout calculé à xxxvi piedz pour toyse, vi toyses et demye iii piedz et demy.

La parement des degrez dud. avant mur vers le bout de lad. gectée contient de sainct viii piedz sur la leze de iiii piedz iiii poulces, qui vallent tout calculé à xxxvi piedz pour toyse, xxxii piedz iiii poulces.

Les xii cannonières fetes depuis lesd. degrez jusques à lad. merque, en ce non comprins la demye cannonière près à lad. merque, ont de parement la premièee commencée vers lesd. degrez xxv piedz ix poulces, la deux^{me} xxiiii piedz ix poulces, la tierce xx piedz ix poulces, la iiiime xx piedz vi poulces, la vme xviii piedz ix poulces, la vime xx piedz vi poulces, la viime xxi piedz, la viiime xx piedz vi poulces, la ixme xxii piedz, la xme xviii piedz i poulce, la xime xvii piedz x poulces, la xiime xvi piedz x poulces, qui vallent tout calculé et rabatu à raison de xxxvi piedz pour toyse, vi toyses xxxi piedz.

Les trumeaulx d'entre deux cannonières jusques à lad. merque; grosse espoisse.

Le premier trumeau commencé ausd. degrez vers le bout de lad. gectée contient de grosse espoisse xiiii piedz sur la haulteur de xix poulces, qui vallent tout calculé à ii^c xvi piedz pour toyse, xxii piedz et ii poulces.

Le iime trumeau contient de grosse espoisse xxxv piedz sur lad. haulteur de xix poulces, qui aud. fere de ii^c xvi piedz pour toyse vallent, xxxix piedz vii poulces.

Le tiers trumeau ensuivant contient LII piedz IX poulces sur lad. haulteur, qui aud. fere vallent, IIII^{xx} III piedz I poulce.

Le cart trumeau ensuivant contient XV piedz VI poulces de grosse espoisse sur lad. haulteur, qui aud. fere vallent, XXXIIII piedz III poulces.

Le Vme trumeau ensuivant contient de grosse espoisse XVI piedz sur lad. haulteur, qui aud. fere vallent, XXV piedz IIII poulces.

Le VIme trumeau ensuivant contient de grosse espoisse XVII piedz VIII poulces sur lad. haulteur de XIX poulces, qui aud. fere de II^c XVI piedz pour toyse vallent, XXVII piedz VII poulces.

Le VIIme trumeau ensuivant contient de grosse espoisse XX piedz VIII poulces sur lad. haulteur, qui aud. fere vallent, XXVII piedz IIII poulces.

Le VIIIme trumeau ensuivant contient de grosse espoisse XXV piedz IIII poulces sur lad. haulteur, qui aud. fere vallent, XXXIX piedz XI poulces.

Le IXme trumeau ensuivant contient de grosse espoisse XXV piedz sur lad. haulteur de XIX poulces, qui aud. fere de II^c XVI piedz pour toyse vallent, XXXIX piedz VII poulces.

Le Xme trumeau ensuivant contient de grosse espoisse XXIIII piedz IIII poulces sur lad. haulteur, qui aud. fere vallent, XLIIII piedz VIII poulces.

Le XI trumeau ensuivant contient de grosse espoisse XXIIII piedz X poulces sur lad. haulteur, qui aud. fere vallent, LIIII piedz VIII poulces.

Le XIIme trumeau contient de grosse espoisse XXIII

piedz sur lad. haulteur, qui aud. fere vallent, xxxvi piedz v poulces.

Le xiiime trumeau contient de grosse espoisse xxx piedz viii poulces sur lad. haulteur de xix poulces, qui aud. fere de ii^c xvi piedz pour toyse vallent, xlviii piedz ii poulces.

Somme toute desd. xiii trumeaulx vi^c xii piedz ix poulces, qui aud. fere de ii^c xvi piedz pour toyse tout calculé vallent, ii toyses iiii^{xx} piedz ix poulces.

La prinse de la grosse espoisse de parement de bas par dedans le Havre joignant le premier plancher de boys, laquelle avoit esté fete et tezée au dernier tesaige, qu'il a convenu reffaire tout de nouveau parce que l'impétuosité de l'eaue desd. bares l'avoit rompue et emportée par autant qu'il ny avoit que simple parement d'un pied de hault sans grosse espoisse et a convenu ranforcer de lad. grosse espoisse et qui contient de longueur xxii piedz iiii poulces sur la leze de vii piedz et demy et sur la haulteur de vi piedz, qui vallent tout calculé à ii^c xvi piedz pour toyse, iiii toyses et demye xxxix piedz ix poulces.

La grosse espoisse portant led. plancher de boys contient de longueur xxv piedz iii poulces sur la leze de viii piedz et demy et sur la haulteur de iiii piedz et demy, qui vallent tout calculé à ii^c xvi piedz pour toyse, iiii toyse demye ii piedz iiii poulces et demy.

Le bas escouisson devers sainct Nycolas de Leure par dedans le Havre joignant à la jouée desd. bares contient de sainct en parement xxii piedz vii poulces sur la haulteur de vi piedz iii poulces, qui vallent tout calculé à xxxvi piedz pour toise, iii toyses et demye xv piedz.

Le parement de dessus led. escouisson prins par le parmy contient de longueur xi piedz ii poulces sur la leze de viii piedz iiii poulces, qui vallent tout calculé à xxxvi piedz pour toyse, ii toyses et demye iii piedz i poulce.

La grosse espoisse dud. escouisson contient de longueur ix piedz ii poulces sur la leze de vi piedz iiii poulces et sur la haulteur de v piedz iii poulces, qui vallent tout calculé à ii^c xvi piedz pour toyse, une toyse iiii^{xx} viii piedz et demy.

L'autre escouisson de dessus le précédent contient de parement xvi piedz i poulce, de sainct sur la haulteur de iiii piedz ii poulces, qui au fere de xxxvi piedz pour toyse tout calculé vallent, une toyse et demye et xiiii piedz.

Le parement dud. escouisson prins par le parmy contient de longueur vi piedz sur la leze de v piedz, qui au fere de xxxvi piedz pour toyse tout calculé, vallent, demye toyse xii piedz.

La grosse espoisse dud. escouisson contient iiii piedz de longueur sur iiii piedz de leze et sur la haulteur de iii piedz, qui au fere de ii^c xvi piedz pour toyse vallent tout calculé, xxxvi piedz.

Le sainct du parement de la jouée devers Ingoville par dedans le Havre, lequel a esté nécessité de ralonger et repoissir pour contrebouter et ranforcer la muraille desd. bares qui commensoit à desmonter par l'impétuosité de l'eaue, contient de sainct iii toyses et demye sur la haulteur de xvi piedz vi poulces, qui au fere de xxxvi piedz pour toyse vallent, ix toyses et demye et iiii piedz et demy.

La grosse espoisse de lad. jouée contient viii piedz de longueur sur vi piedz de leze et sur lad. haulteur de xvi piedz et demy, qui a ii^c xvi piedz pour toyse vallent, ii toyses et demye xxxvi piedz.

Item, ung escouisson, qu'il a convenu fere encore au bout de lad. jouée devers Ingoville tirant dedans le Havre pour enpater et entretenir lad. muraille, contient de sainct iii toyses v pieds ii poulces sur la haulteur de vi piedz iii poulces, qui au fere de xxxvi piedz pour toyse vallent, iiii toyses ix poulces.

Item, le parement dud. escouisson contient de long viii piedz sur la leze de vi piedz, qui aud. fere de xxxvi piedz pour toyze vallent, une toyse xii piedz.

La grosse espoisse dud. escouisson contient de long vii piedz sur la leze de v piedz de haulteur de v piedz, qui au fere de ii^c xvi piedz vallent, une toyse lxvii piedz.

Ung petit pillier faict sur led. escouisson et joignant aux jouées de boys et planchage pour reconforter lad. muraille et conduyre l'eaue sur le planchage, contient de sainct iii toyses i pied vi poulces sur la haulteur de demy pied iiii poulces qui sont deulx assiectes, qui au fere de xxxvi piedz pour toyse vallent, une toyse ix piedz et demy.

Le parement dud. pillier contient de long vii piedz et demy sur la leze de iii piedz, qui vallent tout calculé à xxxvi piedz pour toyse, demye toyse iiii piedz et demy.

La grosse espoisse dud. pillier, les paremens rabatuz, contient de long vi piedz sur i pied de leze haulteur de deulx piedz iiii poulces à ii ᶜ xv piedz pour toyse, xiiii piedz.

LA MAYSON DES BARES.

Les marches de lad. mayson du costé sainct Nycolas de Leure contiennent de long v piedz iii poulces sur le sainct au leze de iii piedz et demy, qui au fere de xxxvi piedz pour toyse vallent, xviii piedz iii poulces.

Le bassement de lad. maison dud. costé contient de long ii piedz et demy sur ung pied de hault, qui aud. fere vallent tout calculé, x piedz et demy.

Les marches de lad. mayson du cousté d'Ingoville contiennent de long iiii piedz x poulces sur le sainct de v piedz iii poulces, qui aud. fere de xxxvi piedz pour toyse tout calculé vallent, xxv piedz ii poulces.

Le bassement de lad. mayson dud. costé contient de longueur xii piedz et demy sur i pied de haulteur, qui aud. fere de xxxvi piedz pour toyse vallent tout calculé, xii piedz et demy.

Le coing du bassement dud. costé pres de luys tirant vers le Havre contient iiii piedz iii cars, qui aud. fere de xxxvi piedz pour toyse vallent, iiii piedz ix poulces.

Somme totale dud. tesaige tout calculé et rabatu, deulx cens quatre vingt quatre toises et ung cart de toyse avec quatre poulces et revenans à xxxvi piedz pour toyse, en ce non comprins ung petit secret que l'on faict dedans le cœur de la tour et en oultre est demeuré à tezer le parement des trumeaulx de l'avant mur faict sur la gectée d'aval, par ce qu'il a esté advisé que l'on y fera dessus un chapperonnement.

Plus a esté mis et gecté à pierre perdue en une fosse que l'impétuosité de l'eaue avoit fete au bout de l'escouisson faict au bout de la jouée devers Ingoville tirant vers le Havre, entre la jouée de boys et la terre aux bares, vi^{xx} xvi grosses pierres de bitte extimée chacune d'icelles ung tonneau l'une portant l'autre qui ont esté apressiées par lesd. maistres massons tant lesd. pierres que pour les paynes et jornées des ouvriers qui les ont mises, la somme de cent dix livres tournoyses, pour ce, cx livres.

Nous, Thomas Theroulde, maistre de massonnerie à Caudebec et Robert Quatre-mains, tous deulx maistres juretz en l'œuvre de massonnerie, certiffions à qui il appartiendra que après le serment faict par nous en la présence de monseigneur le vis admiral, s^r du Chillou, commissaire en ceste partye et de Estienne de la Chappelle, contrerolleur du Havre de Grace, de Pierre Condoin et de Louys Thierry, de bien et loyaulment tezer l'ouvraige de massonnerie faict aud. Havre de Grace despuis le dernier tezaige faict le xIIII^{me} jour de septembre v^c xxi, aussy par moy, Thomas Theroulde susd. avons esté mesuré et tezé led. ouvraige, auquel avons trouvé tout calculé et rabatu, II^c IIII^{xx} IIII toyses et I cart de toyse avec quatre poulces et demy, lesd. poulces revenans à xxxvi piedz pour toyse comme apparoit par ce présent tezaige contenant xLvi articles en cinq foilletz entiers et le présent, comprins les treize trumeaulx, chacun pour ung article et en tesmoingz de vérité avons signé le présent tezaige de nos seingz manuelz cy mis le deux^me jour de novembre l'an mil cinq cens vingt et troys es présences de Estienne de la Chapelle, de Pierre Condoin et de Louis Thierry.

Je, Estienne de la Chappelle, contrerolleur du Havre de Grace, certiffie que en ma présence maistre Thomas Theroulde, maistre masson de Caudebec et maistre Robert Quatremain, maistre masson à Grateyn, tous deux maistres juretz en œuvre de massonnerie, après avoir fait le serment en la présence de monseigneur du Chillou, vis admiral de France, commissaire en ceste partie de bien et loyaument tezer l'ouvraige dud. Havre de Grace fait depuis le dernier tezaige et en rapporter la pure vérité, ont tesé et mesuré led. ouvraige par le même ainsi qu'il est contenu en ce présent cayer où que ilz ont trouvé le nombre de deux cens quatre vingts quatre toyses et ung quart de toyse avec quatre poulces revenans à XXXVI piedz pour toise rabatu et calculé et réduit chacune toyse à son devoir, en tesmoing de ce, j'ai signé la présent tesaige le deux^me jour de novembre l'an mil v^c XXIII.

DE LA CHAPPELLE.

LXIV.

Lettre de Guillaume Preudomme à Monsieur du Chillou.

— 7 janvier 1524. —

A Monseigneur, Monseigneur du Chillou, vis amiral de France.

Monseigneur, j'ai baillé au contreoolleur des mortespaies les lectres que lui escripviez et pareillement monstré celles que monseigneur l'admiral vous escripvoit et baillé celles que monseigneur le général de Normandie escript audit contreoolleur, duquel j'ai prins recepice, que je vous envoys avecques les lectres de mondit seigneur l'admiral et autres lectres que led. contreoolleur vous escript, lequel acomplira le contenu sans y faillir.

Monseigneur, aujourd'huy ou demain j'enverray homme devers mond. seigneur le général, auquel j'escripray emplement ce que avons concluď et advisé ensemble touchant le fait de la grant nef.

Monseigneur, en ensuivant ce que vous m'avez parlé de vous trouver quelque clerc pour vous servir de secrétaire, je vous envoys le présent porteur qui est de bonne congnoissance et est de la ville de Tours et filz d'un des voisins de monsieur le receveur général et a désir d'estre homme de bien et de vous bien servir en tout ce que le vouldrez emploier, il le m'a ainsi promis et s'il le fait, j'en seray bien aise, aussy s'il fait le contraire, je lui ay bien dit que je n'en seray content, vous l'aisserez et aprèz selon ce que le trouverez le pourrez retenir ou le renveier. Il est encore ung peu nouveau, mais en la main d'un si bon personnnaige que vous il sera tost instruyt.

Monseigneur, il ne se dit rien de nouveau et n'est nulles nouvelles que le Roy ait encores apris. S'il survient quelque chose le vous feray scavoir, me recommandant humblement à vostre bonne grace et en priant Dieu, monseigneur, vous donner bonne vie et longue.

De Rouen, ce VIIme jour de janvier.

Vostre humble serviteur,
GUILLAUME PREUDOMME.

LXV.

Lettre de l'amiral Bonnivet à Monsieur du Chillou.

— 31 mai 1524. —

A Monsieur du Chillou, vis admiral.

Monsieur du Chillou, j'ay reçeu les lettres que vous m'avez escriptes et veu celles que escripviez au Roy, devers lequel je suis puis deux jours arrivé de Bonnyvet, où j'ai esté assez longuement malade. Led. seigneur a esté très aise des nouvelles que luy avez fait savoir et que les ancres de sa grant nef soient arrivées par delà en seureté, aussi du partement des hourques et des v^c hommes qui s'en vont en Escosse, vous priant, monsieur du Chillou, que, si tost que aurez entendu qu'ilz auront fait, vous n'en vueillez incontinent advertir et quant au radoub des navires à quoy faictes besongner, j'espère dedans deux jours me trouver avec messieurs des finances et là y sera ordonné argent le plus que je pourray. Cependant je vous prie continuer à y faire faire le mieux que vous pourrez. Je n'oublieray aussi à parler pour voz mortes-payes et sur le tout feray ce qu'il me sera possible.

Au demourant il me desplaist trèsfort que messieurs du Parlement de Rouen vous aient ainsi mal traicté comme ilz ont [1]. Vous regarderez quelles provisions vous peuvent estre nécessaires pour garder vostre bon droict et verrez que le tout se despechera. Et non seulement en cela, mais en toutes autres choses qui vous toucheront vous pouvez estre asseuré que je m'emploieray tousiours pour vous y aider et faire plaisir et de bon cueur.

Priant Dieu, monsieur du Chillou, qui vous donne ce que desirez.

A Bloys, le dernier may.

C'est vostre bon alié et amy,
BONNYVET.

[1] Voir l'arrêt de 13 mai 1524, n° 79.

LXVI.

Lettre de l'amiral Bonnivet à Monsieur du Chillou.

— 8 août 1524. —

A Monsieur du Chillou, vis admiral.

Monsieur du Chillou, le Roy a eu présentement nouvelles certaines que les Vénissiens en contrevenant aux promesses, obligacions et traictez qu'ilz avoient avec led. seigneur ont faict la paix et alliance avecque le Roy catholicque et Duc de Bar et se sont par ce moyen déclarez ses ennemys, de quoy j'ai bien voulu vous advertir. A ceste cause il est besoing que vous donniez ordre que par la mer en vostre endroict soit courru sus aud. Vénissiens en leur faisant tout le dommaige que l'on pourra et le semblablement aux Romains, Espaignolz, Flamens et autres subgectz dud. Roy catholicque, Millannoys, Genevoys[1], Florentins, Sennoys et Pisans et pareillement aux Anglex. Il y a en Angleterre au havre de Porsemout troys gallères venissienes que le Roy d'Angleterre avoit piéçà arrestées pour son service à la guerre et lesquelles l'on m'a dit que lesd. Vénissiens doivent ramener bientôt à Venise, il est besoing que y faciez faire bon guect, afin que s'il est pos-

[1] En vertu de ces ordres un navire génois fut capturé en vue de Calais le 2 mai 1525. — Le procès-verbal de prise se trouve dans les archives d'Azay.

sible l'on face en sorte quelles ne se saulvent point, car ce seroit bonne prinse et de grant valleur. Je vous prie, monsieur du Chillou, de le faire ainsi et vous ferez service au Roy et à moy très grant plaisir. Et à Dieu, monsieur du Chillou, qui vous donne ce que desirez.

A Lyon, le viiime jour d'aoust.

Cest votre bon allié et amy,
BONNIVET.

XLVII.

Procès-verbal de la mesure de divers lieux et places fieffés en la ville du Havre, ordonné par arrest du Parlement de Rouen [1].

— Septembre 1524. —

C'est la mesure des places et lieux de la ville françoyse de grace fiefféez et dont sont tenans les personnes cy après desnommez:

Ensemble le nombre des piedz que contient chacune place, vaillant le pied quatre piedz et les vingt piedz revenans à quatre vingtz piedz à prendre et mesurer par les boutz et costez desd. places seullement, icelle mesure faicte par l'ordonnance de monseigneur maistre Thomas Postel [2], conseiller du Roy nostre seigneur en

[1] Trouvé dans les papiers du chapitre de N.-D. de Rouen. Arch. du départ. de la Seine-Inférieure.

[2] Thomas Postel, s^r des Minières, conseiller au Parlement de Rouen de 1499 à 1528.

sa court de parlement, commissaire et exécuteur de l'arrest d'icelle, par moy Pacquet de la Fosse, mesureur juré accepté des parties en la présence de maistre Mellon Preudhomme, advocat en parlement, commis par led. seigneur commissaire pour estre présent à lad. mesure, affin d'en faire rapport, affermant y avoir procedé bien et deuement, lesd. parties présentes ou appellées.

PREMIEREMENT.

La place de Raoulin Vimart, Nicolas et Richart Fauxbuisson abbutant d'un costé à une voyde place, d'autre costé Jehan Perier, d'un boult la rue de la Fontaine et d'autre boult la rue des murailles. Icelle mesure faicte en la présence de Fauxbuisson et rapportée contenir par led. mesureur quatre vingt quatre piedz carrez.

La masure Jehan Perier abbutant d'un costé Nicolas et Richart, ditz Faulxbuisson, d'autre costé Jehan le Dentu, d'un bout la rue de la Fontaine et d'autre bout la rue des murailles de lad. ville et rapportée contenir soixante sept pieds carrez.

La place Jehan le Dentu, d'un costé Jehan Perier, d'autre costé les hoirs Raoul Heron, d'un boult la rue de la Fontaine et d'autre bout une voyde place rapportée contenir par led. mesureur cinquante piedz carrez. Icelle mesure faicte à la présence de la femme dud. le Dentu.

La place des hoirs Raoul Heron, d'un costé Jehan le Dentu, d'autre costé une petite rue tendant de la rüe de la Fontaine aux murailles de la ville, d'un bout la rue de la Fontaine et d'autre bout une voyde place et rapportée contenir par led. mesureur soixante ung piedz carrez.

Soit icy notté que la place Nicolas Matras n'a esté mesurée à raison qu'il est contredisant.

La place de Jehan Bouteron, d'un costé Nicolas Matras, d'autre costé Jacques Preaulx, d'un bout la rue de la Fontaine et d'autre bout une voyde place. Icelle place rapportée contenir par led. mesureur cinquante sept piedz.

La place de Jacques Preaulx abbutant d'un costé Jehan Bouteron, d'autre costé une rue qui tend vers la muraille de la ville, d'un bout la rue de la Fontaine, d'autre bout une place voyde à bailler, contenant icelle place par le rapport dud. mesureur trente huit piedz carrez. Icelle mesure faicte en la présence dud. des Preaulx.

La place Charlot Bruyere, d'un costé une petite rue tendant aux murailles de la ville, d'autre costé une place voyde, d'un bout la rue de la Fontaine et d'autre bout une autre voyde place, contenant en carré par le rapport dud. mesureur quatre vingtz piedz. Icelle mesure faicte à la présence dud. Bruyere et sa femme.

La place et masure du seigneur du Chillou n'a esté

mesurée parceque l'exécucion de l'arrest quant pour luy est tenu en surceance.

La place de messire Jehan Bourgoys abbutant deux costéz les deux rues sainct Michel et la rue de la Fontaine, d'autre costé le seigneur du Chillou et d'autre bout Jehan Maze, Robin le Conte et Geffin Patin. Icelle mesure rapportée contenir par led. mesureur quatre vingtz piedz carrez.

La place Jehan Maze et Robin le Conte mesurée à la présence dud. Jehan Maze abbutant d'un costé Jehan et Richart, ditz Goubbe, d'autre costé messire Jehan Bourgoys, d'un bout la rue saincte Adresse et d'autre bout maistre Guillaume d'Esmalleville et Robert d'Esqueville, contenant soixante piedz carrez.

La place de maistre Guillaume d'Esmalleville abbutant d'un costé la rue de la Fontaine, d'autre costé Jehan Maze et Robin le Conte, d'un bout messire Jehan Bourgoys ou ayans cause et d'autre boult Jehan Goubbe. Icelle place mesurée à la présence dud. d'Esmalleville et rapportée contenir par led. mesureur cinquante cinq piedz carrez.

La place de Jehan et Richart, ditz Goubbe n'a esté mesurée pour ce qu'ilz sont contredisans.

La place de Jehan Guillaume le Baillif et Jacques Le Maire en lieu de maistre Pierres de Lourme abbutant d'un costé Jehan Goubbe, d'autre costé le s^r d'Estimauville, d'un bout Robert Mahieu et d'autre bout la rue saincte Adresse contenant par le rapport dud. mesureur soixante deux piedz et demy carrez. Icelle place baillée à la main desd. le Baillif et Le Maire, son gendre, de nouvelle fieffe.

La place de Jehan Mahieu abbutant d'un costé le sr d'Estymauville, d'autre costé Jehan et Richart, ditz Goubbe, d'un bout la place qui fust maistre Pierres de Lourme et d'autre bout la rue de la Fontaine contenant par le rapport dud. mesureur cinquante quatre piedz carrez. Icelle mesure faicte à la présence dud. Mahieu.

La place de Jacques d'Estymauville, escuier abbutant d'un costé la rue saincte Adresse, d'autre costé la rue de la Fontaine, d'un bout une autre tendant de lad. rue saincte Adresse à la rue de la Fontaine et d'autre bout Pierres de Lourme et Jehan Mahieu. Icelle mesure à la présence dud. d'Estymauville contenant six vingtz piedz carrez.

La place de Jehan Clerice abbutant d'un costé une rue qui maine de la rue saincte Adresse à la rue de la Fontaine, d'autre costé une autre rue qui maine de la rue saincte Adresse à lad. rue de la Fontaine, d'un bout la rue saincte Adresse, Jehan Goutas et Syméon Tyrel et d'autre bout la rue de la Fontaine et mesurée à la présence dud. Clerice et rapportée contenir par led. mesureur troys cens piedz carrez jouxte lesd. boutz et costez.

La place de Jehan Goutas et Ysabeau, veufve de Estienne Nasse, au droict de Jehan Nourry, d'un costé

Jehan Clerice, d'autre costé Symeon Tyrel, d'un bout led. Clerice et d'autre bout la rue saincte Adresse rapportée contenir soixante piedz carrez.

Et auprès de lad. place est demeurée la place, où est assis le moullin à vent, à mesurer pour ce que le seigneur du Chillou prétend aucun droict à lad. place. Mesmez n'ont esté mesurées les tuilleryes circonvoysines.

La place Symeon Tyrel, d'un costé Jehan Goutas, d'autre costé une rué traversayne, d'un bout la rue saincte Adresse et d'autre bout une place voyde, rapportée contenir quatre vingtz piedz carrez.

La place Preudhomme Moustier abbutant d'un costé Colin Esnault, d'autre costé la rue tendant à la rue saincte Adresse. Icelle place mesurée à la présence dud. Preudhomme Moustier et rapportée contenir par led. mesureur cinquante sept piedz carrez.

Les places de Nicolas Voysin et Jehan le Boullenger n'ont esté mesurées pour ce qu'ilz estoient contredisans.

Autre seconde place pour Jehan Bouteron, abbutant d'un costé une petite rue venant de la rue de la Fontaine à la rue Sainct-Michel, d'autre costé une place voyde, d'un bout une autre place voyde et d'autre bout Roger James contenant par le rapport dud. mesureur six vingtz pied carrez et lad. mesure faicte à la présence dud. Bouteron.

La place Roger James, d'un costé Preudhomme Moustier, d'autre costé Guillaume Fossé, dud. costé la rue Saincte-Adresse, d'un bout une place voyde et d'autre bout Jehan Bouteron.

Icelle mesure faicte à la présence dud. James contenant par le rapport dud. mesureur quatre vingtz piedz carrez.

La place de Guillaume Fossé et les hoirs Jehan le Porc, d'un costé la rue de Saincte-Adresse, d'autre costé une place voyde, d'un bout Guillaume Paré, et d'autre bout Roger James contenant en carré quatre vingtz piedz carrez par le rapport dud. mesureur. Icelluy Fossé présent à lad. mesure.

La place de Guillaume Paré, abbutant d'un costé la rue Saincte-Adresse, d'autre costé une place voyde, d'un bout Guillaume Fossé et d'autre bout une place voyde que l'on dict avoir été prinse par monseigneur du Valasse. Icelle place contient par le rapport dud. mesureur cinquante cinq piedz carrez. Icelle mesure faicte à la présence dud. Paré.

La place Colin Marye abbutant d'un costé la rue Saincte-Adresse, d'autre costé la rue Sainct-Michel, d'un bout Guillaume Picquot, d'autre bout le marché contenant par le rapport dud. mesureur trente et ung piedz carrez.

La place Guillaume Picquot, abbutant d'un costé la rue Saincte-Adresse, d'autre costé la rue Sainct-Michel, d'un bout Colin Marye et d'autre bout à Martin de la Fontaine contenant par le rapport dud. mesureur vingt six piedz. Icelle mesure fete à la présence dud. Picquot.

La place Guillaume Collet, abbutant d'un costé la rue Saincte-Adresse, d'autre costé Martin de la Fontaine et des deulx boutz led. de la Fontaine. Icelle mesure faicte à la présence dud. Collet et rapportée contenir par led. mesureur vingt pied carrez.

La place Martin de la Fontaine, abbutant des costez, la rue Saincte-Adresse et Guillaume Collet, d'autre costé la rue Sainct-Michel, d'un bout Gnillaume Picquot et Guillaume Collet, et d'autre bout Cardin Agnez, dict Poisson, rapportée contenir par led. mesureur trente cinq piedz carrez. Icelle mesure faicte à la présence dud. de la Fontaine.

La place Cardin Agnez, dict Poisson, des deux costez les rues Saincte-Adresse et Sainct-Michel, d'un bout Martin de la Fontaine et d'autre bout Jehan Porcher. Icelle place contenant par le rapport dud. mesureur quarante et ung piedz.

La masure Jehan Porcher, abbutant des deuz costez les rues Saincte-Adresse et Sainct-Michel, d'un bout Cardin Poisson et d'autre bout Guillaume Buisson. Icelle place contenant par le rapport dud. mesureur quarante piedz carrez et lad. mesure faicte à la présence dud. le Porcher.

La place de Guillaume Buisson, abbutant d'un costé la rue Sainct-Michel, d'autre costé la rue Saincte-Adresse, d'un bout Jehan le Porcher et d'autre bout les hoirs messire Jehan Boucher. Icelle place, contenant par le rapport dud. mesureur cinquante piedz carrez. Icelle mesure faicte à la présence dud. Buisson.

La masure qui fut à messire Jehan Boucher, que tiennent de présent Guittin Boucher, fils de Pierres Boucher, Guillaume le Fevre et Jehan Guillot, abbutant des deux costez les rues Sainct-Michel et Saincte-Adresse, d'un Bout Guillaume Buisson et d'autre bout Colin Boudin mesurée à la présence des dessusd. et rapportée contenir par led. mesureur cinquante deux piedz et demy en carré.

La masure Colin Boudin, des deux costez les rues Saincte-Adresse et Sainct-Michel, d'un bout Guillin Boucher, Guillaume le Fèvre et Jehan Guillot. Icelle place mesurée à la présence dud. Boudin et rapportée contenir par led. mesureur cinquante piedz carrez.

La masure Guillaume Thirel, lieutenant commis du vicomte de Monstivillier, icelle bournée des deux costez les rues Sainct-Michel et Saincte-Adresse, d'un bout une petite rue qui va de lad. rue Sainct-Michel à la rue Saincte-Adresse et d'autre bout Guillaume Bruyere, rapportée contenir par led. mesureur cinquante piedz carrez.

La place Guillaume Bruyere, abbutant des deux costez les rues Sainct-Michel et Saincte-Adresse, d'un bout Guillaume Thirel et d'autre bout Guillaume Mahieu. Icelle rapportée contenir cinquante six piedz carrez.

La place Pierres Mahieu, abbutant des deux costez les deux rues Saincte-Adresse et Sainct-Michel, d'un bout led. Bruyere et d'autre à Pierres et Guillaume, dictz Quemin et rapportée contenir quarante sept piedz carrez.

La place de Pierres et Guillaume, dictz Quemin, assise sur lesd. deux rues Saincte-Adresse et Sainct-Michel, d'un bout Pierres Mahieu et d'autre bout Pierres Saulvage contenant cinquante cinq piedz carrez par le rapport dud. mesureur.

La place Raoulin le Saulvage, d'un costé les deux rues Saincte-Adresse et Sainct-Michel, d'un bout une petite rue et d'autre bout Pierres et Guillaume Quemin contenant soixante piedz.

La place Guillaume Fosse et Jehan Deshayes, d'un costé la rue Saincte-Adresse, d'autre costé la rue Sainct-Michel, d'un bout la ruelle Sainct-Andrieu et d'autre bout Symon Casty. Icelle place mesurée à la présence desd. Fosse et Deshayes contenant par le rapport dud. mesureur soixante deux piedz carrez.

La place Symeon Casty, abbutant d'un costé la rue Saincte-Adresse, d'autre costé la rue Sainct-Michel, d'un bout à Jehan Pelle l'aisné et d'autre bout Guillaume Fosse et Jehan Deshayes. Icelle mesure faicte à la présence dud. Casty contenant par le rapport dud. mesureur soixante ung piedz.

La place Jehan Pelle l'aisné, Jehan Pelle le jeune et Jehan de la Perrelle, abbutant d'un costé la rue Sainct-

Michel et d'autre costé la rue Saincte-Adresse, d'un bout Jehan Roussel et d'autre bout Symon Casty contenant par le rapport dud. mesureur quatre vingt cinq piedz. Icelle mesure faicte à la présence de Jehan Pelle l'aisné, qui est principal preneur.

La place Jehan Roussel, abbutant d'un costé la rue Saincte-Adresse, d'autre costé la rue Sainct-Michel, d'un bout Michel Mellibusc et d'autre bout ung nommé Jehan le Pelle. Icelle place mesurée à la présence dud. Roussel et rapportée contenir par led. mesureur quatre vingtz six piedz carrez.

Item, une place, que prent Michel Mellibusc, abbutant d'un costé la rue Sainct-Michel, d'autre costé une place non fieffée, d'un bout Pierres de Sauseuzemare et d'autre bout Jehan Duval. Icelle pièce mesurée à la présence dud. Mellibusc et rapportée contenir par led. mesureur cent piedz carrez.

Autre pièce pour led. Mellibusc, abbutant d'un costé la rue Sainct-Michel, d'autre costé la rue Sainct-Adresse, d'un bout Jehan Roussel, d'autre bout une place voyde. Icelle mesure faicte à la présence dud. Mellibusc et rapportée contenir par led. mesureur quatre vingtz piedz carrez.

La place Jehan Castel, abbutant d'un costé la rue Sainct-Michel, d'autre costé Michel Ferey, dict Vauchouquet, d'un bout les queys et d'autre bout Brachy et Jehan Canu et rapportée contenir soixante dix huit piedz carrez.

La place de Jehan Brassy et Jehan Raoulin et Niel, dictz Canu, abbutant d'un bout la rue Sainct-Michel, d'autre bout Michel Ferey, dict Vauchouquet et Nicolas Raoulin, d'un costé Robert Mahieu et d'autre costé Castel, et lad. place mesurée à la presence desd. Brassy et Canu et rapportée contenir par le rapport dud. mesureur soixante piedz carrez.

La place Robert Mahieu, d'un costé le Canu, d'autre costé Richart Vallentin, d'un bout la rue Sainct-Michel et d'autre bout Nicolas Raoulin. Icelle place rapportée contenir par led. mesureur quarante neuf piedz carrez.

La place Richard Vallentin, mesurée par led. Vallentin, abbutant d'un costé la rue Sainct-Michel, d'autre costé Nicolas Raoulin, d'un bout Jehan de Vatemare et d'autre bout Robert Mahieu et rapportée contenir par led. mesureur soixante cinq piedz carrez.

La masure de Jehan de Vatemare, Georget de la Haye et Guillaume Larcher, abbutant d'un costé Richard Vallentin, d'autre costé les Monnyers, d'un bout la rue Sainct-Michel et d'autre bout Nicolas Raoulin. Icelle mesure faicte à la présence dud. de Vatemare et rapportée contenir par led. mesureur soixante dix piedz carrez.

La place de Estienne Monnyer, Jehan Coquerel, et les hoirs Jehan Monnyer de Harfleu, d'un costé la rue Sainct-Michel, d'autre costé Nicolas Raoulin, d'un bout Jehan de Vatemare et d'autre bout Guillaume Picquot, mesurée es présences desd. Monnyer et rapportée contenir par led. mesureur quatre vingtz troys piedz carrez. Icelle place et masure divisée et partie entre les dessusd. jouxte leurs édiffices faictz eu précédent ce jour et selon leur aisneesse.

De laquelle place la porcion de Jehan Coquerel contient en nombre trente six piedz, bournant d'un costé led. Estienne Monnyer, d'autre costé Guillaume Picquot et Robert Mahieu, d'un bout la rue Sainct-Michel et d'autre bout Nicolas Raoulin et en doibt à lad. seigneurie xxxiiii solz vii deniers tournoys de rente pour icelle porcion.

La porcion de Estienne Monnyer jouxte led. partage contient vingt six piedz, bournant d'un costé led. Coquerel, d'autre costé les hoirs dud. Jehan Monnyer, d'un bout lad. rue Sainct-Michel et d'autre bout les Raoulin et en doibt chacun à lad. seigneurie xxx solz ix d. t.

Et le reste, qui est la porcion des hoirs dud. Jehan Monnyer, contient xxiiii piedz bournant d'un costé Estienne Monnyer, d'autre costé Jehan de Vatemare, d'un bout lad. rue Sainct-Michel et d'autre bout led. Raoulin et en doibt à lad. seigneurie xx solz tournois de rente

La place Guillaume Picquot, d'un costé la rue qui maine des bares à l'esglise, d'autre costé Estienne Monnyer, d'un bout Nicolas Raoulin et d'autre bout la rue Sainct-Michel. Icelle place mesurée à la présence dud. Picquot et rapportée contenir par led. mesureur quarante neuf piedz carrez.

La place Jehan Dinet, d'un costé la rue Sainct-Michel, d'autre costé maistre Jacques Jouen, d'un bout la place retenue par le prieur de Graville et d'autre bout la rue de l'esglise contenant par le rapport dud. mesureur quarante piedz carrez. Icelle mesure faicte à la présence dud. Dinet.

Les places prétendues par Sauseuzemare, Jehan Duval et Jacques Benard n'ont esté mesurées par ce qu'ilz sont des contredisans.

La place de Michel Ferey, dict Vauchouquet, au droict du s^r de Fontaines, d'un costé et d'un bout Nicolas Raoulin, d'autre costé Castel et Jehan Brassy et d'autre bout la rue des Quaiz. Icelle place rapportée contenir par le rapport dud. mesureur quatre vingtz dix piedz carrez. Icelluy Ferey présent à lad. mesure.

La place Nicolas Raoulin differée à mesurer pour le debat des voysins.

La place de Jacques Basin, d'un costé la rue du Quey, d'autre costé Jehan de Bruges, d'un bout la rue Sainct-Jullien et d'autre bout Nicolas Raoulin. Icelle place mesurée à la présence dud. Basin et rapportée contenir par led. mesureur soixante sept piedz carrez.

La place de Jehan de Bruges assise aud. lieu de la ville Françoyse, abbutant d'un costé la rue Sainct-Jullien, d'autre costé Nicolas Raoulin, d'un bout Jacques Basin et d'autre bout Jacques Paré. Icelle place mesurée à la présence dud. de Bruges et sa femme et rapportée contenir par led. mesureur cinquante cinq piedz carrez.

Item, la masure que tiennent Jacques et Robin, dictz Paré, abbutant d'un costé la rue Sainct-Jullien, d'autre costé Nicolas Raoulin, d'un bout Jehan de Bruges et d'autre bout Jehan Stuart. Icelle mesure faicte à la présence de Jacquet Paré et rapportée contenir par led. mesureur trente six piedz en carré.

La masure de Jehan Stuart, escuier, d'un costé la rue Sainct-Jullien, d'autre costé Nicolas Raoulin, d'un bout Robin Paré et d'autre bout Nicolas Daniel. Icelle mesure rapportée contenir par led. mesureur quarante deux piedz carrez.

La place Nicolas Daniel, d'un costé la rue Sainct-Jullien, d'autre costé Nicolas Raoulin, d'un bout Jehan Stuart et d'autre bout Jehan d'Octelonde, contenant icelle pièce par le rapport dud. mesureur quarante six piedz carrez.

La masure que tient et occupe Jehan d'Octelonde, d'un costé la rue Sainct-Jullien, d'autre costé Nicolas Raoulin, d'un bout Nicolas Daniel et d'autre bout Henry Mocquelin, dict Caurnuyer rapportée contenir par led. mesureur quarante troys piedz carrez.

La masure Henry Mocquelin, d'un costé Nicolas Raoulin, d'autre costé la rue Sainct-Jullien, d'un bout Jehan de Brey et d'autre bout Jehan d'Octelonde et icelle place rapportée contenir par led. mesureur trente piedz en carré.

La masure Jehan de Brey, d'un costé la rue Sainct-Jullien, d'autre costé Nicolas Raoulin, d'un bout Henry Mocquelin, et d'autre bout Cardin Foucquet, dict la Borde. Icelle place rapportée contenir par led. mesureur trente neuf piedz et demy carrez.

Soit notté que la place Cardin Foucquet n'est point mesurée pour le différent d'entre luy et Raoulin.

La masure Robert Darry, abbutant d'un costé la rue Sainct-Jullien, d'autre costé Guillaume le Brumen, d'un bout la rue du Quey et d'autre bout Jehan Poullain, mesurée à la présence dud. Darry et rapportée contenir par led. mesureur soixante piedz carrez.

La masure de Jehan Poullain, d'un costé la rue Sainct-Jullien, d'autre costé maistre Nicolle Harnoys, d'un bout Robert Darry et d'autre bout Colin Geffroy et rapportée contenir par led. mesureur soixante piedz carrez.

La place Guillaume le Brumen, d'un costé la rue du Quay, d'autre costé Jehan Poullain, d'un bout Robert Darry et d'autre bout maistre Nicolle Harnoys et rapportée contenir par led. mesureur soixante piedz carrez.

La place Colin Geffroy, d'un costé la rue Sainct-Jullien, d'autre costé Harnoys et Jehan Caval, d'un bout Jehan Poullain et d'autre bout Pierres Leger contenant LXV piedz carrez.

La masure Jehan Caval, abbutant d'un costé la rue Sainct-Jullien, d'autre costé Jehan Renouart et Pierres

Vastel, d'un bout Colin Geffroy et d'autre bout Pierres Leger. Icelle masure contenant par le rapport dud. mesureur quatre vingtz dix piedz carrez.

La masure Pierres Leger, d'un costé la rue Sainct-Jullien, d'autre costé Jehan de Marcelles, d'un bout Jehan Caval et d'autre bout Guillaume Ganeruyer et est rapportée contenir par led. mesureur soixante traize piedz carrez.

La masure Guillaume Ganeruyer, abbutant d'un costé la rue Sainct-Jullien, d'autre costé Jehan de Marcelles, d'un bout Pierres Leger et d'autre bout la rue qui maine de l'esglise aux bares, rapportée contenir quatre vingtz dix sept piedz et demy carrez.

La masure que tient maistre Nicolle Harnoys, d'un costé Guillaume Brumen et Jehan Poullain, d'autre costé Guillaume Daniel, Jehan Renouart et autres, d'un bout la rue du Quay et d'autre bout Jehan Caval contenant par le rapport dud. mesureur cent saize piedz carrez.

La masure Guillaume Daniel, marchant de draps, abbutant d'un costé la rue du Quay, d'autre costé Jehan Renouart, d'un bout maistre Nicolle Harnoys et d'autre bout la rue qui maine des queys à l'esglise et rapportée contenir par led. mesureur quatre vingtz quatorze piedz carrez.

La masure Jehan Renouart, abbutant d'un costé la rue qui maine des queys à l'esglise, d'autre costé à maistre Nicolle Harnoys, d'un bout Pierres Vastel et d'autre bout Guillaume Daniel et contient par le rapport dud. mesureur trente piedz carrez.

La masure Pierres Vastel, d'un costé la rue qui maine du quay à l'esglise, d'autre costé Jehan Caval, d'un bout Jehan de Marcelles et d'autre bout Jehan Renouart, mesurée à la présence dud. Vastel et rapportée contenir par led. mesureur quarante neuf piedz carrez.

La place Jehan de Marcelles, d'un costé Pierre Leger, d'autre costé la rue qui maine des queys à l'esglise, d'un bout la rue qui maine des bares à l'esglise et d'autre bout Pierres Vastel et Jehan Caval et rapportée contenir par led. mesureur quatre vingtz cinq piedz carrez.

Autre masure que tient Philippes Trouguart, d'un costé la rue qui maine du quay à l'esglise, d'autre costé Raoulin Hurel, dict Petit Pain, d'un bout Guillaume Aubery et d'autre bout la rue du Quay, contenant par le rapport dud. mesureur quatre vingtz dix huit piedz carrez.

La masure Guillaume Aubery, d'un costé la rue qui maine du quey à l'esglise, d'autre costé Guillaume Daniel, brasseur, d'un bout Philippes Trouguart et d'autre bout Pierres, Thomas et Jehan, dictz Ricouart, la femme dud Aubery présente à lad. mesure et rapportée contenir par led. mesureur soixante cinq piedz carrez et icelle mesure accordée par led. Aubery ced. jour.

La place Jehan de la Mare, Cardin le Cerf et Jehan

Ricouart, abbutant d'un costé la rue qui vient du quay pour aller à l'esglise, d'autre costé Pierres le Blont, d'un bout la rue Nostre Dame et d'autre bout Guittin Aubery rapportée contenir par led. mesureur quatre vingtz dix sept piedz. Icelle mesure faicte à la présence dud. de Lamare et sa femme.

La place et masure de Raulin Hurel, dict Petit Pain mesurée à la présence dud. Hurel; icelle pièce abbutant d'un bout la rue Sainct-Michel, d'autre bout Jehan Fournier, Guillaume Daniel et les hoirs Pierre Adam, d'un costé Jehan Ferey et d'autre costé Philippes Trouguart contenant icelle place par le rapport dud. mesureur cent cinq piedz carrez.

La place de Pierres le Blont assise entre la rue qui maine des quays à l'esglise et la rue Françoyse, d'un costé Jehan Delamare, d'autre Robert Hebert, d'un boult Jehan Fournyer et d'autre bout la rue de l'esglise rapportée contenir cent saize piedz carrez.

La place Jehan Ferey, abbutant d'un costé à la grant rue du quay, d'autre costé Guillaume Daniel, Jehan Fournier et les hoirs Pierres Adam, d'un bout la rue Françoyse et d'autre bout Raoulin Hurel, dict Petit Pain contenant quatre vingtz piedz carrez.

La place Guillaume Daniel, brasseur, Jehan Fournier et les hoirs Pierres Adam, abbutant d'un costé Jehan Ferey, d'autre costé Robert du Hamel, d'un bout la rue Françoyse et d'autre bout le Blont et Guillaume Aubery contenant quatre vingtz quinze piedz carrez. Icelle mesure faicte à la présence dud. Daniel.

La place Robert du Hamel, dict Ferbert, abbutant d'un costé à Guillaume Daniel, d'autre costé Robin Delamare, d'un bout la rue Françoyse et d'autre bout le Blont contenant cinquante huit piedz carrez, icelluy du Hamel présent à lad. mesure.

La place Robin Delamare, abbutant d'un costé la rue Françoyse, d'autre costé Pierres le Blont, d'un bout Robert du Hamel, dict Ferbert et d'autre bout Estienne Hebert. Icelle place contenant par le rapport dud. mesureur trente sept piedz carrez.

La place Estienne Hebert, abbutant d'un costé la rue Françoyse, d'autre costé Robin Delamare, d'un bout la rue Nostre-Dame et d'autre bout le Blont, icelle place contenant quarante deux piedz carrez. Icelle mesure faicte en l'absence dud. Hebert.

La masure et édiffice de Guillaume Cavellier, abbutant d'un costé la rue de dessus le quey, d'autre costé Thomas Artoult ou la veufve Mulletier, d'un bout la grant caque et d'autre bout la rue Françoyse contenant cent piedz carrez, en ce comprins dix piedz plus que la première fieffe par luy prinse du Bailly de Caux. Icelluy Cavellier présent à lad. mesure.

La place prétendue par Thomas Artoult, où se tient la veufve Mulletier, d'un costé Guillaume Cavellier, d'autre costé Thibault Boudin, d'un bout la rue Françoyse et d'autre bout la grant caque rapportée contenir soixante cinq piedz carrez.

La place de Thibault Boudin, abbutant d'un costé le quey de la grant caque, d'autre costé la rue Françoyse, d'un bout Thomas Artoult et d'autre bout Jehan Aubery. Icelle place mesurée à la présence dud. Boudin et rapportée contenir quatre vingtz sept piedz et demy carrez.

La place Jehan Aubery, abbutant d'un costé la rue Françoyse, d'autre costé la rue de la grant caque, d'un bout une place voyde et d'autre bout Thibault Boudin contenant soixante troys piedz en carré.

La place de Pierre Beaufilz demeurée à mesurer et pour cause.

La place de Jacques de la Haye pour et eu lieu de Jacques Preudhomme de Harfleu, d'un costé la rue Sainct-Martin, d'autre costé Jehan Roussel, d'un bout Jehan Prevost et d'autre bout la rue de l'esglise; icelle place contenant quarante piedz par le rapport dud. mesureur. Icelle mesure faicte à la présence dud. de la Haye.

La place de Jehan Roussel abbutant d'un costé Jacques de la Haye, d'autre costé Cardin Herault, d'un bout la rue Nostre Dame et d'autre bout la rue de l'esglise tendant aux bares contenant par le rapport dud. mesureur quatre vingtz deux piedz carrez.

La masure que tiennent Guillaume Desmons, Richart le Conte, Jehan Hougnier, dict Mahieu et Cardin Herault contenant par le rapport du mesureur six vingtz piedz carrez et entre eulx divisée, à chacun trente piedz selon qu'il est cy après déclaré.

La part de Cardin Herault contenant trente piedz, abbutant d'un costé Jehan Roussel, d'autre costé Jehan Mahieu, d'un bout Jehan Hognier, dict Mahieu et d'autre bout la rue du Pont.

La seconde porcion appartenant à Jehan Mahieu, dict Hougnier, d'un costé Cardin Herault, d'autre costé Richart Le Conte, d'un bout la rue de la Caque et d'autre bout la rue du Pont, contenant trente piedz.

La tierce partie prinse et acceptée par Richart le Conte, d'un costé Jehan Mahieu, dict Hougnier, d'autre costé Guillaume Desmons, d'un bout la rue de la Caque et d'autre bout la rue du Pont. Icelle place contenant trente piedz carrez comme chacune des dessusd.

La quarte partie que tient Guillaume Desmons jouxte les partages et divisions faictes entre eulz, icelle place abbutant d'un costé Richart le Conte, d'autre costé une place non fieffée, d'un bout la rue de la Caque et d'autre bout la rue du Pont contenant trente piedz.

La place Guillaume Marchant, d'un costé la grant Caque, d'autre costé la rue Françoyse, d'un bout la rue de l'esglise et d'autre bout Guillaume Laserre rapportée contenir quarante piedz carrez par le rapport dud. mesureur.

La place Guillaume Laserre, d'un costé lad. Caque, d'autre costé la rue Françoyse, d'un bout Guillaume

Marchant et d'autre bout une place voyde rapportée
contenir vingt cinq piedz carrez.

La place que tient Robert le Moigne, abbutant d'un
costé la rue du Pont, d'autre costé Guillaume Marchant,
d'un bout la rue de dessus la grant Caque près le pont
et d'autre bout la rue qui vient du Quay. Icelle place
mesurée à la présence dud. le Moigne et rapportée
contenir par led. mesureur soixante quatre piedz.

La place Pierres Le Roy ou Jehan Selles, d'un costé
la rue du Pont, d'un bout une place voyde, et d'autre
bout Jacques Benard contenant par le rapport du
mesureur cent piedz carrez.

Jacques Benard et Jehan Andrieu différés à mesurer
comme contredisans.

La place maistre Jacques Jouen mesurée à sa présence, abbutant d'un costé le Prieur de Graville,
d'autre costé la rue du Cymetiere, d'un bout une place
voyde et d'autre bout Jehan Druet, contenant cinquante
piedz carrez.

La place Jehan Prevost contenant par le rapport du
mesureur cinquante huit piedz carrez, icelle mesure
faicte à la présence dud. Prevost, lad. place abbutant
d'un costé Jehan Roussel, d'autre costé la rue Françoyse, d'un bout la rue qui maine de l'esglise au pont
des Bares et d'autre bout Jacques de la Haye.

La place Jullien de la Court, Michel de Breau et
Jehan Descures, boucher, icelle abbutant d'un costé la

rue Sainct-Michel, d'autre costé une place voyde, d'un bout une autre place voyde et d'autre bout une autre place voyde contenant quatre vingtz dix piedz par le rapport dud. mesureur.

La place de Jehan Descurez, jouxte d'un costé une rue qui maine de la rue de dessus le quay à aller sur le Perray vers la rivyere de Sayne, d'autre costé une voyde place, d'un bout lad. rue de dessus le quay et d'autre bout une rue qui part à venir de dessus le quay au long de la Caque et est icelle place de l'autre costé du havre vers la Sayne; icelle mesurée à la présence dud. Descurez et rapportée contenir six vingtz piedz à douze poulz leur pied.

Aultre petite place baillée à fieffe à Guillaume Daniel, brasseur contenant dix sept piedz en carré, abbutant d'un bout led. Daniel, d'autre bout Jehan Ricouart, d'un costé Guittin Aubery et d'autre costé Jehan le Blont.

La place de Jehan Martineau, grenetier dud. lieu de Grace, abbutant d'un costé à la rue de la Fontaine, d'autre costé à la rue d'auprès les murailles de la ville, d'un bout Raoulin Vimart et d'autre bout une place voyde tendant vers la tour; icelle mesure faicte à la présence de Jehan Ferey, commis dud. grenetier et rapportée contenir par led. mesureur soixante quinze piedz carrez.

La place maistre Mellon Preudhomme, d'un costé Jehan Auger, d'autre costé une place voyde, d'un bout la rue du quay de la grant Caque et d'autre bout une place voyde contenant en ley quatre vingtz piedz et en long six vingtz qui reviendroient à cent piedz carrez.

La place maistre Jehan Broyse, d'un costé led. Preudhomme, d'autre costé une place voyde, d'un bout la rue du quay de la grant Caque qu'on appelle la rue de Harfleu et d'autre bout une place voyde contenant en ley quatre vingtz piedz et en long six vingtz revenans à cent piedz carrez.

En tesmoing des choses que dessus, je, Jacquet de la Fosse, mesureur desd. mesures, ay signé ces présentes mesures, tesmoing mon seing manuel cy mis et moy, Preudhomme, greffier en ceste partie ay signé ceste declaration pour approbacion d'icelles mesures faictes ce XXIIIIme jour de septembre mil cinq cens vingt quatre.

PREUDHOMME.   P. DE LA FOSSE.

Je [1], Pasquet Delafosse, mesureur de terres juré pour le Roy nostre sire, ay mésuré par le commandement de monsr Postel, conseiller en parlement et aux présences de Monsr Caradas [2], avocat du Roy, Jehan Legenez, procureur et Maistre Mellon Preudhomme, greffier de lad. court, ay mesuré le nombre de quatre vingtz et quinze piés à douse pousses pour pied une plache voide

---

[1] Nous donnons ici la teneur d'un des procès-verbaux rédigés par le mesureur juré.

[2] Nicolas Caradas, premier avocat du Roi près le Parlement de Rouen, de 1505 à 1527.

assise au havre de Grasse apartenante à Pierre Jehan Beaufilz bourné d'ung costé... Aubery, d'autre costé... d'ung bout à la Caque du pont des bares et d'autre bout la reue qui va de bout au quey. Faict le Dix^{me} jour de septembre mil cinq cens vingt quatre. Témoin mon sine sy mis.

DE LA FOSSE.

LXVIII.

Lettre de l'amiral Bonnivet à Monsieur du Chillou.

— 25 février 1525. —

A Monsieur du Chillou, vis admiral.

Monsieur du Chillou, je vous ay cy devant escript que eussiez à faire bailler au Prince de Breszé [1] les apareilz, cordaiges, voilles et toutes autres municions qui se sont saulvées de la grant nef Loyse [2] pour servir à la nef Princesse qui n'en a nulz, car le Roy veult que ainsy se face pour éviter à despence, toutesfoyz j'ay esté

---

[1] Louis de Brezé, Cte de Maulévrier, premier chambellan du Roy, grand sénéchal de Normandie, fils de Jacques de Brezé et de Charlotte de France, fille naturelle de Charles VII et d'Agnès Sorel.

[2] *La grant nef Loyse* était commandée par Guyon le Roy et s'était perdue en 1524; la nef Princesse était sous le commandement de M. de Brezé. Voir le n° 56, état des dépenses de la marine.

adverty que en faictes quelque difficulté et à ceste cause vous en ay bien volu de rechef escripre suivant l'intencion dud. seigneur, à ce que n'y faites plus de reffuz et que le tout soit délivré aud. prince en prenant recongnoissance de luy de ce que vous luy baillerez pour vostre descharge.

Priant le créateur qu'il vous donne s'amour.

Du camp devant Pavye le XVme jour de février l'an mil cinq cens vingt quatre [1].

C'est vostre bon allyé et amy,
BONNIVET [2].

LXIX.

Lettres patentes accordant exemption de tailles et de droit de franc saller aux habitants du Havre de Grace.

— 8 octobre 1517. —

FRANCOIS, PAR LA GRACE DE DIEU, ROY DE FRANCE, à noz amez et féaulx les généraulx conseillers par nous ordonnez sur le fait et gouvernement de noz finances, aux esleuz sur le fait des aydes ordonnez pour la guerre

---

[1] 1525. Nouveau style.
[2] C'est une des dernières lettres écrites par Bonnivet, puisqu'il fut tué quelque jours après, le 24 février, à la bataille de Pavie, où il fit des prodiges de valeur.

en la ville et élection de Monstiervillier et à tous autres justiciers et officiers, salut et dilection. Comme puis naguères nous deuement informez et advertiz des périlz, dangiers et fortunes, en quoy estoient les marchants tant de nostre royaume que estrangiers, fresquentans la mer, parce que les ports et les havres estans en icelluy nostre royaume estoient et sont pour le présent fort périlleux et dangereux, démoliz et gastez tellement que les navires n'y pouvoient, ne peuvent bonnement ne seurement entrer ne arriver, mais souvent se périssent à l'entrée d'iceulx havres, ainsi qu'il nous a esté plusieurs fois remonstré et soit ainsi que pour obvier ausd. inconvéniens pour les dangiers et dommaiges desd. marchans et marchandises, eussions ordonné estre fait et construit ung havre et port de mer grant et spacieulx, au lieu de Grasse, près nostre ville de Harfleu, pour illec recevoir et tenir en reppos tous navires grans et petitz, ce qui se fait de présent et est led. havre bien avancé pour tenir lequel port et havre en seureté et affin que les marchans illec fresquentans puissent estre logez et secouruz en leurs nécessitez, aions vouloir et intencion au long dud. port et havre de Grasse faire construyre et édiffier forteresse et ville close et laquelle affin qu'elle puisse estre peuplée et que en icelluy lieu se habituent gens de tous estatz, nous a semblé faire certaine exemption et affranchissement à tous ceulx qui de présent y sont habituez et qui cy après se viendront habituer et faire bastir en lad. ville pour donner vouloir aux autres de faire le semblable, SAVOIR faisons que nous, en consideracion de ce que dit est et par plusieurs autres considéracions à ce nous mouvans, avons exempté, affranchy, examptons et affranchissons de grace especialle, plaine puissance et auctorité royal par ces présentes de toutes tailles, qui seront assises et imposées de par nous en nostre royaume, toutes les personnes qui sont de présent habitans et demourans et qui doresenavent viendront habiter et demourer en la closture de lad. ville, que entendons faire construire en lad. ville aud. lieu de Grasse et voulons qu'ilz en soyent francz et quictes et d'abondant leur avons par ces mesmes présentes donné et octroyé, donnons et octroyons le franc saller tant pour le fait de la pescherie, droguerie que pour le user sans payer à nous aucun droit de gabelle, ne autres choses pour led. sel qu'ilz achepteront tout ainsi et par la forme et manière qu'ilz en joyssent et usent de présent les manans et habitans de la ville de Dieppe, le tout pour le temps et terme de dix ans à commancer du jour et date de cesd. présentes et pareillement voulons et nous plaist que tous marchans et autres de quelque estat qu'ilz soient qui vouldront édiffier, bastir ou faire bastir maisons aud. lieu de Grasse et que tous ceulx, qui auront maisons propres à eulx appartenans en lad. ville, combien qu'ilz soient demourans sur le lieu, aient le franc saller pour la pescherie des harens, maquereaulx et autres poissons, qui par eulx seront sallez aud. lieu de Grasse, tant ainsi que s'ilz estoient habitans aud. lieu de Grasse et pour ce qu'il estoit très urgent et nécessaire créer et ériger grenier à sel aud. lieu de Grasse pour les causes que dessus, ce que avons jà fait, auquel grenier seront subgectz les habitans des parroisses qui s'ensuyvent, c'est assavoir les paroissiens des parroisses sainct Nicolas de Leure, Ingouville, Sainct Audresche, Sanvic, Fontaines, Sainct Berthelemy, Hauteville, Rambertot, Cauville, Buglise, Heugueville, Sainct Jouvyn et Bruneval, lesquelles parroisses sont plus prochaines dud. lieu de Grasse que de Harfleu et seront subgectz iceulx parroissiens aller doresenavent prandre et lever le sel, tant pour leurs usaiges que autrement, en payant par eulx le droit de gabelle et autres droitz et deniers, que pour ce ont acoustumé payer au grenier à sel de Harfleu et tout ainsi par la forme et manière qu'ilz en ont usé aud. lieu de Harfleu et avons interdit et deffendu, interdisons et deffendons aud. parroissiens, manans, et habitans desd. parroisses non plus prandre sel aud. lieu de Harfleu, ains aud. lieu de Grasse, tant pour le user que pour droguerie, lequel ilz prendront aud. lieu de Grasse, comme ilz faisoient aud. lieu de Harfleu et voullons les deniers, qui ystront dud. sel ainsi vendu et distribué aud. lieu de Grasse, estre convertiz et employez au paiement des gaiges de nos grenetier, contrerolleur et mesureur dud. grenier à sel de Grasse, c'est assavoir aud. grenetier, cent livres tournoys, aud. contrerolleur, soixante livres tournoys, et aud. mesureur, le sallaire que ont acoustumé prandre et avoir les autres mesureurs de noz autres greniers à sel et où il y auroit aucuns deniers bons oultre le payement desd. gaiges du revenu d'icelluy grenier, nous voullons led. résidu estre employé es repparacions et fortifficacions de lad. ville durant led. temps. Si vous mandons et expressément enjoingnons et à chacun de vous, si comme à luy appartiendra que de nosd. grace, exemption et affranchissement, franc saller et choses dessusd. fettes, souffrez et laissez lesd. habitans et autres qui baptiront ou feront batir en lad. ville ou aians maison en lad. ville de Grasse, joyr et user plainement et paisiblement sans aucunement les asseoir, ne imposer, ne souffrir estre assis, ne imposez, ne eulx contraindre durant led. temps de dix ans à icelles tailles nous payer, ne à l'occasion d'icelles et leurd. franc saller les travailler, ne empescher en quelque manière que ce soit, ains s'aucun empeschement leur estoit pour ce fait, mis ou donné à leurs corps ou biens, le fettes incontinent cesser et oster et mectre au premier estat et deu, car tel est nostre plaisir, nonobstant quelzcunques ordonnances, mandemens, restrinctions ou deffenses à ce contraires. Donné à Argenten, le VIIIme jour d'octobre l'an de grace mil cinq cens et dix-sept et de nostre règne le troisiesme.

Par le Roy, le s^r de Bonnyvet, admiral de France présent.

DE NEUFVILLE.

> Lecta publicata et registrata in curia Juvaminum Rothomagi salvo jure cujus libet die vigesima septima aprilis anno domini millesimo quingentesimo decimo octavo
>
> ESNOULT.

LXX.

Attache des généraux des finances.

— 17 avril 1518. —

Les généraulx, conseillers du Roy nostre sire sur le fait et gouvernement de ses finances, veues par nous les lectres patentes du Roy nostred. seigneur, ausquelles ces présentes sont attachées soubz l'un de nos signetz, par lesquelles et pour les causes y contenues, icelluy seigneur a exempté et affranchy de toutes tailles qui seront assises et imposées de par luy en son royaume, toutes les personnes qui sont à présent habitans et demourans et doresenavant viendront habiter et demourer en la closture de la ville, que led. seigneur a voulloir et intencion faire construire et édiffier au long du port du havre de Grace et veult icelluy seigneur qu'ilz en soient francz et quictes et d'abondant leur a le Roy nostred. seigneur par lesd. lectres donné et octroyé leur franc saller, tant pour le fait de la pescherie, droguerie que pour leur user, sans payer aud. seigneur aucun droit de gabelle, ne autres choses pour led. sel qu'ilz achèteront tout ainsi et par la forme et manière que en jouissent et usent de présent les manans et habitans de la ville de Dieppe, le tout pour le temps et terme de dix ans et à commencer du jour et date desd. lectres et pareillement veult led. seigneur et luy plaist, que tous marchans et autres de quelque estat qu'ilz soient, qui vouldront édiffier, bastir ou faire bastir maisons aud. lieu de Grace et que tous ceulx qui auront maisons propres à eulx appartenans en lad. ville, combien qu'ilz ne soient demourans sur le lieu, aient leur franc saller pour la pescherie des harencz, macquereaulx et autres poissons, qui par eulx seront sallez aud. lieu de Grace, tout ainsi que s'ilz estoient habitans aud. lieu de Grace et pour ce qu'il estoit très urgent et nécessaire créer et ériger grenier à sel aud. lieu de Grace, pour les causes que dessusd., ce que led. seigneur a jà fait, auquel grenier seront subgectz les habitants des parroisses qui ensuyvent. Les parroissiens des parroisses sainct Nicolas de Leure, Ingouville, sainct Audresche, Sanvic, Fontaines, sainct Berthelemy, Haulteville, Rambertot, Cauville, Buglise, Heugueville, Sainct Jouvyn et Bruneval, lesquelles parroisses sont plus prouchaines dud. lieu de Grace que de Harfleu et seront subgectz iceulx parroissiens aller doresenavant prendre et lever le sel, tant pour leurs usages que autrement, en paiant par eulx le droict de gabelle et autres droictz et deniers que pour ce ont acoustumé paier au grenier à sel de Harfleu et tout ainsi et par la forme et manière qu'ilz en ont usé aud. lieu de Harfleu et a icelluy seigneur interdit et deffendu, interdit et deffend ausd. parroissiens, manans et habitans desd. parroisses, non plus prendre sel aud. lieu de Harfleu, ains aud. lieu de Grace, tant pour leur user que pour droguerie, lequel ilz prandront aud. lieu de Grace comme ilz faisoient aud. lieu de Harfleu et veult led. seigneur que les deniers qui ystront dud. sel ainsi vendu et distribué aud. lieu de Grace, estre convertis et employez au paiement des gaiges de ses grenetier, controlleur et mesureur dud. grenier à sel de Grace, ceste somme aud. grenetier, cent livres tournois, aud. controlleur, soixante livres tournois et aud. mesureur, le sallaire que ont acoustumé prendre et avoir les autres mesureurs des autres greniers à sel dud. seigneur et où il y auroit aucuns deniers bons oultre le paiement desd. gaiges du revenu d'icelluy grenier, icelluy seigneur veult le résidu estre employé es réparacions et fortifficacions de lad. ville durant led. temps. Consentons, en tant que à nous est l'enterynement et acomplissement desd. lectres, tout ainsi et par la forme et manière que le Roy nostred. seigneur le veult et mande par icelles pour en estre joy et usé, tant qu'il plaira et soubz le bon plaisir dud. seigneur. Donné soubz l'un de nosd. signetz le xviiime jour d'april, l'an mil cinq cens et dix-huit après pasques.

Th. Bohier.

LXXI.

Lettres patentes portant confirmation des privilèges accordés aux habitants du Havre.

— août 1520. —

Francoys, par la grace de Dieu, Roy de France, à tous présens et advenir; comme despieçà, par grande et meure delibéracion de nostre conseil, eust esté trouvé très utille et convenable pour le bien et utilité de nostre royaume et pour la conservacion, repos et soulagement de nos subgectz, par espécial des gens et personnes exarçant le fait et trafic de marchandise par mer et par terre, faire faire et construire ung havre et port de mer propre et convenable pour recueillir, loger et marrer, tant les grans navires de nostred. royaume que autres de noz alliez et à ceste fin eussions fait veoir et visiter par gens à ce congnoissans les rivages et portz de mer de nostred. royaume et par inquisicion deuement faicte ayons esté advertyz et informez que en nostre bailliage de Caulx, au port de Grace estoit le lieu plus propre et convenable à faire ouverture de havre pour le bien que dessus et à ceste cause eust esté par nous dicerné commission à nostre amé et féal cousin, le sieur de Bonnyvet, admiral de France de faire perser, ouvrir et conserver aud. lieu de Grace ung havre et ville es environs d'icelluy et depuis pour les grosses et principalles charges et affaires de nostred. royaume que a eu et a de jour en jour nostred. cousin, a esté lad. commission dicernée à nostre amé et féal, Guyon le Roy, chevallier, seigneur du Chillou, nostre vis admiral, lequel auroit et a très bien et songneusement procédé au fait de sad. commission et tellement fait que à present y a ouverture, havre et port patent, où la mer flue et reflue continuellement en fort grande habondance, de sorte qu'il n'y a navire de nostre royaume ou autre quel qui soit qui n'y puisse marrer et séjourner seurement et soit ainsi que dès le huitiesme jour d'octobre cinq cens dix-sept, eussions de nostre certaine science, plaine puissance et auctorité royal, pour l'augmentacion et conservaçion dud. havre et port de mer, à ceste fin de donner espoir et ferme courage à nos subgectz de populler lad. ville, eulx loger et héberger es environs d'icelle, donné et octroyé plusieurs belles franchises et libertés par especial, que tous les habitans, résidens et demourans en lad. ville de Grace et quy y vouldront habituer, résider et demourer, pour l'advenir seroient quictes, francs et exempts de tailles, mesmement auroient le franc saller, tant pour leur user à saller harencs, macquereaulx et victuailles que pour le fait de la pescherie, de droguerie, sans nous payer aucun droict de gabelle ne autre chose pour le sel qu'ilz achaptront et qu'ilz en joyront tout ainsi et par la forme et manière que les manans et habitans de nostre ville de Dieppe sont et ont acoustumé joyr, pour le temps et terme de dix ans, lors ensuivans. Néantmoins ce jourduy dacte de ces présentes, nous soyons transportez en personne aud. havre et port de Grace, merché et visité led. havre, ouvertures, édiffices, tours, barres et autres choses, appartenances et deppendances d'icelluy encommencez en icelluy lieu, en quoy faisant eussions trouvé que en regard et consideracion au temps et lorsque l'œuvre et ediffice dud. havre avoit esté encommencé par led. sr du Chillou, ouquel songneusement et diligemment avoit esté besongné en manière que dès à présent grans navires, mesmes des marchandises, tant des marchans de nostre royaume que des estrangiers se pourroient facillement loger et illec poser et marrer sans aucun péril, danger, ne fortune et pour ce faire encores plus seurement après l'acomplissement et perfection dud. havre, ainsi que avons trouvé, connu par l'inspection et veue dud. lieu, tant par nostre advis que celluy de plusieurs princes et seigneurs de nostre sang et autres grans personnages de nostre royaume illec présens avec les gens de nostre maryne aussi lors estans à l'entour de nostre personne, pour le bien, utilité et entretainement de nostre royaume et icelluy tenir en paix ne pourrions faire construire et édiffier forteresse plus convenable que le parachèvement dud. havre et ville à l'environ d'icelluy, laquelle ville n'est encores grandement peuplée, ne édiffiée de maisons, obstant que l'on dit que plusieurs personnes tant nobles, marchans que d'autres qualitez ne si sont encores voulu loger et faire édiffices et maisons pour leurs demourances et craignant que si le temps de noz franchises et libertez par nous données et octroyées à lad. ville et havre de Grace, tant d'exempcion de nostre payement de taille et de gabelle que autres mencionnez en noz chartres et octroiz, qui est brief, estoit expiré, pourroit estre que après led. temps passé ne vouldrions permectre ne souffrir les habitans et autres ayans maisons et donnattes en lad. ville joyr desd. franchises et libertez ainsi déclairez en leurd. octroy, SAVOIR FAISONS que nous, ayans regard et fervente consideracion à la situacion dud. havre de Grace, œuvres et opéracions à l'ouverture dud. havre, gectées, tours, barres et autres choses, encommencez aud. édiffice, le tout à la grant commodité, prouffict et utilité de nous et de nostre royaume, comme l'on peult veoir et congnoistre à l'œil par inspection dud. lieu, flux et reflux de la mer entrant et sortissant dud. havre par chacune marée, tant pour le hébergement et recueil du grant navire de nostre royaume qui y pourra marrer et poser à l'advenir sans danger ou inconvenient, ainsi qu'il a convenu au temps passé mener et faire conduire aux havres de nostre duché de Bretaigne les grans navires de nostre royaume desquelles souventes fois y en a eu de perdues et péries et les autres habandonnées par impétuosité de temps et par deffault de havre et port de mer pour iceulx recueillir et héberger tel que est et sera led. havre de Grace à l'advenir, en ayant par semblablement regard aux grans prouffitz et richesses, qui proviendront à nostre royaume des deniers et marchandises, qui illec pourront venir et entrer seurement et sans dangier, charger et descharger leurs marchandises, icelles conduire et mener ou faire conduire et mener par les bonnes villes et citez de nostre royaume, au moyen de quoy les marchans de nostre royaume se pourront grandement enrichir, qui sera ung bien inestimable et perpétuel, tant pour nous que pour eulx, pour ces causes et autres bonnes justes considéracions à ce nous mouvans, avons de nostre plaine science, grace espécial, plaine puissance et auctorité royal affranchy et exempté et par ces présentes affranchissons et exemptons à tousiours perpétuellement et à jamais lad. ville de Grace de toutes tailles, qui seront levées en nostred. royaume, voullans et octroyans par ces mesmes présentes que toutes les personnes qui y seront demourans et celles qui commenceront à y faire leur demeure et résidence, seront tenuz et réputez quictes, francs et exemps desd. tailles et dès lors ostez et rayez hors des roolles, registres et papiers, où ilz auront esté mis ou imposez par les esleuz de la parroisse ou ilz estoient demourans alors de lad. assiette et avec ce leur avons donné et octroyé, donnons et octroyons irrévocablement et à perpétuité comme dessus le franc saller pour le fait de la pescherie et en user par eulx sans en payer pour nous ne les nostres aucun droict de gabelle, ne autres choses pour led. sel qu'ilz achapteront tout ainsy et par la forme et manière qu'ilz en ont joy et usé par cidevant en vertu de nosd. lectres d'octroy et que ont acoustumé joyr et user ceulx de nostre ville de Dieppe, pour l'entretennement, augmentacion et décoracion de laquelle ville, avons confermé et confermons par ces présentes, tous les officiers par nous jà créez en icelle, tant grenetier, contrerolleur, mesureur que autres déclarez et mencionnez en nosd. lectres cy atachées soubz le contrescel de nostre chancellerie, voullans que de tout le contenu en icelles, tant en errection et création d'office estant de grenier et emplecte des deniers sortissans desd. greniers à sel pour la fortiffication, entretenement et emparement de lad. ville que autrement ilz joyssent et usent tout ainsi et par la forme et manière que contenu est esd. lectres et que s'il estoit dit et repeté en ces présentes et oultre et pour le bien et augmentacion d'icelle ville, soulagement des subgectz illec à l'entour demourans et affin qu'ilz ayent occasion de y habiter résider et demourer avons voullu et ordonné, voullons et ordonnons et nous plaist qu'il y ayt en icelle ville deux marchéz par chacune sepmaine assavoir est le mardy et vendredy pour y estre vendues toutes denrées et marchandises licites non prohibées ne deffendues, tout ainsi qu'il est acoustumé faire es autres villes de nostre royaume, ORDONNONS en mandement par ces mesmes présentes à nos améz et féaulx les gens de noz comptes et trésoriers à Paris, généraulx conseillers par nous ordonnez tant sur le fait et gouvernement de noz finances que de la justice de noz aydes à Rouen, aux esleuz sur le fait de noz aydes et tailles à Montivillier, au bailly de Caux où à son lieutenant et à tous noz autres justiciers et officiers ou à leurs lieuxtenans présens et advenir et à chacun d'eulx, si comme à luy appartiendra, que de noz puissance, grace, privillèges et octroyz ilz facent, seuffrent et laissent joyr et user lesdictz habitans et tous ceulx qui y viendront résider et demourer plainement et paisiblement et à tousiours perpétuellement, sans en ce leur estre fait, mis ou donné, ne souffrir estre fait, mis ou donné ores ne pour le temps advenir aucun ennuy, distuirbis ou empeschement en quelque manière que ce soit, lequel si fait mis ou donné leur avoit esté ou estoit, l'ostent et mectent ou facent oster et mectre incontinent et sans délai à plaine délivrance et au premier estat et deu, car ainsi nous plaist-il estre fait, le tout nonobstant quelzconques ordonnances par nous ou noz prédécesseurs, arretz de nos généraulx ou autres sur le fait desd. tailles faictes ou à faire, ausquelles nous avons desrogué, desroguons pour ceste foiz seulement et quelquezconques lectres à ce consenties et affin que ce soit chose ferme et estable à tousiours, nous avons fait mectre nostre scel à cesd. présentes sauf en autres choses nostre droict et l'autruy en toutes.

Donné au port de Grace, au moys d'aoust l'an de grace mil cinq cens et vingt et de nostre règne le sixiesme.

Par le Roy, le sieur de Bonnyvet, admiral de France présent.

DE NEUFVILLE.

LXXII.

Attache de la Chambre des Comptes de Paris.

— 7 septembre 1521. —

Nous, les gens des comptes du Roy, nostre sire à Paris[1], veues les lectres patentes dud. seigneur en forme de chartre données au port de Grace, au mois d'aoust, mil cinq cens vingt, signées de l'un de ses secrétaires signant en finances, ausquelles ces présentes sont atachées soubz l'un de noz signetz et par lesquelles et pour les causes y contenues led. seigneur a octroyé aux habitans résidans et demourans en la ville dud.

[1] L'enregistrement des lettres-patentes accordées aux habitants du Havre eut lieu à la Chambre des Comptes à Paris, celle de Normandie n'ayant été créée qu'en 1580.

Grace qu'ilz soient francs et exemps à tousiours de toutes tailles, qui seront levées en son royaume et que toutes les personnes qui y seront demourans et dès qui commenceront à y faire leur demourance et résidence soient tenuz quictes et repputez francs et exemps desd. tailles et dès lors ostez et rayez hors des roolles, registres et pappiers, où ilz auront esté coctisez et imposez par les esleuz ou assoyeurs de la parroisse, où ilz sont demourans, leur octroyans oultre à perpétuité le franc saller pour le fait de la pescherie et en user pour eulx sans en payer aud. seigneur ne aux siens aucun droict de gabelle ne autre chose pour led. sel, qu'ilz achepteront tout ainsi et par la forme et manière qu'ilz en ont joy et usé par cy devant en vertu desd. lectres d'octroy et que ont acoustumé joyr et user ceulx de la ville de Dieppe pour l'entretenement, augmentacion et décoracion de laquelle ville led. seigneur a confirmé et confirme tous les officiers par luy jà créez en icelle, tant grenetier, contrerolleur, mesureur que autres déclarez et mencionnez en ses autres lectres cy atachées comme dessus, voullant que de tout le contenu en icelles tant en érection, créacion d'office estant aud. grenier et emplecte des deniers sortissans desd. greniers à sel pour la fortiffication, entretenement et emparement de lad. ville que autrement, ilz joyssent et usent tout ainsi et par la forme et manière que contenu est esd. lectres et que s'il estoit dict et récité par icelles et oultre que pour le bien et augmentacion d'icelle ville, soullaigement des subgectz illec à l'entour demourans et afin qu'ilz ayent occasion de y habiter, résider et demourer, veult et ordonne qu'il y ait en icelle ville deux marchez par chacune sepmaine, c'est assavoir le mardi et vendredi pour y estre vendues toutes denrées et marchandises licites non prohibées ne deffendues, tout ainsi qu'il est acoustumé faire es autres villes de nostre royaume comme plus à plain le contiennent lesd. lectres ; veue aussi certaine informacion sur ce faicte de nostre ordonnance par le lieutenant du bailly de Caux, son procès verbal et les advis des officiers dud. seigneur aud. bailliage, considéré le contenu desd. lectres patentes, informacion, procès verbal et ce qui en ceste partie fait à considérer, consentons l'expédicion desd. lectres, pourveu toutes foys que ceulx qui prétendront estre exemps de tailles soubz ces motz habitans de lad. ville de Grace résideront sans fraulde en icelle ville sans approbacion de l'érection du grenier et créacion des officiers dud. grenier de Grace et à la charge des opposicions de Loys Guillart, grenetier de Harfleu, Jehan Aubert, contrerolleur illec et des habitans dud. Harfleu et aussi des habitans, religieuses, abbesse et couvent de Montiviller et sans préiudice d'icelles.

Donné soubz nosd. signetz, le VIIme jour de septembre l'an mil cinq cens vingt un.

LEBLANC.

LXXIII.

Requête des bourgeois du Havre à la Chambre des Comptes de Paris et à la Cour des Aydes de Normandie pour obtenir l'entérinement des lettres patentes qui leur avaient été accordées par le Roi.

— 17 mars 1522. —

Plaise à la court, à la requeste des bourgoys, manans et habitans de la ville Francoyse de Grace, ordonner et apoincter que les lectres patentes du Roy, nostre souverain et naturel seigneur contenans le don fait ausd. habitans par led. seigneur de l'exemption du paiement et contribution des tailles avec le mandement donné des sieurs des Comptes à Paris et l'atache de Monseigneur le Général de Normandie, le tout cy ataché que lesd. lectres seront levées et audiencez à la court et enregistréez au registre du greffe de lad. court *ut moris est* et en sourplus qu'il sera procédé à l'enterignement desd. lectres et vous ferez bien.

Ostendatur procuratori regis actum die decima septima martii xve xxi[1].

---

[1] 1522. Nouveau style.

LXXIV.

Avis des avocat du Roi et procureur général près la cour des Aydes de Normandie sur la requête présentée par les bourgeois du Havre pour obtenir l'entérinement des lettres patentes du mois d'août 1520.

— 22 mars 1522. —

Le procureur général du Roy, auquel par ordonnance de la court les lectres cy atachées ont esté monstrées et communiquez, dict que, soubz le bon plaisir d'icelle, il n'entend empescher l'enterignement desd. lectres selon et par les restrinctions et modiffcacions contenues es ataches des sieurs des comptes et généraulx des Finances, aussi que les personnes qui y sont à présent demourans et qui pour l'advenir y iront faire leur demeure et résideront actuellement et sans fraulde, payeront leurs assis à taille, en quoy ilz sont et seront retirés en l'année qu'ils y iront demourer en lad. ville et mesmes que les habitans ne pourront tenir terres afferme au préiudice des autres et le tout jusques à ce que par le Roy ou la court autrement en soit ordonné.

Fait le xxiime jour de mars l'an mil cinq cens vingt et ung [1].

QUESNEL [2]. THOREL [3].

---

[1] 1522. Nouveau style.

[2] Jean Quesnel, sieur du Bois-le-Vicomte, reçu avocat du Roi près la cour des Aydes au mois de juillet 1520 et ayant exercé sa charge jusques en 1524.

[3] Jean Thorel, procureur général près la même cour, de 1499 à 1523.

LXXV.

Entérinement, par la Cour des Aides de Normandie, des lettres patentes accordées aux habitants du Havre, en août 1520.

— 12 avril 1522. —

Extraict des registres de la Court des Aydez en Normandie.

Veu par la Court les lectres patentes du Roy en forme de chartre en lacz de soye et cire vert, données au port de Grace eu moys d'aoust mil cinq cens et vingt, obtenues et présentées à icelle de la part des bourgoys et habitans dud. lieu, par lesquelles ledict seigneur a voullu et déclaré, veult et déclare que lesd. habitans soient à tousiours francz et exemptz de toutes tailles, et aussi les personnes qui y iront résider et demourer et lors de leur demeure et résidence soient exemptz desd. tailles, et aussi qu'ilz aient à perpétuité leur franc saller pour le faict de la pescherie et en user par eulx sans en payer aucun droict de gabelle et aultres causes à plain contenues esd. lectres avec plusieurs aultres lectres et escriptures et requeste baillée par lesd. habitans tendans à l'interignement desd. lectres, et la responce du procureur général du Roy en lad. Court, auquel par ordonnance d'icelle le tout a esté monstré et communiqué, et tout considéré, la Court dict, quant à présent, elle a interigné et interigne lesd.

lectres par ce toutes foys que les personnes qui vouldront aller demourer et résider en lad. ville de Grace, vuyderont l'année des assiz en quoy ilz auroient esté imposez es lieux ou parroisses esquelz ilz estoient demourans et assiz, en faisant leur résidence en lad. ville, actuellement et sans fraude, à la charge des opposicions des grenetier, contrerolleur et habitans de Harfleu et des habitans, religieux, abbeesse et couvent de Monstiviller et sans préiudice d'icelles, et le tout sans préiudice du contredict du procureur des estatz de ce pays de Normandie pour le regard de l'exemption desd. tailles, lequel a demandé et requis à veoir icelles lectres, sur les quelles il n'a peu promptement donner responce, à cause de son absence et qu'il est de présent devers le Roy pour les affaires de la ville de Rouen, auquel contredict lad. Court a réservé et réserve icelluy procureur desd. estatz. Prononcé à Rouen en ladicte Court des Aides, le samedy douze^{me} jour d'avril mil cinq cens vingt et ung avant Pasques [1].

Collacion fete :

DE LA PERREUSE [2].

---

[1] 1522. Nouveau style.

[2] Pierre de la Perreuse, sieur de Fresquiennes, reçu greffier en chef de la cour des Aydes, le 27 février 1519, puis procureur général près la même cour, le 23 mars 1523.

LXXVI.

Cession de 24 acres de terre par les paroissiens d'Ingouville
à Guyon Le Roy.

— 6 mai — 24 mai 1517. —

Lestres pour la fieffe de terres qui sont en la ville de Grasse.

A tous ceulx qui ces présentes lectres verront et orront, Estienne Le Roux, escuier, lieutenant général au siége d'Espouville de monsieur le Viconte de Longueville et garde du scel aud. siège des obligations de lad. viconté salut : savoir faisons que par devant Roger Gosselin et Jehan Rosée, tabellions jurez aud. siège sy comme ilz nous ont tesmoigné fussent présens messire Jehan Labbé, presbtre, Colineau Becque, Jaquet Paré, Pierre Petel, Pierre Houel, Jehan Paré, Gabriel Paré, messire Jehan Beruyer, presbtre, messire Guillaume Johan, presbtre, messire Martin Paré, presbtre, Jehan Pellerin, Jehan Pelé, Guillaume Paré, Martin Paré, Colin Pelay, Raoulin Brocques, Jehan Trouvay, Pierre Paré, Colin Trouvay, Guillaume Petit, Jehan du Val, Guillaumyn Trouvay, Esdouart Lemaistre, Pierre Jouen, Martin Guerard, Jehan Nouel, Pierre Duclos, Jehan Paré, Colin Johan, Jehan Le Tellier, Jehan de la Mare, Jehan Jacques, Pierre Paray le jeune, Julien Couppery, Jehan Aubery, Estienne Brocques et Jehan Hurel, tous de la parroisse d'Yngouville, establissans et faisans fors pour les autres parroissiens de lad. parroisse, promectans leur faire ratiffier ces présentes toutes foys que sommez ou requis en seront, ayans le droit de la commune de lad. parroisse d'Yngouville, lesquelz de leur bonne volunté sans aucune contraincte congnurent et confessèrent avoir baillé à fieffe et à fin de héritage perpétuel, tant pour eulx que pour leurs hoirs, à noble et puissant seigneur messire Guion le Roy, chevallier, sieur du Chillou, du Plessis et de Mondon et vis amiral de France et à ses hoirs ou ayans cause, vingt quatre accres de terre ou environ, assises en la commune d'icelle parroisse d'Yngouville, à prendre es deux costés du hable, que le Roy, nostre seigneur a ordonné estre fait, c'est assavoir despuis les deux tours, qui seront construyttes aud. havre et des deux costez d'icelluy en venant devers Harfleu autant que dure leur commune, jusques au fournissement desd. vingt quatre accres, par ce que led. seigneur s'obligea et promist payer ausd. parroissiens, pour employer au bien de leur église, vingt quatre solz tournois de rente par chacun an foncière, payable au terme de Pasques, premier payement commençant à Pasques prochain venant et ainsy d'an en an et pour ce faire et tenir obligèrent l'un à l'autre tous leurs biens et héritages présens et advenir. En tesmoings de ce, nous, à la relacion desd. tabellions, avons scellées ces présentes lectres dud. scel. Ce fut fait et passé le sixiesme jour de may l'an mil cinq cens et dix sept, présens Jaques d'Estimauville, escuyer, sieur dud. lieu, Laurens Fresneau, escuyer, sieur de Marigny, Guyon Gobin, sieur de Fiefville et Guillaume Hasté, tesmoings, passé en la maison de Loys Duclos, à présent Pierre Duclos.

R. GOSSELIN. J. ROSÉE.

Au dos est écrit :

L'an mil v^e et xvii, le xxive jour de may, ceste lectre feust leue de mot en mot par moy, Martin Paré, vicaire d'Ingouville en l'yssue de la messe parroissiale de lad. parroisse, en présence de messire Jehan Labbé, presbtre, messire Guillaume Jouhan, messire Jehan Beruier, presbtres; Colin Aubery, Pierre Pestel, Jacques Paré, Pierre Houel, Jehan Paré, Gabriel Paré, Jehan Pelerin, Jehan Pelé, Martin Guerart, Jehan Nouel, Pierre Duclos, Colin Johan, Jehan le Telier, Jehan Aubery, Estienne Broques, Jehan Hurel et plusieurs autres, tous parrochiens de lad. parroisse.

En tesmoing j'ay signé ce que dessus de mon signe de ma main l'an et jour dessusd.

M. PARÉ.

LXXVII.

Aveu rendu au Roi, par Guyon le Roy, de 24 acres de terre à lui cédées sur le territoire d'Ingouville par les habitants de cette paroisse.

— 3 octobre 1520. —

FRANÇOIS, PAR LA GRACE DE DIEU, ROY DE FRANCE, à nos améz et féaulx, les gens de noz comptes et tré-

soriers, au bailly de Caux ou à son lieutenant et nostre
procureur, receveur et autres officiers aud. bailliage,
salut et dilection; savoir vous faisons que nostre cher
et bien amé Jacques d'Estemauville, escuier, au nom
et comme procureur souffisemment fondé de lettres de
procuracion quant à ce, de nostre amé et féal, Guyon
le Roy, sieur du Chillou, nostre vis admiral nous a
ce jourdhuy faict es mains de nostre amé et féal chancelier, les foy et hommaige que led. Guyon le Roy
nous estoit tenu faire à cause de vingt et quatre acres
de terre circonvenant et dépendant, assiz près les
tours du port de Grace, tenuz et mouvans de nous à
cause de nostre viconté de Montisvilliers, ausquelz foy
et hommaige nous l'avons receu, sauf en autres choses,
nostre droict et l'autruy en toutes, en la personne de
sond. procureur pour consideracion de l'ancien aage
en quoy il est constitué, sy vous mandons et commectons par ces présentes et à celuy de vous, si
comme à luy appartiendra, que par difficulté desd. foy
et hommaige à nous non faiz vous ne fites, mectez ou
donniez, ne souffrez estre fait, mis ou donné aud.
Guyon le Roy en sesd. vingt et quatre acres de terre,
appartenances et dépendances, ne autres ses biens,
aucuns arrest, saisissement, destourbies ne empeschemens en aucune manière, lesquels si fait, mis ou donné
lui avoit esté ou estoit contre luy, mectent ou facent
mectre incontinent et sans délay à plaine délivrance,
car ainsy nous plaist il estre faict, pourveue qu'il
baillera son desnombrement dedans temps deu, fixé
et paiera les autres deüs sommes pour ce deubz, si

faiz et paiéz ne les a. Donné à Paris, le tiers jour d'octobre, l'an de grace mil cinq cens et vingt, et de notre règne le sixiesme.

Par le Roy, à vostre relacion :

BORDEL.

LXXVIII.

Arrêt rendu par le Parlement de Rouen sur le procès entre Louis de Vendôme et Guyon le Roy, à propos de 24 acres de terres sises sur territoire d'Ingouville, fieffées à ce dernier.

— 19 mars 1522. —

Extraict des Registres de la Court de Parlement[1].

Entre Loys de Vendosme[2], vidame de Chartres et sieur de Graville, porteur de dolléance sur le bailly de

---

[1] Cet arrêt ne se retrouve pas dans les archives du Parlement de Rouen. Il nous a été obligeamment communiqué par M. L. Delisle. Cette copie se trouve à la *Bibl. nationale, collection Dupuy*, 527, f. 126 *et suivants*.

[2] Louis de Vendôme, vidame de Chartres, prince de Chabannois, conseiller et chambellan du Roi, chevalier de son ordre, capitaine des cent gentilshommes de sa garde, grand-veneur de France, mort le 22 août 1526, fils de Jacques de Vendôme, vidame de Chartres, prince de Chabannois, grand maistre des eaux et forêts de France. Il était seigneur de Graville aux droits de sa mère, Louise Malet, dame de Graville, fille de Louis Malet, sieur de Graville, Marcoussis et autres lieux, chevalier de l'ordre du Roi, amiral de France, gouverneur de Normandie et de Picardie, mort le 30 octobre 1516, à l'âge de soixante-dix-huit ans, et de Marie de Balsac.

Caux ou son lieutenant et en principal porteur de clameur de gaige pleige pour le discord de vingt quatre acres de terre, partie de plus grant nombre des terres nommées et appelées vulgairement les maretz et pastures d'Ingouville, les dictz vingt quatre acres à prendre des deux costez du havre de Grace, depuis les deux tours encommencées à y construire tout du long dudict havre et des deux costez d'icelluy en venant devers Harfleu, porteur aussy de lectres royaulx tendans à fin de pouvoir amplifier et extendre ledict gaige pleige pour plus grant nombre que lesdictz vingt quatre acres et pour empescher l'entreprise que l'on disoit que Guyon le Roy, sieur de Chillou, y vouldroit s'efforcer faire et pour retenir par la Court la cognoissance du principal de ladicte matière, et semblablement porteur d'autres lectres d'évocation d'un procès pendant entre ledict de Vendosme, chargé de garantie pour son fermier des coustumes et acquictz de Graville et desdictz marestz d'Ingouville et le procureur général du Roy joinct avecq Pierre Estienne, fermier des coustumes et acquictz pour le Roy en la prévosté de Lheure et Harfleu pour le discord des coustumes et acquictz tant desdictz vingt quatre acres et autres lieux où s'estendent lesdictes coustumes et acquictz de ladicte prévosté de Lheure et Harfleu et marestz d'Ingouville et ledict de Vendosme, aussy porteur d'autres lectres royaux allencontre desdictz parroissiens d'Ingouville, les uns comme ayans contracté et transporté lesdictz vingt quatre acres de terre audict Guyon le Roy, sieur de Chillou et les autres comme non contractans. Pour ouyr telles

requestes, demandes et conclusions que ledict de
Vendosme vouldroit vers eux et chacun d'eux faire,
prétendre et demander d'une part et ledict Guyon
le Roy, sieur de Chillou, inthimé en ladicte dolléance,
opposant et deffendeur allencontre d'icelle clameur de
gaige pleige et aussy deffendeur à ladicte évocation et
lesdictz parroissiens d'Ingouville, respectivement deffendeurs et demandeurs, assavoir est les contractans porteurs de lectres royaux en forme de rellevement allencontre du dict sieur de Chillou et les dictz non contractans
requerans qu'ils feussent et soient faictz jouir des dictz
vingt quatre acres, nonobstant ledict contract qu'ilz
disoient nul et faict par personnes non ayans povoir
de ce faire et estre receus comme appelans à deffendre
la récréance ou provision adjugée audict sieur de
Chillou, eux non ouys, convocquez, ne appellez et ledict procureur général et Pierre Estienne, fermier,
deffendeurs à ladicte évocation et autrement demandeurs et soustenans lesdictz vingt quatre acres de terres
et marestz competter et appartenir au Roy et ledict
sieur de Chillou, deffendeur allencontre desdictz parroissiens tant contractans et porteurs de relevement
que non contractans, disant qu'il n'estoit tenu ne
subgect y contester que préalablement par la Court ne
luy eust esté faict droict sur ladicte dolléance et que
par la Court luy eust esté faict droict sur la rétention
de la cause d'autre part; VEU PAR LA COURT les plaidoyez des parties, lectres, escriptures et tout ce qu'ilz
ont produict et cloz tant d'une part que d'autre avecq
l'acte à ouyr droict, tout veu et consideré, LA COURT

a mis et mect ladicte dolléance prinse par ledict de Vendosme de la récréance desdictz vingt quatre acres de terre contentieuses adjugéez audict le Roy, sieur de Chillou, ensemble ce dont est délict au néant, sans amende, despens réservez en deffinitive et en intérignant lesdictes lectres d'évocation et autres lectres et provisions obtenues et impetrées par ledict de Vendosme et autres parties dessus nommées, respectivement en regard et considération à l'importance de ladicte matière, à la qualité des parties litigantes et pour certaines autres causes et considérations à ce là mouvant, a retenu et retient à elle la cognoissance de tous les diférendz et instances d'entre lesdictes parties et en leur donnant forme et ordre de sur ce procedder, a ordonné et ordonne que ledict de Vendosme pourra amplifier et extendre sa dicte clameur de gaige pleige pour l'outre plus desdictz vingt quatre acres de terre qu'il avoit faict discordables par sa dicte clameur, sauf l'opposition dudict sieur de Chillou, et autres ausquelz ladicte clameur sera signiffiée et lequel de Vendosme à celle fin pourra, sy bon luy semble et mesmement à fin principal oultre et par dessus l'escript et plaidoyé par luy baillé, prendre et bailler tel soustien et conclusion par escript par forme d'augmentation qu'il verra bon estre, et plus amplement deffendre aux conclusions tant dudict procureur général, d'icelluy sieur de Chillou que autres et lesdictz procureur du Roy et sieur de Chillou et autres respectivement aussy respondre et bailler par escript, à tant à la fin de l'ampliation dudict gaige pleige que aussy à fin principalle et sur ce contester et donner telles sollucions que bon leur semblera et le tout chacun par un compte seulement et dedans le mois ensuivant de la prononciacion de ce présent arrest et huictaine après iront lesdictes parties prendre et eslire le faict ou le droict et ce faict cloure iceux procès pour leur faire droict ainsi qu'il leur appartiendra. ET ORDONNE LA COURT que ce pendant lesdictz vingt quatre acres de terre demourront sequestrez et seront régies et gouvernées sous la main du Roy par personnes seures et solvables qui en puissent et scachent respondre quant à qui et ainsi qu'il sera par après ordonné à ce que ledict havre de Grace et ville françoise encommencée sur partie desdictz vingt quatre acres de terre par le voulloir et ordonnance du Roy pour la force et tuicion de son royaume et le bien de la chose publique se puisse faire, parfaire, loger, éédifier et habiter en ensuivant le vouloir et bon plaisir dudict seigneur, que les places et lieux qui seront requiz et demandez pour éédifier, loger et héberger de maisons en ladicte ville seront de nouveau criéez et subhastéez pour estre baillez, passez et adjugez à fin d'héritage à pris de rente aus plus offrans et derniers enchérisseurs par devant le bailli de Caux ou son lieutenant à la charge de les éedifier, héberger et maisonner ainsi que en tel cas est acoustumé pour lesdictes rentes tourner et estre converties au proffict de cil qui obtindra en fin de cause, présens à ce ou deuement convocquez et appellez lesdictz sieurs de Graville, de Chillou, et autres que besoing sera, sauf le soustien dudict procureur général, de prendre et avoir lesdictz héritages et rentes pour le Roy en récompence, ou cas qu'ilz seroient adjugez aux parties adverses, les raisons et deffences d'icelles parties réservéez, au contraire et pour le regard des héritages des places et lieux qui jà avoient esté fieffez par ledict sieur de Chillou, esquelz encores n'avoit esté faict aucun édifice, ilz seront de rechef subhastez et adjugez et les rentes receues comme dessus, et quant aux fieffes sur lesquelz auroit esté faictz édifices ou maisons, elles tendent au profict de ceux qui les ont édifiez, en paiant quant à présent le prix pour lequel elles ont esté fiefféez, sauf à augmenter cy après séparément de la cause, il est dict que faire ce doye, et seront tous les deniers de ce provenans sequestrez, régis et receus par personnes à ce commises de la qualité que dessus et quant au diférend d'entre lesditz parroissiens d'Ingouville tant contractans comme non contractans et dudict sieur de Chillou, icelles parties respectivement escriront à leurs fins par briefz advertéez communicquez de quinzaine en quinzaine et responces par additions produiront et clorront huictaine après pour leur estre faict droict. Et au regard des coustumes et acquictz prétenduz par lesdictz fermiers, tant pour le Roy que pour ledict de Vendosme, sieur de Graville, LA COURT ORDONNE que sur ce lesdictes parties escriront par faictz et comptes ordinaires, assavoir est en propos et responce de quinzaine en quinzaine, répliques et dupliques de huictaine en huictaine; ce faict iront au greffe de la Court prendre et eslire le faict ou le droict et sur ce clorre pour leur estre fait droict ainsi que de raison.

Et ce pendant seront les coustumes et acquictz venans et procédans du territoire d'icelles vingt quatre acres de terre régis, gouvernez et receues comme sequestrez sous la main du Roy en la forme et manière que dessus, lesdictes parties pour en l'outre plus joyssans respectivement tout ainsi comme ilz faisoient auparavant du procès meu entre Vitecocq, fermier dudict sieur de Graville et led. Estienne, fermier pour le Roy de la prévosté de Lheure et de Harfleu et verra la Court les informacions faictes à la requeste et sur la plainte dudict Vitecocq et *brevi manu* y fera droict.

Prononcé à Rouen, en la Court de Parlement, le neufviesme jour de mars mil cinq cens vingt un [1].

Signé : LOUVEL [2].

[1] 1522. Nouveau style.
[2] Jean Louvel, conseiller au Parlement de Rouen, nommé lors de son installation en 1499.

LXXIX.

Arrêt définitif rendu par le Parlement de Rouen dans l'instance entre Louis de Vendôme et Guyon le Roy [1].

— 13 mai 1524. —

Extraict des registres de la court de parlement.

Procès et descord s'estoit meu et intenté en première instance par devant le bailly de Caux ou son lieutenant au siège de Monstierviller et depuis en la court de céans par dolléance prinse sur led. bailly de Caux ou son lieutenant par Loys de Vendosme, Vydame de Chartres, seigneur de Graville, demandeur en gaige plege pour le descord de la propriecté et possession de vingt quatre acres de terre, à prendre des deux costez du havre de Grace, depuis les deux tours encommencées y construire, tout du long et des deux costez d'icelluy en venant devers Harfleu, pour empescher la construction et édifficacion de plusieurs maisons que Guyon le Roy, seigneur du Chillou, s'efforçoit faire aud. lieu, comme soy disant propriectaire desd. vingt quatre acres de terre et aussi demandeur et re-

---

[1] La minute de cet arrêt se trouve aux archives du Parlement de Rouen au Palais-de-Justice et outre la copie authentique que nous publions, il y en a encore une aux archives municipales du Havre, une aux archives départementales, fonds de Graville, et une à la bibliothèque nationale, collection Dupuy, volume 527, avec des notes de la main de Pierre Dupuy lui-même.

quérant l'intérignement d'autres lectres par luy obtenues pour ampliffier et extendre led. gaige plege pour le surplus des terres adiacentes du nombre des marestz d'Ingoville d'une part, led. Guyon le Roy opposant et deffendeur aud. gaige plege et aussi entre messires Jehan Bernier et Jehan Labbé, presbtres, Jehan Le Tellier, Jacques Noel, Thomas Noel, Edouard le Maistre, Pierre Houel, Guillaume Pestel et autres leurs consors de la parroisse d'Ingoville en tant qu'il y en avoit de contractans faits venir aud. procès par led. Le Roy, demandans et requérans l'intérignement de certaines lectres royaulx par eulx obtenues en forme de relièvement et recision de contract d'une autre part et led. Le Roy deffendeur d'autre, et mesmes entre led. de Vendosme demandeur en forfaicture contre lesd. habitans d'Ingoville contractans et vers les in-contractans qu'ilz déclarassent s'ilz entendent advouer led. contract d'une autre part et lesd. habitans en lad. qualité respectivement deffendeurs d'autre et encores entre le procureur général du Roy présentant aud. procès dessus lesd. vingt quatre acres de terre lui compecter et appartenir et où il serait trouvé qu'elles apparteinssent aux parties ou à l'une d'icelles qu'il povoit prendre et avoir desd. vingt quatre acres de terre ce qu'il en conviend pour faire led. havre, tours, fossés, murailles et forteresses dud. havre et ville Françoise d'une autre part et led. de Vendosme deffendeur d'autre et aussi entre led. de Vendosme demandeur et requérant les coustumes et acquictz, varescz, eauyes, secages de rez, ballisages et autres droictz en tout le territoire de lad. seigneurie de Graville et mesmes sur lesd. vingt quatre acres comme estans de lad. seigneurie chargé en ce regard de garantie pour Geuffroy Vitcoq, son fermier d'une autre part et led. procureur général et Pierre Estienne, fermier de la prévosté de l'Eure joinctz ensemble deffendeurs d'autre, après lesquelles parties oyes tant sur lad. dolléance que autres instances dessusd. et mesmes sur la retenue de tous les différends de toutes lesd. parties eu regard à la qualité desd. parties et de l'importance de ce qui estoit de différend entre elles et que Anne de Graville [1], auctorisée par Pierre de Balsac, seigneur d'Entragues, son mary oult dict et déclaré que Anne, fille et héritière en partie de feu Loys de Graville, en son vivant sr du lieu, elle se joingnoit au procès principal par led. de Vendosme contre led. Le Roy et autres touchant les vingt quatre acres de terre disant que partages n'avoient esté faictz de lad. sieurie de Graville entre elle et ses autres sœurs, filles et héritières dud. feu Loys de Graville et plusieurs autres requestes faictes en lad. matière, lad. court, en tant qu'estoit l'instance desd. vingt quatre acres de terre, avoit apoincté lesd. parties à mectre par devers elle et au conseil tant sur lad. dolléance que entérinement des lectres d'évocation, ordonné et appoincté que les productions faictes par chacune desd. parties

---

[1] Anne Malet, fille de Louis Malet, sr de Graville, chevalier de l'ordre du Roi, Amiral de France, gouverneur de Normandie et de Picardie, et de Marie de Balsac, mariée à Pierre de Balsac, sr d'Entragues, capitaine de Corbeil et de Fontainebleau, lieutenant du Roi en Auvergne, tante de Louis de Vendôme.

seroient monstrées aud. procureur général pour icelles veues par luy prétendre et requérir qu'elles feussent contrainctes à plus amplement luy monstrer, ayder et exhiber pour fonder son droict et que en surplus lad. Anne de Graville seroit oye et receue à déduyre pour son intérest ce que bon luy sembleroit et procéderoient lesd. de Vendosme et elle par ung mesme moyen ensemble sauf sans préiudice des raisons dud. de Vendosme à dire et sousténir qu'elle ne pouvoit avoir ne reclamer aucun droict en la chose et qu'il n'entendoyt procéder comme joinct avec elle et à elle son soustien au contraire et que forme et ordre seroit donné aux autres parties au cas que lad. court retint la congnoissance desd. differendz et quant ausd. lectres de relèvement lad. court par semble avoit appoincté lesd. parties au conseil pour sur ce leur faire droict en cas que lad. court en retinst la congnoissance comme dessus recours et ainsy qu'il est plus à plein contenu en l'acte sur ce donné le vingt quatre^{me} jour de novembre mil cinq cens vingt, depuis lequel arrest, icelles partyes en fournissant à icelles avoient corrigé, augmenté et adjousté à leurs plaidoyez ce que bon leur avoit semblé ains produict et clos par devers lad. court, tant à la fin de lad. dolléance que aussy pour leur faire droict sur lesd. instances, lesquelz plaidoyez, ensemble les productions fetes *hinc inde* et tout ce que lesd. parties ont voulu mectre et clorre par devers lad. court, veuz que l'arrest sur ce donné le dix neufe^{me} jour de mars mil v^c vingt ung avoyt mys lad. dolléance ensemble ad. sentence de relévance adiugée aud. Le Roy au néant sans amende, despens réservez en diffinitive et en entérinant lesd. lectres de révocacion obtenues et impetrées par led. vidasme de Chartres eu regard à l'importance de la cause, qualité desd. parties et pour autres justes et raisonnables causes et consideracions à ce mouvans lad. court elle avoit retenu la congnoissance de tous les différendz d'entre lesd. parties et en leur donnant forme et ordre de procéder avoit ordonné et appoincté que led. Vidasme de Chartres pourroit employer et extendre led. gaige plege pour l'oultre plus desd. vingt quatre acres de terre sauf l'opposicion dud. Le Roy et autres à qui led. gaige plege seroit signifié et que à celle fin led. de Vendosme pourroit bailler tel soustien, conclusion et solution qu'il verroit bon estre aux conclusions desd. parties, lesquelles parties aussy pourroient bailler ampliations et produire ce qu'ilz verroient bon estre, pour ce faict élyre par eulx le faict ou le droict et le tout clorre pour leur estre faict droict ainsy qu'il appartiendra et que ce pendant lesd. vingt quatre acres de terre seroient regyes et gouvernées soubz la main du Roy comme sequestres et à ce que led. havre de Grace et ville Françoyse se peust parfaire et accomoder, que les places qui seroient requises et demandées pour édiffier et loger seroient subhastées et criées et baillées à rente au plus offrant et dernier enchérisseur pour lesd. rentes tournées revenir et estre quertyes au prouficrt de cil qui obtiendroit en fin de cause, sauf le soustien dud. procureur général de pouvoir prendre et avoir lesd. héritages et rentes en baillant récompense en cas qu'ilz seroient adiugez à l'un des litigans, leurs raisons saulves au contraire et quant aux places et héritages qui jà avoient esté fieffées par led. le Roy, pour lors non édiffiées, qu'elles seroient de rechef criées et subhastées et les rentes deues applicquez comme dessus. Et au regard des fieffes sur lesquelles auroient esté fetes maisons, qu'elles tiendroient en payant le prix de rente qu'elles avoient esté fieffées et sauf à augmenter, si faire se debvoit et les deniers régiz par personnes solvables qui à ce seroient commis et députez par la court ou l'exécuteur dud. arrest et en tant qu'estoit le différend d'entre lesd. parroissiens d'Ingoville, tant contractans que non contractans, qu'ilz escriproient à leurs fins par adverterez communicquez de quinzaine en XV^{ne} et pour le regard des coustumes et acquictz descordables entre led. procureur général et led. de Vendosme lad. court les avoyt appoinctez escripre parfaictz et comptes ordinaires et à ¹   iceulx acquictz et coustumes déclarez sequestrez, icelles parties en l'oultre plus joyssans respectivement comme elles faisoient auparavant led. procès par lequel led. de Vendosme pour le soustien de son gaige plege et fournir de son droict en principal et que lesd. vingt quatre acres de terre luy compectoient et appartenoient en propriété et possession, avoit esté dict qu'il estoit vray foncier desd. héritages contentieux comme estans au corps et essence de sa terre et seigneurye de Graville, que sur iceulx il avoit et a droict de prendre le cas offrant les droictz des eauyes, warescz, secages,

---

¹ Trou dans le parchemin.

sièges de nefz, establieres, baillizages, bernage, fenil et defenil, coustumes, acquictz et autres choses appartenantes au seigneur du territoire et que lesd. héritages estoient et sont du territoire de lad. seigneurie de Graville, que des différens et descordz qui sont advenuz, les officiers de sad. terre de Graville en ont congneu et décidé es cas appartenans à bas justicier, voullant prouver que lesd. héritages contentieux estoient et sont enclavez de tous boutz et costez dedans les héritages dud. seigneur de Graville avec possession paisible de temps immémorial et aux dernières années précédentes le descord présent, soy aydant à ceste fin de plusieurs lectres anciennes des années trois cens vingt cinq, trois cens quatre vingtz dix huict et quatre cens soixante quatre voulloir prouver que lesd. héritages contentieux sont compris, entendus et enclavez dedans les limites et territoires spécifiez ausd. lectres, qui est pour bien monstrer que led. demandeur estoit et est bien fondé et que led. Le Roy n'a eu cause ne apparence de raison de soy estre opposé contre les gaige plege soubz couleur d'un tel quel contract praticqué et extorqué de nouveau et en l'an mil v^c dix sept, qui contiendroit seulement que aucuns particuliers eulx disans parroissiens d'Ingoville et faisans fort pour les absens avoient transporté aud. Le Roy lesd. vingt quatre acres de terre par vingt quatre solz de rente seulement, lequel contract estoit et est de soy manifestement nul et abusif *saltem*, au préiudice dud. de Vendosme, propriétaire, mais encores dict que led. Le Roy par led. contract en son préiudice a confessé et confesse que ce sont des communes de lad. parroisse, dont s'ensuyt que chacun desd. parroissiens pouvoit et peult licitement contredire et empescher led. contract et ne seroit et n'est en raison que soubz umbre ou couleur d'une droicture d'usaige l'on vende ou transporte le fons qui appartient au seigneur propriétaire, par quoy et autres moyens et raisons par led. de Vendosme alléguez les tortz et griefz à luy faictz pour autant que lad. dolléance a esté vuydée, avoit led. de Vendosme conclud et concluoit à bonne cause avoir obtenu et impetré led. gaige plege, que led. Le Roy, de l'opposicion et contredict à ce mis et donné, debvoit et doit estre mis en amende, lesd. vingt quatre acres luy estre adiugées en propriéte et possession, nonobstant chose dicte au contre par led. Le Roy et mesmes par led. procureur général, contre lequel il s'aydoit des raisons prédictes et icelluy Le Roy condamné envers luy en restitution de levées, le sequestre levé à son proufict avec intérestz, dommaiges et despens et contre lesd. parroissiens avoit conclud à forfaicture, veu qu'ilz avoient contracté de la chose qui ne leur appartenoyt et où ilz n'avoient et ne peuvent demander que leur usaige, à quoy par led. Le Roy, sr de Chillou a esté dict que lesd. héritages contentieux, quelque chose que ayt dict ne voulu dire led. de Vendosme, compectoient et appartenoient ausd. parroissiens en propriété et possession si ancienne, que n'estoit en la mémoire d'homme au contraire qu'il soit vray, disoit que lesd. vingt quatre acres de terre estoient et sont du nombre de plus grande pièce nommée les marestz et communes desd. habitans d'Ingoville, qui fut donné et omosné par dame Maheult Lemperiere, laquelle ainsy qu'il est commun et notoire en donna plusieurs autres en ce pays de Normandye, comme le Grand Couronne, Carville, Languetot, Auberville et autres dont lesd. habitans avoient tousiours et depuis cent ans joy et possédé et encores en joyssent et possèdent paisiblement comme de leur propre et vray héritage et tellement que s'il y avoit sentence ou attaincte sur aucuns desd. communes, l'on se pourroit prendre au fons et le faire passer par décret, dont s'ensuyt de bonne raison qu'ilz l'eussent peu vendre, ce qu'ilz n'ont faict, mais tant seulement converty en rente de plus grand prix et valeur que l'héritage n'eust jamais peu valoir et fut faict led. don par lad. Maheult, ainsy que led. Le Roy disoit estre commun et notoire au pays, à cause que lesd. communes estoient et sont de franc bourgaige d'icelle vallée deppendente de l'ancienne ville de Leure, neument tenue du Roy en ses fiefz de Guerles et y sont les héritages communement partys entre frères et sœurs comme de franc bourgaige, neuement tenu du Roy et vouldroit bien led. de Vendosme faire perdre ausd. la teneur desd. héritages, disait led. defendeur que lad. ville de Leure avoit esté destruicte et démolye par les Navarroys et que le jeune havre de Grace avoit prins son cours parmy portion de lad. commune et au devant d'icelle en manière que dud. lieu de Leure l'on ne pouvait aller ausd. marestz d'estendus, à raison de quoy led. don et osmone en avoit esté faict ausd. habitans d'Ingoville, qui y pouvoient plus facilement aller, quand la mer estoit retraicte et lad. propriété ainsy à eulx délaissée, à raison que aud. lieu d'Ingoville y avoit et a plusieurs diverses seigneuries tenues du Roy comme le fief de Creully, depuis acquis par led. sr de Graville, le fief de Fresne par semblablement acquis par led. sr de Graville, lesquelz toutesfoiz icelluy sr de Graville ne pourroit et ne peult joindre avec led. fief de Graville, par quoy et autres raisons et aussy que led. Le Roy disoit qu'il advouoit et advoue tenyr lesd. terres du Roy, qu'il les a peu licitement avoir et prendre tout ainsy que le Roy eust peu et pourroit prendre en faisant rescompense à lad. parroisse, d'autant qu'elles valloient pour lors et au temps de ladicte prinse qui n'eust pas esté autant que se monte lad. rente, attendu mesmes qu'il a lesd. terres mainbonnyes et amendées et qu'il a esté par le Roy accepté à hommage et qu'il monstroit avoir payé lad. rente par les quictances qu'il en portoit, si concluoit que à bonne et juste cause il s'est opposé contre led. gaige plege, que nonobstant icelle chose dicte par led. de Vendosme la propriété et possession desd. vingt quatre acres de terre luy devoyent et doyvent estre adiugées et led. de Balzac condamné en tous les intérestz, dommaiges et despens et par lesd. Labbé et Brouyn, pbres, Edouard Le Maistre, Estienne Brocques, Jehan Beruyer, Colas Pelé, Jehan Pelé, Raoulin Brocques, Jehan Danyel, Guillaume Trouvé et autres leurs consors, habitans d'Ingoville, contractans et dénommez aud. contract, dict que les conclusions prinses contre eulx par led. Balsac ne luy faisoient à octroyer et adiuger et que leur pauvreté, ignorance, doubte et craincte pour raison de l'auctorité dont usoit et use led. Le Roy au pays faisoit à considérer, lequel Le Roy et ceulx qui avoient poursuivi l'effect dud. contract et avoient usé de grosses et rigoureuses menaces vers eulx et tellement menez qu'ilz avoient esté contrainctz à passer led. contract, duquel ilz s'estoient faict relever, disoient que tout leur bien principal consiste ausd. pastures, dont led. s^r de Graville les vouloit et veult priver, quelle chose si elle avoit lieu seroit cause de leur totale destruction et ne sçauroient de quoy vivre, ne payer leurs tailles et autres aydes et subsides, à quoy ilz sont tenus et subjectz et ne peult led. Le Roy soustenir led. contract, pour ce que par la teneur dud. contract il appert que lesd. habitans avoient et ont contracté de chose qui ne leur compectoit, dont l'un seroit suffisant pour le contredire et partant la promesse que avoient faicte lesd. parroissiens de le faire ratiffier aux autres seroit et est nulle et abusivement praticquée par led. Le Roy et ceulx qui en faisoient et ont faict la poursuilte et menée, voullans prouver que sur et ainsy que l'on les pressoit de passer led. contract, par aulcuns d'eulx avoit esté dict que led. de Vendosme, s^r de Graville estoit le vray seigneur propriétaire desd. communes, qu'ilz n'y avoient et n'ont que leurs droictures de faire pasturer leurs bestes et que quelque contract qu'ilz feissent ilz entendoient réserver le droict dud. s^r d'Ingoville, respondu par led. Le Roy que led. s^r de Graville estoit bien son amy et qu'ilz en feroient ensemble tellement que lesd. contractans n'en orroient jamais parler leur remontrance, led. Le Roy et ses gens, que led. Le Roy estoit lieutenant du Roy, qu'il avoit bonne et grosse auctorité envers led. seigneur, qu'il les feroit affranchir de tailles et plusieurs autres grands plaisirs et services et que s'ilz ne le faisoient, il leur envoyeroit les gens d'armes et les feroit molester et lequel Guy Le Roy, pour parvenir à ses fins, avoit le jour précédent dud. contract faict venir deux tabellions pour les affaires du duc de Longueville, à ce que lesd. parroissiens n'allassent à Monstierviller, où ilz eussent peu trouver du conseil, par ce et autres moyens et raisons ayans conclud à la fin et entérinement de leursd. lectres, que led. contract debvoit et doibt estre cassé et adnullé et que led. Le Roy debvoit et doibt estre envers eulx condamné en leurs interestz, dommaiges et despens et contre led. de Vendosme, qu'ilz ne vouloient mescongnoistre que la propriété et servitude desd. pasturages ne luy appartienne comme estans du corps de lad. seigneurie de Graville, mais soustenoient que led. de Vendosme au moyen et par vertu de sond. gaige plege ne pouvoit à l'un applicquer lesd. héritages pour les priver de sesd. droictures de pasturaiges et ne vouldroient contredire au cas que ce seroit chose nécessaire, qu'il ne les peust fieffer et en faire son proufict en leur baillant et délivrant aussi grand nombre d'autres terres pour applicquer en semblable pasture que celle dont il estoit question et par lesd. habitans d'Ingoville non contractans a esté dict que lesd. habitans avoient et ont droict d'envoyer pasturer leurs bestes ausd. marestz, du nombre desquelz estoient et sont lesd. vingt quatre acres, que de ce eulx et leurs prédécesseurs de temps immémorial avoient et ont esté en bonne, vraye et continuelle possession et le voulloient prouver, que les dénom mez aud. contract n'eurent jamais procuration et ne furent auctorisez par lesd. parroissiens en lad. qualité de commun ne de chacun d'eulx en particulier de faire lad. aliénation, mais au contraire dirent aud. Le Roy que les autres dénommez aud. contract n'avoient peu et ne pouvoient contracter ne diminuer en tout ne partye lesd. droictz de communes et pasturages et avant peussent estre obligez que tous et chacuns desd. parroissiens l'eussent consenty et ont lesd. habitans non contractans désadvoué et désadvouent lesd. contractans soustenans contre eulx qu'ilz devoient et doyvent estre privez du proufict qu'ilz pouvoient avoir à raison desd. pasturages, si disoient et concluoient contre led. sr de Chillou, qu'ilz doivent avoir contre luy leurs intérestz, dommaiges et despens, eulx aydans en surplus, en tant que servir leur peuvent, des raisons playdées par lesd. autres habitans contractans et par led. procureur général et led. Pierre Estienne, fermier de lad. ferme de Leure a esté dict que led. de Vendosme n'a monstré et ne monstre par adveuz, dénombremens, enseignemens, ne autrement deuement qu'il ayt droict d'avoir et prendre lesd. droictures et que le Roy et sesd. fermiers en ont esté de longtemps en bonne possession et saisine et que partant led. de Vendosme en debvoit et doyt estre évincé et débouté et lesd. droictz de coustume et autres choses pleidées par led. de Vendosme devoyent estre adiugez au Roy et led. de Vendosme et ses fermiers condamnez aux despens dud. fermier du Roy et par led. Le Roy, contre lesd. habitans, en tant qu'il y en a de contractans, a esté dict que la prétendue confession que avoient faicte lesd. habitans recongnoissans la droicture dud. de Vendosme ne le peult préiudicier, monstrant et faisant apparoir que douze des parroissiens qui avoient passé lad. procuracion l'auroient et ont révocquée, par quoy lad. révocation veue et qu'ilz avoient persisté au consentement d'icelle fieffe, disant que par après ilz n'estoient recevables à y voulloir contrevenir et qu'ilz n'estoient que dix-sept ou dix huict dénommez ausd. lectres de relévement et aussy par la nature desd. lectres de relévement led. Le Roy devoyt demourer saisy et joyssant de lad. fieffe et ne sert ausd. parroissiens d'alléguer l'auctorité dud. Le Roy pour ce qu'il disait tousiours avoir honorablement servy le Roy, ensemble ses prédécesseurs en toutes les charges que led. seigneur luy avoit baillées et n'avoit vers eulx usé d'auctorité synon en gardant lesd. droictz du Roy et sera trouvé et vérifyé, se besoing est, que led. s^r de Graville avoit et a usé plus d'auctorité et de menaces contre eulx, de les traicter d'amendes ou autrement que n'a faict led. Le Roy et par ce et autres moyens et raisons conclud à défendre desd. lectres de relévement et contre les autres habitans non contractans disoit led. Le Roy que lesd. habitans non contractans au pourchas et poursuilte dud. de Vendosme le voulloient et veulent tenir en procès qu'il soit vray, disoit qu'ilz ont confessé et confessent avoir esté faictz venir par led. de Vendosme et aussy il sera prouvé que led. Vidasme leur avoit faict passer procuracion à ses propres coutz et despens et ne pourroient lesd. non contractans contredire ne empescher que la fieffe faicte aud. Le Roy ne ayt et ne sortisse son effect pour autant que lesd. parroissiens ont esté notablement assemblez et à jour de dimanche oye et yssue de messe parroissiale, passé lad. procuration et en a led. Le Roy joy le temps et espace de trois ans paisiblement au veu et sceu des parties qui n'y ont mis aucun contredict, par quoy et autres raisons par luy alléguées avoit conclud et défendu de leurs impétitions et demandes et pour réplicques avoit led. de Vendosme dict que les marestz d'Ingoville et héritages descordables estoient et sont enclavez de tous boutz et costez dedans le territoire de lad. seigneurie de Graville, comprins le Perroy et le rivage de la mer qui en ce regard compecte et appartient à lad. seigneurie de Graville comme led. de Vendosme affermoit et vouloit prouver ensemble la possession d'iceulx de temps immémorial et de y prendre par led. s^r de Graville par led. temps les droictz par luy spécifiez et si sont lesd. marestz et héritages de la jurisdiction d'icelle terre et sieurie de Graville, de laquelle jurisdiction led. de Vendosme a voulu et veult prouver la possession de temps immémorial, lequel s^r de Graville et ses prédécesseurs ont toujours prins et perceu les droictz héréditaulx dessus spécifiez, par espécial les droictz de secages de retz, siéges de nefz, brebiages, foul et deffoul, coustumes qui ne peuvent estre perceues que par ceulx à qui le fondz appartient et que lesd. parroissiens n'avoient et n'ont lesd. droictz de pasturaiges par autres que par ses prédécesseurs, quelque chose que ayt dict ou voulu dire led. Leroy de Maheult Lemperie et n'y a que la parolle dud. Le Roy qui n'est fournye ne garnye de production ne probation, voullant led. de Vendosme prouver que le jeune havre de Grace a esté faict en partie des marestz en la portion desd. vingt quatre acres de terre, mesmes que la crique du Perroy appartenant aud. sr de Graville estoit dedans lesd. marestz, en laquelle led. de Vendosme prenoit ses droictz et y venoient poser les navires pour estres deschargez et chargez, a esté et est comprinst aud. jeune havre, ensemble que led. de Vendosme est patron de la cure et parroisse d'Ingoville et que les parroissiens de lad. parroisse d'Ingoville estoient et sont subgectz à la jurisdiction d'icelle seigneurie de Graville et que tout le territoire de Harfleu et Vitenval, en ce comprins lesd. marestz d'Ingoville en la valée en laquelle sont lesd. marestz, aussy le Perroy et rivage de la mer adjacent aud. territoire est du domayne fieffé et non fieffé de lad. sieurie de Graville, reservé ung petit territoire appellé le Hoc entrant en la poincte dedans la mer et réservé aussy la jeune Leure et portion de la vieille Leure, en laquelle portion de la vieille Leure le Roy a droict de prendre et prend aucunes rentes et non autre chose, mais grant partie de lad. vieille Leure est tenue de lad. terre et seigneurie de Graville et lesquels Hoc et la jeune Leure n'estoient et ne sont contiguz ne joignantes desd. marestz d'Ingoville, voullant led. demandeur prouver que l'héritage appellé la Chapelle de Nive[1] est

[1] La Chapelle de Notre Dame des Neiges.

entre le vieil havre de Grace, où les batteaulx ont acoustumé de poser et iceulx Hoc et jeune Leure, aussy que le vieil havre de Grace, où les batteaulx ont acoustumé de poser est entre led. héritage appellé la Chapelle et lesd. marestz d'Ingoville, mesmes que led. territoire de la Chapelle et vieil havre de Grace, où les batteaùlx ont acoustumé de poser sont de lad. seigneurie de Graville et que d'icelle sont tenues plusieurs tuilleryes qui sont près et joignant de Vitenval, qui doyvent chacune argent et si font deux milles de tuille ou autre grant nombre de rente par chacun an à lad. sieurie de Graville et que les tenans desd. thuilleries ont droict et sont de temps immémorial en possession d'avoir et prendre au droict dud. sr de Graville dedans la mer ou rivage d'icelle la terre convenable à faire tuille comme terre prinse sur le territoire de Graville, ensemble que led. demandeur et ses prédécesseurs ont esté et sont en possession des choses dessusd. de temps immémorial, continuellement, notoirement, et paisiblement jusques au présent descord et encores en joyst et mesmes des acquictz, coustumes et autres droictz dessus spécifiez, voullant prouver aussy led. de Vendosme que dedans la mer à l'endroict dud. vieil havre, il y a ung petit territoire descouvert hors le temps du flot, lequel territoire est appelé mouille con, dont le fons est de lad. seigneurie de Graville et la commune renommée du pays avoir esté et estre telle de tout temps et dont n'est mémoire du contraire, soy aydant au surplus led. demandeur des raisons playdées par lesd. habitans, tant contractans que non contractans, pour et à la fin de la cassation et adnullement dud. contract comme mal et abusivement praticqué et extorqué par led. s^r de Chillou et quant à l'instance dud. procureur général et de Pierre Estienne, son fermier disoit qu'il entend suffisamment avoir prouvé de ses droictures et obéissoit encores en informer plus amplement, si besoing estoit et contre lesd. contractans disoit qu'il ne seroit sceu ne trouvé qu'ilz ayent aucun droict hérédital esd. vingt quatre acres, mais seulement droict de pasturage pour leurs bestes et aussy ilz ne vouldroient dire ne maintenir le fons leur compecter et appartenir, voullant prouver qu'ilz sont du propre corps de lad. seigneurie de Graville et n'est que ung abbus de dire qu'il y ayt eu donation fete par lad. Maheult Lemperis, car ilz ne fournissent ne monstrent lad. donation ne que lad. Maheult Lemperis y eust jamais quelque chose et estoit Mallet, s^r de Graville longtemps auparavant qu'il feust mention de lad. Maheult Lemperis, preuvent les chronicques, concluant que nonobstant chose par eulx dicte lesd. vingt quatre acres de terre luy devoient et doyvent estre adiugées en propriété et possession et par led. s^r de Chillou pour ses supplicques a esté dict que lesd. parroissiens avoient et ont joy, de si longtemps qu'il n'est mémoire du contraire, desd. vingt quatre acres de terre comme du nombre de la commune d'icelle parroisse d'Ingoville avec tiltre *saltem cnm fama privilegii aut tituli*, c'est assavoir que lad. Maheult Lemperis anciennement avoit donné et omosné lesd. communes, du nombre desquelles estoient et sont lesd. vingt quatre acres de terre, ausd.

habitans, depuis lequel don et tiltre lesd. habitans d'Ingoville en auroient joy et possedé comme de leur propre héritage comme led. défenseur voulloit prouver, par quoy led. Le Roy comme représentant le droict desd. habitans bien fondé, comme ainsy soit qu'il suffise alléguer tiltre *cum fama privilegii* combien qu'il n'apparoisse du don, veu lad. possession de temps immémorial, pour leur attribuer avant propriétaire, mais plus comme en propos disent lesd. communes estre de la teneure et deppendence du franc bourgaige de l'ancienne ville et Hallot de Leure, laquelle ville et les deppendences d'icelle, dont les forsbourgs s'extendent jusques au Chef de Caux, sont neuement tenues du Roy, représentant lad. Maheult de Lemperis voullant prouver et enseigner de plusieurs articles de l'ancien coustumier du Prevost de lad. Leure que lad. prevosté de Leure et de Harfleu qui se bailloit à ferme de trois ans en troys ans par le Viconte de Monstivillier avec les fermiers du Roy s'extendoit et extend depuis la cricque d'Oudalle jusques à la hève du Chef de Caux et que lesd. marestz descordables, Hoc de Grace et autres territoires, cricques et rivages de mer sont en et dedans les territoires de lad. prevosté, joinct que les fermiers du Roy sont et ont esté de tout temps en saisine et possession de prendre et percevoir tous les acquictz, coustumes, warechz, pesches d'oyseaulx, poissons et autres droictures des denrées et marchandises que illecquez arrivent et se vendent et distribuent et appert par led. coustumier que led. s^r de Graville en tous lesd. marestz n'a que une cricque, qui est près Harfleu et n'approche point d'une lieue desd. héritages descordables et en laquelle cricque le fermier du Roy prend et perceoyt les droictures que led. de Vendosme prétend à soy attribuer et ne scayt led. demandeur comme baptiser ne former sa demande, car par son gaige plege l'une foys ils soustient le fons luy appartenir propriétairement comme du domaine de sad. seigneurie de Graville et l'autre foys qu'il est tenu de sad. terre de Graville; Or disoit led. défenseur que led. héritage estoit et est tenu du Roy neuement et sans moyen voullant prouver que en l'an mil v^e vingt led. Le Roy avoit faict au Roy la foy et hommaige, led. s^r estant sur les lieux et à lad. foy et hommaige par led. seigneur receu en la présence, veu et sceu dud. de Vendosme non contredisant led. hommaige à cause desd. vingt quatre acres de terre, dont s'ensuyt que où led. de Vendosme estoit présent, le Roy était demouré en possession de lad. teneure et led. Le Roy en possession de tenir dud. seigneur ensemble de la propriété desd. héritages, mais plus disoit que l'église fete et encommencée sur lesd. vingt quatre acres est à la présentation du Roy et y avoit jà présenté l'un des chappellains de madame la régente mère dud. seigneur, voullant oultre prouver que au chef de Caux au bout de la hève il y avoit une tour et logis assise sur le bout de la fallaize, où l'on faict ordinairement feu et flamme toutes les nuictz par personnes qui y sont par le Roy ou ses officiers commis, qui ont chacun troys solz pour nuict ou autre somme qui se prennent sur le domayne dud. seigneur pour bien monstrer que led.

rivage, quelque chose que dye led. de Vendosme ne luy appartient poinct, autant qu'il n'est subgect à l'entretenement du fouyer et ne croye pas led. de Vendosme soyt patron de lad. parroisse d'Ingoville, car si ainsy estoit, il le scauroit bien monstrer par lectres, et quant à la jurisdiction, il n'en monstre aussy aucune chose, voullant led. defendeur prouver que d'aucuns descordz qui se sont advenuz, led. sieur de Graville et ses procureurs et autres officiers ont esté playder en la jurisdiction de Longueville, au regard des Thuilleries, disoit led. le Roy, qu'il voulloit prouver qu'elles estoient et sont scituées et assises près la hève du Chef de Caux, hors lad. parroisse d'Ingoville, à demye lieue ou environ des lieux descordables, et que si led. de Vendosme a eu quelques deniers de ceulx qui font lesd. thuilles, ce auroit esté par accord faict entre led. sieur d'Ingoville et lesd. thuilliers pour avoir boys en la forest des Hallattes, dont l'on faict cuyre lad. thuille et n'est ne mocquerye ne mensonge d'alléguer lad. Maheult Lemperis et persiste à ce qu'il en a dict, et par ce concluoit contre led. de Vendosme comme en défense et contre lesd. habitans, en tant qu'il y en a de contractans, disoit que lesd. lectres de relèvement ont esté obtenues et impetrées des deniers dud. sieur de Graville, iceulx parroissiens par luy nourriz et despensez en les venant ou allant impetrer, ainsi qu'il veult prouver, parquoy et autres raisons par luy alléguez, concluoit à défendre desd. lectres que lesd. parties en faisoient à évincer et débouter et demandoit despens et lesd. parroissiens, tant contractans que non contractans, par leurs raisons par eulx plaidées, concluoient comme devant, sur quoy après que lesd. parties avoient corrigé leursd. plaidoyez en ensuivant l'arrest sur ce donné le dix neufme jour de mars mil cinq cens vingt ung, avoient chacun baillé par escript, assavoir est led. de Vendosme par augmentation les fins et conclusions par luy prétendues, led. le Roy, par semblablement ce que bon luy avoit semblé et par semblablement led. procureur général, lequel avoit soustenu vers lesd. de Vendosme et le Roy, et chacun d'eulx que lesd. vingt quatre acres de terre compectoient et appartenoient au Roy, qu'ils luy devoient estre adiugées, nonobstant led. gaige plege et chose dicte par lesd. parties et chacune d'elles avec restitution de levées perceues ou empeschez percevoir et depuis s'estoient led. procureur général et icelluy de Vendosme et leurs fermiers appoinctez en faict et accord, faire preuve chacun des faictz par eulx affermez, tant pour la possession et propriété desd. vingt quatre acres de terre que pour lesd. coustumes et acquictz dessus déclarez, et à ceste fin avoit esté commis et depputé M^{tre} Thomas Postel, conseiller du Roy en la Court, pour recevoir les preuves *hinc inde* jouxte leurs faictz qui seroient extraictz au greffe de lad. Court mesmes pour faire ostension et figure des lieux accordez par lesd. partyes, ordonner et appoincter que led. le Roy pourroit de sa part faire preuve de ses faictz, se faire le vouloit, nonobstant que contre luy led. sieur de Graville eust conclud en droict si avoient lesd. de Graville et procureur général faict faire leurs enquestes, ostensions et figures des lieux descordables accordés par eulx, lesquelles enquestes auroient esté receues par eulx sans préiudice du droict dudict le Roy et ordonné que lad. figure seroit close et employée en procès d'entre led. procureur général et icelluy Vidasme seulement, et sans ce que lad. figure feust employée au jugement du procès d'entre lesd. de Vendosme et le Roy et au regard d'icelluy le Roy, attendu la déclacion par luy faicte qu'il ne vouloit ne entendoit faire aucune preuve ou enqueste de sa part et en tant que besoing estoit ou seroyt il y renonceroyt, la Court l'avoit déclaré forclos de toute enqueste ou preuve, aussy avoient lesd. Vidasme et procureur baillé [1]   et reproches aux tesmoings dud. et par après avoient lesd. parties clos tout ce dont ayder s'estoient voulu pour leur estre faict droict ainsy qu'il appartiendroit, veu par la Court le procès et plédoyé des parties, ensemble, les enquestes, l'acte de la réception d'icelles, reprouches et salvations, lectres, escriptures et tout ce que lesd. parties ont produit et cloz, tout veu et considéré à grant et meure délibéracion dit est que led. procès se peult juger sans enquérir la verité des fais alléguez et mis en avant par chacune desd. parties esd. reprouches et salvations et en leur faisant droit sur leur différend principal, qui est pour le fait des vingt quatre acres de terre dessus déclérés, que à bonne et juste cause led. de Vendosme, seigneur de Graville, a prins et levé led. gaige plege, à tort led. le Roy, seigneur de Chillou, y a mis opposition et contredict, duquel la Court l'a

---

[1] Lacune dans le manuscrit.

mis et mect en amende et nonobstant chose dicte au contraire par led. procureur général, a adiugé et adiuge aud. de Vendosme lesd. vingt quatre acres de terre contencieuses pour estre et demourer aud. de Vendosme comme du corps et dommaine de sad. seigneurie de Graville, reservé et non comprins en ce tout ce qui a esté et sera prins par le Roy pour l'édifficacion des tours, murailles, fossez et forteresses de la ville Françoise et havre de Grace qui demourront et demeurent et les adiuge la Court au Roy, et si a lad. Court en oultre réservé et réserve led. procureur général à dire et soustenir contre led. de Vendosme qu'il pourra avoir et prendre en sa main tout le reste desd. terres, rentes, droictz et revenuz d'icelle ville Françoise, en faisant récompense raisonnable aud. de Vendosme, ledict de Vendosme entier et réservé en toutes ses raisons, soustien et deffences au contraire et lequel de Vendosme sera tenu de bailler aux habitans et coustumiers desd. marestz d'Ingoville, récompense telle que de raison pour ce, au lieu de l'usage et droicture qu'ilz avoient esd. vingt quatre acres de terre auparavant l'édifficacion dud. havre de Grace et ville Françoise et par les restrinctions dessusd. a levé et lève le sequestre et tout autre trouble et empeschement sur ce mis et appozé au prouffit dud. de Vendosme, a condamné et condamne led. le Roy à la restitution des levées d'iceulx vingt quatre acres de terre par luy perceues ou empeschées à percevoir aud. de Vendosme et de tout ce qu'il auroit reçu à cause des fieffes par lui fetes de portion desd. vingt quatre acres de terre, lesquelles fieffes toutesfoys tiendront et sortiront leur effect selon et en ensuyvant l'arrest donné par la court le xixme jour de mars mil v^c xxi et ou cas que led. de Vendosme vouldroit prétendre plus grant gaige sur les lieux fieffez par led. Le Roy, icelluy de Vendosme sera tenu le dire et déclerer dedens troys moys par devant l'exécution de ce présent arrest, pour, les parties sur ce oyés, en faire son rapport à la court et y estre par elle ordonné ainsi que de raison et lequel temps passé led. de Vendosme ne seroit par après receu à voulloir augmenter les prix et charges desd. fieffes et pour cause et si a condamné et condamne led. Le Roy envers led. de Vendosme aux despens et en intérignant, quant à ce, les lectres de relièvement et récision obtenues et impetrées par lesd. habitans d'Ingoville contractans a cassé et adnullé, casse et adnulle led. contract de fieffe et a absolz et absolt lesd. habitans des impétitions et demandes dud. Le Roy et a condamné et condamne led. Le Roy aux despens d'iceulx habitans depuis l'expédition et présentation desd. lectres et quant ausd. habitans non contractans les a envoyé et envoye hors de court et de procès avec despens sur led. Le Roy du procèdement, fait entre eulx la taxation desd. despens réservée par devers elle et pour le regard de l'instance des coustumes et acquictz des marchandises, encrages, posages, varescz, eauyes, secages de rez et balisages, la court a ordonné et ordonne que led. procureur général sera maintenu et gardé, le maintient et garde la court au droit et possession de avoir et prendre en toute lestente et limites de lad. prévosté de Leure et Harfleu, en ce comprins lesd.

vingt quatre acres de terre estans dedens lesd. lymites d'icelle prévosté, c'est assavoir, depuis la cricque d'Oudalle jusques à la Heve et Chief de Caux, les ancrages des navires, coustumes et acquictz des denrées, marchandises et navires venans, traversans et posans dedens lesd. lymites et tous droitz royaulx en quelque lieu, fief de Graville ou terre qu'ilz auroient dedens lesd. lymites et aussi a lad. court maintenu et gardé, maintient et garde led. de Vendosme, seigneur de Graville en possession et saisine d'avoir et prendre en tout le territoire d'icelle sieurie de Graville, comprins lesd. vingt quatre acres de terre, les droictz de varescz, eauyes, secages de rez, balisages et autres droictz féodaulx, tels que par la coustume générale du pays de Normandie appartient à fieffe noble de basse justice et que lui et ses prédécesseurs en ont justement joy et usé le temps passé sans abuser, réservez lesd. droictz royaulx avec restitution de levées respectivement par lesd. fermiers perceues ou empeschées percevoir l'un vers l'autre et sans despens et pour cause.

Prononcé à Rouen en parlement le XIIIme jour de may l'an mil cinq cens vingt quatre.

Collacion fete
SURREAU[1].

---

[1] Jean Surreau, s^r de Lisores et de Farceaux, greffier au chef pour le civil du parlement de Rouen de 1514 à 1536, fils de Jean Surreau, général des finances en Normandie pour le fait des aydes et de Jeanne le Treflier.

LXXX.

Rapport au Roi sur l'enquête ordonnée pour évaluer l'indemnité due aux héritiers de Louis de Vendôme pour la prise de possession de terrains à eux appartenants sur lesquels ont été élevées les fortifications et ville du Havre.

— Août — octobre 1532[1]. —

Au Roy nostre Souverain Seigneur.

Sire, suivant vostre commandement et voulloir, et intencion, et pour acomplir la commission en patent qu'il vous a pleu à maistre Anthoine Du Bourg[2], maistre ordinaire des requestes de vostre hostel, et à moy, Réné de Becdelièvre[3], conseiller en vostre cour de parlement, à Rouen, et à chacun de nous en l'absence l'un de l'autre, adresser, dabtée du xviieme jour de juing mil cinq cens trente et deux, donnée à Chastaubréant, par laquelle, qui sera cy après incérée, et pour les causes en icelle con-

---

[1] Archives Nationales. Section historique. J. 774. N° 40. Notre confrère M. Siméon Luce a bien voulu surveiller la copie de cette pièce importante.

[2] Antoine du Bourg, Lieutenant général civil du Châtelet en 1526, Président du conseil de la Régente, mère du Roi en 1531, Maître des requêtes de l'hôtel du Roi le 28 avril 1532, Premier Président du parlement de Paris le 26 septembre 1534, Chancelier de France le 16 juillet 1535, mort en 1538.

[3] René de Becdelièvre, seigneur de Sazilly et de Quevilly, nommé par Louis XII en 1502 gouverneur et podestat de la ville d'Alexandrie, conseiller au parlement de Rouen en 1512, garde des sceaux de la chancellerie près le même parlement après la mort du cardinal d'Amboise en 1525, mort le 14 avril 1545.

tenues, estoit mandé au premier de nous soy transporter en vostre ville Françoise de Grâce et autres lieux que besoing et requis seroit ; et, illec appellé vostre procureur et autres vos officiers, et par semblablement les héritiers de feu Loys de Vendosme[1], en son vivant seigneur de Graville, propriétaires et possesseurs de la terre où est assise vostre dicte ville Françoise de Grâce, ou leurs procureurs informer et enquérir de la valleur et revenu annuel de ce qu'il peult competer et appartenir aus dicts héritiers en tout le circuit de la dicte ville Françoise et pour autant qui leur en peult revenir tant à raison de vingt quatre acres de terre sur lesquelles est scituée et assise la dicte ville Françoise que aultrement en toute la parroisse d'Ingoville ès finages du dict lieu pour laquelle informacion par nous faicte et la vraie valleur estat et qualité des choses y mencionnez par nous portée ou envoiée devers vous estre ordonné sur la rescompense telle qu'il vous plaira faire et bailler aus dicts héritiers selon et ainsi que plus amplement il est contenu en la dicte commission dont la teneur ensuict :

« FRANÇOIS, par la grâce de Dieu Roy de France,

A nos amés et féaulx conseillers maistres Anthoine du Bourg, maistre des requestes de nostre hostel, et René de Becdelièvre, conseiller en nostre court de parlement de Rouen, salut et dillection.

Comme après nostre advénement à la couronne eussions voullu construire et édiffier nostres ville et hâvre que avons nommée La Françoise de Grâce, pour estre une des clefs et boullevars de nostre Royaulme à raison de l'assiette et scituacion d'icelle qui est le dernier port de nostre pays de Normandie de ce costé là, le territoire de l'enclos de laquelle contenant vingt-quatre acres se feust

---

[1] Louis de Vendôme était mort le 22 août 1526.

trouvé du territoire de la seigneurie de Graville, appartenant à deffunct Loys de Vendosme, vidame de Chartres, et, de présent, à ses successeurs entre lequel nostre procureur général et autres parties se seroient intentez aucuns procèz et différendz sur lesquelz nostre dicte court de parlement par son arrest prononcé le XIIIeme jour de may mil cinq cens vingt-quatre entre autres choses auroit adjugé audict de Vendosme les dictes 24 acres par nous destinez, et faict mesurer pour le dedans enclos et comprins de la dicte ville comme estans de sa dicte seigneurie de Graville, réservé et non comprins en ce tout ce qui a esté et sera prins par nous pour l'édifficacion des tours, murailles, fosséz et forteresses de la dicte ville Françoise et hâvre de Grâce qui nous demourront et demeurent et nous, les avons adjugéz, nostre dicte court aussi, nous avons adjugé et au dict de Vendosme respectivement aucunes droictures en la dicte ville et à l'environ touchant les coustumes, aquictz des marchandises, ancrages, pesages, vareschz, eauyes, secages de rez et baillizages jouxte que plus à plain est contenu au dict arrest, et ce néansmoingtz avoir nostre dicte court réservé nostre procureur général à dire et soutenir contre le dict de Vendosme que pourrions avoir et prendre en nostre main tout le reste des dictes terres, rentes, droictz et revenues d'icelle ville Françoise ainsi adjugez au dict de Vendosme, en lui en faisant rescompense raisonnable, à ceste cause, pour ce que nous voullons de bref entendre à la dicte rescompense par les meilleurs moiens et plus raisonnables que faire se pourra, soit besoing commectre et depputer quelques bons et notables personnages qui vacqueront dilligemment à informer et enquérir de la valleur, estat et quallité des choses dessus dictes et nous en faire le rapport pour après adviser sur la dicte rescompense, nous, à ces causes, et pour la bonne confiance que nous avons de vos personnes, prudence et loyaultez, vous avons commis, ordonnez et depputez, commettons, ordonnons et depputons par ces présentes et à chascun de vous en l'absence l'un de l'autre, pour vous transporter sur les dicts lieux de Grâce et autres lieux que besoing et requis sera, et illec appellé nostre procureur et autres nos officiers et les dicts héritiers du dict feu seigneur de Graville, propriétaires et détenteurs des dicts lieux ou leurs procureurs, et, veuz leurs tiltres, adveuez et dénombremens, comptes, receptes et valleurs de ce qu'ils ont ou pevent avoir au dict lieu de Grâce en ce que contient le dict circuit que avons faict mesurer pour faire la dicte ville Françoise et hâvre de Grâce et de toute la parroisse et finaige du dict lieu, vous informez de la valleur, estat et quallité des choses dessus dictes comme adviserez estre à faire selon raison ; et, la dicte informacion faicte, nous renvoyez et tout ce que faict en aurez semblablement cloz et scellées pour par après en adviser et ordonner ainsy que verrons estre à faire, de ce faire vous donnons et à chascun de vous en l'absence de l'autre, plain povoir, auctorité, commission et mandement spécial ; mandons et commandons à tous noz justiciers, officiers et subgectz que à vous en ce faisant soit obéy.

Donné à Chastaubréant le 16ᵉ jour de juing l'an de grâce 1532 et de nostre règne le dix-huictiesme.

Ainsi signé : par le roy en son conseil, Bayart ; et scellé sur simple queue de cire jaulne. »

Pour laquelle exécuter, moy, Réné de Becdelièvre, après en avoir parlé et communiqué à maistre Laurens Bigot, vostre premier advocat en vostre dicte court de parlement à Rouen[1], et parsemblablement à maistre

---

[1] Laurent Bigot, sieur de Tibermesnil, premier avocat général du Roi près la cour de parlement de Rouen, de 1527 à 1570.

Jehan Vauquelin substitud de maistre Simon Mustrel [1], vostre procureur général en la dicte court, à cause de la malladie du dict Mustrel et à eulx monstré et exhibé la dicte commission et l'arrest du 13ᵉ jour de may V CC XXIIII donné en la dicte court, auquel est la dicte commission refférée, et amplement consulté avec eux du dict affaire suivantement de l'article contenu au dict arrest par lequel vostre dict procureur général avoit esté réservé à dire et soustenir contre le dict de Vendosme que pourriez avoir et prendre en vostre main tout le reste des dictes terres, droictz et revenu d'icelle ville Françoise en contre plus de ce qui vous est adjugé en faisant rescompense raisonnable jouxte le dict arrest.

Suis party de Rouen le 14ᵉ jour d'aoust l'an 1532, en la compagnie de maistre Jehan Bertein, advocat en court laye prins pour adjoinct, pour aller au dict lieu et hâvre de Grâce, auquel lieu arrivasmes le lundy suivant et en passant par vostre ville de Harfleu ay envoié lettres par homme exprès en la ville de Montivillier distant de la dicte ville de Harfleu d'une lieue à maistres Jehan Haquet et Pierre Deschamps, vos advocat et procureur au bailliage de Caux en la vicomté de Montivillier et ville Françoise. Et par semblablement feust par nous commandé au substitud du lieutenant du vicomte de Montivillier qu'il feist sçavoir à maistre Guillem Marye, lieutenant général du dict viconte à ce qu'ils se trouvassent et comparussent au dict lieu de Grâce deux heures de rellevée, lesquels à la dicte heure se y sont trouvez et comparus. Et à iceulx a par nous amplement esté remonstré l'affaire qui me menoit et à quelle fin je m'estois transporté en ce lieu, monstré et communiqué la dicte

---

[1] Simon Muterel, sieur de Fauville, procureur général du Roi près le parlement de Rouen de 1522 à 1541.

commission, ensemble le dict arrest et qu'ils eussent de leur part à me bailler mémoires et instructions pour parvenir aux fins de la dicte commission et faire plus véritablement la dicte informacion affin que vostre droict sur ce y puisse myeulx estre gardé.

Et après avoir faict faire lecture de la dicte commission en la cohue et prétoire où se tient la jurisdicion de l'admiral au dict lieu du Hâvre, présence des dicts officiers et autre grand nombre de peuple assemblé, fut requis par vostre dict procureur au dict lieu estre procédé à l'exécution d'icelle et de bailler et par moy décerner mandement pour adjourner les dicts héritiers du dict seigneur de Graville[1], leurs tutteurs, curateurs, procureurs, recepveurs, officiers et entremetiers de leurs affaires, mesmes la veufve du dict seigneur[2] et autres qu'il appartiendra au chasteau, manoir et domicile de Graville et autres lieux se reconneus pevent estre en ce pays et duché de Normandie, à ce qu'ils aient à comparoir par devant moy au dict 24e jour de Septembre prochain, heure de dix heures de matin et autres jours suivans au dict lieu de Grâce et ville Françoise en la maison et hostellerie où pend pour enseigne la sallemandre près du havre.

---

[1] Louis de Vendôme n'eut pour héritier qu'un fils, François de Vendôme, prince de Chabanois, vidame de Chartres, qui fut colonel de l'infanterie française après la mort du seigneur de Bonnivet et et mourut le 7 décembre 1560 ou 1562, âgé de trente-huit ans, sans laisser de postérité de sa femme, Jeanne d'Estissac.

[2] Hélène Gouffier, dite de Boisy, fille d'Artus Gouffier, duc de Rouannois, pair et grand maitre de France, comte d'Estampes et de Caravas, baron de Maulévrier et de Passavant, sieur de Boisy, etc., chevalier de l'ordre du Roy et son chambellan, gouverneur de Dauphiné, bailly de Vermandois et de Hélène de Hangest, dame de Magny, veuve de Louis de Vendôme, qu'elle avait épousé par contrat du 10 août 1517, et remariée par contrat du 16 septembre 1527 à François de Clermont, seigneur de Traves et de Saint-Chéron.

Lequel mandement feust par moy accordé et à ceste fin baillé à Raoullin Paon, sergent pour icelle faire exploicter en la forme et manière que dessus et à luy commandé si les dicts héritiers, tutteurs, curateurs et mesmement la veufve du dict seigneur n'estoit en ce dict pays, faire commandement au procureur, recepveur et fermiers du dict lieu et seigneurie de Graville qu'ils aient à le faire sçavoir aus dicts héritiers, leurs tutteurs et curateurs, veufve et autres qu'il appartiendra pour ce trouver au dict lieu, jour et heure et aussi qu'ils eussent à apporter au dict jour et mectre entre mes mains tous les droictz, adveux, dénombremens, chartriers, comptes, pappiers de receptes et valleurs de tout ce qu'ils ont ou pevent avoir au dict lieu de Grâce, en tout ce que contient le dict circuit des dictes 24 acres et pour autant qui leur en peult appartenir en quelque sorte et par quelque moyen que ce soit et qui a esté adjugé au dict deffunct seigneur de Graville par le dict arrest du 13ᵉ jour de may 1524 et au dict jour de lundy 26ᵉ jour d'aoust; ainsi que ce faisoit la lecture de ma dicte commission, arrivèrent Jehan de Marcelles[1], recepveur en partie de la seigneurie de Graville, maistre Jehan de Brey, soubz sénéchal de la dicte seigneurie de Graville, ausquelz feust par moy commandé comparoir au dict 23ᵉ jour de Septembre et à icelluy jour apporter ses pappiers de recepte, journal, comptes et pappiers depuis qu'il a esté commis à la dicte recepte et s'il en avoit du précédent qu'il les eust à apporter, lequel de Marcelles,

---

[1] Jean de Marcelles était le père de maistre Guillaume de Marcelles, conseiller du Roi, son procureur en *la ville Françoise de Grace*, auteur des Mémoires sur la fondation et origine de cette ville, qui furent publiés, en 1847, par J. Morlent, en 48 pages in-4º. Un terrain de quatre-vingt-cinq pieds carrés fut concédé à J. de Marcelles, au coin de la rue *qui maine des quays à l'esglise* et de celle *qui maine des bares à l'esglise*. V. p. 248.

recepveur se submist et promist ainsi le faire, et parsemblablement qu'il feroit sçavoir l'assignation aus dicts héritiers, tutteurs et curateurs en temps deu.

Et par le dict de Brey, soubz séneschal feust dit qu'il n'avoit charge autre que tenir la jurisdicion et plés de la dicte seigneurie de Graville pour l'absence du séneschal et qu'il se trouveroit au jour et assignacion.

Feust par semblablement commandé au dict maistre Guillaume Marye, lieutenant, nagueres tutteur des enffans myneurs de Estienne Marye, son frère, qui par cy devant avoit esté recepveur en la dicte seigneurie de Graville de apporter les chartriers, comptes et pappiers qu'il a par devers lui, ensemble de bailler instruction à Raoullin Paon présent, sergent à Montivillier pour faire adjourner ceulx qui pour ce seront à adjourner aux fins que dessus. Et à l'heure feust par moy baillé une demie feuille de pappier au dict Raoullin Paon, sergent, en laquelle estoit contenu le mémoire et instruction pour faire les dictz exploictz dont la teneur ensuit :

« Mémoire à Raoullin Paon, sergent se trouver aux prochains plés de la parroisse d'Ingouville qui se tiennent en la ville de Grâce et réitérer l'assignacion qu'il aura faicte au séneschal ou son lieutenant tenant les dictz plés, c'est assavoir maistre Jehan de la Masure, séneschal et maistre Jehan Brey, soubz séneschal et à Jehan de Marcelles, recepveur de la dicte seigneurie de Graville.

Item, réitérer la dicte assignation au consierge et garde du chasteau de Graville et par semblablement à maistre Loys Quemyn, procureur de la dicte seigneurie. »

Et fut commandé au dit Paon, sergent partir dès lendemain 28ième jour d'aoust pour aller faire les dictes assignations et aller ès maisons et domicilles des dessus nommés et icelluy réitérer en la forme que dessus et ce pendant en attendant le jour d'icelle assignation moy et le dict adjoinct sommes retournez en la dicte ville de Rouen.

Et le samedi 21ᵉ jour de septembre ou dict an 1532, de rellevée, moy, René de Becdelièvre, conseiller et commissaire dessus nommé pour parfaire et mettre à exécution vostre dicte commission me suis party de la dicte ville de Rouen pour aller à la dicte ville Françoise de Grâce et en ma compagnie maistre Geuffroy Marie, bailly de Maulevrier, advocat en court laye pris pour adjoinct à raison de la malladie survenue au dict maistre Jehan Berthin, mon premier adjoinct et en laquelle il estoit encore détenu et en icelle ville Françoise de Grâce suis arrivé le lundy 23ᵉ jour du dict moys de septembre ou dict an et logé en la dicte hostellerie où pend pour enseigne la Sallemandre. Et là ay trouvé maistre Laurens Bigot, votre premier advocat en la court, venu au dict lieu pour requérir et pourchasser ce qui seroit requis de faire à la conservation de vostre droict, enquel logis tost après se sont présentez et comparus les personnes dont les noms ensuivent et premièrement Raoullin Paon, sergent royal en la viconté de Montyvillier, lequel a présenté mon mandement sur ce à lui baillé duquel la teneur ensuit :

« Regné de Becdelièvre, seigneur de Sarsilly, conseiller du Roy en sa court de Parlement à Rouen et commissaire du dict seigneur en ceste partie, au premier huissier ou sergent royal sur ce requis, salut.

Comme par arrest de la dicte court donné entre le procureur général du Roy d'une part et feu Loys de Vendosme, vidame de Chartres et seigneur de Graville et autres dénommez au dict arrest, le 13ᵉ jour de may 1524 pour le descord de scituation de la ville Françoise de Grâce, entre autres choses eust été adjugé au dict de Vendosme 24 acres de terre, sur lesquelles a

esté construicte et édiffiée le hâvre et ville Françoise
de Grâce comme estant du corps et dommaine de la
seigneurie de Graville, fors et réservé et non comprins
tout ce qui estoit et seroit prins par le Roy nostre sire
pour l'édiffication des tours, murailles, fossez et forteresses de la dicte ville Françoise et hâvre qui estoient
et demouroient adjugez par le dict arrest au dict seigneur, et si avoit la dicte court réservé le procureur
général du dict seigneur à dire et soustenir contre le
dict de Vendosme qu'il pourroit avoir et prendre en sa
main tout le reste des dictes terres, rentes, droictz et
revenuz d'icelle ville en faisant rescompense raisonnable
au dict de Vendosme, lui entrer en ses deffences au
contraire suivant laquelle réservacion, nous ait esté
mandé par lettres patentes du dict seigneur donnéz à
Chasteaubréant le 17ᵉ de juin 1532 nous transporter sur
le dict lieu et hâvre de Grâce, appeler ceux qui pour ce
seront à appeler et entre autres les officiers du dict
seigneur et les héritiers du feu seigneur de Graville
pour informer de la valleur et revenu auquel que pevent
valloir par chascun an les dictes 24 acres de terre en
tant qu'il y en a adjugé au dict de Vendosme, ensemble
de toutes les droictures, prouffictz et émolumens qu'il
a et pourroit avoir en quelque sorte que ce soit ou puisse
estre pour raison de sa dicte seigneurie de Graville au
dict lieu et hâvre de Grâce et illec environ jouxte le
dict arrest pour luy en faire rescompense raisonnable
par le dict seigneur. Pourquoi nous vous mandons que
incontinent et sans délay vous faictes assignacion aux
héritiers du dict deffunt de Vendosme si faire se peult
ou à ses procureurs, recepveurs, officiers et entremetiers en la dicte seigneurie de Graville, à la veufve
du dict deffunct de Vendosme, ses procureurs et officiers
et autres qu'il appartendra à estre et comparoir par

devant nous le 23e jour de septembre prochain, à la veufve et autres enffants au dict lieu et hâvre de Grâce en la maison et hostellerie où pend pour enseigne la Sallemandre près la grosse tour pour estre prins à voir procéder en la dicte commission et qu'ils aient à apporter leurs chartriers, tiltres, adveux, comptes, pappiers de recepte et dénombremens contenans la valleur et revenu de ce qu'il leur est adjugé par le dict arrest s'ils voient que bien soit, oyr telles requestes et conclusions que vouldra vers eulx prétendre le procureur du Roy, notre dict seigneur, et par intimacion qu'ilz comparent ou non, il sera procédé au faict et parfaict de nostre dicte commission selon le voulloir et commandement du Roi. Ce faictes et gardés que deffaut n'y ait et nous certifiiez de tout suffisamment.

Donné au dict lieu du hâvre de Grâce le lundy 26e jour d'aoust l'an de grâce 1532, ainsi signé, Becdelièvre, ung paraphe et icelle sur simple queue de cire rouge. Et avec ce a baillé sa rellacion de l'exploict qu'il en a faict rédigée par lui en escript et signée de son signe ainsi qu'il a tesmoigné et recordé en la présence du dict Marie, adjoinct et de laquelle aussi la teneur ensuit :

A mon très honoré, seigneur, monseigneur maistre Regné de Becdelièvre, seigneur de Sarsilly, conseiller du Roy nostre sire en sa court de parlement à Rouen et commissaire du dict seigneur en ceste partie, honneur et révérence avec deue obéissance. Plaise vous sçavoir que, moy, Raoulin Paon, sergent royal en la vicomté de Montivillier vous certifie que ce jourd'huy 27e jour d'aoust 1532 pour acomplir le contenu en mandement donné de vous en la ville et hâvre de Grâce le lundy 26e jour de ce présent moys et an, je me suis transporté au chasteau de Graville, auquel lieu n'ay trouvé aucune personne. Neantmoinctz en la présence de Guillaume le Tellier, sergent et Robert Picquiet, j'ai adjourné les héritiers de feu Loys de Vendosme, vidame de Chartres et seigneur du dict lieu de Graville à comparoir par devant vous, monseigneur, au dict hâvre de Grâce le 23° jour de septembre prochain venant en la maison où pend pour enseigne la Sallemandre, pour répondre et procéder jouxte et aux fins contenuz au dict mandement. Et ce dict jour me suis transporté en la dicte ville et hâvre de Grâce, auquel lieu en parlant à maistre Jehan de Brey, escuyer, soubz séneschal de la dicte seigneurie de Graville et Jehan de Marcelles, escuier, recepveur fermier en partie de la dicte terre et seigneurie de Graville, ausquelz ay faict semblablement assignation; lesquelz après avoir veu et leu le dict mandement m'ont faict responce, c'est assavoir : le dict de Brey qu'il estoit voirement sous seneschal, mais qu'il n'avoit aucuns chartriers, lettres ne enseignemens de la dicte seigneurie fors le registre des plés estant es mains de maistre Gilles Arondeau, son greffier. Et par le dict de Marcelles m'a été répondu que le dict seigneur de Graville estoit soubz et en la garde du Roy, nostre sire et ne sçaroit recouvrer ses gardains ne mesme la dame mère du dict seigneur à raison qu'ils étoient demourans hors ce pays de Normandie, oultre qu'il n'avoit charge de recepvoir aucunes assignacions pour son dict maistre et qu'il y avoit ung procureur auquel je pourrioiz faire la dicte assignacion. Et quant aux comptes, pappiers, journaulx, adveux, chartriers et autres enseignemens il exhiberoit volluntiers ce qu'il en avoit. Néantmoinctz lesquelles responces par eux à moy faictes, je leur ay faict commandement apporter au dict jour les dictz chartriers, pappiers de recepte, tiltres, adveux et autres enseignemens concernans la dicte seigneurie de Graville mesmes qu'ils aient à le faire sçavoir au dict seigneur, leur maistre, ses gardains, la dame sa mère et autres qu'il appartendra davantage, pour ouyr telles requestes et conclusionz que vouldra vers eulx prétendre le procureur du Roy, nostre dict seigneur et par inthimacion qu'ilz se comparent ou non, il sera procédé par raison selon le voulloir et commandement du Roy, notre dict seigneur. A ce présent pour tesmoingts, scavoir est au dict de Brey, Tristement le Vasseur et Eustache du Val et au dict de Marcelles, Jehan Thiboust, sergent et Robert James.

Et ce dict jour, me suis transporté en la maison et domicille de maistre Loys Quemyn, procureur de la dicte seigneurie de Graville et illec en parlant à sa femme ay faict semblablement assignacion et commandement que dessus. Laquelle femme m'a faict responce que son dict mary n'estoit pour le présent en la ville, mais, luy retourné, luy feroit volluntiers sçavoir la dicte assignacion ; à ce présent Jehan Tizon, prins pour mon tesmoingt.

Et le lendemain 28ᵉ jour du dict moys me suis de rechef transporté vers ledict Quemyn, luy estant en la place devant l'Eglise Sainct-Saulveur du dict Montivillier, auquel j'ai réitéré la dicte assignacion, luy commandant le faire sçavoir au dict seigneur et dame ; me demandant la coppie du dict mandement avec rellacion de mon exploict que lui ai accordée. A ce présent pour tesmoingts, maistre Adam Quemyn et Robert Savary.

Le dernier jour du dict moys d'Aoust me suis transporté en la maison et hostel de noble homme maistre Jehan de la Masure, fermier de la dicte seigneurie de Graville, auquel ay faict semblable assignacion et commandement que dessus ; lequel après avoir veu et leu le dict mandement m'a respondu qu'il n'avoit charge ne mandement du dict seigneur ne de messieurs ses gardains de recevoir icelle assignacion et que le dict seigneur de Graville estoit en la garde du Roy, nostre dict seigneur. Néantmoinctz laquelle response luy ay faict commandement le faire sçavoir au dict seigneur et la dame sa mère, ses gardains et autres qu'il appartendra, mesmes apporter au dict jour assigné leurs chartriers, tiltres, adveux, comptes, pappiers de recepte et dénombremens contenans la valleur et revenu de ce qu'il leur est adjugé par le dict arrest s'il voit que bon soit, ouyr toutes et telles requestes et conclusions que vouldra vers eulx prétendre le procureur du Roy, nostre dict seigneur. Sur quoy il m'a faict semblable responce que dessus et qu'il se gardera de mesprendre, me demandant la coppie du dict mandement avec rellacion de mon exploict tant à lui faict que aux autres officiers, lequel lui ay baillé présentement, à ce présent Jehan de Boissel, prins pour mon tesmoingt.

Et oultre vous certiffie que le tiers jour de Septembre eu dict an vccxxxii me suis transporté en la dicte ville de Grâce au prétoire acoustumé à tenir les jurisdicions ordinaires du dict lieu et illec les plés de la dicte seigneurie de Graville tenans par le dict de Brey, présens le dict de la Masure et Marcelles, ausquelz j'ay réitéré les dictz assignacions et commandement cy dessus déclarez, moy saisy du dict mandement offrant leur en faire lecture, par lesquelz de la Masure, de Brey et Marcelles m'a esté respondu qu'il tenoient pour veu et leu me déclarans que autreffois leur avoys faict la dicte assignacion et exploict d'icelle disans qu'ilz percistoient à leur première responce, déclarans de rechef que le dict seigneur estoit en la garde du Roy et en surplus se garderoient de mesprendre. A ce présens pour tesmoingtz, noble homme Jacques d'Estimauville, Germain Hébert, Gilles Arrondeau, greffier des dictz plés et Pierres du Val, sergent et autres.

Et d'abondant me suis ce dict jour transporté au dict chasteau de Graville, auquel lieu n'ay trouvé que une femme, soy disant femme de Marin le Clerc, consierge du dict chasteau à laquelle j'ay réitéré la dicte assignacion par moy faicte au dict lieu faisant lecture du dict mandement; laquelle m'a faict réponce qu'elle ne sçavoit que c'est et que je eusses à parler aux officiers de la dicte seigneurie. A ce présens, Jehan Cavellier et Collin Marelle, prochains voisins du dict lieu. Et le tout vous certiffie estre vray et par moy avoir esté ainsi faict l'an et jour dessus dicts et ès présences que dessus. Ainsi signé : Paon, ung paraphe. »

Et ce faict, en la présence du dict Bigot, vostre advocat et du dict Marie adjoinct : Se sont présentez et comparuz maistre Guillem Marie, lieutenant général du viconte de Montivillier, maistre Jehan Hacquet, advocat du Roy au dict lieu et maistre Pierre Deschamps, vostre procureur en la dicte viconté ; en la présence desquels, à l'instance du dict Bigot ont esté appellez les enffans et héritiers de deffunct Loys de Vendosme, en son vivant visdame de Chartres et seigneur de la terre et seigneurie de Graville. Mesmement a esté appellée la dame mère et gardaine des dicts enffans, soubz à quoy s'est présenté et comparu maistre Loys Quemyn, procureur de la dicte seigneurie de Graville et mesmes procureur seulement *ad lites* comme il dit de la dicte dame, laquelle sa procuracion il a exhibée et est cy-après incérée. Aussi s'est comparu maistre Jehan de Brey, escuyer, soubz séneschal, Jehan de Marcelles, recepveur fermyer en partie de la dicte seigneurie, maistre Jehan de la Masure estant seigneur de Fontaines, lieutenant particullier du bailly de Caux en la viconté de Montivillier, aussi fermier et recepveur de la dicte terre de Graville. En la présence desquels officiers ay faict faire lecture de la dicte commission par le dict Marye, adjoinct.

Et ce faict, leur ay faict remontrance des causes de ma venue contenus en la dicte commission et pour icelle exécuter. A quoy par les dicts officiers de Graville a esté dit, que en obéissant à l'assignacion qui par le dict sergent leur avoit esté faicte jouxte sa rellacion dessus incérée, ils se comparoissent et présentent pour ouyr et entendre ce qui leur seroit dict. Disans, les dicts offficiers, excepté Quemyn, qu'ilz n'avoient charge, mandement ni commandement des dicts seigneurs et dame d'eulx y comparoir, fonder, parler ne procurer pour eulx en aucune manière. Et par le dict Quemyn, procureur a esté dit que sa dicte procuracion n'est particulière ne instructive de l'affaire présent, mais seulement *ad lites* et que deslors que l'assignacion lui feust faicte il avoit escript et adverty la dicte dame, mère et gardaine, et mesmement monsieur de Clermont[1], entremetier principal de leurs affaires et que la dicte assignacion estoit faicte et la dicte commission décernée par vous, sire, laquelle dame luy avoit faict responce que à dilligence elle avoit envoyé devers ses conseulx à Paris pour dellibérer qu'elle avoit sur ce à faire et que si tost qu'elle en auroit eu responce, elle lui feroit sçavoir, dont il n'en avoit eu encore aucune. A ces causes requéroit temps compétent lui estre donné pour renvoier devers elle, afin de lui faire sçavoir ma venue, lequel temps il requéroit, estoit d'un moys, et n'avoit autre charge ou povoir de accepter ladicte commission ne chose qui feust faicte en la deppendance d'icelle et néantmoinctz demandoit en avoir copie. Sur quoy par le dict maistre Laurens Bigot, vostre premyer advocat en la dicte Court a esté requis non obstant la responce du dict procureur et officiers, estre procédé à exécuter vostre dicte commission, veu qu'elle ne consistoit ne regardoit aucun ordre de procès, mais estoit seullement derivée de vostre bon voulloir et auctorité pour sçavoir et entendre au certain en quoy consistoit le bien et revenu que le dict seigneur

---

[1] François de Clermont, second mari d'Hélène Gouffier, veuve de Louis de Vendôme.

de Graville prétendoit avoir au lieu et place où est édiffiée vostre ville de Grâce, soit en fons, rentes, droictures féodalles que autres choses à lui accordez par l'arrest de la Court donné en l'an 1524 et jusques et comprins ce qui reste en 24 acres. qui est en descord et aussi pour entendre combien valloit le dict revenu par chascun an, affin que selon ce qui en seroit trouvé vous peussiez user ou délaisser la condicion apposée au dict arrest de réservacion de prendre le tout en vostre main en donnant par vous rescompense vaillable et suffisante au dict seigneur de Graville jouxte le dict arrest et commission est prouffitable et raisonnable tant pour vostre intérest et regard. Et affin que peussiez estre certain et adverty au certain des choses que aussi à l'utillité et proufficl du dict seigneur de Graville pour le faict de sa dicte récompense, se vostre plaisir est user de la dicte condicion et d'avantage estoit la dicte commission principallement donnée pour le bon prouffict et utillité de la chose publicque, augmentacion de la dicte ville Françoise et de tous les habitans du pays et chose requise estre faicte à dilligence par quoy n'estoient recepvables à riens contrevenir à vostre voulloir ne à contredire l'exécucion d'icelle vostre commission, *immo* la debvoient eux-mêmes requérir et demander à ces causes et que leurs requestes tendoient à longue dillacion veu le temps qu'ils en avoient esté advertis et les assignacions sur ce faictes, requeroit estre procédé et tiré oultre à la dicte exécution. Sur quoy eulx ouys, veu leur dicte response, a esté accordé au dict procureur de Grace copie de la dicte commission qui leur sera baillée ce jourd'hui et temps donné d'en conférer avec les dicts officiers ainsi qu'il verra bon estre jusques à jeudy matin, pendant lequel temps a esté enjoinct au dict Bigot et autres vos officiers au lieu présans, dresser articles, mémoires et instructions telles qu'ils verront bon estre et mesmes administrer tesmoingtz pour l'exécution d'icelle commission.

Aussi a esté enchargé et commandé aus dictz officiers de Graville et chacun d'eulx et par especial à ceulx qui ont eu par cy devant charge de recepte de mectre devers nous les comptes, registres, pappiers, adveux, escripts et autres enseignemens qui pourront donner à entendre et congnoistre en quoy consiste le dict revenu et droicture, de quelle valeur il a esté le temps passé, pour ce faict estre sur ce ordonné qu'il appartendra; le tout affin que entrecy et jeudy le temps soit employé à veoir, visiter et extraire les dictz pappiers et registres, desquelz plusieurs ont esté apportez et ce pendant veuz et visitez ainsi qu'il sera cy après déclaré en ce dict procès verbal.

Et le mardy 24ᵉ jour de septembre 1532 en la maison du seigneur de Vauchouquet, où estoit lors mon logis, s'est présenté le dict maistre Laurens Bigot lequel nous a remonstré que les principaulx personnages qui congnoissent le revenu de la dicte terre en ce qui en est en différend et combien il a vallu et vault et les causes de l'augmentacion d'iceulx sont les officiers propres d'icelle terre qui à la faveur de leur maistre n'en veulent pas bailler instruction ne advertissement principallement ceulx qui ont esté recepveurs et fermiers.

A ces causes a faict requeste verballe et mesmes baillée par escript tendant à ce que pour congnoistre particulièrement et au certain quelles droictures, revenues et prouffictz le dict seigneur de Graville a ou peult avoir ou prétendre en la dicte ville Françoise de Grace, parroisse et finage du lieu, enquérir de mon office le recepveur et fermiers qui à présent sont et ont esté par cy devant en la dicte terre et seigneurie de Graville, à ce que leur depposition puisse servir de advertissement pour par après enquérir et informer de la vérité et valleur et sans ce que leur dicte depposition puisse préjudicier à vostre droict, mais seullement pour instruction, attendu le reffus, négligence ou délay de la dicte tuctrice et héritiers d'en bailler la déclaration ; laquelle requeste luy ay accordée jouxté icelle dont la teneur ensuit.

« A monseigneur, maistre René de Becdelièvre, conseiller du Roy en sa court de parlement à Rouen et commissaire du dict seigneur en ceste partie.

Requiert le procureur général du Roy comme suyvant la commission à vous adressée tendant afin d'informer de la valleur, estat et quallité des droictz, revenus et prouffictz appartenans au seigneur de Graville dedans l'encloz de la ville Françoise de Grâce et de toutte la paroisse et finage du dict lieu, vous ayez décerné vostre mandement pour adjourner le dict sieur de Graville ou ses héritiers et autres à comparoir devant vous à certain jour pour apporter par estat et déclaracion les dictz droictz, revenuz et prouffictz, mesmes les registres, adveux, pappiers et enseignemens si aucuns en avoient. Lequel vostre commandement avoit esté exécuté deuement en parlant aux officiers, fermiers, procureur et recepveurs de la dicte seigneurie de Graville, de laquelle dépendroient les dictz droictures, revenuz et prouffictz, au jour de laquelle assignacion vous vous seriez transporté en la dicte ville Françoise en l'hostellerie où pend pour enseigne la Sallemandre qui estoit le lieu de l'assignacion. Et en ce lieu se seroit présenté entre autres le procureur de la mère gardaine et tuctrice des héritiers du dict seigneur de Graville. Lequel vous auroit remonstré qu'il avoit rescript et adverty la dicte mère et gardaine de la dicte commission et assignacion, laquelle luy avoit faict responce que à dilligence elle avoit envoyé par devers ses conseulx à Paris pour délibérer sur ce qu'elle avoit à faire, desquelz elle n'avoit eu responce et que si tost qu'elle en aurait eu elle luy manderoit, ce qu'elle n'avoit encores faict. Demandant le dict procureur longue dillacion de temps qu'il pourroit avoir responce de la dicte tuctrice, remontrant à ceste fin qu'il n'estoit que procureur *ad lites* et n'avoit aucune charge de requérir ou deffendre ne de bailler au nom de la dicte tuctrice et enffans aucune déclaracion des dictz droictures, revenuz et prouffictz ou faire production d'aucunes escriptures, desquelles aussi il disoit ne estre saisi et le tout estre par devers la dicte gardaine. Ce considéré et que telle dillacion ne seroit que pour retarder l'exécution de vostre dicte commission contre le voulloir et intencion du Roy, il vous plaise pour congnoistre particulièrement et au certain quelz droictures, revenuz et prouffictz le dict seigneur de Graville a ou peult avoir et prétendre en la dicte ville de Grâce, paroisse et finage du lieu, enquérir de vostre office le recepveur et fermiers qui à présent sont et ont esté par cy devant en la dicte terre et seigneurie de Graville à ce que leur depposicion vous puisse servir d'advertissement et au dict requerant pour par après enquérir et informer de la vérité, valleur et moiens et sans que leur dicte depposition puisse préjudicier au Roy, mais seulement pour instruction, attendu le reffuz, négligence ou délay de la dicte tuctrice et héritiers de bailler par déclaracion les dictes droictures, revenuz et prouffictz par eulx prétendus, pour ce faict communiqué au dict procureur général dire et soustenir par luy pour l'intérêt du Roy et le parfaict de l'exécution de vostre commission ce qu'il appartendra par raison. Ainsi signé, Bigot, ung paraphe. »

Et le mercredi 25ᵉ jour du dict moys par mon commandement et ordonnance ont esté mandés et faict comparoir par devant moy suivant la dicte requeste maistre Jehan de la Masure, estant seigneur de Fontaines, l'un des dictz recepveurs en partie et Jehan de Marcelles, demourant en la dicte ville Françoise qui par cy devant a esté l'un des dicts recepveurs, ausquelz ay remonstré le contenu en icelle requeste à ce qu'ilz eussent moiens de povoir congnoistre en quoy consiste le dict revenu et la valleur annuel qu'il a esté ou seroit à présent et la cause. Lesquelz ont faict responce que à ma contraincte et en obéissant à mon commandement pour autant qu'ilz en povoient avoir congnoissance ilz me le diroient voulontiers sans préjudice des droictz du dict seigneur de Graville, laquelle réservacion leur a esté accordée pour leur descharge sans préjudice aussi de vos droictz et que leur dit ne vous porte préjudice. Et sur ce commence à prendre le rapport, advertissement ou depposicion du dict de la Masure ainsi que cy après il a esté rédigé par escript et ce dict jour avoit esté à ceste fin juré mesmes ledict de Marcelles.

Et en procédant à icelle de relevée s'est comparu et présenté par devant moy le dict maistre Loys Quemyn, en nom et qualité, comme il disoit, de dame Helaine Gouffier, gardaine soubz la main du Roy de monseigneur François de Vendosme, vidame de Chartres et seigneur de Graville, lequel a dict et remonstré que combien que l'assignacion lui eust esté donnée à demain pour délibérer la coppie de vostre dicte commission, toutes fois à raison qu'il avoit eu nouvelles de sa maistresse et suyvant son commandement il se comparoissoit ce jourd'huy déclarant en dict nom procuratoire que après avoir veu la commission il se portoit pour appeler à la court de parlement à Rouen de la dicte commission et de l'exécution que on faisoit avant que ce dict lieu de Grâce ait esté adjugé au Roy et que le dict seigneur vidame ait esté oy en ses deffenses et d'autres tortz à déclarer en temps et lieu, demandant en avoir lettre et pour procéder certainement de sa part avoit mis par escript les dictz termes de son appellacion, qu'il présentoit ensemble sa dicte procuracion passée devant Pierre Le Roy et Jehan Contesses notaires eu Chástelet de Paris le mercredi 24ᵉ jour d'avril 1527 de laquelle appellacion ainsi baillée la teneur ensuit :

« Maistre Loys Quemyn, procureur de madame Helaine Gouffier, gardaine soubz la main du Roy de noble et puissant seigneur, monseigneur François de Vendosme, vidame de Chartres et seigneur de Graville, après avoir veu la commission de vous le commissaire, se porte pour appelant à la court de parlement à Rouen de la dicte commission et de l'exécution que vous en faictes avant que ce lieu de Grâce ait esté adjugé au Roy et que le dict seigneur vidame ait esté oy en ses deffenses et d'autres tortz à déclarer en temps et lieu vous demandant lectre de ce que dessus. Ainsi signé, Quemyn, ung paraphe. Ensuit après la teneur de la dicte procuracion.

A tous ceux qui ces lettres verront Jehan de la Barre, chevalier, conte d'Estampes, viconte de Bridiers, baron de Vevez, seigneur du dict lieu de la Barre, de Villemartin et du Plessis du Parc les Tourz, conseiller et chambellan ordinaire du Roy, nostre sire, premier gentilhomme de sa chambre et garde de la prévosté de Paris, salut. Sçavoir faisons que par devant Pierre le Roy et Jehan Contesses notaires du Roy, nostre dict seigneur, du nombre ancien de soixante de par luy establis en son Chastellet de Paris, fut présente noble et puissante dame Hélaine Gouffier, veufve de feu noble et puissant seigneur messire Loys de Vendosme, en son vivant chevalier, vidame de Chartres et prince de Chabanois tant en son nom que comme aiant la garde noble, gouvernement et administracion des personne et biens de François de Vendosme, myneur d'aans, fils d'elle et dudict deffunct, laquelle dame es dictz noms et en chacun d'iceulx noms tant conjoinctement que divisement a faict, nommé et ordonné, constitué et estably son procureur général et certain par povoir especial, Loys Quemyn, à la terre et seigneurie de Graville, auquel icelle

dame Helaine constituante donna et donne par ces dictes
présentes plain povoir, puissance et mandement espécial
d'estre et comparoir pour elle es dictz noms en jugement
hors, par devant tous juges et commissaires ou leurs lieu-
tenants tant d'église que de court laye, en toutes et chas-
cunes ses causes menez et à mouvoir, tant en demandant
comme en deffendant sa personne représenter, excuser,
exomer, plaider pour elle ou procèz encommencer, les
poursuir et mener à fin, produire lettres, instrumens et
enseignemens et mectre en forme, de prendre tesmoingts,
les voir jurer, si mestier est, décliner court et jurisdicion,
accepter court et juge, opposer en tous cas et en toutes fins,
soustenir ou délaisser oppositions à joindre en toutes causes
et matières, en demander et requérir le renvoi, faire mectre
à exécution touttes lettres, mendemens et impétracions, de
conclure en causes, ouyr droictz, arrestz, jugemens interlo-
quutoires et sentences deffinitives, d'en appeler et de tous
griefz rellever et poursuir l'appel ou appeaulx et renoncer
si mestier est, et y faire toutes autres choses et actes perti-
nentes à faict et ordre de plaiderie et de reprendre ou délaisser, si mestier est, touz et chascuns les procèz que le dict
deffunct Loys de Vendosme avoit et povoit avoir tant en
demandant comme en deffendant allencontre de quelques
personnes que ce soient, selon et en l'estat qu'ilz estoient
au jour du trespas du dict deffunct et y procéder comme
de raison et y substituer autres procureurs ung ou plusieurs qui aient ou ait le povoir dessus dict ou partie
d'icellui et généralement d'autant faire, dire, procurer et
besongner en ce que dit est et qui en despend comme la
dicte dame constituante es dictz noms feroit et faire pourroit, si présente en sa personne y estoit, jaçoit ce que le
cas requist mandement plus espécial qui promist en
bonne foy et sur l'obligacion de tous ses biens et de ceulx
d'icelle garde noble, meubles et immeubles présens et

advenir, avoir et tenir pour bien agréable à tousiours sans rappel tout ce que par son dict procureur et substitud sera faict, dit, procuré et autrement besongné en ce que dit est et qui en despend et à paier le juge, se mestier est. En tesmoing de ce, nous, à la rellacion des dictz notaires, avons faict mectre à ces dictes présentes le scéel de la dicte prévosté de Paris, lesquelles furent passées au chasteau du boys de Vincennes lèz Paris l'an 1527 le mercredi 24ᵉ jour d'avril après Pasques. Ainsi signé :

Pierre le Roy et J. Contesse par deux paraphes et icelle en double queue de cire verd. »

A quoy, de la part du dict maistre Laurens Bigot, vostre premier advocat en la court a esté dit, remonstré et requis, que non obstant la dicte appellacion qui estoit frivolle, je procédasse oultre à l'éxécution d'icelle vostre commission, remonstrant qu'elle estoit émanée de vostre certaine science et voulloir pour entendre, congnoistre et estre adverty certainement de ce quy consiste en la réservacion à vous accordée par le dict arrest affin que selon ce que trouveriez la rescompence qui y pendroit estre grande ou petite, préjudiciable au bien public ou prouffictable, vous puissiez reigler vostre bon voulloir et plaisir, que n'est que une simple instruction et certifficacion du faict et non pas que icelle commission contienne déclaracion par vous faicte de les prendre et bailler rescompence, car elle n'en contient riens, quelque allégacion que en fasse le dict procureur ; laquelle estimacion et commission est aussi bien à l'avantage du dict seigneur de Graville comme de vous, sire. Car s'il voulloit il pourroit bailler la dicte déclaracion et déclarer ce qui y consistoit pour plus clairement le congnoistre dont il et ses officiers estoient délaians et ne requièrent telles commissions dérivées de vostre voulloir, certaine science et pour vos affaires et ne consistent en congnoissance de cause ne subgectes à appellation maxime, qu'il n'est question de donner aucune sentance, par quoy de interjecter appellacion d'icelle commission il n'y avoit apparence et ne debvoit estre différé à icelle ne laisser à parfaire l'effect de la dicte commission, avec ce a remonstré que le dict Quemyn estoit mal fondé pour interjecter la dicte appellacion pour ce que sa dicte procuracion n'estoit poinct instructive en ceste cause ou affaire propre, mais estoit une vieille procuracion *ad lites* de longtemps passée qui avoit par son stile povoir de appeller de toutes sentences et interlocutoires qui adviendroient en matières de plaiderie, ce qui ne consistoit point en l'affaire de présent et n'estoit la dicte procuracion à propos avec ce, que telles appellacions verballes non rellevées par l'ordonnance ne doibvent sureoir (surseoir) l'exécution de ce qui est commencé. Disant le dict Bigot qu'il n'avoit entendu ne entendoit faire faire par l'exécucion d'icelle commission aucune chose en préjudice du dict seigneur de Graville, mais seullement pour obéir à vostre voulloir et commandement contenu en la dicte commission, luy accordant que l'examen et inquisicion qui se fera que ce soit sans préjudice de la dicte appellacion luy demourant entier en toutes ses raisons, contredictz et deffenses et se accorder ne le voulloit par ces termes requéroit estre procédé oultre à l'exécution d'icelle commission. A quoy, par le dict procureur a esté dit qu'il requéroit et demandoit temps de sur ce soy délibérer et en venir donner responce, qui luy a esté donné de son acord jusques à demain de rellevée, pendant lequel temps sans préjudice de la dicte appellacion a esté dit que les dictz de la Masure et de Marcelles seront enquis sur ce que dit est, lequel procureur s'est incontinent absenté. Et par après que les dictz de la Masure et de Marcelles se sont présentez, ay renvoié quérir le dict procureur pour estre présent à les voir jurer, mais n'a pu estre recouvert jusques à lendemain qu'il a esté présent au serment par nous de rechef prins du dict de Marcelles et le serment du dict de la Masure a esté présentement receu sauf toutes ses raisons. Et ce dict jour et lendemain avons receu leurs dictes depposicions ainsi qu'il est amplement contenu en icelles, présent le dict adjoinct.

Et le jeudi 26ᵉ jour du dict moys de septembre au dict an cinq cens trente deux au dict logis du dict Vauchouquet, le dict Quemyn s'est présenté et comparu par devant nous et en la présence du dict Bigot a déclaré, que en lieu de ce que en jourd'hier il avoit dit qu'il se portoit pour appellant de la commission par vous, sire, envoiée et de l'exécucion d'icelle jouxte le formulaire en bref d'icelle appellacion qu'il nous avoit baillé par escript et cy devant incéré, il déclaroit qu'il n'entendoit pas interjecter appellacion de la dicte commission émanée de vous, sire, mais de la commission par moy décernée et de l'exécucion d'icelle, suppliant sa dicte appellacion estre en ce corrigée et escripte. Sur quoy luy ay faict responce que de ma part n'avoit esté décernée aucune commission, mais seullement ung mandement narratif du contenu en vostre dicte commission pour adjourner et convenir les parties à comparoir devant moy à la fin contenue en icelle commission, suivant laquelle le sergent avoit faict les dictes assignacions et autre commission n'y avoit eu, preuve icelle. Et ce néantmoinctz a dict et déclaré qu'il percistoit à icelle dernière appellacion ainsy par luy corrigée. Et en regard de l'offre que avoit en jour d'hier faicte le dict avocat, a faict responce qu'il percistoit à sa requeste d'avoir temps compétent d'en advertir la dicte dame et par le dict advocat perciste à ses requestes dessus dictes, requérant par moy estre procédé oultre non obstant la dicte appellacion non rellevée ne exploictée. Sur quoy a esté par moy dit et déclaré au dict Quemyn, procureur, pour le regard de la correction par luy demandée estre faicte à sa dicte appellacion, qu'elle demourra en l'estat que en jourd'hier elle a esté présentée, mais que de ce qu'il en dit ce jourd'hui, mencion en sera faicte en ce dict procès verbal, ainsi qu'il est dit cy dessus déclaré et en surplus sans préjudice d'icelle appellacion suivant vostre voulloir contenu en la dicte commission, luy avons déclaré que procéderons oultre à l'exécucion d'icelle ainsi qu'il appartendra en luy faisant assignacion à estre et comparoir ce jourd'huy et autres jours ensuyvans pour estre présent s'il voit que bien soit à voir jurer les tesmoingtz qui de la part du dict advocat seroient produictz. A quoi il a faict responce qu'il se gardera de mesprendre. Et ce faict, de la part du dict Bigot, vostre avocat, a esté remonstré que l'un des principaulx articles de l'exécucion de la dicte commission estoit d'avoir les pappiers et registres des comptes d'icelle terre de Graville du temps passé qui estoit difficille à recouvrer veu le reffus faict par la dicte dame et ses officiers de les exhiber et monstrer et que par le moien du dict maistre Guillaume Marye, lieutenant du dict viconte de Montivillier, le frère duquel avoit esté longtemps recepveur d'icelle terre et aussi vostre procureur au dict lieu, s'ilz estoient examinés l'on pourroit recouvrer iceulx registres et comptes ou partie d'iceulx. A ces causes nous a requis qu'ilz soient sur ce passage enquis et interroguez pour en sçavoir la vérité. Laquelle requeste luy a esté accordée et suyvant icelle, avons ce dict jour procédé au dict examen en la présence du dict adjoinct et leur depposicion redigée par escript ainsi qu'il est contenu cy après et ce dict jour décerné mandement à l'un des dictz sergents pour adjourner plusieurs autres tesmoingtz des plus anciens du pays nomméz par vostre dict advocat qui parsemblablement ont esté jurez, enquis et examinez jouxte leurs dictes depposicions et les jours qu'ilz ont esté recouvers et en l'outreplus des dictz jours et durant iceulx examens le temps a esté emploié de rellevée et de matinée à faire autres plusieurs choses trouvez requises estre faictes et accomplies pour adverer de plus en plus la vérité et congnoistre les droictz que avoit à coustume prendre le dict seigneur de Graville dedens le lieu et ès enclaves de la dicte ville Françoise et hâvre de Grâce, ensemble la valleur dont elles estoient le temps passé et aux derraines années et le prix qu'elles vallent à présent. Et à ceste fin par nostre ordonnance et les commandemens précédens contenuz en ce dict procès verbal ont esté recouvers plusieurs des dictz comptes d'icelle terre, c'est assavoir par la main de maistre Pierre Deschamps, procureur du Roy en la viconté de Montivillier, pour l'année 1492, de la part du dict de Marcelles suyvant nostre ordonnance, trois grans comptes de la générale recepte faicte et rendue sur son nom, le premier pour l'an 1519 et finissant 1520, le second est pour l'année 1521 et finissant 1522, et le tiers est pour l'année 1523 et finissant 1524, avec deux petits pappiers où est mis la recepte particulière qu'il tient à présent à ferme soubz le dict de la Masure, où est au long déclaré les fieffes faictes en la dicte ville Françoyse et les sommes que les fieffeurs en doipvent pour congnoistre icelles fieffes et la valleur. Aussi avons recouvert du dict maistre Guillem Marye, lieutenant général du dict viconte, autres comptes de la dicte recepte du temps passé et de plusieurs autres de plusieurs années, tous lesquelz comptes avons visitéz, feuilletéz et regardéz et faict voir, visiter, feuilleter et regarder au dict Bigot et d'iceulx faict extraictz des articles principaulx servans à l'intencion et effect de ladicte commission. Lesquelz extraictz sont incéréz de mot à mot en ce présent nostre procès verbal ainsy qu'il ensuit :

Extraict du compte de la terre de Graville pour l'année commençant au terme Saint Michel l'an de grâce 1492 exclud et finissant à semblable jour et terme ensuyvant includ et comprins, rendu par Jehan Grivel l'aîné, oncle et tucteur de François Grivel, filz soubz aage et héritier de deffunct Guillaume Grivel en son vivant recepveur de la dicte terre et commis par justice à rendre les dictz comptes.

Au chappitre de dommaine non fieffé en la prévosté de Graville est mis ce qui ensuict :

De la coustume et eauye du Hable de Grace, assavoir à Lheure louée quatre ans cy pour le premyer par Guillaume le Breton, iiii^l.

De la coustume et eauye du Hable d'Harfleu et de la crique d'Espagne louée quatre ans comme dessus par le dict Breton cy pour le premier, xl^s.

En autre lieu vers la fin du dict compte est mis :
Forfaictures, néant; Varesc, néant.

Et en la fin du dict compte est mis :

Ce compte a esté oy, examiné et cloz par moy Guillaume de Villetain, seigneur de Gif à ce commis le xve jour d'apvril 1494 avant Pasques. Ainsy signé, Guillaume de Villetain et Grivel, deux paraphes.

Collacion faicte.

Autre extraict du compte des rentes et revenues de la dicte terre et seigneurie de Graville et des appartenances et appendances d'icelle, icelluy compte commençant au jour et terme de Pasques 1501 exclud et non comprins, rendu pour Raoullin Bellain, escuyer, de la première année qu'il a esté recepveur d'icelle seigneurie par Robert Auvray, escuyer.

De la prévosté de Graville, au chappitre du domaine non fieffé.

De la coustume et eauye du Hable de Grâce assavoir à Lheure que a tenu derrain Thomas Gaultier louez trois ans cy pour le deuxième par le dict Thomas Gaultier vii¹ xv˙.

De la coustume et eauye du Hable de Harfleu et de la crique d'Espagne que a derrainement tenu Jehan Daoust, laquelle coustume a esté baillée à Raoullet le Conte par certain appoinctement et n'en doibt riens paier jusques à six ans cy pour le premier a esté baillé par cy devant par x¹ par an, néant.

En autre lieu :

Forfaictures, néant; Varesc, néant.

De Jehan Paré pour ung mast de navire trouvé sur la rue de la mer en la dicte seigneurie de Graville et après les criez faictes adjugé au dict Paré comme au plus offrant par la somme de xˢ.

Somme par soy xˢ.

Et en la fin du dict compte est escript.

Ce présent compte a esté oy, examiné et cloz par moy Guillaume de Villetain, seigneur de Gif à ce commis et signé par noble homme Robert Auvray, seigneur du Buisson en vertu de la procuracion de Raoullin Bellain, son nepveu, recepveur cy rendu avec les aquictz, faict le vii͏ᵉ jour d'aoust l'an 1501. Ainsi signé, de Villetain et Auvray, deux paraphes.

Collacion faicte.

Autre extraict du compte des rentes et revenues de la dicte terre et seigneurie de Graville et deppendances d'icelle, icelluy compte commençant au jour et terme de Pasques l'an 1503 comprins et finissant à semblable jour et terme de Pasques ensuyvant 1504 excludt et non comprins rendu par Jehan le Boutiller, recepveur.

De la prévosté de Graville au chappitre du dommaine non fieffé.

De la coustume et eauye ainsi qu'elle s'estend au long de la coste tant au Hable de Grace que Lheure, comprins le Chef de Caux que avoit derrain tenue à louage Thomas Gaultier, louée à Jehan Pellerin pour trois ans cy pour le deuxième xi^l.

De la coustume et eauye du Hable de Harfleu et de la crique d'Espagne, néant pour ce qu'elle a esté baillée à ceuillir à Raoullet le Conte le temps de six ans en rescompence d'aucun appointement faict avec luy par les officiers de la dicte seigneurie cy pour le iiie an pour ce, néant.

En autre lieu.

Garde desoubzagé, néant; Forfaictures, néant; Varesc, néant;

Et en la fin du dict compte est escript.

Ce présent compte a esté ouy, examiné et cloz par moy Guillaume de Villetain, seigneur de Gif à ce commis le viie jour de septembre l'an 1504. Ainsi signé, de Villetain et le Boutiller, deux paraphes.

Collacion faicte.

Autre extraict du compte des rentes et revenues de la dicte terre et seigneurie de Graville et des appartenances et des appendances d'icelle pour ung an commençant au jour de Pasques 1509 le dict jour comprins et finissant à Pasques 1510, le dict jour non comprins. Faict et rendu par Estienne Marye, escuyer.

De la prévosté de Graville au chappitre du dommaine non fieffé.

De la coustume et eauye du Hable de Grâce et Harfleu assavoir à Lheure, louée par Jehan Pellerin en la manière acoustumée par xi^l ii^s vi^d l'an pour quatre ans cy pour le quatrième xi^l ii^s vi^d.

De la coustume et eauye du Hable de Harfleu et de la cricque d'Espagne que a puis n'a guaires tenu Jehan

Daoust, la dicte coustume a esté baillée à Raoullet le Conte par certain appoinctement et n'en doibt riens paier jusques à ix ans cy pour le huitième, néant.

En autre lieu :

Forfaictures pour l'an de ce compte, néant ; Garde de soubzagé, néant ; Varesc, néant.

Et en la fin du dict compte estoit escript.

Ce présent compte a esté veu, ouy, examiné et cloz par nous, Guillaume de Sandouville seigneur du lieu, prothonotaire du Saint-Siège appostolique, chanoyne de la grande église Nostre-Dame de Rouen et Jehan de Saint-Mard, seigneur et viconte hérédital de Blosseville commis de par monseigneur, à ce appellez avec nous honnorables hommes, Adam Deschamps, escuyer, séneschal de la dicte seigneurie de Graville et Loys Quemyn, procureur d'icelle, et Pierre de la Faye, procureur de mon dict seigneur, le xie jour de Septembre l'an 1513, ainsi signé : de Sandouville, de Saint-Mard, Deschamps, de la Faye et Quemyn, plusieurs paraphes.

Collacion faicte.

Extraict du compte des rentes de la terre et seigneurie de Graville et des appartenances et appendances d'icelle pour ung an commençant au jour de Pasques 1510 le dict jour comprins et finissant à Pasques 1511 le dict jour non comprins, faict et rendu par Estienne Marie, escuyer.

De la prévosté de Graville au chapitre du domaine non fieffé.

De la coustume et eauye du Hable de Grâce et Harfleu assavoir à Lheure, louée par Jehan Pellerin à en joir à la manière acoustumée par xi livres, ii sols, vi deniers l'an pour quatre ans cy pour le quatriesme xi^1 vi^s ii^d.

De la coustume et eauye du Hable de Harfleu et la cricque d'Espagne que a puis nagaires tenu Daoust, la dicte coustume a esté baillée à Raoullet le Conte par certain appoinctement et n'en doibt rien paier jusques à neuf ans cy pour led..... néant.

En autre lieu.

Forfaictures pour l'an de ce compte, néant; Garde de soubzagé, néant; Varesc, néant.

Et en la fin du dict compte est escript.

Ce présent compte a esté veu, oy, examiné et cloz par nous Guillaume de Sandouville, seigneur du dict lieu, prothonotaire du Saint-Siège appostolique et chanoyne de la grand Eglise Nostre-Dame de Rouen, et Jehan de Sainct-Mard, chevalier, seigneur et viconte hérédital de Blosseville commis de par monseigneur, ad ce appellez avec nous honnorables hommes, Adam Deschamps, escuyer, séneschal de la dicte seigneurie de Graville, Loys Quemyn, procureur d'icelle et Pierre de la Faye, procureur de mon dict seigneur. Le xiie jour de Septembre l'an 1513. Ainsi signé : de Sandouville et de Sainct Mard, deux paraphes.

Autre extrait du compte des rentes et revenues de la dicte terre et seigneurie de Graville et des appartenances et appendances d'icelle pour ung an commençant à Pasques 1511 le dict jour comprins et finissant à Pasques 1512 le dict jour non comprins. Faict et rendu par Estienne Marye, escuyer.

De la prévosté de Graville au chapitre du domaine non fieffé.

De la coustume et eauye du Hable de Grâce et Harfleu assavoir à Lheure, louée par Jehan Pellerin à en joir à la manière acoustumée par xi^l ii^s vi deniers l'an pour quatre ans cy pour le derrain xi^l ii^s vi^d.

De la coustume et eauye du Hable de Harfleu et la cricque d'Espagne que a puis nagaires tenu Jehan Daoust la dicte coustume a été baillée à Raoullet le Conte par certain appoinctement et n'en doibt rien paier jusques à ix ans cy pour le derrain, néant.

En autre lieu.

Forfaictures pour l'an de ce compte, néant ; Garde de soubzagé, néant ; Varesc, néant.

Et en la fin du dict compte est escript ce qui ensuit :

Ce présent compte a esté veu, oy, examiné et cloz par Guillaume de Sandouville, seigneur du lieu, prothonotaire du Saint-Siège appostolique et chanoine en l'église Nostre-Dame de Rouen et Jehan de Sainct-Mard, chevalier, seigneur et viconte hérédital de Blosseville commis de par monseigneur, ad ce appellez avec nous Adam Deschamps, séneschal de la dicte seigneurie, Loys Quemyn, procureur d'icelle et Pierres de la Faye, procureur de mon dict seigneur le xive jour de Septembre l'an 1513, Ainsi signé : de Sandouville, de Sainct-Mard, Deschamps et Quemyn, plusieurs paraphes.

Collacion faicte.

Autre extraict du compte des rentes et revenues de la dicte terre et seigneurie de Graville et des appartenances et appendances d'icelle pour ung an commençant à Pasques 1512 et finissant à Pasques 1513, le dict jour non comprins. Faict et rendu par Estienne Marie, escuyer.

De la prévosté de Graville au chappitre du domaine non fieffé.

De la coustume et eauye du Hable de Grâce et Harfleu louée en la manière acoustumée par Estienne de la Porte par xv livres par an par cinq ans cy, rendu pour le quatriesme xv^l.

De la coustume et eauye du Hable de Harfleu et la cricque d'Espagne que a puis nagaires tenue Jehan Daoust, laquelle coustume a esté baillée à Raoullet le Conte par certain appoinctement et n'en doibt riens paier jusques à neuf ans, cy pour le derrain x^l ii^s vi^d.

En autre lieu :

Forfaictures pour l'an de ce compte, néant; Garde de soubzagé, néant; Varesc, néant.

Et en la fin du dict compte estoit escript ce qui ensuyt :

Ce présent compte a esté veu, ouy, examiné et cloz par nous Guillaume de Sandouville, seigneur du lieu, prothonotaire du Saint-Siége appostolique, chanoyne en l'église Nostre-Dame de Rouen et Jehan de Sainct-Mard, chevalier, seigneur et viconte hérédital de Blosseville commis de par mon dict seigneur, ad ce appellez avec nous honorables hommes, Adam Deschamps, escuyer, séneschal et Loys Quemyn, procureur de la dicte seigneurie et Pierres de la Faye, escuyer, procureur de mon dict seigneur, le saiziesme jour de septembre l'an 1513. Ainsi signé : de Sandouville, de Sainct-Mard, Deschamps et Quemyn, plusieurs paraphes.

Collacion faicte.

Autre extraict du compte des rentes et revenues de la dicte terre et seigneurie de Graville et des appartenances et appendances d'icelle pour ung an commençant au jour de Pasques 1513 et finissant au jour de Pasques 1514 le dict jour non comprins. Faict et rendu par Estienne Marye, escuyer.

De la prévosté de Graville au chappitre du domaine non fieffé.

De la coustume et eauye du Hable de Grâce et Harfleu louée en la manière acoustumée par Estienne de la Porte par xv livres par an par cinq ans cy rendu par le cinquiesme et derrain an xv livres.

De la coustume et eauye du Hable de Harfleu et la cricque d'Espagne que a puis nagaires tenue Jehan Daoust laquelle coustume a esté baillée à Jehan Pellerin pour trois ans par x^l II^s vi deniers l'an pour ce, cy rendu pour le derrain x^l II^s vi deniers.

En autre lieu :

Forfaictures pour l'an de ce compte, néant; Garde de soubzagé pour ceste dicte année, néant ; Varesc,

Est trouvé ung basteau en l'an de ce compte et ung mast à la coste d'Ingouville et mesmes une autre pièce de boys servant à faire un fust d'artillerie dont doibt faire apparoir à son prochain compte ce que en avoit esté faict, parce que l'an et le jour n'est pas passé, avec ce une ancre d'un petit basteau, plus y a une ancre.

Et en la fin du dict compte est escript :

Ce présent compte a esté veu, examiné et cloz par nous, Guillaume de Sandouville, seigneur du lieu, prothonotaire du Sainct-Siége apostolicque, chanoyne en l'église Nostre-Dame de Rouen, et Jehan de Sainct Mard, chevalier, seigneur et viconte hérédital de Blosseville commis de par monseigneur, ad ce appellez avec nous, honnorables hommes, Adam Deschamps, escuyer, séneschal de la dicte seigneurie de Graville, Loys Quemyn, procureur d'icelle et Pierres de la Faye, procureur de mon dict seigneur, le huictième jour de septembre 1514. Ainsi signé : de Sandouville, de Sainct-Mard, Deschamps, Quemyn, de la Faye et Marye, plusieurs paraphes.

Collacion faicte.

Extraict du compte de la terre et seigneurie de Graville rendu pour l'année 1514 et finissant l'an 1515 par Estienne Marye, recepveur de la dicte seigneurie de Graville des chappitres et articles qui ensuivent :

De la prévosté de Graville au chappitre du domaine non fieffé IIIe feuillet première page :

Je Jehan Pellerin pour la ferme de la coustume et eauye du Hable de Grâce, coustume et bailllizage du havre de Harfleu et pasturage du cloz aux gallets, le tout a lui baillé à ferme pour le temps de cinq ans par le prix de xxii^l v^s par an pour ce cy rendu pour le premyer, xxii^l v^s.

En autre lieu eu dict compte est mis :

Forfaictures pour l'an de ce compte, Néant.

Varesc, pour ung petit basteau trouvé en varesc à Lheure le long de la mer, lequel a esté vendu par le seneschal ès plès de la seigneurie après le record des criées et subhastes faictes à Simon Godeffroy la somme de LXII^s VI^d comme au plus offrant et dernier enchérisseur dont a esté prins le tiers denier pour le sauvetage ainsi qu'il en a acoustumé user en tels cas. Ainsi en revient pour les deux pars LI^s VIII^d par le dict recepveur, de laquelle vendue d'icellui basteau appert soubz le saing du dict séneschal pour ce cy rendu, LI^s VIII^d.

Et en la fin du dict compte estoit escript :

Ce présent compte a esté oy, veu, examiné et cloz par nous, Guillaume de Sandouville, seigneur du lieu, prothonotaire du Saint-Siége apostolique, chanoine en l'église Nostre-Dame de Rouen et Jehan de Sainct-Mard, chevalier, seigneur et viconte héréditai de Blosseville commis de par monseigneur, ad ce appellez avec nous honnorables hommes, Adam Deschamps, escuyer, seneschal de la dicte seigneurie de Graville, Loys Quemin, procureur d'icelle et Pierres de la Faye, escuyer, procureur général de mon dict seigneur. Le XVII jour de septembre 1515. Et est signé : de Sandouville, de Sainct-Mard, Deschamps, Quémyn, Marye, plusieurs paraphes.

Extraict d'un autre compte rendu par Guillaume de Gastimesnil, escuier, Guillaume Marye, advocat en court laye et damoiselle Anne Bosquet, veufve de deffunct Estienne Marye, en son vivant recepveur pour la huitiesme année que le dict deffunct a esté recepveur de Graville qui est pour ung an commençant au jour de Pasques mil V^{cc} XVI, le dict jour non comprins, les articles qui ensuivent :

Sur le chappitre du domaine non fieffé de la prévosté de Graville :

Je Jehan Pellerin pour la ferme de la coustume et eauye du Hâvre de Grâce, coustume et baillizage du Havre de Harfleu et pasturage du cloz aux gallets, le tout a luy baillé à ferme pour le temps de cinq ans par le prix de xxii¹ vˢ par an pour ce cy rendu pour le deuxième an, xxii¹ vˢ ; Forfaictures, néant ; Garde de soubzagé pour l'an de ce présent compte, néant ; Varesc pour l'an de ce présent compte, néant.

Et en la fin du dict compte est escript ce qui ensuit :

Le présent compte a esté ouy, veu, examiné et cloz par nous, Robert de Culant, messire François de la Verille et Jehan de Sainct-Benoist, escuiers, maistres d'hostelz et procureur de haultes et puissantes dame et damoiselle madame Jehanne de Graville, veufve de messire Charles d'Amboise, chevalier de l'ordre, grand-maistre et maréchal de France, et damoiselle Anne de Graville, femme de hault et puissant seigneur Pierres de Balesac, seigneur du dict lieu et baron d'Entragues et hault et puissant seigneur, Loys de Vendosme, vidame de Chartres et seigneur de Graville, tous les dessus dictz héritiers de feu hault et puissant seigneur, Loys de Graville, en son vivant admiral de France, les dessus dictz de Culant, la Verille et de Sainct-Benoist, fondez de leurs procurations, c'est assavoir le dict de Culant, procureur de la dicte demoiselle Anne de Graville par procuration passée par devant maistre Jehan Adrien, lieutenant général de monseigneur le viconte de l'eau de Rouen, le derrain jour de mars avant Pasques mil vᶜᶜ xxi et le dict de la Verille, procureur de la dicte dame Jehanne de Graville par procuration passée par devant Estienne de Marcoussis la Belle, en la prévosté de Montlery le xviiiᵉ jour de Febvrier mil vᶜᶜ xxi et la procuracion du dict de Sainct-Benoist pour le dict seigneur vidame, signée de son saing et scel armoié de ses armes[1], à la Ferté-Conault le huictiesme apvril mil v⁰ xxi avant Pasques, aians povoir par icelles procuracions de voir, oyr, examiner et clorre tous les comptes des receptes des terres de Normandie estans de la succession du dict deffunct seigneur admiral, le double desquelles procuracions collationnez à l'original par le dict maistre Jehan Adrien sont demourez entre les mains de maistre Guillaume Marye, tucteur des enffans de feu Estienne Marye, en son vivant recepveur de la dicte terre et seigneurie de Graville avec lequel Guillaume Marye en nom et comme tucteur des dictz enffans et comme procureur de la veufve du dict deffunct, a esté veu, ouy, examiné, calcullé et cloz ce dict présent compte lequel en nom et en qualité que dessus a eu et a pour agréable, a promis et promet aux dessus dictz de Culant, la Verille et de Sainct-Benoist bailler le double de la tuction des dictz enffans myneurs, collacionnée à l'original comme la raison le veult toutes et quanteffois que par eulx ou l'un deulx en sera requis.

Faict et cloz ce dict présent compte le lundy trenteungiesme et dernier jour de may l'an 1522 par nous soubz signez. Ainsi signé : Sainct-Benoist, Robert de Culant, de la Verille et Marye, plusieurs paraphes.

Autre extraict du compte rendu de la dicte terre et seigneurie de Graville pour ung an commençant au jour de Pasques 1516 et finissant au terme de Pasques 1517 rendu par Guillaume de Gostimesnil, escuier, Guillaume Marie, advocat en court laye et damoiselle Anne Bosquet veufve de deffunct Estienne Marye, en son vivant recep-

---

[1] Les armoiries de Louis de Vendôme, vidame de Chartres, étaient: *Ecartelé : au 1 et 4, d'argent, au chef de gueules, au lion rampant d'azur, brochant sur le tout*, qui est de Vendôme; *au 2 et 3, d'azur, semé de fleurs de lys d'or*.

veur de la dicte terre et tuteur des enffans soubzagés du dict deffunct recepveur.

De la prévosté de Graville au chappitre du domaine non fieffé est mis ce qui ensuit:

Je Jehan Pellerin pour la ferme de la coustume et eauye du Havre de Grâce, coustume et baillizage du Hâvre de Harfleu, pasturage du cloz aux gallets, le tout à luy loué pour le temps de cinq ans par le prix de xxii^l v^s par an pour ce cy rendu pour le iiie an, xxii^l v^s.

Autres articles sur le faict du dict domaine non fieffé contenuz au dict compte:

Forfaictures pour l'an de ce compte, néant; Garde de soubzagé pour l'an de ce compte, néant; Varesc pour l'an de ce compte, néant.

Et en la fin du dict compte est escript ce qui ensuit:

Ce présent compte a esté ouy, veu, examiné et cloz par nous, Jehan de Sainct-Benoist, escuyer, seigneur de la Chastellenie de Prémont-lez-Nogent-le-Roy et de Revillon en Brie, procureur et maistre d'hostel de hault et puissant seigneur, monseigneur Loys de Vendosme, vidame de Chartres et seigneur de Graville, messire François de la Vérille, chevalier, seigneur du lieu, procureur et maistre d'hostel de haulte et puissante dame Madame Jehanne de Graville, veufve de deffunct messire Charles d'Amboise, en son vivant chevalier de l'ordre et grand maistre de France, dame de Marcoussis et noble homme Robert de Culant, escuier, maistre d'hostel et procureur de damoiselle Anne de Graville, dame d'Entragues et du Bois Mallesherbes ainsi qu'il est plus à plain faict mention en l'arrest et closture du derrain compte précédent cestuy par nous ouy, cloz et examiné avec Guillaume Marye, advocat en court laye, auponderateur et tucteur des enffans de feu Estienne Marye, recepveur du dict Graville et aussi procureur de la dicte veufve de laquelle il se faict fort et promect en fournir toutes et quantes fois que par nous ou l'un de nous sera requis. Et lesquelles noz procuracions sont incorporez à la fin de ce présent compte.

Faict à Rouen le lundy deuxiesme jour de juing l'an 1522 par nous soubz signez. Ainsi signé : Sainct Benoist, ung paraphe.

Par ce présent compte appert que mon dict seigneur le vidame et son frère ont receu la somme de xii^{cc} livres xiii^s ix^d par quictance et si a esté mis en mise par le dict recepveur la somme de xxii^l x^s pour les voiages faictz par le dict deffunct recepveur à porter le dict argent aux dictz seigneurs vidame et son frère, lesquelles parties sont allouez par moy, de Sainct-Benoist entièrement et par nous, de la Verille et Culant par les moiens, reservations et protestations contenues en mémorial donné de Maistre Jacques Audrant, escuier, licencié en loix, lieutenant de monseigneur le bailly de Rouen le mercredi quatriesme jour de juing 1522. Les acquictz de ce présent compte et du compte dernier sont demourez vers moy, de Saint-Benoist. Et le tout saouf erreur de faict et calculement de compte faict soubz noz signes cy mis le vendredy vime jour de juing 1522. Ainsi signé : Sainct-Benoist, Robert de Culant, de la Verille et Marye, plusieurs paraphes.

Collacion faicte.

Autre extrait du compte des rentes et revenues de la terre et seigneurie de Graville et des appartenances et deppendances d'icelle pour ung an commençant au jour et terme de Pasques 1517 et finissant au jour et terme de Pasques 1518, le dict jour non comprins, faict et rendu par noble homme, Guillaume de Gostimesnil, Guillaume Marie, advocat en court laye et damoiselle Anne Bosquet, veufve de deffunct Estienne Marie, en son vivant recepveur de la dicte terre, tucteurs des enffans soubzagés d'icellui deffunct recepveur.

De la prévosté de Graville au chappitre de domaine non fieffé.

Je Jehan Pellerin pour la coustume de la ferme et eauye du Hâvre de Grâce, coustume du Havre de Harfleu et pasturage du cloz aux gallets, le tout à luy loué à terme pour le temps de cinq ans par le prix de xxii^l v^s par an, pour ce cy rendu pour le iiiie an, xxii^l v^s.

Et en autre lieu :

Forfaictures, Garde de soubzagé pour l'an de ce compte, Varesc : néant.

Et en la fin du dict compte est escript :

Par ce prèsent compte appert que mon dict seigneur le visdame et son frère ont receu la somme de xvi^{cc} lix^l iiii^s, et si a été aloué au dict recepveur pour plusieurs voiages par lui faictz par devers les dictz seigneurs à leur porter les dictz deniers la somme de dix livres tournois. Lesquelles parties sont allouez par moy, de Sainct-Benoist entièrement et par nous, de la Vérille et de Culant par les moïens, réservacions et protestacions contenus en mémorial dabté du derrain compte précédent cestuy. Et l'oultreplus de la despense de ce présent compte est alloué par noms auditeurs jouxte la sentence donnée par le bailly de Rouen et son lieutenant. Et sont demourez ce présent compte avec les acquitez et descharge rendus par icelluy devers moy de Sainct-Benoist, et en la dicte sentance et mémorial du quatriesme jour de Juing 1522. Et le tout saouf erreur de fect et calcul de compte.

Faict à Rouen le samedi vigille de la Penthecoustes viiie jour de Juing 1522. Ainsi signé : Saint-Benoist, Robert de Culant, de la Verille et Marye, plusieurs paraphes.

Collacion faicte.

Extraict du compte des rentes et revenues de la terre

et seigneurie de Graville et des appartenances et deppendances d'icelle appartenant à hault et puissant prince et seigneur, Loys de Vendosme, prince de Chabennois, visdame de Chartres et seigneur de Graville pour ung an commençant au jour et terme de Pasques 1518 et finissant au jour et terme de Pasques 1519 le dict jour non comprins, faict et rendu par noble homme Guillaume de Gostimesnil, Guillaume Marye, advocat en court laye et demoiselle Anne Bosquet, veufve de deffunct Estienne Marye, en son vivant recepveur de la dicte terre, tucteurs des enffans soubzagéz d'icellui deffunct pour la xie année que le dict deffunct a esté recepveur de la dicte terre et seigneurie.

De la prévosté de Graville au chappitre du domaine non fieffé.

Je Jehan Pellerin pour la coustume de la ferme et eauye du Havre de Grace, coustume et ballizage du Havre de Harfleu et pasturage du cloz aux gallets, le tout à luy baillé à ferme pour le temps de cinq ans par le prix de vingt-deux livres et dix solz, pour ce cy rendu pour le cinquiesme et derrain an xxii^l x^s.

En autre lieu :

Forfaictures, néant; Garde de soubzagé, néant; Varesc, néant.

Et en la fin du dict compte est escript ce qui ensuit :

Par ce présent compte appert que mon dict seigneur le vidame et son frère ont receu la somme de 1122 livres 4 solz 8 deniers par quictance des dictz seigneurs, et si a esté mis en mise par le dict recepveur dix livres pour les voiages faictz par le dict deffunct recepveur à porter le dict argent aus dictz seigneurs et lesquelles parties sont allouées par moy, de Sainct-Benoist entièrement et par nous de la Verille et de Culant par les moiens, réservacions et protestacions contenuz en mémorial donné de maistre Jacques Aubert, escuier, licencié en loix, lieutenant de monseigneur le bailly de Rouen, le mercredi quatriesme jour de juing 1522. Et sont demouréz ce présent compte et les acquictz devers moy, de Saint-Benoist.

Faict à Rouen le samedi veille de Penthecouste huictiesme jour de juing l'an 1522. Ainsi signé : de Sainct-Benoist, Robert de Culant, de la Verille et Marye, plusieurs paraphes.

Collacion faicte.

Autre extraict du compte des rentes et revenues de la dicte terre et seigneurie de Graville et des appartenances et appendances d'icelle pour ung an commençant au jour et terme de milzaine mil v^{cc} xix et finissant au jour et terme de milzaine mil v^{cc} vingt le dict terme non comprins, faict et rendu par Jehan de Marcelles, escuyer, recepveur de la dicte terre.

De la prévosté de Graville au chappitre du dommaine non fieffé.

De Geuffroy Videcoq, pour la ferme de la coustume et eauye du Havre de Grace, coustume et baillizage du Havre de Harfleu et pasturage du cloz aux gallets, le tout à luy baillé à ferme pour le temps de trois ans par le prix de trente livres par an, néant, pour ce qu'il y a procès pendant en la court de parlement à Rouen entre mon dict seigneur, chargé pour le dict Videcoq et Pierre Estiennes, fermyer de la prévosté de Lheure et Harfleu pour le Roy, disant que les dictes coustumes et aquictz lui appartiennent à cause de sa dicte prévosté, et pour ce, néant.

En autre lieu :

Forfaictures pour l'an de ce compte, néant ; Garde de soubzagé pour l'an de ce compte, néant ; Varesc, néant pour l'an de ce compte.

Et en la fin du dict compte est escript :

La closture de ce présent compte est comprinse et portée

au compte iii⁶ de ce présent receveur finissant mil v^cc xxii. Ainsi signé : maistre Hubert, de Gaignedour, de Marcelles, plusieurs paraphes.

Collacion faicte.

Autre extraict du compte des rentes et revenues de la dicte terre et seigneurie de Graville et des appartenances et appendances d'icelle pour ung an commençant au jour et terme de milzaine mil v^cc xxi et finissant au jour et terme de milzaine mil v^cc xxii le dict terme non comprins, faict et rendu par Jehan de Marcelles, escuier, recepveur de la dicte terre et seigneurie.

De la prévosté de Graville au chappitre du dommaine non fieffé.

De Geuffroy Videcoq pour la ferme de la coustume et eauye du Havre de Grâce, coustume et baillizage de Harfleu et pasture du cloz aux gallets, le tout à luy baillé à ferme pour le temps de trois ans par le prix de trente livres par an; néant, pour ce qu'il y a procès pendant en la court de parlement à Rouen entre mon dict seigneur, chargé pour le dict Videcoq et Pierre Estienne, fermier de la prévosté de Lheure et Harfleu pour le Roy, disant que les dictes coustumes et aquictz lui appartiennent à cause de la dicte prévosté, et pour ce néant.

En autre lieu :

Forfaictures pour l'an de ce compte, néant; Garde de soubzagé pour ceste année, néant; Varesc pour l'an de ce compte, néant.

Et en la fin du dict compte est escript :

Ces présens comptes ont esté ouys, cloz et affinés par nous Michel Hubert, conseiller du roy nostre sire et général des monnoyes et Hugues de Gaignedour, secrétaire du Roy, procureur et auditeur des comptes de monseigneur, monsieur le vidame, prince de Chabenois et seigneur de la dicte terre et seigneurie de Graville en la présence et du consentement du dict recepveur et ce par ordonnance et commandement de mon dict seigneur saouf toute erreur de calcul, obmission et vice de fect.

Faict soubz nos signes et du dict recepveur à Rouen le IIIe jour d'Aoust l'an mil v^{cc} XXIII.

Ainsi signé : Michel Hubert, de Gaignedour, de Marcelles, plusieurs paraphes.

Collacion faicte.

Autre extraict du compte des rentes et revenues de la dicte terre et seigneurie de Graville et des appartenances et appendances d'icelle pour ung an commençant au jour et terme de milzaine mil v^{cc} XXIII, le dict terme comprins et finissant au jour et terme de milzaine mil v^{cc} XXIIII, le dict terme non comprins, faict et rendu par Jehan de Marcelles, escuier.

De la prévosté de Graville au chappitre du domaine non fieffé.

De Guillaume Godin le jeune, pour la ferme de la coustume, eauye, secaige et baillizage du Havre de Harfleu, pasturage du cloz aux gallets, le bief, Havre de Grace et autres lieux où l'on a coustume à prendre les dictz coustumes et aquictz, reservé le Havre neuf, ville et encloz de la ville de Grâce qui a esté baillé au dict Godin pour dix ans par VII^l x^s. par an pour ce cy rendu pour le deuxiesme an VII^l x^s.

Et en autre lieu :

Forfaictures pour l'an de ce présent compte, néant ; Garde de soubzagé pour l'an de ce présent compte, néant ; Varesc pour l'an de ce présent compte, néant.

Et plus bas vers la fin du dict registre estoit escript :

Autre recepte en la ville Françoise de Grâce

Et est des nouvelles fieffes :

LA RUE DE LA FONTAINE.

De Raoullin Vimart, Nicollas et Richard, dictz Faulxbuisson pour leurs maisons et place assises en la dicte ville et rue de la Fontaine, abbutant d'un costé une vuyde place, d'autre costé Jehan Perier, d'un bout la dicte rue et d'autre bout la rue des Murailles, icelles contenant 84 pieds à eulx fieffez par IIII^l IIII^s de rente par an paiables à deux termes par moitié : Saint Jehan, XLII^s; Noël, XLII^s.

De Jehan Perier pour une place et maison assise en la dicte ville et rue de la Fontaine contenant LXVII pieds carrés, abbutant d'un costé Raoullin Vimart et Faulxbuisson, d'autre costé Jehan le Dentu, d'un bout la dicte rue de la Fontaine, et d'autre bout la rue des Murailles de la dicte ville à lui fieffez par LXVII solz aus dictz termes par moictié : Saint Jehan, XXXIII^s VI^d; Noël, XXXIII^s VI^d.

De Jehan le Dentu pour une place et maison contenant cinquante piedz carrez abbutant d'un costé Jehan Perier, d'autre costé les hoirs Raoul Héron, d'un bout la dicte rue de la Fontaine et d'autre bout une vuyde place à luy fieffez par L solz de rente par an aus dictz termes : Noël, XXV solz; St Jehan, XXV solz.

Les hoirs Raoul Heron pour une place et maison assise en la dicte ville et rue de la Fontaine contenant LXI piedz abbutant d'un costé Jehan le Dentu, d'autre une petite rue tendant de la rue de la Fontaine aux murailles de la ville, d'un bout la dicte rue et d'autre bout une vuyde place, néant pour ce qu'il n'y a riens sur le lieu et aussi qu'il ne l'a point reprinse à fieffe de la dicte seigneurie : Noël; St Jehan, Néant.

De Nicollas Matheras pour une place et maison assise en la ville et abbutant d'un costé les hoirs Raoul Héron, d'autre costé Jehan Boutheron, d'un bout la dicte rue de la Fontaine et d'autre bout une vuyde place près les murs à luy fieffée par LXVII solz de rente par an aus dictz termes : Noël, XXXIII^s VI^d ; St Jehan XXXIII^s VI^d.

De Jehan Boutheron pour une place et maison assise en la dicte ville contenant LVII piedz, aboutissant d'un costé Nicollas Matheras, d'autre costé Jacques Préaulx, d'un bout la dicte rue de la Fontaine et d'autre bout une vuyde place à luy fieffée par LVII solz de rente par an aus dictz termes : Noël, XXVIII^s VI^d ; St Jehan, XXVIII^s VI^d.

De Jacques Préaulx pour une place et maison assise en la dicte rue contenant trente huit piedz carrez aiant d'un costé Jehan Boutheron, d'autre costé une rue qui tend vers les murailles de la ville, d'un bout la dicte rue et d'autre bout une vuyde place à luy fieffée par vingt solz de rente par an aus dictz termes : Noël, x solz ; St Jehan, x solz.

De Charlot Bruière pour une place et maison contenant 80 piedz bournant d'un costé une petite rue tendant aux murailles de la ville, d'autre costé une place vuyde, d'un bout la rue de la Fontaine et d'autre bout une autre place vuyde à luy fieffée par IIII^l de rente par an aus dictz termes : Noël, XL solz ; St Jehan, XL solz.

DE LA RUE SAINCTE-ADRESSE.

Du seigneur de Chillou pour une maison et place assise en la dicte ville et rue de Saincte Adresse ainsi qu'elle se pourporte aboutissant d'un costé la place de la dicte ville, d'autre costé maistre Jehan Bourgois, d'un bout la dicte rue de la Fontaine et d'autre bout la rue Saincte-Adresse, laquelle place n'a esté encore fieffée pour raison du procès d'entre monseigneur et le dict Chillou, et pour ce : Noël ; St Jehan ; Néant.

De messire Jehan le Bourgois pour une place et maison assise en la dicte ville contenant 80 piedz carrez et aboutant des deux costés les deux rues de la Fontaine et Saincte-Adresse, d'un bout le dict seigneur du Chillou et d'autre bout Jehan Maze et Robin le Conte à lui fieffée par LXV solz aus dictz termes : Noël, XXXII solz VI^d ; St Jehan, XXXII solz VI^d.

De Jehan Maze et Robin le Conte pour leur place et maison assise en la dicte ville contenant LX piedz carrés aboutant d'un costé Jehan et Richard, dictz Goubbe, d'autre costé le dict le Bourgeois, d'un bout maistre Guillaume de Malleville et Robert d'Esqueville et d'autre bout la rue Saincte Adresse à eulx fieffez comme dessus : Noël XXX solz ; St Jehan XXX solz.

De maistre Guillaume de Malleville, escuier pour une place et maison assise en la dicte ville contenant LX piedz carrez aboutant d'un costé la rue de la Fontaine, d'autre costé Jehan Maze et le dict le Conte, d'un bout maistre Jehan Bourgeois, prebstre et d'autre bout Jehan Goubbe à luy fieffez par XL solz aux termes dessus dictz : Noël XX solz ; St Jehan XX solz.

De Jehan et Richard, dictz Goubbe pour une place assise en la dicte ville et rues de la Fontaine et Saincte-Adresse ainsi qu'elle se pourporte aboutante d'un costé le dict Maze et le Conte et d'Esqueville, d'autre costé Guillaume le Bailly et Jacques le Mère et des deux boutz les dictes deux rues : néant, pour ce que de la dicte place les dictz Goubbe en sont en procès contre mon dict seigneur en la court de Parlement à Rouen et pour ce : néant.

De Jehan le Bailly et Jacques le Mère pour leur place et maison assise en la dicte ville contenant LXII piedz et demy carréz bournant d'un costé Jehan Goubbe, d'autre costé Jacques d'Estimauville, escuyer, d'un bout Robert

Mahieu et d'autre bout la rue Saincte-Adresse à eux fieffés par LX solz par an aus dictz termes : St Jehan XXX solz ; Noël XXX solz.

De Robert Mahieu pour une place et maison assise en la dicte ville contenant LIIII piedz carréz jouxte d'un costé le dict d'Estimauville, d'autre costé les dictz Goubbe, d'un bout les dictz le Bailly et le Mère et d'autre bout la dicte rue de la Fontaine à lui fieffée par LIIII solz de rente par an aus dictz termes : Noël XXVII solz ; St Jehan XXVII solz.

De Jacques d'Estimauville, escuyer pour sa place et maison assise au dict lieu contenant VII^{xx} piedz carrez jouxte d'un costé la rue Saincte-Adresse, d'autre costé la rue de la Fontaine, d'un bout le dict Mahieu et les dictz le Bailly et le Mère et d'autre bout une rue qui maine vers les murs à luy fieffée par LXX solz par an aus dictz termes : Noël XXXV solz ; St Jehan XXXV solz.

De Jehan Clerice pour sa place et maison assise à la dicte ville contenant III^{cc} piedz carrez aboutante d'un costé une rue qui maine de la dicte rue Saincte-Adresse à la rue de la Fontaine, d'autre costé Jehan Gougas et Siméon Tirel, d'un bout la dicte rue de la Fontaine et d'autre bout la rue Saincte-Adresse à luy fieffée par XII livres de rente par an aus dictz termes : Noël VI liv. ; St Jehan VI liv.

De Jehan Gougas et Isabeau, veufve de Estienne Nasse au droict de Jehan Nourry pour leur place et maison assise à la dicte ville contenant LX piedz carréz abbutant d'un costé Jehan Clerice et Syméon Tirel, d'un bout le dict Clérice et d'autre bout la rue Saincte-Adresse à eux fieffée par LX solz de rente : Noël XXX solz ; St Jehan XXX solz.

De Siméon Tirel pour une place et une maison assise au dict lieu contenant IIII^{xx} piedz carrez tenant d'un costé Jehan Gougas et la dicte veufve, assise d'autre costé une rue traversaine, d'un bout la dicte rue Saincte-Adresse et d'autre bout une place vuyde à lui fieffée par IIII^l de rente aus dictz termes: Noël XL solz ; St Jehan XL solz.

De Preud'homme Moustier pour une place assise en la dicte ville contenant LVII piedz jouxte d'un costé Collin Esnault et Roger James, d'autre costé la rue tendant à la rue Saincte-Adresse à lui fieffée par LVII solz de rente par an aus dictz termes : Noel XXVIII^s VI^d ; St Jehan XXVIII^s VI^d.

De Nicollas Voisin pour sa place et maison assise au dict lieu contenant environ XXVIII piedz bournant d'un costé la rue qui vient de la rue S^e Adresse à la rue de la Fontaine, d'autre Roger James et Collin Esnault, d'un bout le dict Moustier et d'autre bout Jehan le Boullenger à luy fieffée par XX solz par an aus dictz termes : Noël X solz ; St Jehan X solz.

De Jehan le Boullenger pour sa place et maison assise en la dicte ville contenant environ IIII^{xx} piedz en carré bournant d'un costé le dict Voisin, d'autre costé Jehan Bouteron, d'un bout la dicte rue et d'autre bout les dictz James et Esnault à lui fieffée par LVII solz de rente par an aus dictz termes : Noël XXVIII^s VI^d ; St Jehan XXVIII^s VI^d.

De Jehan Bouteron, dict de Montfort pour une autre place assise en la dicte ville contenant VI^{xx} piedz en carré aboutante d'un costé une petite rue venant de la rue de la fontaine en la rue St Michel, d'autre costé une place vuyde, d'un bout une autre place et d'autre bout Roger James et Collin Esnault à luy fieffée par VI^l de rente par an aus dictz termes : Noel LX solz ; St Jehan LX solz.

De Roger James et Collin Esnault pour leur place assise en la dicte ville contenant IIII^{xx} piedz jouxte d'un costé Guillaume Fosse, d'autre costé la rue Saincte-Adresse, d'un bout une place vuyde et d'autre bout Jehan Bouteron à eulx fieffée par IIII^l de rente par an aus dictz termes : Noël XL solz ; St Jehan XL solz.

De Guillaume Fosse et les hoirs Jehan le Porc, pour leur place et maison assise en la dicte ville contenant IIII^{xx} piedz, d'un costé la rue Saincte-Adresse, d'autre costé une place vuyde, d'un bout Guillaume Paré et d'autre bout Roger James à eulx fieffée par IIII^{xx} solz de rente par an aus dictz termes : Noël XL solz ; St Jehan XL solz.

De Guillaume Paré pour sa place assise au dict lieu contenant LV piedz carrez aboutante d'un costé la rue Saincte-Adresse, d'autre costé une place vuyde, d'un bout Guillaume Fosse et d'autre bout une autre place vuyde à lui fieffée par LV solz de rente par an aus dictz termes : Noël XXVII solz VI^d ; St Jehan XXVII solz VI^d.

LA RUE SAINCT-MICHEL.

De Collin Marye pour sa place et maison assise en la dicte ville et rue Sainct-Michel contenant XXXI piedz aboutante d'un costé la rue Saincte-Adresse, d'autre costé la rue Sainct-Michel, d'un bout Guillaume Picot et d'autre bout la place et marché de la dicte ville à luy fieffée par XXXI solz de rente par an aus dictz termes : Noël XV^s VI^d ; St Jean XV^s VI^d.

De Guillaume Picot pour sa place et maison assise en la dicte ville contenant XXVI piedz jouxte des deulx costés les rues Saincte-Adresse et Sainct-Michel, d'un bout le dict Marie et d'autre bout Martin de la Fontaine à lui fieffée par XXVI solz de rente par an aus dictz termes : Noël XIII solz ; St Jehan XIII^s.

De Guillaume Collet, barbier pour sa place et maison assise en la dicte ville contenant XX piedz carrez jouxte d'un costé la rue Saincte-Adresse, d'autre costé Martin de la Fontaine, des deux boutz le dict de la Fontaine à luy fieffée par vingt solz de rente par an aus dictz termes : Noël X solz ; St Jehan X^s.

De Martin de la Fontaine pour sa place assise au dict lieu contenant vingt-cinq piedz carrez aboutante d'un costé la rue Saincte-Adresse et Guillaume Collet, d'autre costé la rue Sainct-Michel, d'un bout Guillaume Picot et le dict Collet et d'autre bout Cardin Agnez, dict Poisson à luy fieffée par xxxv solz de rente par an aus dictz termes : Noël xvii^s vi^d ; St Jehan xvii^s vi^d.

De Cardin Agnez, dict Poisson pour sa place et maison assise au dict lieu contenant xli pied carrez bournant des deux costez les rues St Michel et Saincte-Adresse, d'un bout le dict de la Fontaine et d'autre bout Jehan le Porcher à luy fieffée par xli solz de rente par an aus dictz termes : Noël xx^s vi^d ; St Jehan xx^s vi^d.

De Jehan le Porcher pour sa place et maison assise au dict lieu contenant xl piedz carrez jouxte des deux costés les dictes deux rues, d'un bout le dict Agnès et d'autre bout Guillaume Buisson à luy fieffée par xxxv solz de rente par an aus dictz termes : Noël xvii^s vi^d ; St Jehan xvii^s vi^d.

De Guillaume Buisson pour sa place et maison assise au dict lieu contenant l piedz jouxte des deux costés les dictes deux rues de Sainct-Michel et de Saincte-Adresse, d'un bout le dict le Porcher et d'autre bout les hoirs maistre Jehan Boucher, presbtre à luy fieffée par l solz de rente par an aus dictz termes : Noël xxv^s ; St Jehan xxv^s.

De Guillaume Boucher, Pierres le Febvre et Jehan Guillotz en lieu de maistre Jehan Boucher, presbtre pour leur place et maison assise au dict lieu contenant lii piedz jouxte des deux costez les dictes deux rues, d'un bout Guillaume Buisson et d'autre bout Collin Boudin à eulx fieffée par lii solz vi^d de rente par an aus dictz termes : Noël xxvi^s iii^d ; St Jehan xxvi^s iii^d.

De Collin Bourdin pour sa place et maison assise au

dict lieu contenant L piedz jouxte des deux costez les rues de Sainct-Michel et Saincte-Adresse, d'un bout les dictz Lefebvre Boucher et Guillotz et d'autre bout une rue qui vient de la dicte rue Sainct-Michel et va à la dicte rue Saincte-Adresse à luy fieffée par L solz par an de rente aus dictz termes : Noël xxv^s ; St Jehan xxv^s.

De maistre Guillaume Tirel, lieutenant commis du viconte de monseigneur pour sa place et maison assise au dict lieu contenant L piedz carrez bournant des deux costez les dictes rues, d'un bout la dicte rue Traversaine et d'autre bout Guillaume Bruyères à luy fieffée par XL solz par an de rente aus dictz termes : Noël xx^s ; St Jehan xx^s.

De Guillaume Bruyère pour sa place et maison assise à la dicte ville contenant LVI piedz aboutant des deux costéz les deux rues, d'un bout le dict Thirel et d'autre bout Pierres Mahieu à luy fieffée par L solz tournois de rente par an aus dictz termes : Noël xxv^s ; St Jehan xxv^s.

De Pierres Mahieu pour sa place assise sur les dictes rues contenant XLVII piedz bournant des deux costez les dictes deux rues, d'un bout le dict Guillaume Bruyère, d'autre bout Pierres et Guillaume, dictz Quemyn. Néant, pour ce que la dicte place n'a point esté fieffée et qu'il n'y avoit riens sur la dicte place et aussi qu'il ne l'a point reprinse de la dicte seigneurie, et pour ce : Néant.

De Pierres et Guillaume, dictz Quemyn pour une place assise au dict lieu contenant LV piedz bournant des deux costez les dictes deux rues, d'un bout le dict Pierre Mahieu et d'autre bout Raoullin le Sauvage, les dictz Quemyn en sont en procès contre monseigneur disans qu'ilz ne doibvent de la place que v solz de rente par an et pour ce cy pendant le procès : St Jehan II^s VI^d ; Noël II^s VI^d.

De Raoullin le Sauvage pour sa place assise au dict lieu

tenant des deux costez les dictes rues, d'un bout les dictz Quemyn et d'autre bout une petite rue, icelle place contenant LV piedz à lui fieffée par L solz tournois de rente aus dictz termes: Noël xxvˢ; Sᵗ Jehan xxvˢ.

De Guillaume Fosse et Jehan Deshaies pour une place et maison assise au dict lieu contenant LXII piedz bournant des deux costez les dictes deux rues, d'un bout la ruelle Sainct-Andrien et d'autre bout Simon Casty à lui fieffée par L solz tournois par an de rente aus dictz termes: Noël xxvˢ; Sᵗ Jehan xxvˢ.

De Simon Casty pour sa place assise au dict lieu contenant LXI piedz jouxte des deux costez les dictes deux rues, d'un bout le dict Fosse et Deshaies et d'autre bout Jehan Pelle l'aisné à luy fieffée par LXI solz tournois de rente par an aus dictz termes: Noël xxxˢ vɪᵈ Sᵗ Jehan xxxˢ vɪᵈ.

De Jehan Pelle l'aisné, Jehan Pelle le jeune et Jehan de la Perrelle pour leur place assise au dict lieu contenant ɪɪɪɪˣˣ v piedz aboutante des deux costez les dictes deux rues, d'un bout Jehan Roussel et d'autre bout le dict Simon Casty à eux fieffée par ɪɪɪɪˡ vˢ de rente par an aus dictz termes: Noël xLɪɪˢ vɪᵈ; Sᵗ Jehan xLɪɪᵈ vɪᵈ.

De Jehan Roussel pour sa place assise au dict lieu contenant ɪɪɪɪˣˣ vɪ piedz aboutante des deux costez les dictes deux rues, d'un bout Michaut Mellibusc et d'autre bout les dictz Pelle et de la Perrelle a luy fieffée par ɪɪɪɪˡ vɪˢ de rente par an aus dictz termes: Noël xLɪɪɪˢ Sᵗ Jehan xLɪɪɪˢ.

De Michel de Mellibusc pour une place et maison assise au dict lieu contenant ɪɪɪɪˣˣ piedz carrez bournante jouxte des deux costez les dictes rue Sainct-Michel et Saincte-Adresse, d'un bout Jehan Roussel et d'autre bout une place vuyde à luy fieffée par ɪɪɪɪˡ tournois de rente par an aus dictz termes: Noël xLˢ; Sᵗ Jehan xLˢ.

De Jehan Castel, escuier pour sa place et maison assise

en la dicte ville et rue de Sainct-Michel contenant LXXVIII piedz carrez tenante jouxte de la rue Sainct-Michel, d'autre costé Michel Ferey, dict Vauchouquet, d'un bout la rue des Brays et d'autre bout Jehan Canu et Brachy à luy fieffée par LX ˢ de rente par an aus dictz termes : Noël XXX ˢ ; Sᵗ Jehan XXX ˢ.

De Jehan Brachy, Raoullin et Noël, dictz Canu pour une place contenant LX piedz carrez bournante jouxte d'un costé la rue Sainct-Michel, d'un costé Michel Ferey, d'un bout le dict Castel et d'autre bout Robert Mahieu à eulx fieffée par LX ˢ de rente par an : Noël XXX ˢ ; Sᵗ Jehan XXX ˢ.

De Robert Mahieu pour sa place et maison assise au dict lieu contenant XLIX piedz carréz bournant jouxte d'un costé la dicte rue Sainct-Michel et d'autre costé Nicollas Raoullin, d'un bout les dictz Brachy et Canu et d'autre bout Richard Vallentin à lui fieffée par XL solz par an de rente aus dictz termes : Noël, XX ˢ ; Sᵗ Jehan, XX ˢ.

De Richard Vallentin pour sa place et maison assise au dict lieu contenant LXV piedz carréz bournant d'un costé Nicollas Raoullin, d'autre costé la rue Sainct-Michel, d'un bout le dict Mahieu et d'autre bout Jehan de Vatemare à luy fieffée par LX ˢ de rente par an aus dictz termes : Noël, XXX ˢ ; Sᵗ Jehan, XXX ˢ.

De Jehan Vatemare et Guillaume Larcher pour leur place assise au dict lieu contenant LXX piedz bournante d'un costé la dicte rue, d'autre costé le dict Raoullin, d'un bout ledict Vallentin et d'autre bout Estienne et Jehan, dictz Monnier et Jehan Coquerel à eulx fieffée par LXX sols de rente par an aus dictz termes : Noël, XXXV ˢ ; Sᵗ Jehan, XXXV ˢ.

De Jehan Coquerel pour une place et maison assise au dict lieu contenant XXXVI piedz bournant d'un costé Guillaume Picot, d'autre costé Estienne Monnier, d'un bout la rue Sainct-Michel et d'autre bout Nicollas Raoullin à luy fieffée par XXXIIIˢ VIᵈ tournois aus dictz termes : Sᵗ Jehan, XVIIˢ IIIᵈ Iº ; Noël, XVIIˢ IIIᵈ Iº.

De Estienne Monnier pour une place et maison assise au dict lieu contenant XXVI piedz bournant d'un costé le dict Coquerel et d'autre costé les hoirs Jehan Monnier, d'un bout la dicte rue Sainct-Michel et d'autre bout Nicollas Raoullin à lui fieffée par XXIIˢ IXᵈ de rente par an aus dictz termes : Noël, XIˢ IIIIᵈ Iº ; Sᵗ Jehan, XIˢ IIIIᵈ Iº.

Des hoirs Jehan Monnier pour une place assise au dict lieu contenant XXXIIII piedz bournant d'un costé le dict Estienne Monnier, d'autre costé Jehan Vatemare, d'un bout la dicte rue et d'autre bout Nicollas Raoullin à eulx fieffée par XX sols par an aus dictz termes : Noël, Xˢ ; Sᵗ Jehan, Xˢ.

De Guillaume Picot pour une place assise au dict lieu contenant XLIX pieds, tenant jouxte d'un costé le dict Raoullin, d'autre costé la dicte rue, d'un bout Jehan Coquerel et d'autre bout la rue qui maine des bares à l'église à luy fieffée par XLˢ tournois de rente par an aus dictz termes : Noël, XXˢ ; Sᵗ Jehan, XXˢ.

De Jehan Dinet pour la place et maison assise en la dicte ville contenant XL piedz bournant maistre Jaques Jouen, d'autre costé la dicte rue Sᵗ Michel, d'un bout une place vuyde et d'autre bout la rue de l'Eglise à luy baillée par XL solz tournois de rente aus dictz termes : Noël, XXˢ ; Sᵗ Jehan, XXˢ.

D'une place vuyde assise sur la dicte rue Sainct-Michel d'un costé, la dicte rue d'autre costé, Pierre d'Esqueville et Jehan Andrieu d'un bout, le dict Dinet et Pierres Beaufils d'autre bout, néant, pour ce que personne n'en joist et qu'elle est encore à fieffer et pour ce, Néant.

De Pierre Beaufils, advocat en court leye pour sa place assise au dict lieu contenant VIˣˣ pieds en carré bournant d'un costé la dicte rue, d'autre costé une place vuyde encore à fieffer, d'un bout la place cy dessus bournant et d'autre bout Michel de Mellibusc à luy fieffée par IIII^l tournois de rente par an aus dictz termes : Noël, XL^s; St Jehan, XL^s.

De Michel de Mellibusc pour une autre place assise sur la dicte rue contenant cent piedz carréz bournant jouxte d'un costé la dicte rue, d'autre costé une place non fieffée, d'un bout le dict Beaufilz et d'autre bout Jehan du Val à luy fieffée par cent solz tournois par an de rente aus dictz termes : Noël, L^s; St Jehan, L^s.

De Jehan du Val pour sa place assise sur la dicte rue contenant environ IIII^{xx} piedz bournant d'un costé la dicte rue, d'autre costé une place encores à fieffer, d'un bout le dict Mellibusc, et d'autre bout une place encores à fieffer à luy fieffée par LXX solz de rente par an aus dictz termes : Noël, XXXV^s; St Jehan, XXXV^s;

De Michel Ferey, dict Vauchouquet pour sa place assise au dict lieu sur les quays ainsi qu'elle se pourporte contenant IIII^{xx}X piedz carrez bournant jouxte d'un costé et d'un bout Nicollas Raoullin, d'autre costé Jehan Castel et Jehan Brachy et Canu, d'autre bout la rue des Quays à luy fieffée par XL^s de rente par an aus dictz termes : Noël, XX^s; St Jehan, XX^s.

De Nicollas Raoullin, escuier pour sa place et maison ainsi qu'elle se pourporte abboutant d'un costé Vauchouquet, Vallentin et plusieurs autres, d'autre costé Jaques Basin et plusieurs autres aboutissans, d'un bout la rue des Quais et d'autre bout la rue de l'Eglise, néant, pour ce que le dict Raoullin est en procès contre mon dict seigneur en la Court de Parlement et que aucune chose n'en a esté receu et pour ce, Néant.

LA RUE SAINCT JULLIEN.

De Jaques Basin pour sa place assise sur les quais contenant LXVII piedz bournant d'un costé la rue Sainct Jullien, d'autre costé Nicollas Raoullin, d'un bout la rue des Quays et d'autre bout Jehan de Bruges à luy fieffée par L sols tournoys par an aus dictz termes : Noël, XXV^s; St Jehan, XXV^s,

De Jehan de Bruges pour sa place et maison assise au dict lieu bournant d'un costé la rue Sainct Jullien, d'autre costé Nicollas Raoullin, d'un bout Jaques Basin et d'autre bout Jaques Paré à luy fieffée par LV solz de rente par an aus dictz termes : Noël, XXVII^s VI^d; St Jehan, XXVII^s VI^d.

De Jaques et Robin, dictz Paré pour leur place assise au dict lieu contenant XXXVI piedz, bournant d'un costé la dicte rue, d'autre costé Nicollas Raoullin, d'un bout le dict de Bruges et d'autre bout Jehan Stuart, escuyer à eulx fieffée par XXXVI solz de rente par an aus dictz termes : Noël, XVIII^s; St Jean, XVIII^s.

De Jehan Stuart, escuyer pour sa place assise au dict lieu contenant XLII piedz, bournant d'un costé la dicte rue Sainct Jullien, d'autre costé le dict Raoullin, d'un bout les dictz Paré et d'autre bout Nicollas Daniel à lui fieffée par XL solz par an aus dictz termes : Noël, XX^s; St Jehan, XX^s.

De Nicollas Daniel pour sa place et maison assise au dict lieu contenant XLVI piedz, bournant d'un costé la dicte rue Sainct Jullien, d'autre costé le dict Raoullin, d'un bout le dict Stuart et d'autre bout Jehan d'Octelonde a luy fieffée par XLVI solz de rente par an aus dictz termes : Noël, XXIII^s; St Jehan, XXIII^s

De Jehan d'Octelonde pour sa place et maison assise

au dict lieu contenant xliii piedz carrez, bournant d'un costé la dicte rue Sainct Jullien, d'autre costé le dict Raoullin, d'un bout le dict Daniel et d'autre bout Henry Moquelin à luy fieffée par xliii solz tournoys de rente par an aus dictz termes : Noël, xxi^s vi^d ; St Jehan, xxi^s vi^d.

De Henry Moquelin pour sa place assise au di ctlieu contenant trente piedz en carré, bournant d'un costé la dicte rue Sainct Jullien, d'autre costé le dict Raoullin, d'un bout le dict d'Octelonde et d'autre bout Jehan Debrey à luy baillée par xxx solz de rente par an aus dictz termes : Noël, xv^s ; St Jehan, xv^s.

De Jehan Debrey pour sa place et maison assise au dict lieu contenant xxxix piedz et demy, bournant d'un costé la dicte rue Sainct-Jullien, d'autre costé le dict Raoullin, d'un bout le dict Moquelin et d'autre bout Cardin Fouquet à luy fieffée par xxxix^s vi^d tournois de rente par an aus dictz termes : Noël, xix^s ix^d ; St Jehan, xix^s ix^d.

De Cardin Fouquet pour sa place assise au dict lieu contenant[1]………. bournant d'un costé le dict Raoullin, d'autre costé la dicte rue Sainct Jullien, d'un bout le dict Debrey et d'autre bout la rue de l'église laquelle n'a esté mesurée ne fieffée pour le descord d'entre luy et le dict Raoullin, et à ceste cause aucune chose n'en a esté receu et aussy qu'il n'y a personne demourant sur la dicte place et pour ce : Noël, St Jehan ; Néant.

De Robert d'Avry pour sa place et maison assise au dict lieu en la dicte rue Sainct-Jullien contenant lx piedz carrez, bournant d'un costé Guillaume Le Brumen, d'autre costé la dicte rue Sainct-Jullien, d'un bout la rue du Bray et d'autre bout Jehan Poullain à luy fieffée par l solz

---

[1] Cette lacune existe dans le manuscrit.

tournois de rente par an aus dictz termes : Noël, xxv solz ; S¹ Jehan, xxvˢ.

De Jehan Poullain pour sa place et maison assise au dict lieu contenant LX piedz carréz, bournant d'un costé la dicte rue Sainct-Jullien, d'autre costé maistre Nicolle Harnois, d'un bout Robert d'Avry et d'autre bout Collin Geuffroy à luy fieffée par LIII solz de rente par an aus dictz termes : Noël, xxvI ˢ vI ᵈ ; S¹ Jehan, xxvI ˢ vI ᵈ.

De Guillaume Le Brumen pour sa place assise au dict lieu contenant LX piedz carrez, bournant d'un costé la rue du Bray, d'autre costé Jehan Poullain, d'un bout le dict d'Avry et d'autre bout le dict maistre Nicolle Harnois à luy fieffée par L solz tournois de rente par an aus dictz termes : Noël, xxv solz ; S¹ Jehan, xxv ˢ.

De Collin Geuffroy pour sa place assise au dict lieu sur la rue Sainct-Jullien contenant LXV piedz bournant d'un costé la dicte rue Sainct-Jullien, d'autre costé le dict Harnois et Jehan Caval, d'un bout le dict Poullain et d'autre bout Pierres Leger à luy fieffée par LXV solz tournois de rente par an aus dictz termes : Noël, xxxII ˢ vI ᵈ ; S¹ Jehan, xxxII ˢ vI ᵈ.

De Jehan Caval pour sa place et maison assise au dict lieu contenant IIII ˣˣ x piedz carrez, bournant d'un costé la dicte rue Sainct-Jullien, de l'autre Jehan Renoart et Pierres Vastel, d'un bout Jehan Poullain et d'autre bout Pierres Leger et Jehan de Marcelles, escuier à luy fieffée par L solz tournois de rente par an aus dictz termes : Noël, xxv solz ; S¹ Jehan xxv ˢ.

De Pierres Léger pour sa place et maison assise au dict lieu contenant LXXIII piedz carréz, bournant d'un costé Jehan de Marcelles, escuier, d'autre costé la dicte rue, d'un bout Jehan Caval et d'autre bout Guillaume Gavernier à luy fieffée par LXX solz tournois de rente par an aus dictz termes : Noël, xxxv solz ; S¹ Jehan, xxxv ˢ.

De Guillaume Gavernier pour sa place et maison assise au dict lieu et rue Sainct Julien contenant IIII xx XVII piedz, bournant d'un costé la dicte rue Sainct-Jullien, d'autre costé le dict de Marcelles, d'un bout le dict Léger et d'autre bout la rue de l'Eglise à luy fieffée par IIII livres tournois de rente par an aus dictz termes : Noël, XL solz ; St Jehan ; XL^s.

De maistre Nicolle Harnois, advocat du Roy pour sa place et maison assise au dict lieu contenant cent seize piedz carréz, bournant d'un costé Guillaume Brument et Jehan Poullain, d'autre costé Guillaume Daniel, Jehan Renoart et autres, d'un bout la rue du Bray, et d'autre bout Jehan Caval à luy fieffée par XX solz de rente par an aus dictz termes : Noël, X solz ; St Jehan, X^s.

LA RUE SAINCT-ELOY.

De Guillaume Daniel, drappier, pour sa place assise sur la dicte rue ainsi comme elle se pourporte jouxte d'un costé la rue du Bray, d'autre costé Jehan Renoart, d'un bout la dicte rue Sainct-Esloy et d'autre bout maistre Nicolle Harnois à luy fieffée par LII solz tournois de rente par an aus dictz termes : Noël XXVI solz ; St Jehan XXVI^s.

De Jehan Renoart pour sa place et maison assise au dict lieu contenant trente piedz carréz, bournant d'un costé la dicte rue Sainct-Eloy, d'autre costé Maistre Nicolle Harnois, d'un bout Pierres Vastel et d'autre bout le dict Daniel à luy fieffée par trente solz par an aus dictz termes : Noël XV solz ; St Jehan XV^s.

De Pierres Vastel pour sa place et maison assise au dict lieu contenant XLIX piedz, bournant d'un costé la dicte rue, d'autre costé Jehan Caval, d'un bout Jehan de Marcelles, escuier et d'autre bout le dict Renoard à luy fieffée par xlix solz tournois de rente par an aus dictz termes : Noël : xxiiii^s vi^d ; St Jehan xxiiii^s vi^d.

De Jehan de Marcelles, escuier, recepveur de Graville pour sa place et maison assise au dict lieu contenant iiii^{xx} v piedz carrez, bournant d'un costé la dicte rue Sainct-Eloy, d'autre costé Pierres Léger et Guillaume Gavernier, d'un bout la dicte rue de l'Eglise qui maine aux Bares et d'autre bout Jehan Caval et Pierres Vastel à luy fieffée comme dessus par xx solz tournois par an de rente aus dictz termes : Noël x solz ; St Jehan x ^s.

De Philippes Trougart pour sa place et maison assise au dict lieu sur la dicte rue Sainct-Eloy contenant iiii^{xx} xviii piedz, bournant d'un costé la dicte rue, d'autre Raoullin Hurel, dict Petit-Pain, d'un bout la rue du Bray et d'autre bout Guillaume Aubery à luy fieffée par lxviii solz tournois de rente par an aus dicz termes : Noël, xxiiii^s; St Jehan, xxiiii^s.

De Guillaume Aubery pour sa place et maison assise au dict lieu contenant lxv piedz, bournant d'un costé la dicte rue Sainct-Eloy, d'autre costé Guillaume Daniel brasseur, d'un bout le dict Philippes Trougart et d'autre bout Jehan Renoart, Cardin le Cerf et Jehan de la Mare à luy fieffée par lxv solz tournois de rente par an aus dictz termes : Noël, xxxii^s vi^d; St Jehan, xxxii^s vi^d.

De Jehan de la Mare, Cardin le Cerf et Jehan Ricouart (*sic*) pour leur place et maison assise au dict lieu, contenant iiii^{xx} xvii piedz, bournant d'un costé la dicte rue, d'autre costé Pierre le Blont, d'un bout la dicte rue de l'Eglise et d'autre bout le dict Aubery à eux fieffée par iiii^l xvii^s de rente par an aus dictz termes : Noël, xlviii^s vi^d; St Jean, xlviii^s vi^d.

De Raoullin Hurel, dict Petit-Pain pour sa place et maison assise au dict lieu contenant cent cinq piedz, bournant d'un costé Jehan Ferey, d'autre costé Philippes Trougart, d'un bout la rue des Brays et d'autre bout Jehan Fournier, Guillaume Daniel et les hoirs Pierres Adam à luy fieffée par xl solz tournois de rente par chacun an aus dictz termes : Noël, xx^s; St Jean, xx^s.

De Pierres le Blont pour sa place et maison assise au dict lieu entre la rue Sainct-Eloy et la rue Françoise contenant cent seize piedz carrez, bournant d'un costé Jehan de la Mare, Jehan Ricouart et Cardin le Cerf, d'autre costé Robert Hébert, d'un bout Jehan Fournier et d'autre bout la rue de l'Eglise à luy fieffée par cent seize solz tournois de rente par an aus dictz termes : Noël, lviii^s; St Jean, lviii^s.

LA RUE FRANÇOISE.

De Jehan Ferey pour sa place et maison au dict lieu sur la dicte rue contenant iiii^{xx} piedz carrez, bournant d'un costé la dicte rue Françoise, d'autre costé Raoullin Hurel, dict Petit-Pain, d'un bout la rue du Quay et d'autre bout Jehan Fournier et Guillaume Daniel à luy fieffée par iiii livres tournois par an de rente aus ditz termes : Noël, xl^s; St Jehan, xl^s.

De Guillaume Daniel, brasseur, Jehan Fournier et les hoirs Pierres Adam pour leur place et maison assise sur ladicte rue contenant iiii^{xx}xv piedz, bournant d'un costé la dicte rue Françoise, d'autre costé Pierres le Blont et Guillaume Aubery, d'un bout le dict Jehan Ferey et d'autre bout Robert Duhamel, dict Frebert à eulx fieffée par iiii livres vii solz vi deniers de rente par an aus dictz termes : Noël, xliii^s ix^d; St Jehan, xliii^s ix^d.

De Robert Duhamel, dict Frebert pour sa place et maison assise au dict lieu contenant lviii piedz, bournant d'un costé la dicte rue, d'autre costé Pierre le Blont, d'un bout Guillaume Daniel et d'autre costé Robin de la

Mare à luy fieffée par LVIII solz tournois de rente par an aus dictz termes : Noël, XXIX; S‍t Jehan, XXIX‍s.

De Robin de la Mare pour sa place et maison assise au dict lieu contenant XXXVII piedz, bournant d'un costé la dicte rue, d'autre costé le dict le Blont, d'un bout le dict Duhamel et d'autre bout Robert Herbert à luy fieffée par XXXVII[1] tournois aus dictz termes de rente par an : Noël, XVIII‍s VI‍d; S‍t Jehan, XVIII‍s VI‍d.

De Estienne Hébert pour sa place et maison assise au dict lieu contenant XLII piedz, bournant d'un costé la dicte rue, d'autre costé le dict le Blont, d'un bout le dict la Mare et d'autre bout la rue Nostre-Dame à luy fieffée par XLII solz tournois de rente par an aus dictz termes : Noël, XXI‍s; S‍t Jehan, XXI‍s.

De Guillaume Cavellier pour sa place et maison assise sur la dicte rue Françoise contenant cent piedz carrez, aboutante d'un costé la dicte rue et la rue de la Grand'-Crique d'autre, d'un bout la rue du Bray et d'autre bout Thomas Artoult à lui fieffée par cent solz tournois de rente par an aus dictz termes : Noël, L‍s; S‍t Jean, L‍s.

De Thomas Artoult pour sa place assise sur la dicte rue contenant LXV piedz carrez, bournant d'un costé la dicte rue Françoise, d'autre costé la dicte rue de la Crique, d'un bout le dict Cavellier et d'autre bout Thibault Boudin à luy fieffée par LXV solz de rente par an aus dictz termes : Noël, XXXII‍s VI‍d; S‍t Jehan, XXXII‍s VI‍d.

De Thibault Boudin pour sa place et maison assise au dict lieu contenant IIII‍xx VII piedz, bournant des deux costés les dictes deux rues, d'un bout ledict Artoult et d'autre bout Jehan Aubery à luy fieffée par IIII livres tournois de rente par an aus dictz termes : Noël, XL‍s; S‍t Jehan, XL‍s.

De Jehan Aubery pour sa place et maison assise au dict lieu contenant LXIII piedz, bournant d'un costé les dictes deux rues, d'un bout le dict Boudin et d'autre bout la place Pierres Beaufilz à luy fieffée par LXIII solz de rente par an aus dictz termes : Noël, XXXI^s VI^d ; St Jehan, XXXI^s VI^d.

De Pierre Beaufilz, advocat en Court laye pour sa place assise au dict lieu contenant [1] . . . . bournant d'un costé la dicte rue Françoise, d'autre costé la dicte rue de la Crique, d'un bout la rue Notre-Dame et d'autre bout Guillaume Lassere et Robert le Moyne à luy fieffée par XL solz tournois de rente par an aus dictz termes : Noël, XX^s ; St Jean, XX^s.

De Guillaume Lassere pour sa place et maison assise au dict lieu contenant XXV piedz, bournant d'un costé la dicte rue de la Crique, d'autre la dicte rue Françoise, d'un bout le dict Beaufilz et d'autre bout Robert le Moyne à luy fieffée par XXV solz de rente par an aus dictz termes : Noël, XII^s VI^d ; St Jehan, XII^s VI^d.

De Robert le Moyne pour sa place et maison assise au dict lieu contenant LXIIII piedz, bournant d'un costé la dicte rue de la Crique, d'autre costé la dicte rue Françoise, d'un bout les dictz Lassere et Beaufilz et d'autre bout la rue du Pont à luy fieffée par L solz tournois de rente par an aus dictz termes : Noël, XXV^s ; St Jehan, XXV^s.

De Jaques de la Haie pour sa place et maison assise au dict lieu contenant XL piedz, bournant d'un costé la dicte rue Françoise, d'autre costé Jehan Roussel, d'un bout la rue Nostre-Dame et d'autre bout Jehan Prévost à luy fieffée par XL solz tournois de rente par an aus dictz termes : Noël, XX^s ; St Jehan, XX^s.

De Jehan Roussel pour sa place et maison assise au dict lieu contenant IIII^{xx}II piedz, bournant d'un costé la dicte rue Nostre-Dame, d'autre costé la rue du Pont, d'un bout Jaques de la Haie et d'autre bout Cardin

[1] Lacune dans le manuscrit.

Hérault à luy fieffée par LXX solz de rente par an aus ditz termes : Noël, xxxv^s; St Jehan, xxxv^s.

De Guillaume Desmontz, Richard le Conte, Jehan Hogner, dit Mahieu et Cardin Hérault pour leur place et maison assise au dict lieu contenant VI^{xx} piedz carrez, bournant d'un costé la dicte rue Notre-Dame, d'autre costé la rue du Pont, d'un bout Jehan Roussel et d'autre bout une rue qui maine à la Boucherie à eulx fieffez par VI livres tournois de rente par an aus ditz termes : Noël, LX^s; St Jehan LX^s.

LA RUE DU PONT.

De Jehan le Prévost pour sa place et maison assise au dict lieu contenant LVIII piedz carrez, bournant d'un costé la dicte rue du Pont, d'autre costé Jaques de la Haie, d'un bout la rue Françoise et d'autre bout Jehan Roussel à luy fieffée par xxxv solz tournois de rente par an aus ditz termes : Noël, xvii^s vi^d; St Jehan, xvii^s vi^d.

De Jehan Fournier, Guillaume Godin le Jeune et Jehan Auger pour une place et maison assise au dict lieu contenant¹ . . . bournant d'un costé la dicte rue du Pont, d'autre costé les fossez, d'un bout une place vuyde et d'autre bout Jehan le Roy ou Scelles à eulx fieffée par VI livres XVI solz de rente par an aus dictz termes : Noël, LXVIII^s; St Jehan. LXVIII^s.

De Jehan le Roy et Jehan Scelles pour leur place et maison assise au dict lieu contenant cent piedz, bournant d'un costé la rue du Pont, d'autre costé le dict Fournier et d'autre bout Jaques Bénard à eux fieffée par² . . . . de rente par an aus dictz termes, néant, pour ce qu'il n'y

---

¹ Lacune dans le manuscrit.
² Lacune dans le manuscrit.

a riens sur les lieux, sur quoy l'on peust faire la contraincte et aussi qu'elle n'a esté fieffée, et pour ce, Néant.

De Jaques Benard pour sa place et maison assise au dict lieu contenant[1] . . piedz, jouxte d'un costé la dicte rue du Pont, d'autre costé les fossez, d'un bout Jehan Andrieu et d'autre bout le dict le Roy à luy fieffée par XL solz tournois de rente par an aus dictz termes : Noël, xx^s; St Jean, xx^s.

De Jehan Andrieu pour sa place et maison assise au dict lieu contenant[2] . . . . bournant d'un costé la dicte rue du Pont, d'autre costé les fosséz, d'un bout le dict Benard et d'autre bout Pierres d'Esqueville, néant, pour ce qu'il en est en procès en la Court de Parlement à Rouen. Noël, St Jehan, Néant.

De Pierres d'Esqueville pour sa place et maison assise au dict lieu contenant[3] . . . . bournant d'un costé la dicte rue du Pont, d'un bout maistre Jaques Jouen et d'autre bout le dict Andrien : Noël, XL^s; St Jehan, XL^s.

De maistre Jaques Jouen, prebstre, pour sa place et maison assise au dict lieu contenant L piedz, bournant d'un costé la dicte rue du Pont, d'autre costé une place vuyde, d'un bout Jehan Douce et d'autre bout le dict d'Esqueville à luy fieffée par XL solz tournois de rente par an aus dictz termes : Noël, xx^s; St Jehan, xx^s.

Somme toute de ce présent chappitre de recepte de la ville Françoise. C'est II^{cc}IIII^{xx} x^l VII^s VI^d.

Et après est escript :

Autre recepte des personnes et pour les causes cy aprez déclaréz :

De Jean Castel, escuier, la somme de xx̄IIII^l tournois

---

[1] Lacune dans le manuscrit.
[2] Lacune dans le manuscrit.
[3] Lacune dans le manuscrit.

d'arres qui estoient deubz à cause de sa place et maison assise au dict havre escheuz eu précédent l'arrest donné à l'entente de mon dict seigneur et par appoinctement faict avec luy, pour ce cy rendu, xxiiii¹.

De Robert Frebert, lx solz pour les causes que dessus; pour ce, lx^s.

Des hoirs messire Jehan Boucher, en son vivant prebstre, xx solz pour semblable cause ; pour ce, xx^s.

De Preudhome Moustier, xl solz pour icelle cause, pour ce cy rendu, xl^s.

De Guillaume Collet, xlv solz pour semblable cause, pour ce, xlv^s.

De Guillaume Aubery, pour icelle cause la somme de lxxvii^s vi^d.

Item, de Jehan le Brument par les mains de maistre Mellon Preudhome la somme de huit livres tournois pour les causes que dessus, pour ce, viii¹.

De Jehan Duval, cent solz pour les causes que dessus par les mains de Hugues de Gaignedour, escuier, secrétaire de mon dict seigneur, pour ce, c^s.

Du dict maistre Mellon Preudhome la somme de dix livres tournois qu'il avoit receuz de Nicollas Raoullin, escuier, sur ce qu'il depvoit des deniers des rentes du dict havre qu'il avoit ceuillies pendant qu'ilz estoient en sequestre, pour ce, x¹.

Item, de Robert Mahieu commis à receuillir les deniers du sequestre des coustumes et acquictz du dict havre la somme de lxxvi^s vi^d, jouxte un mémorial donné de monsieur Postel, conseiller en Court de Parlement à Rouen, le xvie jour de décembre v^{cc} xxiiii, pour ce, lxxvi^s vi^d.

Item, a esté receu par le dict receveur la somme de lxv livres tournois des fermiers du seigneur de la Boutellerie pour demourer quictes d'autres levées aquises en vertu des prinses de fief faictes par le dict procureur et recepveur et adjugez es plèz de la seigneurie de Graville, dont procès s'en est ensuivi. Et de la sentence donnée par le séneschal de la dicte seigneurie de Graville les dictz fermiers avoient appellez à garand le dict seigneur de la Boutellerie qui en avoit prins dolléance es plès de Moutier, duquel procès Julien de la Martilière, escuier, maistre d'hostel de mon dict seigneur avoit, avec les seneschal et procureur, faict appoinctement avec tous iceulx fermiers, lequel appoinctement est demouré devers les dictz fermiers pour en avoir leur restor ainsi qu'ilz verront bien estre. Sur laquelle somme a été prins la somme de c solz tournois, tant pour la fourniture et escriptures du dict procès que pour aucuns despens faictz par les dictz officiers. Pour ce cy rendu, XL¹.

Somme de ce chappitre par deniers monte : CIIII¹ XIX ˢ.

Et en la fin du dict compte est escript :

L'arrest et closture de ce présent compte est comprins et porté à la fin du compte troisiesme que rend ce présent recepveur. Ainsi signé Besse, M. Hubert, R. Leceriler et de Marcelles, plusieurs paraphes.

Collacion faicte :

Extraict de l'estat du revenu de la terre et seigneurie de Graville pour ung an, commençant au jour et terme de Saincte-Croix mil-cinq-cens-vingt-sept, icelluy terme comprins et finissant au jour et terme de Saincte-Croix mil-cinq-cens-vingt-huit, icelluy terme non comprins, par les hommes jouxte et ainsi qu'il ensuit :

La ville Françoise et Havre de Grace, qui tout ce paye au terme de Sᵗ Jehan et Noël.

De Raoullin Vimart, aus dictz termes, IIII¹ IIIIˢ. De Jehan le Dentu aus dictz termes, Lˢ. De Jehan Olyvier, LXIˢ. De Jehan Bouteron, LVIIˢ. De Nicollas Voisin, xx. De maistre Jehan Bourgois, LXVˢ. De Jehan Maz et Jehan

Leconte, Lx. De Mᵉ Guillaume de Malleville [d'Esmalleville], xL ˢ. De Jehan le Bailly, Lx ˢ. De Nicollas Matheras, LVII ˢ. De Jehan Mahieu, LIIII ˢ. De Jaques d'Estimauville, escuier, Lxx ˢ. De Jehan Clerice, xII ˡ. De Jehan Gougas et Isabeau Nasse, Lx ˢ. De Michel le Tibot, pour Jehan le Bourg, LVII ˢ. De Simeon Tirel, IIII ˡ. De Preudhomme Moustier, LVII ˢ. De Collin Esnault et Roger James, III ˡ. De Guillaume Fosse, IIII ˡ. De Guillaume Paré, LV ˢ. De Collin Marye, xxxI ˢ. De Guillaume Picot, xxvI ˢ. De luy pour une autre place, xL ˢ. De Philippes Simon, xx ˢ. De Martin de la Fontaine, xxxv ˢ. De Cardin Agnès, xLI ˢ. De Jehan Porchier, xxxv ˢ. De Guillaume Buisson, L ˢ. De Guillaume Boucher, LII ˢ vI ᵈ. De Collin Boudin, L ˢ. De Raoullin Bauchet, xL ˢ. De Guillaume Bruyere, L ˢ. De Michel Debreau, x ˢ. De Guillaume et Pierres, dictz Quemyn, xL ˢ. De Raoullin le Sauvage, L ˢ. De Guillaume Fosse et Jehan Deshayes, L ˢ. De Simon Christi, LxI ˢ. De Jehan de la Pelle, Jehan et Jehan dictz Pelle, IIII ˡ v ˢ. De Jehan Roussel, IIII ˡ vI ˢ. De Michel de Mellibusc pour deux places, Ix ˡ. De Jehan Castel, Lx ˢ. De Jehan Duval, Lxx ˢ. De Jehan Brachy et ses perconniers, Lx ˢ. De Robert Mahieu, xL ˢ. De Richard Vallentin, Lx ˢ. De Jehan de Vatemare, Lxx ˢ. De Estienne Monnier, xxII ˢ Ix ᵈ. De Jehan Monnier, xx ˢ. De Jehan Coquerel, xxxIIII ˢ vI ᵈ. De Pierres Beaufilz, IIII ˡ. De Jehan Dinet, xL ˢ. De Michel Feré, dict Vauchouquet, xL ˢ. De Nicollas Raoullin, Lxx ˢ. De Jaques Basin, L ˢ. De Jehan de Bruges, LV ˢ. De Jaques et Robin, dictz Paré, xxxvI ˢ. De Jehan Stuart, escuier, à présent Nicollas Broise, xL ˢ. De Nicollas Daniel, xLvI ˢ. De Jehan d'Octelonde, xLIII ˢ. De Henry Moquelin. xxx ˢ. De Jehan de Brey, xxxIx ˢ vI ᵈ. De Robert d'Arry, L ˢ. De Jehan Poullain, LII ˢ vI ᵈ. De Jehan le Brumen, L ˢ. De Collin Geuffroy, Lxv ˢ. De Jehan Caval, c ˢ. De Pierre Leger, Lxx ˢ. De Robert le Cordier,

IIII¹. De maistre Nicolle Harnois, xx ˢ. De Guillaume Daniel, drappier, LII ˢ. De Jehan Renoart, xxx ˢ. De Pierre Vastel, XLIX ˢ. De Jehan de Marcelles, escuier, xx ˢ. De Philippes Trougart, XLVIII ˢ. De Guillaume Aubery, LXV ˢ. De Jehan de la Mare et ses perconniers, IIII¹ XVII ˢ. De Raoullin Hurel, XL ˢ. De Pierre le Blont, CXVI ˢ. De Jehan Fère, IIII¹. De Guillot Daniel et ses perconniers, IIII¹ VII ˢ VI ᵈ. De Robert Duhamel, LVIII ˢ. De Robin de la Mare, XXXVII ˢ. De Estienne Hebert, XLII ˢ. De Guillaume Cavellier, C ˢ. De Thomas Artoult, LXV ˢ. De Thomas Boudin, IIII¹. De Jehan Aubery, LXIII ˢ. De Jaques de la Haie, XL ˢ. De Jehan Roussel, LXX ˢ. De Guillaume Desmons et ses perconniers, VI¹. De Guillaume Lassere, XXV ˢ. De Guillaume Berry, L ˢ. De Maistre Jaques Jouen, XL ˢ. De Jehan Leprevost, XXXV ˢ. De Pierre d'Esqueville, IIII¹. De Jehan Benard, XL ˢ. De Jehan Fournyer et ses perconniers, VI¹ XVI ˢ. De Germain Hébert, XL ˢ. De Jehan Andrieu, xx ˢ. Messire Philippes Legros, IIII¹ IIII ˢ. De Jehan Leprevost, pour Estienne Beates et Jehan Fouquet, IIII¹ x ˢ. De Jehan Bouteron, VI¹, relachez à la moictié pour deux ans cy devan, LX ˢ.

Somme III ᶜᶜ livres III solz IIII deniers.

EXTRAICT DE L'ESTAT du revenu de la terre et seigneurie de Graville pour ung an commençant au jour et terme de Saincte-Croix mil cinq cens vingt-huit, icelluy terme comprins et finissant au jour et terme de Saincte-Croix mil cinq cens vingt-neuf, icelluy terme non comprins par les hommes jouxte et ainsi qu'il ensuit.

La ville Françoise et Hâvre de Grâce qui tout ce paye au terme de Noël et Sainct-Jehan.

De Raoullin Vimart aus dictz termes, IIII¹ IIII ˢ. De Jehan le Dentu aus dictz termes, L ˢ. De Jehan Olyvier, LXI ˢ. De Jehan Boutheron, LVII ˢ. De Nicollas Voisin, xx ˢ. De Michel Chapuis, lxv ˢ. De Jehan Maze et Robin Leconte, lx ˢ. De maistre Guillaume de Malleville (d'Esmalleville), xl ˢ. De Jehan le Bailly, lx ˢ. De Nicollas Matheras, lxvii ˢ. De Jehan Mahieu, liiii ˢ. De Jaques d'Estimauville, escuier, lxx ˢ. De Jehan Clerice, xii ˡ. De Jehan Gougas et Ysabeau Nasse, lx ˢ. De Simeon Tirel, iiii ˡ. De Preudhomme Moustier, lvii ˢ. De Collin Esnault et Roger James, iiii ˡ. De Guillaume Fosse, iiii ˡ. De Michel Félibot en lieu de Jehan le Boullenger, lvii ˢ. De Guillaume Paré, lv ˢ. De Collin Marye, xxxi ˢ. De Guillaume Picot, xxvi ˢ. De luy pour une autre place, xl ˢ. De Philippes Simon, xx ˢ. De Martin de la Fontaine, xxxv ˢ. De Cardin Agnès, xli ˢ. De Jehan le Porcher, xxxv ˢ. De Guillaume Buisson, l ˢ. De Guillaume Boucher, lii ˢ vi ᵈ. De Collin Boudin, l ˢ. De Raoullin Bauchel, xl ˢ. De Guillaume Bruyère, l ˢ. De Michel de Vican, x ˢ. De Guillaume et Pierre, dictz Quemyn, xl ˢ. De Raoullin le Sauvage, l ˢ. De Guillaume Fosse et Jehan Deshaies, l ˢ. De Simon Chasti, lxi ˢ. De Jehan de la Parrelle, Jehan et Jehan, dictz Pelle, iiii ˡ v ˢ. De Jehan Roussel, iiii ˡ vi ˢ. De Michel Mellibusc pour deux places, ix ˡ. De Jehan Castel, lx ˢ. De Jehan Duval, lxx ˢ. De Jehan Brachy et ses perconniers, lx ˢ. De Robert Mahieu, xl ˢ. De Richard Vallentin, lx ˢ. De Jehan de Vatemare, lxx ˢ. De Estienne Monnyer, xxii ˢ ix ᵈ. De Jehan Monnyer, xx ˢ. De Jehan Coquerel, xxxiii ˢ vii ᵈ. De Pierres Beaufilz, iiii ˡ. De Jehan Dinet, xl ˢ. De Michel Ferey, dict Vauchouquet, xl ˢ. De Nicollas Raoullin, escuier, lxx ˢ. De Jaques Basin, l ˢ. De Jehan de Bruges, lv ˢ. De Jaques et Robin, dictz Paré, xxxvi ˢ. De Nicollas Broise, xl ˢ. De Nicollas Daniel, xlvi ˢ. De Jehan d'Octelonde, xliii ˢ. De Henry Moquelin, xxx ˢ. De Jehan de Brey, xxxix ˢ vi ᵈ. De Robert d'Arry, l ˢ. De Jehan Poullain, lii ˢ vi ᵈ. De Jehan le Brumen, l ˢ. De Collin Geuffroy, lxv ˢ. De Jehan Caval, lˢ. De Pierres Léger, lxxˢ. De Robert le Cordier, iiiˡ. De Maistre Nicolle Harnois, xxˢ. De Guillaume Daniel, drappier, liiˢ. De Jehan Renoart, xxxˢ. De Pierres Vastel, xlixˢ. De Jehan de Marcelles, escuier, xxˢ. De Philippes Trougart, lxviiiˢ. De Guillaume Aubery, lxˢ. De Jehan de la Mare et ses perconniers, iiiˡ xviiˢ. De Raoullin Hurel, xlˢ. De Pierres le Blont, cxviˢ. De Jehan Fere, iiiˡ. De Guillaume Daniel et ses perconniers, iiiˡ viiˢ viᵈ. De Robert Hamel, lviiiˢ. De Robin de la Mare, xxxviiˢ. De Estienne Hebert, xliiˢ. De Michel Champagne pour la place Cardin Fouquet, xxvˢ. De Guillaume Cavellier, cˢ. De Thomas Artoult, lxvˢ. De Thibault Boudin, iiiˡ. De Jehan Aubery, lxiiiˢ. De Jaques de la Haie, xlˢ. De Jehan Roussel, lxxˢ. De Guillaume Desmons et ses perconniers, viˡ. De Guillaume Lassere, xxvˢ. De Guillaume Berry, lˢ. De Jehan Leprevost, xxxvˢ. De Pierres d'Esqueville, iiiˡ. De Jehan Benard, xlˢ. De Jehan Fournier et ses perconniers, viˡ xviˢ. De Germain Hébert, xlˢ. De Jehan Andrieu, xxˢ. De messire Philippes Legroz, iiiˡ iiiˢ. De Jehan Leprevost pour Estienne Beates et Jehan Fouquet, iiiˡ xˢ. De Jehan Bouteron, viˡ.

Somme iiiᶜᶜ iiiˡ xviiiˢ iiiiᵈ.

Somme iiiᶜᶜ iˡ xviiiˢ iiiiᵈ.

Avec ce, de la part du dict advocat du Roy pour le dict sieur nous a esté présenté autre requeste dont la teneur ensuit :

« Le procureur général du Roy auquel ont esté communiquez par vous, monseigneur René de Becdelièvre, conseiller du Roy en sa Court de Parlement à Rouen et commissaire d'icelluy seigneur en ceste partie, les depposicions de maistre Jehan de la Masure, fermier de la terre et seigneurie de Graville et Jehan de Marcelles, recepveur de la dicte terre, aussi la depposicion de maistre Pierres Deschamps, substitut en la viconté de Monstierviller du dict procureur général et maistre Guillaume Marye, lieutenant général du viconte du dict lieu de Monstierviller, par nous respectivement enquis et examinez sur aucuns poinctz et articles résultans de vostre commission, et qu'il est apparu au dict procureur général, par la depposicion des dictz de la Masure et de Marcelles, que à présent, ainsi qu'ilz s'efforcent tesmoigner, le dict sieur de Graville leveroit plusieurs parties de prétendus droictures, revenues et prouffictz en la ville Françoise et havre de Grâce, parroisse et finage du dict lieu soubz umbre d'une prétendue sentence dont ils auroient faict apparoir de coppie qu'ilz disoient avoir esté donnée par deffunct monsieur Maistre Thomas Postel, en son vivant conseiller du Roy en sa dicte Court de Parlement, comme commis par icelle à exécuter certain arrest du XIII⁰ jour de may mil cinq cens vingt quatre, donné entre le dict procureur général et le dict sieur de Graville sur plusieurs différendz, et entre autres sur les droictures par chacun d'eulx prétendus en la dicte ville, havre et finage d'icelluy, par laquelle coppie de prétendue sentence, le dict sieur Postel en l'absence du dict procureur général, en excédant son povoir, auroit permis au dict sieur de Graville, ses recepveurs et fermiers ceuillir et lever contre droict et raison plusieurs parties de deniers emplus suivant qu'il n'en est adiugé au dict sieur de Graville, speciffié et déclaré par le dict arrest de laquelle sentence le dict procureur général reserve à soy pourvoir quand il luy apparoistra de l'original d'icelle. Aussi luy est apparu par les dictes depposicions que les dictz de la Masure et de Marcelles s'efforçoient estimer les dictes prétendues droictures à grant somme de deniers selon et eu regard à la valeur du temps présent et advenir, à quoi l'on ne doibt avoir regard en la deppendance pour l'article contenu ou dict arrest, par lequel le Roy ou son procureur général sont réservéz à soustenir que le dict sieur peult avoir les choses adiugéz au dict sieur de Graville par le dict arrest, en y baillant rescompense, pourtant que là, et quant qu'il plaira au Roy, après avoir veu vostre procès verbal et inquisicions déclarer que tel soustien et poursuitte soit faicte par son dict procureur général; entendu son dict procureur général dire et soustenir ainsi qu'il est en la raison que telle rescompense se doibt faire non pas eu regard à la valleur de ce qui, adjugé au dict sieur de Graville, pourroit estre à l'advenir ou qu'elles sont de présent par le moien de la créacion et érection de la dicte ville et havre faictz aux despens du Roy, mais selon et eu regard à la valleur de quoy il povoit estre en précédent la dicte construction. De laquelle valleur l'on pourra en partie avoir congnoissance par les comptes et registres de la dicte seigneurie de Graville mis par devers vous et communiquez au dict procureur général par les dictz Deschamps et Marye, en la possession desquelz estoient les dictz comptes et registres jouxte leur dicte depposicion. A ces causes et à ce que le Roy puisse estre certainement adverty, suivant sa commission à vous adressée, des droictures appartenans au dict sieur de Graville et de la valleur d'icelles, et attendu le reffuz faict par les héritiers du dict feu sieur de Graville, leur gardaine et procureur de vous monstrer leurs adveux, dénombremens et autres enseignemens.

Requiert que extraict soit faict des dictz comptes et registres des articles faisans mencion des dictes droictures et revenu de la valleur d'iceulx, tant eu précédent la dicte construction que depuis, mesmes que aucunes personnes anciens du dict lieu du havre de Grâce et d'environ non suspectz ne favorables soient faictz venir et enquis de vostre office sur la vérité des depposicions des dictz de la Masure et de Marcelles et de quelle valleur les dictes droictures povoient estre eu précédent la dicte construction et autres articles qui en deppendront, non pas pour préiudicier le Roy ou son procureur général, en ce qu'il entend soustenir que telle rescompense se doibt faire selon la valleur que les choses estoient eu précédent la dicte construction, mais affin que le dict seigneur soit adverty de la vérité du cas pour sur ce déclarer son voulloir et intencion. Et à ceste fin vous plaise décerner vostre mandement adressant au premier sergent royal de ce lieu pour adjourner les personnes de la qualité dessus dicte. Ainsi signé, Bigot. »

Laquelle requeste luy avons accordée, et sur ce, examiné les tesmoingtz, ainsi qu'il est cy après déclaré.

Et oultre et davantage pour congnoistre si le nombre des vingt-quatre acres est comprins aus dictz fieffes et sçavoir le pais ou estente de terre qui resteroit encor à fieffer, les rues, églises et places communes rabatues et non comprinses, avons mandé Philippe le Prévost, mesureur juré pour le Roy en sa viconté de Monstierviller, pour faire icelle mesure, ce qu'il a faict en la présence du dict Bigot, advocat du Roy, pendant le temps que procédions à l'examen des dictz tesmoingtz, et icelle mesure faicte a dix poulces pour pied et vingt-quatre piedz pour perche, huit vingtz perches pour acre, la dicte perche a vingt piedz à toize, dont l'acre vault quatre vergées, la vergée quarante perches, et de ce nous a baillé son procès verbal signé de luy dont la teneur ensuit :

« Suivant le commandement verbal faict par monseigneur maistre René de Becdelièvre, conseiller du Roy en sa Court de Parlement à Rouen, commissaire du Roy en ceste partie, à moy Philippe le Prévost, mesureur de terres juré pour le Roy nostre sire en sa viconté de

Monstierviller, j'ai procédé à faire les mesures en la ville Françoise de Grâce et havre de la dicte ville des places édiffiées et non édiffiez, tant en rues, église, cymetière et places publiques et non fieffez et ce qui est comprins dedens l'encloz d'icelle ville pour autant qu'il a plu au Roy en declarer qu'il entend estre encloz dedans la dicte ville, ainsi qu'il ensuit, commençant vers la grande crique.

Le long des édiffices estans sur le quay de la dicte crique, depuis le quay du Havre jusques à la rue Nostre-Dame, contient quatorze perches ung quart, et par l'autre costé vers la rue Françoise, quatorze perches demy quart, et par devers le quay du dict havre, cinq perches et demie, et par devers la dicte rue Nostre-Dame, quatre perches, qui font en somme vergée et demie, sept perches ung quart.

Item, la dicte rue Françoise contient de long, depuis le dict quay du havre jusques à la dicte rue Nostre-Dame, quatorze perches demy quart, et de travers une perche et demie qui seroit en somme demie vergée, une perche et ung quart.

Item, autres places à l'autre costé de la dicte rue Françoise, le tout par devers la dicte rue, contient quatorze perches ung quart, par devers la rue Sainct-Esloy quinze perches et demi et par devers le quay du havre onze perches trois quars, et par devers la dicte rue Nostre-Dame, neuf perches trois quars, qui est en somme trois vergées et demie, dix-huit perches et demie.

Item, la dicte rue Sainct-Esloy contient de long depuis le dict quay du havre jusques à la rue Nostre-Dame, quinze perches et demie et de travers trois quars de perche. Somme : onze perches et demie, demy quart.

Item, autres places fieffez et maisons séantes dessus de l'autre costé de la rue Sainct-Esloy, par devers la dicte rue, quinze perches et demy et par devers la rue Sainct-Jullien dix-sept perches deux tiers, et par devers le quay du dict havre, dix perches ung quart, et par devers la dicte rue Nostre-Dame neuf perches demy-quart, qui font en somme une acre.

Item, la rue Sainct-Jullien contient de long depuis le dict quay du havre jusques à la dicte rue Nostre-Dame, dix-sept perches deux tiers et de travers une perche deux piedz. Somme : dix-sept perches et demie, deux tiers de perche.

Item, à l'austre costé de la dicte rue Sainct-Jullien contient dix-sept perches deux tiers, et, par devers la grand rue dix-neuf perches et par devers le dict quay du havre, quatorze perches demy quart et par devers la dicte rue Nostre-Dame, neuf perches. Somme : cinq vergées, sept perches.

Item, la dicte rue Nostre-Dame contient de long, depuis la dicte grand rue jusques au quay de la grand crique, trente-six perches, et de travers une perche deux piedz. La dicte rue est par devers mydi du cymetière.

Item, le dict cymetière contient, par devers la dicte rue Nostre-Dame, quinze perches et demie, et, par devers septentrion, quatorze perches, et par devers la grand rue huit perches ung tiers. Somme : demie acre, demye vergée, sept perches et demie, deux tiers.

Item, par devers Orient du dict cymetière, y a une ruelle qui contient de long six perches ung tiers et de travers trois quars de perche. Somme : quatre perches, trois quars.

Item, à l'autre costé de la dicte ruelle qui est par devers orient du dict cymetière, y a des maisons et places fieffez qui contiennent, par devers la dicte ruelle, six perches et ung tiers, et, par devers la dicte rue Nostre-Dame, douze perches et demie et par devers la rue Françoise, six perches, et, par devers septentrion, dix perches et demie. Somme : vergée et demie, onze perches.

Item, de l'autre costé de la dicte rue Françoise, par devers la dicte rue, cinq perches et ung tiers, et, par devers la rue Nostre-Dame, quatre perches, et vers le quay de la grand crique, quatre perches et demie, et par devers septentrion, cinq perches. Somme : demye vergée, deux perches.

Item, la dicte rue Françoise contient de long depuis la dicte rue Nostre-Dame jusques à une autre rue qui tend de la grand rue au quay de la grand crique, six perches, et de travers, perche et demie. Somme, neuf perches.

Item, la dicte rue tendant de la grand rue au quay de la grand crique, contient de long, depuis la dicte grand rue jusques au dict quay de la crique, trente et une perches trois quars, et de travers, une perche. Somme : demie vergée, onze perches.

Item, le quay de la grand crique, par devers septentrion de la rue précédente, y a des maisons et places fiefféz qui contiennent, par devers la dicte rue, six perches trois quars, par devers le dict quay de la crique, douze perches, et, par devers les terres non fiefféz, six perches, et par devers ung des boutz de la rue Françoise qui est entre les Halles et les dictes places fieffez, onze perches. Somme : vergée et demie, sept perches et demie.

Item, une autre place, les halles séantes dessus, contient par devers la dicte rue Françoise, sept perches et demie, et par devers une autre rue qui est du costé d'occident des dictes halles, six perches et demie, et par devers la rue qui est par devers mydi des dictes halles, dix perches et demie, et par devers les terres non fiefféz, dix perches et demie. Somme : vergée et demie, huit perches et demie.

Item, en la dicte rue Françoise qui est par devers orient des dictes halles contient de long jusques ès places non fieffez, onze perches, et de travers, une perche et demie. Somme : saize perches et demie.

Item, l'autre ruelle qui est par devers occident des dictes halles contient de long, six perches et demie, et de travers, trois quarts de perche. Somme : quatre perches et demie, ung tiers.

Item, autres places fieffez depuis la dicte ruelle en tirant vers occident par devers la dicte ruelle, six perches et demie, et par devers le cymetière en venant devers la grande rue, sept perches, et par devant les terres non fieffez, sept perches, et par devers les places fiefféez cy après spéciffiéz, six perches et demie. Somme : une vergée cinq perches et demie.

Item, autres places fieffées jouxte ès places précédentes contiennent par devers le cymetière, six perches, et depuis le dict cymetière jusques à la terre non fieffée vers le pont par devers la grand rue, vingt perches, et par l'autre costé, vingt perches, et par le bout vers le pont, six perches. Somme : trois vergées.

Item, terre non fieffée depuis le dict pont ensuyvant la grand crique jusques aux halles et à la ligne des places fieffez. La dicte terre non fieffée contient trois acres et demye, demie vergée.

Item, le quay de la dicte grand crique contient de long depuis le quay du Havre jusques au bout des places fieffez, trente deux perches, et de travers au bout vers le Havre, une perche, et par l'autre bout, trois perches, enquel quay il y a au parmi une perche de travers. Qui seroit en somme du dict quay une vergée huit perches.

Item, la grand rue contient de long depuis le marché jusques au bout des maisons vers le pont, XLIIII perches trois quarts et deux tiers, et de travers au bouct vers le dict marché, deux perches, et à l'autre bout, deux perches et demie. Somme que la dicte rue contient : demie acre, demie vergée, treize perches.

Item, autres maisons aboutantes au dict marché par le bout vers le dict marché et sont à quatre pans contient trois quarts de perche, et par devers la grand rue jusques à une autre ruelle tendant de la dicte grand rue à la rue Sainct-Michel, xvii perches trois quarts, et par devers la dicte rue Sainct-Michel, semblable nombre de xvii perches trois quarts, et par devers la dicte ruelle, trois perches et demie. Somme : demie vergée xviii perches.

Item, la dicte ruelle contient de long, trois perches et demie, et de travers, demie perche. Somme : deux perches.

Item, depuis icelle ruelle au long de la dicte grand rue jusques à une autre tendant encor de la dicte grand rue à la rue Sainct-Michel, neuf perches, et par semblablement vers la dicte rue Sainct-Michel, neuf perches, et par devers la ruelle cy-dessus mencionnée, trois perches et demie, et par l'autre ruelle, quatre perches et un quart. Somme : demie vergée, quatorze perches et demie.

Item, la dicte ruelle contient de long, quatre perches et ung quart, et de travers, une perche deux piedz. Somme : quatre perches et demie.

Item, depuis la dicte ruelle jusques à la terre non fieffée vers le pont par devers la dicte ruelle, quatre perches et ung quart, et devers la dicte grand rue, saize perches et demie, et par devers la dicte rue Sainct-Michel, semblable nombre de xvi perches et demie. Et par devers le dict pont, quatre perches deux tiers. Somme : vergée et demie, treize perches.

Item, autres places fieffez depuis la dicte rue Sainct-Michel jusques à la rue de la Fontaine, le bout de la place Chillou vers le Havre contient vingt-trois perches deux tiers, et par devers la dicte rue Sainct-Michel jusques à une ruelle estant au bout de la place Estimauvile, la dicte ruelle tendant de la dicte rue Sainct-Michel à la rue de la Fontaine, semblable nombre de vingt-trois perches, et par devers la dicte ruelle, neuf perches trois quars. Somme: trois vergées et demie, cinq perches, neuf perches rabatues pour le bouge.

Item, la dicte ruelle contient de long, neuf perches trois quars, et de travers, demie perche deux pieds. Somme : cinq perches.

Item, depuis la dicte ruelle jusques à une autre ruelle tendant de la dicte rue Sainct-Michel à la dicte rue de la Fontaine par devers la dicte rue Sainct-Michel, neuf perches et demie, et par devers la rue de la Fontaine, semblable nombre de neuf perches et demie, et par devers la dicte ruelle qui jouxte est au dict Estimauville, neuf perches trois quars, et par devers l'autre ruelle, quatorze perches trois quars. Somme : demie acre, demie vergée, saize perches.

Item, la dicte ruëlle contient de long, quatorze perches trois quars et de travers, une perche deux piedz. Somme : quatorze perches trois quars, dix neuf piedz et demy.

Item, depuis la dicte ruelle jusques à la terre non fieffée vers le pont par devers la dicte rue Sainct-Michel, traize perches et demye, et par devers la dicte rue de la Fontaine, semblable nombre de traize perches et demie, et par devers la dicte ruelle cy-dessus mencionnée, cinq perches et ung tiers, et par devers le dict pont, trois perches deux tiers. Somme : vergée et demie, une perche.

Item, par devers la mer d'icelle pièce y a un escachon de terre fieffée close de mur qui contient de long, huit perches et de ley, trois perches trois quars. Somme que le dict escachon contient : trente perches.

Item, la dicte rue Sainct-Michel, contient de long depuis le marché jusques au pont, LXI perches et ung quart et de travers, une perche et demye et le cinquiesme d'une perche. Somme : demie acre, demie vergée, cinq perches ou environ.

Item, le dict marché contient par devers le bout de la dicte grand rue et la dicte rue Sainct-Michel, quatre perches ung quart et par devers le quay du Havre, trois perches et demie et par le costé vers la maison Chillou, cinq perches et demye et par l'autre costé, cinq perches. Somme que le dict marché contient, demie-vergée

Item, la vuyde place estant entre la dicte maison Chillou jusques au Havre, à ce comprins la maison de ville et le quay du dict Havre depuis la tour jusques à la grande crique, le tout contient une acre et demie.

Item, autres places fieffez depuis la rue de la Fontaine jusques à la terre non fieffée au long de la muraille vers la mer par devers la dicte muraille, xix perches, et par devers la dicte rue de la Fontaine, xix perches et par devers la maison de ville, trois perches et trois quartiers, et par l'autre bout vers la mare, ix perches et ung tiers. Somme : trois vergées, une perche et ung quart.

Item, la rue de la Fontaine contient de long depuis le bout des places fieffez, par devers la maison de ville jusques à l'autre bout de la mare, trente et une perches deux tiers, et de travers, une perche et demie. Somme : une vergée, douze perches et demie.

Item, l'encloz du fossé enquel est contenu une mare close de muraille, ledict fossé contient devers la terre non fieffée vers le moulin, quartorze perches, et par devers la terre fieffée, neuf perches un tiers et par devers la rue de la Fontaine, sept perches et demie. Somme : demie acre, huit perches.

Item, le résidu de la terre non fieffée qui est à l'encloz de la dicte ville, depuis le bout jusques au boulevert, tout du long de la muraille vers la mer, jusque ès places fieffez venant jusques à la maison de ville, le moulin séant dessus la dicte pièce. Le tout contient sept acres et demie.

Item, le plat païs d'entour la dicte ville depuis le grand boullevert devers le Chief de Caux jusques au chasteau de Graville, et depuis le dict château jusques à la petite Heure, et depuis la dicte petite Heure au long de la mer jusques au havre et ville de Grâce, à ce comprins la grande Heure. Le dict plat païs contient en somme : huit cens quinze acres et demie.

Ainsi signé par moy, mesureur dessus nommé, le xv⁵ jour d'Octobre, l'an de grâce mil cinq cens trente deux. Prévost, ung paraphe. »

Par semblablement, avons faict paindre en plate forme, la dicte ville, hâvre, et païs circonvoisin et prochain pour mieulx entendre la scituation d'iceulx lieux qui par semblablement est mis avec le dict procès verbal.

Et oultre et davantage de la part des habitans de la parroisse d'Ingoville, nous a esté présenté une requeste suppliant icelle estre incérée en ce présent nostre procès verbal qui leur a esté accordé pour leur valloir qu'il appartiendra, dont la teneur ensuit :

« A Monseigneur, Monsieur le commissaire délégué pour faire les appréciations de la terre, édiffices et appartenances de la ville Françoise de Grâce, et à messieurs les officiers du Roy, nostre sire.

Supplient humblemenl les manans et habitans de la parroisse d'Ingouville sur les limytes de laquelle parroisse est édiffiée et scituée la dicte ville, avoir considération et regard que à eulx du dict lieu d'Ingouville compétent et appartiennent et ont droit de communes, en icelle parroisse, jusques à la rue et bordage de la mer, desquelles communes ils et leurs prédécesseurs ont eu joyssance et possession de tel et si longtemps qu'ils n'est mémoire d'homme, au contraire en enseigneront aus dictz sieurs, si mestier est.

Sur lesquelles communes a esté édiffiée la dicte ville à raison de quoy les dictz habitans ont intérest et sont endommagez d'autant de terre qui est comprinse en la dicte ville et déppendences d'icelle, en quoy les dictz parroissiens sont intéressez par chacun an de quatre cens livres tournoys ou plus parce que les herbages leurs sont demourez inutilz.

Item, ils ont et seuffrent autre dommage à leurs dictes communes à raison de la dicte édifficacion pour ce que la dicte ville et fortifficacion d'icelle sont cause que la mer monte et emple ordinairement le résidu de leurs dictes communes mesmes leurs terres propres aboutées aus dictes communes. En quoy ils ont souffert par cy devant et seuffrent de jour en jour grandz dommages et inconvéniens parce qu'ilz n'osent laisser leurs bestiaulx es dictes communes comme ils avoient acoustumé, et s'ilz laissent leurs dictes bestes seront péries de la mer pour raison de la dicte ville empeschant le cours qui estoit ordinaire de fluer et refluer sur les dictes communes plus abondamment et impétueusement qu'elle ne faisoit en paravant la dicte édifficacion à raison des bares qui ont esté faictes pour retenir les eaues affin de les conserver pour le bien du Havre, et par semblabe ils perdent le plus souvent la commodité de leurs praries, en quoy ils ont autre grand intérest.

Par semblabe, à raison de la dicte édifficacion leurs terres et dommaines sont pillez et dégastez, leurs fruitages et grains le plus souvent ceuilliz et emportez par gens estrangers estans et qui viennent de jour en jour en la dicte ville de Grâce, et en ce seuffrent dommage de semblabe somme de quatre cens livres par chacun an.

Et davantage sera considéré par mes dictz sieurs que

les dictz parroissiens par arrest de la court de parlement ont esté réservez en leur dict restor et rescompense, comme ils feront apparoir par le dict arrest ou coppie d'icelluy.

Ce considéré, il plaise aus dictz sieurs commissaires pourvoir aus dictz habitans sur leurs dictz intérestz et dommage qu'ils ont à la perte de leurs dictes communes, veu mesmes que pour raison du dict dommage ils n'ont esté aucunement dimynuez de leurs assis à taille, mais au contraire ils ont esté et sont ordinairement augmentés d'icelle, requérans estre receuz à informer de ce que dessus à la fin de leur dicte provision et rescompence qu'ilz ont prétendue et prétendent.

Supplians aus dictz sieurs avoir consideracion que, ès villes de frontière de ce Royaulme, les habitans aux faux-bourgs et banllieue sont francz et exemptz de taille pour les grandz charges qu'ilz seuffrent chacun jour et qu'ilz sont en péril des descentes et invasions des ennemis, aussi que, s'il est question de dresser quelque armée sur mer les dictz habitans en ont la principalle charge. Et par ce supplient qu'ilz soient exemptz d'icelle contribucion et qu'il plaise à mes dictz sieurs en faire informacion pour sur ce leur donner provision ou autrement en ordonner comme de raison. Et en ce faisant les dictz supplians seront tenus et subgectz prier pour le roy et pour les dictz sieurs. »

Du mercredi xxv° jour de Septembre mil cinq cens trente deux en la ville Françoise de Grâce, devant nous, René de Becdelièvre, conseiller du Roy nostre sire et commissaire dessus nommé, présent le dict maistre Geuffroy Marye, nostre adjoinct :

Maistre Jehan de la Masure, escuier, seigneur de Fontaines, aagé de XLIII ans ou environ, lieutenant particullier du bailly de Caux en la viconté de Montivillier, et demourant à Harfleu, juré et sur le faict de la dicte commission et les circumstances et deppendances d'icelle enquis et examiné, nonobstant l'absence et la non comparence de maistre Loys Quemyn, procureur de la dicte dame de Graville gardaine de ses enffans,

Par le premier article dit et deppose qu'il se pourra congnoistre par la coustume de Normandie au chappitre de varesc ce que c'est de varesc; et au regard de la droicture nommée eauye, dit que sur la grève de la mer et ès lieux où il y a banqz en icelle qui demeurent à descouvert lors que la mer est retirée et alouée au bout de la mer, à l'endroit du territoire de Graville où les pescheurs et bonnes gens du pays vont ordinairement pescher et receuillir le poisson est appelé communement eauye. Et luy enquis quel droict c'est que eauye, en quoy il consiste, dict que le sieur de Graville a droicture de prendre, un jour la sepmaine, excepté à jour de lundi, sur chacune personne qui va pescher aux quideaulx et autres engins, ès dictz lieux et grèves de la mer, les deux pars du poisson qu'ilz y prennent, dont l'en faict composicion aus pescheurs qui y vont, et est ce qui est nommé eauye et de ce le dict sieur de Graville a joy, de tout temps de sa congnoissance, comme de droicture seigneuriale à luy appartenant. Et depuis cinq ans qu'il a esté fermyer de la dicte terre de Graville, le recepveur a prins et receuilly le dict droict de eauye sur les dictz pescheurs. Et luy, enquis et interrogué combien le dict droict de eauye peult valloir au dict sieur de Graville, a dit qu'il se pourra voir par les comptes de la recepte, touteffois en ce qu'il en a peu congnoistre, il se revient à XL solz tournois par an en la dicte seigneurie, réservé la porcion qui est devant Harfleu qui se baille à part.

Dit davantage que la dicte droicture en ce que peult contenir le circuit de la ville Françoise ne sçeuroit valloir aucune chose pour autant qu'il n'y a aucuns banqz, quideaulx ne lieu propre pour aplicquer la dicte pescherie, mais seullement y en a le long de la mer hors le dict territoire jusques à la parroisse de Lure distant d'un quart de lieue du Havre.

Enquis que c'est que la droicture de secage de rez, a dit que, en la saison des harens et maqueraulx et mesmes pour toute l'année, les pescheurs qui peschent ès dictz lieux pour sécher leurs rez sur le perroy et communes estans en l'entour de la dicte ville de Grâce paient au dict sieur de Graville pour tout l'an chacun v solz tournois pour chacun navire, qui est une composicion coustumière entre eulz; mais pour le regard des xxiii acres, qui est le lieu où est ordonnée et jà édiffiée la dicte ville Françoise, n'est point acoustumé d'en paier aucune chose au dict sieur de Graville pour ce qu'il n'y a grève ni lieu propre à faire les dictz secages et ne s'i en faict aucun, réservé ung petit endroit qui est auprès du moulin à vent qui ne sauroit guères de chose valloir. Et vault la dicte coustume de secaige, comprins une autre ferme de v solz tournois pour chacun basteau ou navire qui se faict ou construit de neuf sur le dict territoire et ii solz vi denier pour navire rabillé, communes années, la somme de dix livres par an.

Enquis que c'est que la droicture de baillizage et combien elle vault, a dit que en paravant la construction du havre neuf édiffié à présent et du temps que le vieil havre de Grâce estoit édiffié, qui est à un traict d'arc loing du neuf édiffié, la coustume estoit telle de mettre à l'entrée et endroit du creux du dict havre des baillizes que sont perches mises et affichées debout pour signifier le chemin propre aux navires du dict hâvre; ne sçait combien chacun navire paioit, touteffois du depuis que le dict havre neuf a été faict et construit, il n'en est paié aucune chose pour ce que le vieil havre de Grâce est condampné et celluy de présent est si bien ordonné et édiffié, qu'il n'y convient aucuns baillizages ne merches, car les édiffices, jettées et saillies démontrent assez le cours du dict havre; touteffois par les anciens pappiers de la dicte terre de Graville, il a congneu que le dict droict de baillizage se paioit à quatre deniers pour rondelle, qui est à son advis pour une pièce de futaille, mais, n'en a vu ceuillir ne paier aucune chose dedans la dicte ville et havre de Grâce.

Enquis quelz autres droictz féodaulx a le dict sieur de Graville au dict lieu et desquelz il a par cy devant uzé comme seigneur aiant fief noble et basse justice,

A dit qu'il a la justice ordinaire comme plès en basse justice qui tiennent de quinzaine en quinzaine, et a le dict depposant comme seneschal tenu les dictz plès par plusieurs fois, et pevent valloir les amendes de la dicte jurisdicion cent solz par an à son advis, à le prendre au temps et ainsi que les choses sont de présent. Davantage a dit que le dict seigneur a des rentes qui consistent et sont levées pour la fieffe des maisons qui montent à présent la somme de III^{cc} xx livres ou environ, ainsi qu'il pourra apparoir par le papier de la recepte. Aussi a droicture de relief et XIIIme qui se paient à trois solz, touteffois qu'il y a mutacion d'homme, tant pour rellief que pour XIIIme ensemble, et a esté par une composicion autreffois faicte entre led. sieur et ses hommes, qui de présent pevent revenir, communes années, à LX solz tournois ou III livres par chacun an; et le sçait parce que icelluy qu'il a commis à en faire la recepte luy en a tenu compte d'autant pour le temps qu'il doibt estre fermyer de la dicte seigneurie, qui est neuf ans dont en est escheu six ans. Plus y a droicture de service de prévosté, qui est un sergent en la ville Françoise pour faire venir les deniers en la recepte et les exploictz requis aud. sieur et ses hommes, ce qui consiste en auctorité et non pas qu'il en revienne aucun autre prouffit ou revenu à ceste cause au dict sieur.

Aussi droict de forfaictures en la dicte ville, si le cas advient qu'il y ensuit déclaracion ou sentence de mort sur l'un des resséans de sa dicte terre, laquelle chose est casuelle et ne la porroit bonnement estimer à quelque certain revenu.

Dit davantage que, suivant la liquidacion de l'arrest de la court faicte par deffunct monsieur Postel, commissaire d'icelle le xxvme de Septembre cinq cens vingt quatre, le dict sieur de Graville a droict, comme il dict, de prendre quatre deniers sur chacun baril de harenc ou maquereau sallé. Et si a droict de prendre, des navires chargez de poisson frez, le tiers poisson à son choix, pourveu qu'il y en ait jusques à trois, et aussi de prendre ung cent de harenc ou manquereau frez, pourvue que la charge du navire contienne demy lect, et si moins y en a dedens le dict navire, le dict sieur n'en prend riens et s'entend le contenu en cest article quand le poesson est apporté en ceste ville Françoise, et deschargé sur le territoire de Graville.

Dit que la dicte droicture pourroit bien valloir iiii^c livres par chacun an, si tout estoit bien paié eu regard au nombre de poisson qui y arrive, mais encor il depposant, ès derniers baulx qu'il en a faictz, l'a baillée à ferme pour chacun an au pris de cent livres, et pour les dictes droictures le dict seigneur il peult user d'arrest par son prévost, et luy depposant comme fermyer en a ainsi usé sans autre contredict quand il les a faict ceuillir en sa main.

Dict aussi que le dict sieur de Graville a faict construire une halle à grain et bley au dict lieu, mais n'ont encor riens vallu en revenu pour ce que on n'y va point.

Dit qu'il a esté adjugé par le dict commissaire au dict seigneur, droicture de prendre une buche sur chacun cent de buche qui sera apporté et deschargé par la mer sur le territoire de la dicte ville de Grâce, de laquelle droicture le dict sieur de Graville n'en a encor joy ne uzé pour ce que le dict depposant ne l'a pas voullu faire ceuillir ne lever pour soulager le peuple.

Enquis quelles charges le dict sieur de Graville est tenu de porter et ce qu'il doibt à ses hommes à raison des droictures et deniers qu'il prent et lieve sur iceulx à cause des subgections en quoy ils sont envers luy redebvables,

Dit qu'il est subgect de bailler les pieux qu'il convient avoir aux pescheurs pour faire et entretenir les quideaulx et engins à pescher dont cy devant est parlé, et à bailler du bois pour tirer et haller au quabestein, ung navire et basteau pour le mectre a sauveté. Et luy, enquis que pourront couster les dictes subgections et charges que doibt et est tenu faire le dict sieur, a dit qu'il pourroit couster XI ou L solz tournois par chacun an.

Dit davantage que le sieur de Graville donne VII livres x solz tournois à son séneschal qui tient ces plès pour toute sa seigneurie et par semblable y a ung procureur qui a soixante solz de gaiges, et l'advocat de la seigneurie c solz et mesmes a son recepveur soixante livres, desquelles parties il en conviendroit, à son advis, deffalquer et mettre en charge de diminucion de revenu à la sixiesme partie pour la dicte ville de Grâce.

Enquis s'il y a point d'autres deniers à rabastre ou à deffalquer sur le dict revenu soit pour non valloirs, réparations ou entretenemens de édiffices, a dit qu'il n'en sçait ne congnoist autre chose que ce qu'il a cy dessus depposé.

A luy remonstré que par le dict arrest de la court de

l'an mil vᶜ xxiiii le dict sieur de Graville estoit tenu rescompenser ses hommes d'Ingoville des droictures qu'ilz avoient ès dictes vingt-quatre acres de terre, et luy enquis quelle rescompense povoit appartenir aus dictz hommes et quelle le sieur leur a baillée,

Dit que les habitans de la dicte parroisse d'Ingouville, en laquelle de présent la ville est assise, avoient droicture de mener pasturer leurs bestes sur la terre où la dicte ville est construicte et bastie, et à son advis et conscience cela povoit valloir seulement cent solz par chacun an, à le prendre au plus-hault prix, car les terres estoient de telle sorte, qualité et essence comme sont les contigues et prochaines du dict havre qui ne sont que marestz et perroy, à cause de la mer qui ne pevent rendre herbe ne autre commodité pour chacune acre emplus de cinq solz par an.

Enquis combien povoient bien valloir les droictures cy dessus mencionnez en précedent la construction du havre et ville Françoise au dict sieur de Graville et de quel estat, qualité et essence estoient les dictes terres,

Dit que les dictes terres estoient de l'essence telle que cy dessus depposées, et que toutes les droictures que povoit prétendre le dict seigneur ès dictes xxiiii acres de terre estoient de nulle valleur et revenu et n'y avoit riens qui vint à son prouffict; bien dit que au vieil havre de Grace et à la grève et orée de la mer il prenoit les dictz droictz cy dessus spécifiez et par luy déclarez, ainsi qu'il a oy dire et sans riens en excepter, et pour la vérifficacion de cest article dit qu'il y a dix ou douze ans qu'il se meust procès entre ung nommé Geuffroy Vitecoq, fermyer de la terre de Graville, et Pierres Estienne, fermyer de la prévosté de Harfleu, pour raison des dictes coustumes et par le dict depposant furent examinez plusieurs tesmoingtz produictz par le dict Vitecoq et par iceulx entendit que le dict seigneur prenoit les dictes droictures.

Enquis combien se povoient monter lors toutes les dictes droictures cy dessus spéciffiez, a dit que le tout estoit à ferme par dix livres ou environ par chacun an, comme il a ouy dire au dict Vitecoq, fermyer.

Dit que par la construction de la dicte ville le revenu du dict seigneur n'en seroit estre diminué sinon ès dictes coustumes et baillizages, car il prend aussi bien le droict de eauye et secaige comme il faisoit en précédent et aussi de varesc et autres droictures comme de construction et rabillage de nef. Et si dit que, s'ilz montent à plus que le temps passé, se seroit par raison de la construction et édifficacion de la dicte ville Françoise et havre neuf qui sont cause que grans navires de divers pais, chargés de plusieurs sortes de marchandises, pour la bonté du havre y viennent ordinairement, qui est le bien de la dicte ville et du pays.

Enquis si le reste des dictes xxiiii acres qui est encor en sa première nature, sans maisons ne édiffices pourroit estre baillé et fieffé à tel prix comme ont esté les autres fieffes où sont construictes à présent plusieurs maisons et édiffices, c'est assavoir ung soult pour pied en carré,

A dit qu'il croist à son advis qu'ilz pourroient estre autant fieffez et baillez, et il depposant en a esté prié et requis de plusieurs de leur en faire bailler à ce prix.

A luy remonstré que les maisons qui sont à présent au havre et ville Françoise sont assises au lieu le plus propre et commode et plus prochain du dict havre, par quoy sont de meilleur revenu que celles qui seront basties plus loing de ce cartier, et ainsi en est usé ès autres lieux et places et principallement ès villes marchandes.

A dit que la ville de Grâce se peuple de sorte et y afflue si grand nombre de marchans que chacun y desire avoir place, et davantage, que jouxte le pourtraict et devis faict par le Roy, il y a ung grand fossé fort large qui circuira la ville, dedens lequel fossé les navires pourront estre menez et conduitz à sauveté, et par ce moien tous les endroictz de la dicte ville seront requis et édiffiez et se sentiront de la commodité de la mer.

Enquis combien se peult monter la place qui a esté fieffée et combien il peult rester à fieffer, dit que au certain il n'en seuroit faire la déclaracion, mais croist bien qu'il y en peult encor avoir le tiers à bastir, et autre chose n'en sçait. Et a le dict de la Masure signé sa dicte depposicion sur la mynute.

Après lequel examen ainsi faict le dict de la Masure nous a présenté une requeste par luy faicte et redigée par escript qu'il suplie estre incérée en ces présentes, qui luy a esté accordé et mis en la fin.

Du jeudi xxvi° jour de Septembre mil v° xxxii, au dict lieu devant nous, commissaire dessus nommé, présent le dict adjoinct,

Jehan de Marcelles, aagé de xlv ans, recepveur à présent et passé sont dix ou douze ans, de la terre et seigneurie de Graville demourant en la ville Françoise de Grace, juré, en la présence de maistre Louys Quemyn, procureur de la dicte seigneurie de Graville, et sur ce que dit est enquis et interrogué,

A dit que au moien de ce qu'il a esté si longtemps recepveur de la terre de Graville il a connaissance des droictures, que le dict seigneur prend en sa dicte terre qui sont telles : Premièrement, il prend le varesc tel qu'il est acoustumé prendre par la coustume du pays. Secondement a droict de eauye, c'est assavoir sur les pescheurs qui peschent en sa terre quand la mer est retraicte et sur les banqz et terres descouvertes, il prend, à l'un des jours de la sepmaine, autre que le lundi, sur chacun pescheur, les deux pars du poisson qu'il peschera ce jour, lequel droict ne vault par chacun an que la somme de quarante solz et en tout, mais pour le regard et en tant que seroit l'assiette et l'estente de ce que contient et pourra contenir la dicte ville de Grâce, il n'en est venu ne peult venir au dict sieur de Graville aucun proufict du dict droict pour ce qu'il n'y a aucune pesche, mais se faict hors du territoire jusques à la parroisse de l'Eure distant du Havre d'un quart de lieue ou environ.

Dit que le dict sieur de Graville a une autre droicture qui s'appelle secaige de rez, qui provient à raison des navires qui font secher leurs rez sur les greves ou ailleurs sur sa terre, qui paient chacun an pour chacun navire v solz tournois, touteffois le dict droit qui povoit de riens valloir au dict sieur de Graville à l'endroict d'icelle ville de Grâce, excepté en quelque petite porcion, pour ce que il ne se y en sechoit aucunes et se peuvent faire les dictz secages ailleurs que en la dicte ville Françoise, lequel droict peult valloir communes années, comprins une autre droicture qu'il prend de v solz tournois pour chacun nouveau navire faict pour une fois et ii solz vi deniers pour navire rabillé, le tout à la somme de dix livres tournois par an pour toute sa terre, qui estoit pou de chose le temps passé pour la cotizacion du lieu où est la dicte ville Françoise.

Dit que le dict seigneur de Graville prend une autre droicture qui s'appelle baillizage, qui estoit ceuilly du temps que le viel havre de Grâce estoit et en paravant que la dicte ville Françoise feust édiffiée, lequel droict est fondé en ce que le seigneur mectoit à ses despens des baillizages, c'est assavoir des perches de bois debout à la baye et entrée du havre pour denoter aus navires l'estent chemyn d'icelluy havre et éviter la perdicion des navires, lequel droict il depposant ne ceuillit jamais, mais a veu que toutes les droictures dessus dictes de varesc, eauye, secaige et baillizage se bailloient tout ensemble pour toute la terre et seigneurie de Graville à x livres par an, comme dit est, et si a ouy dire que du dict baillizage on prenoit quatre deniers pour ung tonneau ou autre fustaille; n'en seroit plus certainement parler; mais pour le regard de la dicte ville Françoise il n'est besoing ne requis à présent d'avoir baillizages pour ce qu'il y a belles jettées, ouvertures et enseignemens pour le dict havre neuf, et aussi que le dict havre viel est estouppé et du tout abolly.

Dit plus que le dit sieur de Graville a justice et jurisdicion en basse justice, séneschal et prévost et mesmes ses amendes qui pevent valloir communes années pour le regard de la dicte ville Françoise en l'estat qu'elle est à présent cent solz par an. Aussi a et prend le dict sieur de Graville au temps de présent les rentes qui procèdent à raison des fieffes particulieres qui ont esté faictes de nouveau à diverses personnes en la dicte ville Françoise de Grâce qui n'y estoit pas le temps passé, lesquelles fieffes pevent monter par chacun an à III^{cc} xx livres tournois, et le sçait pour la recepte qu'il en a faicte et les pappiers d'icelle où les rentes en particulier sont déclarez, lesquelz pappiers et registres il a mis devers nous pour les veoir. Et si prend le dict seigneur droictures de relief qui est III solz tournois pour manuel homme. De XIIIme n'en est paié aucun pour ce que le dict lieu est tenu et reputé franc bourgaige. Ce qui revient des dictz relliefs vault chacun an à LX solz ou III livres du plus. Et au regard de la dicte charge de prévost, c'est comme un sergent qui faict les exploictz des dictz plès qui consiste plus en charge que autrement. Et en ce n'y a aucun revenu pour le seigneur.

Aussi droictures de forfaictures sur les criminelz qui seroient exécutez par justice qui tiendroient héritages où terres de luy, mais ne sçauroit estimer que vault la dicte droicture pour cë qu'il n'a point veu le cas advenir.

Dit qu'il y a ouy dire à plusieurs, que le seigneur prenoit de aquict, sur chacun baril de harenc ou maquereau sallé, quatre deniers pour baril, et l'a veu ceuillir par ung nommé Guillaume Godin, fermyer d'icelle ferme, il y a dix ou douze ans, et en précédent ung nommé Jehan Pellerin, tenant à ferme la dicte coustume par xxII livres x solz, comprins baillizages et secaiges de rez, lequel fermyer en composoit et en prenoit ce qu'il povoit avoir et les autres n'en faisoient point de difficulté. Et en regard du poisson frez, s'il paie aucun tribut, n'en seroit parler. Enquis que vault à présent le dict droict de III deniers pour baril, a dit que, s'il estoit ceuilly paisiblement, que il vauldroit de présent par chacun an plus de v^c livres. Et au regard de la halle au bley et grains est vray que le dict sieur de Graville l'a faict faire de nouveau, mais personne n'y fréquente et n'en revient aucune chose.

Dit et deppose que depuis que la dicte ville s'est ainsi augmentée, le peuple s'est acoustumé de y apporter du boys par la mer, dont les fermyers ont voullu prendre aquict pour le seigneur c'est assavoir de cent buches une buche, et en a bien veu ceuillir le dict depposant à ung nommé Godin jusques à vingt ou trente buches, mais pour ce que les bourgeois en murmuroient et que ce leur sembloit exaction ou novalité, n'a esté ceuilly passé a longtemps. Toutes fois, en faisant les baulx il en est tous jours faict mencion et est tout ce qu'il congnoist estre en revenu de présent, sinon que les tuilliers qui, à présent font la tuille, luy doibvent chacun an ung millier de tuille, et est à raison de la terre qu'ilz prennent en la mer et ailleurs sur le territoire du dict seigneur.

Enquis quelles charges le dict sieur de Graville a, à cause des droictures dessus dictes, a dit qu'il doibt bailler le boys dont les pescheries, quideaulx et baillizes se font, mesmes du boys à entretenir le cabestan qui sert à mectre les navires à sauvetté. Et si baille aus dictz tuilliers des bastons de boys pour allumer le feu des dictes tuilleries. Lesquelles subgections pourroient couster XL ou L solz tournois par an.

Dit que le dict sieur a charge de séneschal qui a VII livres X solz de gaiges, ung advocat lequel a C solz tournois, le procureur de la seigneurie LX solz, ung solliciteur qui a XL solz, le recepveur LX livres tournois, mais c'est pour toute sa terre et seigneurie, dont on pourroit deffalquer pour la dicte ville Françoise une sixiesme partie.

Et au regard de la récompense des habitans de Ingouville, et quelle le dict sieur de Graville leur a baillée, qu'il est tenu de leur bailler par arrest de la court, a dit que de rescompense ils n'en ont point eu, et aussi n'en demandèrent jamais, pour ce que en la porcion des dictes XXIIII acres où est la dicte ville de Grace ils ne povoient pas avoir grand interest pour ce que la fieffe qu'ilz en avoient faicte au sieur de Chillou n'estoit que par XII deniers ou II solz tournois pour le tout, à raison que ce n'est que marestz et lieux plains de pierres et comme inutils enparavant la construction de la dicte ville et havre, ainsi que sont les autres prochaines terres qui y sont, où il n'y a pasture ne commodité aucune, lesquelles terres contiennent grand pays.

Luy enquis et interrogué quel pris en revenu povoient bien valloir les XXIIII acres de terre où est la dicte ville Françoise, à présent en partie bastie et édifiée, ensemble les dictes droictures dessus déclarez,

A dit que les dictes XXIIII acres et tout le territoire de l'environ estoit tenu et réputé de petit prix, et quant au revenu du fons comme de nulle valleur parce que aucuns n'y hantoient ny habitoient excepté que à l'endroict du viel havre de Grace, qui estoit en autre lieu que le havre neuf, et qui de présent n'est d'aucune valleur, et aussi à la greve et aux environs, se ceuilloient ce que on povoit avoir des dictes eauyes, secages et baillizages et autres droictures qui estoient baillez à ferme et valloient environ douze ou quinze livres par an pour toutes choses, comme dit est. Et si dit que par la construction de la dicte ville, le revenu du sieur de Graville n'en pourroit estre aucunement diminué si non pour le dict droict de baillizage et coustume des navires qui pouvoient arriver au dict Havre de Grace estouppé, car il pourroit aussi bien ceuillir les autres droictures, comme il faisoit en précédent et procéderoit l'amendement des dictz droictz, si amendement y avoit, à raison de l'édifficacion d'icelle ville et havre de Grace qui est si bon que de tout pays on y vient à présent apporter marchandises.

Enquis si le reste des xxiiii acres de terre adjugez par le dict arrest au dict sieur de Graville et qui ne sont point encore bastis ne édiffiez pourront bien estre autant fieffez et d'aussi bonne commodité comme sont les places jà fieffez et combien il en reste bien à fieffer,

A dit et respondu qu'il en peult bien rester à fieffer la tierce partie des dictes xxiiii acres qui ne sont pas ne peuvent estre de telle commodité ne fieffez à si grand prix comme ceulx qui sont jà fieffez, car elles ne sont pas en si bonne assiete comme les autres qui sont près et joignant du havre, des marchez et lieux les plus hantés et commodes qui soient en la dicte ville Françoise de Grace, combien qu'il dict que selon les commoditez, franchises et libertez que le roy y vouldra employer, tout le circuit en seroit tant désiré que ce qui est encore à fieffer se fiefferoit et habituroit promptement, ce qui gist au voulloir et plaisir du Roy, et plus n'en dit. Et a le dict de Marcelles signé sa dicte depposicion en la mynute.

Et depuis a esté le dict de Marcelles enquis et interrogué combien vallent de présent au dict seigneur les droictures dessus dictes, c'est assavoir : secaige de rez, baillizages, eauyes, varescs et autres droictz féodaulx appartenans au dict seigneur et s'ilz sont par luy ceuillis ou si autre que luy les tient à ferme, a dit que de baillizage il n'y en a plus, de secaige de rez a esté affermé, le XXIIII jour de ce mois, à LXX solz, la ferme de l'eauye à XL solz. Et au regard du varesc il n'est point baillé à ferme, car c'est chose casuelle. Dit davantage que la ferme de la coustume qui s'estend au Havre de Grace puis trois ans, comprins les doictures dessus dictes, feust baillée à ferme par II^c livres chacun an à Marion La Petite par le sieur de Fontaines, fermier général de la dicte seigneurie. Et est la dicte coustume le droit de prendre, oultre les autres droictz, IIII deniers pour baril de harenc, pour chacun cent de buches une, de chacun basteau chargé de harenc et maquereau frez, pourvu qu'il y en ait demy lect, ung cent, et se moins y a, n'en a autre chose. Mais les dictes coustumes dernières sont en procès à la court entre le fermier du Roy en la prévosté de Harfleu et le fermier du sieur de Graville et dont il dit qu'il y avoit eu provision donnée par feu Monsieur Postel au prouffict du dict sieur de Graville, au moyen de laquelle provision la dicte ferme feust baillée de rechef à la dicte Marion pour trois ans, par le prix de deux cens livres comme dit est. Et ce faict avons commandé au dict de Marcelles de nous monstrer et exhiber son compte général auquel sont contenuz les dictes droitures et le revenu annuel d'icelles, qui nous a affermé par serment ne les avoir, mais estre devers maistre Jehan de la Masure, recepveur, fermier général de la dicte terre, reservé ung petit compte et estat en abrégé à luy baillé non signé par le dict de la Masure, commentaire estat des deniers et pour quatre années finissans le dernier de juillet v^{cc} trente. En la fin duquel au premier feuillet, folio verso, en la fin et au ɪɪ^e feuillet, au commencement, est contenu et a esté extraict en sa présence, ce qui ensuit :

De Guillaume Godin, en deux paiemens sur et en rabatant de ce qu'il avoit receu des aquictz et coustumes du Havre de Grace par la commission à luy sur ce donnée : ʟxɪx livres xvɪɪɪ solz tournois.

De Robert d'Arry, dix livres quinze soulz neuf deniers par luy receus des deniers des dictz aquictz, pour ce : x livres xv solz ɪx deniers tournois.

Lequel pappier avons paraphé et signé de nostre main au commencement et à luy commandé le garder.

Guillaume Marye aagé de xɪv ans ou environ, lieutenant général du vicomte de Montivillier et demourant en la dicte ville, juré, enquis et examiné à l'instance du procureur du Roy sçavoir s'il a aucune congnoissance où sont ou pevent estre recouvers les anciens chartriers, pappiers, registres, comptes, estatz ou autres enseignemens par lesquelz on peut congnoistre la valleur et revenu ancien de la terre de Graville, droictures d'icelle, principalement en ce qui consiste l'endroict où est assise la dicte ville Françoise de Grace,

Dit qu'il avoit ung frere nommé Estienne Marye qui décéda en l'an 1519, lequel, douze ou traize ans, avoit esté recepveur comptable de la terre et seigneurie de Graville et de tout ce qui par luy estoit receu en faisoit pappier et comptes.

Dit que après le deceps de son dict frère, il feust esleu tucteur de ses enffans myneurs et a icelle tutelle gouvernée jusques en l'an mil v^{cc} xxvɪɪɪ, pendant lequel temps tous les biens, pappiers, meubles et immeubles est au gouvernement du dict depposant et de la veufve du dict deffunct, nommée Anne Bosquet, encore vivante et demourant au dict lieu de Montivillier.

Dit qu'il a veu plusieurs comptes de la terre et seigneurie de Graville rendus par son deffunct frère, partie desquelz il a mis entre nos mains jouxte le commandement que luy en avions faict, et à son advis, qu'il en est demouré encor aucuns par devers la veufve de son dict deffunct frère, que luy avons commandé nous faire envoier ou apporter, ce qu'il s'est submis faire dedens deux jours.

Enquis qui avoit la charge de la dicte recepte en précédent de son frère, a dit que c'estoit ung nommé le Boutiller à présent deffunct qui demouroit à Harfleu, lequel a de présent ung fils nommé Philippes demourant au dict lieu, duquel se pourra recouvrer les comptes et pappiers de son deffunct père; et en précédent du dict le Boutiller, en l'an 1499, ung nommé Robert Auvray, lieutenant du bailly d'Evreux en avoit la charge, et veist le dict Auvray faisant la dicte recepte ou elle estoit faicte par son commandement, mais ne seuroit dire devers qui l'en pourroit recouvrer les dictz comptes.

Dit que depuis l'an 1519, Jehan de Marcelles, beaufrère du dict depposant a eu la charge de la dicte recepte et encor de présent l'exerce soubz maistre Jehan de la Masure, fermyer général de la dicte seigneurie, lequel de son faict en pourra respondre, et a le dit Marye signé sa dicte depposicion à la mynute.

Maistre Pierres Deschamps, escuier, procureur du Roy en la viconté de Montivillier aagé de trente ans ou environ, juré, en la présence du dict Quemyn, procureur de la dicte dame, enquis sur ce que dit est, deppose que son deffunct père estoit sénéschal de la dicte terre de Graville et en a en sa possession aucuns registres des plès et jurisdicion par luy tenus avec le double d'un compte du temps d'un nommé Grivel, recepveur, qu'il est prest de exhiber et monstrer, ce qui luy a esté ordonné faire dedans demain. Et a le dict Deschamps signé sa dicte depposicion en la mynute.

Du vendredi xxvii° jour du dict moys de Septembre ou dict an et lieu devant nous, conseiller et commissaire dessus nommé, présent le dict Marye adjoinct,

Maistre Philippes du Voisin, presbtre, aagé de trente-sept ans ou environ, demourant en la parroisse Sainct-Denis du Chef de Caux, juré, enquis et examiné non obstant la non comparence du procureur de la dicte dame et soubzage auquel avoit esté baillé assignacion à toutes journées pour les voir jurer,

Dit et deppose qu'il est natif de la dicte parroisse de Sainct-Denis du Chef de Caux, prochain lieu du havre de Grâce comme demi lieue et environ et qu'il congnoist de tout temps le lieu et scituacion où est assis le dict lieu et havre et mesmes le lieu de la dicte ville Françoise et que le dict lieu où est assise la dicte ville, en précédent la construction d'icelle et du dict havre, estoit de l'essence et qualité comme les terres prochaines et marestz circumvoisins de la dicte ville, qui estoient lors et sont de présent de nulle ou petite valleur, réservé qu'il y croit quelque petit d'herbe pour pasturer bestes à layne, et estoient les parroissiens d'Ingouville communiers pour pasturer leurs bestes ès dictz herbages et en joissoient et encor en joissent de présent et les y envoient. Et si dit davantage que, au dict lieu où est la dicte ville construicte, y croissoit pou d'herbe, car il y avoit une crique ou perroy en laquelle crique les basteaux pescheurs de harens et maqueraulx qui entroient par le viel havre de Grâce, dont la bouche ou gueulle estoit près du village de l'Eure se reposoient, et quant ils estoient entrez pour eulx reposer ilz deschargeoient leurs poessons d'un costé et d'autre de la terre, et mesmes leurs rez qu'ils faisoient sécher sur le perroy et sur la terre, et arrivoient les dictz basteaux pescheurs au temps que on pesche les harens et maquereaulx, et à son advis povoient estre quarante ou cinquante par chacun an et il depposant congnoissoit les dictz basteliers et pescheurs parce qu'ilz sont résidens en ceste coste et de tout temps de sa congnoissance les a veuz ainsi en user.

Enquis quelles droictures le sieur de Graville, seigneur propriétaire ès dictz marestz et terres dessus dictes prenoit lors pour raison des dictz pasturages, secages de rez, posage de basteaulx ou navires qui arrivoient au dict lieu.

A dit qu'il ne oyst jamais parler que le dict sieur prenoist aucune chose pour le droict des dictz pasturages pour ce que les parroissiens de la dicte parroisse d'Ingouville, sur le territoire de laquelle parroisse les dictz pasturages, ville et havre sont assiz, sont francs et n'en paient aucune chose. Et au regard des autres droïctures, il a veu que le fermyer du dict seigneur de Graville, quand les dictz pescheurs estoient arrivez et qu'ils apportoient des maquereaulx et harens frez, qui n'est point en barilz, demandoit ung cent ou demy cent pour le droict de la seigneurie, et il depposant, passé a vingt deux ans, les a veuz paier à d'aucuns ordinairement sans contredict. Bien est vray que s'ilz ne voulloient bailler ung cent, il se contentoit à demy cent ou ce qu'il en povoit avoir, et veist, il y a vingt ans ou environ, ung nommé Guillaume Godin, fermier de la dicte seigneurie pour les dictes coustumes, qu'il prenoit et ceuilloit des dictes droictures en la forme et manière que dessus, et n'a souvenance d'avoir veu autre fermyer que le dict Godin.

Enquis combien le dict Godin paioit par raison du dict

fermage, dit qu'il n'en est point mémoratif et ne sçauroit dire combien cela pouvoit valloir.

Enquis si le dict seigneur prenoit aucune chose des dictz basteaulx, quant ils apportent les dictz harens et maquereaulx en barilz, a dit que au dict temps il veist le dict Godin, fermier, en demander quatre deniers pour baril, mais n'est mémoratif ne a congnoissance qu'il en ait esté paié aucune chose.

Deppose davantage que le dict seigneur ou son fermier avoit de coustume de prendre pour secage de rez, de chacun navire, quand ilz sechoient sur son territoire, v solz tournois pour une fois l'an, comme il lui semble, et se paioit sur tous les maretz de sa dicte terre, mais ne s'en povoit guères secher au lieu où est la dicte ville et havre. Et quant à cest article, la dicte ville et havre ne préjudicie pas beaucoup le dict seigneur ès dictes droictures, car comme dessus il a depposé, au dict lieu estoit une crique et fosse où posoient les dictz navires, et en tel lieu l'on ne pourroit pas facilement secher les rez, car ils seroient tousjours en la fange ou en l'eau.

Dit aussi que à présent hors la dicte ville et havre de Grâce, les dictz mariniers pevent sécher, et de faict séchent leurs rez où le dict seigneur prend et peult, par ses fermiers, faire receuillir son droict, tout ainsi qu'il faisoit en paravant que les dictes villes et havre fussent édiffiez.

Dit davantage que le dict seigneur lors demandoit ung autre droict qui s'appelle baillizage qui estoit fondé à raison que on mettoit des perches debout ès lieux et passages du dict ancien havre, pour signifier aux navires le passage, comme il luy semble, et bailloit le dict seigneur à ses despens les dictes perches, et de ce prenoit quelque chose sur les navires; ne sçait combien il en estoit paié.

Dit aussi que le dict seigneur disoit avoir droict de

varesc et eauye, et de présent en joist sur sa dicte terre, comme les autres gentilz hommes du pays, ayans terres tenues neumment du Roy contiguz et adjacens de la mer, et luy enquis que c'est que varesc et eauye, a dit que varesc il est declaré amplement en la coustume du pays, et eauye, c'est quant on mect des rez hors de la mer en une seigneurie, lesquelles rez se coeuvrent de la mer quant le flot vient, et quant la mer est retirée se asechent et en icelles rez se prend souvent du poisson, duquel poisson le dict seigneur prend ung jour la sepmaine, à son choix; et ce faict en ceste sorte, c'est assavoir que le dict seigneur ou son fermier, dict ou faict sçavoir à ceulx qui estendent les dictz rez, qu'ils aient à tendre les dictz rez tel jour qu'il luy plaist en la dicte sepmaine pour ceuillir son dict droict de eauye, et le dict jour tout le poisson prins ès dictz rez appartient au dict seigneur. Et s'entend la dicte droicture d'un jour, quant les dictz pescheurs y vont tout le long de la sepmaine en beau temps, car s'il faisoit tempeste ou mauvaise temps qui empeschast la tente des dictz rez, ce ne seroit raison que le dict seigneur eust le prouffict d'un jour la sepmaine que on auroit pesché, et ainsi dit que ce doibt sainement entendre la dicte droicture de pesche.

Dit davantage que les gentilz hommes de la qualité que dessus ont semblable droicture en leur dicte terre, et mesmes le dict depposant, comme tucteur et gardain de Guyon du Voisin, filz de deffunct Robert du Voisin, en son vivant escuier, seigneur de Vitenval, prent et lève semblable droicture que dessus et par les termes et moiens qu'il a cy dessus depposé.

Dit oultre que la construction de la dicte ville Françoise et havre de Grâce ne pourroit en riens préjudicier le dict sieur de Graville ès dictes droictures précédentes, car la dicte ville est édiffiee en terre ferme, et les dictz rez se metent en la mer, et peult aussi bien les receuillir comme il faisoit en paravant que la dicte ville Françoise feust édiffiée, réservé le dict baillizage.

Dit que toute la droicture de eauye et baillizage n'eust sceu lors valloir ne vauldroit de présent à son jugement et conscience xl solz par an et n'en eust voullud ne vouldroit donner trente solz; mais lors le tout estoit baillé ensemble avec les autres droictures qu'il a, et que le dict havre et ville Françoise est cause plus tost de les luy augmenter que dyminuer, car sans le dict édiffice ses droictures ne vauldroient non plus que le temps passé.

Dit qu'il n'a congneu et ne congnoist que le sieur de Graville lors eust d'autres droictures au dict lieu où est édiffiée la dicte ville et havre ne ès environs, réservé que lors et de présent, quant il se bastissoit ou faisoit ung navire neuf, luy ou son fermier en prenoient v solz pour le fouillage de la terre, et quant ung navire se rabilloit, il en prenoit ii solz vi deniers tournois, et a tousjours ouy dire aus maistres de navire qu'il en estoit ainsi usé.

Dit que la dicte droicture, lors ne de présent, n'eust sceu ne pourroit valloir quarante solz par an.

Dit comme dessus qu'il congnoist la scituation de la dicte ville et havre de Grâce, aussi la commodité des lieux et places d'icelle ville et à son advis et conscience ce qui est de présent fieffé est de meilleure commodité et à la moictié prez de ce qui reste encore à fieffer, car les dictes maisons et places fieffez sont assises auprès du havre, marchez, église et lieux publiques et frequentéz, ausquelz lieux les places sont pour le présent plus requises, tant par les marchans pour les marchandises qui se portent ès greniers que autrement et trop plus que celles qui sont encor à bastir et à fieffer.

Dit oultre que la rescompense, laquelle est tenue de bailler par arrest de la court le dict sieur de Graville aus habitans d'Ingouville, pourroit bien monter à dix livres de rente du plus.

Dit que le sieur de Graville, pour le présent peult ceuillir à cause des dictes fieffes faictes en ce qui jà en est fieffé jusques à ɪɪɪᶜ livres tournois de rente par chacun an pour le moins, et de la dicte rente est augmenté la dicte seigneurie; car en précédent la construction de la dicte ville et havre, tours, forteresses et fossez, en comprenant toutes les droictures cy dessus spéciffiez et par luy depposées, n'eussent sceu valloir cent solz de rente par an et dit le dict depposant de soy que à sa conscience il ne les eust point voullu prendre à ce prix.

Enquis quelz charges le dict seigneur povoit lors et peult à présent porter à cause de sa dicte terre et spéciallement à cause de la dicte ville que pourroit estre en diminucion de son revenu.

Dit comme dessus que lors le dict seigneur estoit tenu seullement bailler du bois à faire des baillises qui ne seroit couster deux karollus par an, et aussi lors et de présent avoit des officiers en sa dicte seigneurie ausquelz il donnoit gaiges comme ung séneschal, ung procureur et ung recepveur qui exercent la jurisdicion et les plés de quinzaine en quinzaine, et aussi le dict seigneur en prend les amendes lesquelles, à cause de la dicte ville de Grâce, à son jugement, ne sçauroient valloir c solz tournois par an, car ce n'est que basse justice et ne sçait quelz gaiges ont les dictz officiers. Et est tout ce qu'il en sçait. Et ce dit a le dict du Voisin signé sa depposicion à la minute.

Robert Mahieu aagé de 50 ans ou environ, marchand natif de la parroisse d'Ingoville, distant de demi lieue ou environ de la ville Françoise de Grâce et à présent demourant au dict lieu, juré, non obstant la non comparence du dict procureur, enquis et examiné, rente par chacun an au dict seigneur à prendre la totallité des dictes communes et territoire de Grâce.

Dit qu'il n'a oy ne entendu que le sieur de Graville eust autres droictures au dict lieu ne en toutes les dictes communes que celles qu'il a cy dessus déclarez et depposées.

Dit que les dictz communiers et parroissiens d'Ingouville, à raison des dictz pasturages, ne faisoient aucune chose au dict seigneur dont il ait eu congnoissance.

Dit et deppose comme dessus qu'il congnoissoit les lieux et places fieffez et bastis en la dicte ville et ceux qui sont encor à fieffer, car il depposant feust le premier qui bastit maison au dict lieu, et à son advis et conscience les lieux fieffez sont de plus grand valleur et commodité que ceulx qui ne le sont point, car ceulx qui ont commencé ont prins et choisi les meilleures places, lesquelles sont près du havre et de la mer et plus à main pour les marchans, et davantage les lieux bastis sont de mendre coust et despense pour les avoir édiffiez que ceulx qui sont encor vagues et vuydes, à raison des terres que on a tirez du canal et mises sur le bort qui leur ont servy à haulser leurs places et maisons, qui estoit leur grand avantage pour empescher que la mer n'y peust monter, et celles qui sont à fieffer les conviendra haulser à l'équipolent des autres, tellement que quarante piedz en carré cousteroient bien à haulser cent escus, à raison qu'il y conviendra mectre des terres plus d'une toize pour les reduire à l'equipolente haulteur de celles qui sont à présent construictes; et si elles n'estoient faictes comme les autres et de la haulteur, seroient en danger de la mer, et par la deffaulte de ce, puis dix ou douze ans, en est advenu ung grand inconvenient, à raison de l'impétuosité de la mer, qui noya plus de cent personnes aus lieux ainsi bas édiffiez qu'ils estoient et sont à présent.

Dit que les fieffes à présent faicts au havre et ville Françoise vallent de present III ou IIII^{cc} livres de rente et cela se pourra monstrer par les pappiers de la recepte.

Enquis si, à raison des dictes fieffes et prouffict que a le dict sieur de Graville au dict lieu, s'il est tenu et subgect envers ses hommes en quelques charges ou subgections, a dit qu'il n'en congnoist rien et n'en sçauroit aucune chose depposer; dit bien que, s'il faisoit son debvoir, il debvroit entretenir les pons et passages et mesmes les voiries publiques, mais quant on en parle aus officiers, fermiers ou procureurs, il n'y veulent entendre et sur toutes choses il depposant et autres manans et habitans de la dicte ville de Grace desirent et souhaitent estre au Roy, luy suppliant très humblement mectre le tout en sa main, car ce leur sera plus grand seureté, prouffict et utilité à la chose publique, et auront beaucoup meilleur voulloir d'augmenter et decorer la ville qu'ilz n'ont de présent, car sans cela tout ne vauldra rien, et si n'y pourroit le dict sieur de Graville avoir aucun dommage.

Dit que le dict sieur de Graville faict tenir sa jurisdicion en la ville par son séneschal de quinzaine en quinzaine; ne sçauroit dire s'il y a amendes ou non.

A luy remonstré que par l'arrest de la cour donné en l'an mil cinq cens vingt quatre, le sieur de Graville estoit subgect rescompencer les parroissiens d'Ingouville des vingt-quatre acres de terre, sur lesquelz la dicte ville a esté construicte et luy enquis quelle rescompence pourroit bien appartenir aus dictz habitans,

A dit, à son advis et conscience, que le dict sieur de Graville pourroit bien les rescompencer de cent solz tournois de rente pour raison des choses dessus dictez, et est tout ce qu'il en sçait, et a le dict Mathieu signé sa depposicion à la mynute.

Jehan Fournier aagé de soixante et quinze ans ou environ, marinier demourant en la dicte ville Françoise de Grâce, et natif de Sausvil (Sanvic), distant d'icelle parroisse d'un quart de lieue ou environ, juré, non obstant la dicte non-comparence, enquis et examiné,

Dit qu'il s'est tousjours tenu en ce pays et ès environs de la dicte ville de Grâce, hantant et frequentant la mer pour l'exercisse de son ouvrage jusques à ce que l'intencion est venue de édiffier la dicte ville Françoise, auquel lieu il a, avec son filz, prins et fieffé une porcion de terre qu'il a édiffiée et où il se tient et demeure à présent.

Dit que de tout temps il a congneu le territoire auquel est assis la ville de Grâce et les environs d'icelle, lequel estoit en perroy, en criques, et y avoit en aucuns endroictz d'iceulx de l'herbe, que les parroissiens, habitans et communiers de la parroisse d'Ingouville sur laquelle parroisse est assise la ville et le havre faisoient pasturer leurs bestes et à cause d'icellui pasturage les dictes parroisses ne paioient aucune chose au dit sieur de Graville, et pour lors, toutes les dictes pastures et communes qui contiennent plus de demie-lieue, en ce comprins le territoire de la dicte ville, n'eussent sceu estre afferméez plus de vingt-cinq livres tournois. Et si dit que pour raison de la construction du dit havre neuf et ville Françoise, le dit revenu n'en est en rien diminué, car au dict lieu il y avoit une crique et un fossé auprès du lieu où est assise la tour, en laquelle crique aucuns basteaulx qui entroient par le vieil havre de Grâce assis près Sainct Nicollas de l'Eure qui est à un cart de lieue de la dicte ville ou environ, posoient au dict lieu.

Dit que lors et au dict temps et en précédent la construction du dit havre, le sieur de Graville ou ses fermiers prenoient de chacun basteau qui venoit illec poser charge de harenc, un cent de harenc. et de chacun cent de maquereau, un maquereau, et estoit quand le dit harenc et maquereau estoient dedens le dict navire sans estre enffoncé en baril ou caque, car s'il estoit enfoncé en baril ou quaque, il n'en estoit deu aucune chose.

Dit que en paiant le cent de harenc ou ung cent de maquereau, en la forme que dessus, les pescheurs povoient secher leurs rez sur le territoire sans en paier aucune chose, car le paiement qu'ilz faisoient du harenc en la forme predicte aquictoient les cinq solz qui estoient deubz une fois par an seulement pour le dict secage, ou estoit en leur option et choix de bailler v solz tournois, et et en paiant icelle somme estoient quictz des dictz harencz, maquereaulx et secages.

Dit qu'il y a quarante ou cinquante ans, il veist ung nommé Guillaume le Breton, demourant à Tourneville prez Graville lequel print à ferme le revenu de la seigneurie de Graville, et a ouy dire qu'il feust par luy commencé et inventé à lever les dictz harencs, maquereaulx et secaiges de rez, dont tout le peuple murmuroit et le maudissoit de telle invencion, et luy depposant l'a par plusieurs fois ouy maudire et blasmer de la dicte invencion.

Dit qu'il a veu de tout temps que le dict seigneur ou ses fermiers prenoient le droict de eauye qui est une marée pour sepmaine de chacun pescheur qui tend aux quideaulx hors de la mer, où ilz les tendent pour le flux de la mer qu'ilz sont tous couvers, et au retour de la mer se trouve du poisson prins ; par ce moien le seigneur pour sa droicture peult esluire ung jour pour luy en temps de pesche et non autrement. Et dit davantage que jamais devant le havre de Grâce, en quelque sorte que ait esté le temps passé, n'y feust jamais mis quideaulx ne rez pour ce que les quideaulx n'y seroient estre mis ne appliquez en ceste affaire à raison que le territoire n'y est propre, en tant que ce ne sont que cailloux et gaulx de mer.

Dit qu'il a veu de tout temps que le seigneur et ses fermiers, quant un basteau alloit en la mer pescher et qu'il rapportoit du poisson, pour le droict de la coustume le seigneur prenoit le tiers poisson, quand il estoit deschargé sur la terre, ou estoit en l'obcion et choix du pescheur de bailler au fermier ung douzain pour estre quicte du dict tiers poisson, et en cas qu'il n'y eust que trois poissons prins, le seigneur n'en avoit riens, et se plus y en avoit, il n'en prenoit que ung.

Dit oultre que, au lieu où est assis le dict havre, communément on n'y descharge point, car on le menoit descharger pres le Chef de Caux, et par ce moien en cest article dit que l'edifficacion de la dicte ville ne prejudicie ne diminue en riens les droictz du dict sieur de Graville, et à raison des dictes coustumes le seigneur est tenu de baillizer et bailler le bois des baillizes pour donner à congnoistre l'entrée du dict havre.

Dit qu'il a veu, il y a quarante ou cinquante ans, toutes les droictures dessus dictes, comprins le dict baillizage, ne valloient pas de ferme L solz par an, mais puis dix ans ou environ, ont bien peu valloir huit ou dix livres tournois, laquelle augmentacion vaudroit et procederoit de la bonté du dict havre, qui est tel que de tous pais et contrées chacun y vient apporter marchandises, qui est ung bien inestimable.

Dit oultre qu'il a droicture de justice et jurisdicion, mais ne sçait que cela vault ou peult estre estimé soit à gaing ou à perte.

Dit, sur ce enquis et a luy donné à entendre l'arrest de la court donné en l'an mil v^{cc} xxIII, a dit que, si le sieur de Graville bailloit cent solz de rente pour rescompence aux manans et habitans de la terre d'Ingoville, à raison de la terre où la ville est assise, que ce seroit rescompence deue et raisonnable.

Dit que, en regard des fieffes qui ont esté de nouveau faictes en la dicte ville Françoise, il ne sçeuroit dire à combien ils montent chacun an de revenu ; dit bien que ce qui est à présent fieffé sont les lieux de la meilleure commodité qui soit en la dicte ville et de trop meilleure assiete que ce qui est encor à fieffer. Et plus, etc...., et a le dict Fournyer signé sa depposicion à la mynute.

Du samedi xxviiime jour de Septembre mil v^{cc} xxxii au dict lieu devant nous, conseiller et commissaire dessus nommé, présent le dict Marye adjoinct.

Messire Martin Paré, presbtre, chappelain de St Enobert fondée au chasteau de Fauguernon, aagé de lxviii ans ou environ demourant en la parroisse d'Ingouville près la dicte ville Françoise de Grace, juré, enquis et interrogué,

Dit qu'il est ney et natif de la dicte parroisse d'Ingouville en laquelle parroisse est assise la ville et havre Francoise, et en icelle parroisse il a tousiours demouré depuis quarante ans et depuis que le havre a esté commencé, a hanté et frequenté la dicte ville Françoise.

Dit qu'il congnoit toute l'estente et territoire de la dicte parroisse et signantement le lieu et place où est assise la dicte ville et havre, lequel lieu estoit semblable aux lieux prochains qui sont marestz, criques et perroy et sur iceulx marestz et lieu croissoit et croit de l'herbe pour pasturer les moutons et vaches envoiez par les parroissiens du dict lieu d'Ingouville, comme communiers paissent et mengent et pour raison des dictz pasturages les dictz habitans ne paioient et ne paient aucune chose au sieur de Graville, propriétaire des dictes terres.

Enquis si les dictz marestz de tout temps de sa congnoissance estoient et sont d'aucun prouffict,

A dit que c'est la nourriture des bestes de la dicte parroisse d'Igouville ausquelz appartient seullement la dicte droicture et non à autres et de leurs bestes engressées ils en font de l'argent dont ils paient leurs tailles et se nourrissent.

Enquis combien povoient bien valloir et de quel revenu les dictes vingt-quatre acres de terre sur lesquelles est assise la dicte ville et havre,

Il dit que lors et de présent, si les dictes xxiiii acres estoient en la sorte comme en précédent de la construction de la dicte ville et havre, elles se pourroient affermer à la somme de trente livres chacun an et il depposant en vouldroit bien autant donner de ferme à raison de l'herbe qui y croist qui est bonne pour la nourriture des dictes bestes.

Enquis quelles droictures le sieur de Graville prenoit ès dictes communes, a dit qu'il y avoit anciennement ung havre qui s'appelloit le havre de Grâce de présent estouppé dont la gueule et bouche estoit près Sainct Nicollas de l'Heure, distant du havre et ville de Grâce de demie lieue ou environ, duquel havre ancien partoient les basteaulx des dictz parroissiens d'Ingoville, d'Auteville et autres parroisses circumvoisines, et alloient en la mer pescher harencs, maquereaulx et autres poessons, et quant ils retournoient dedens le dict havre à cause que les basteaulx foulloient la terre des deux costez et bordures du dict havre qui entroit assez avant dedens la terre, le seigneur et ses fermiers en avoient, deux fois par an seullement, de chacun pescheur qui alloit aux harencs et maquereaulx, dix solz, et de ceulx qui alloient aux harencs seullement v solz par an ; et pour le regard des pescheurs d'autres poessons n'en est riens prins ne exigé.

Dit davantage que, quand il se faisoist ung navire neuf pour le dict territoire et marestz, en estoit prins v solz, pour et à raison du foullement de la terre et autant en prenoit pour le rabillage de chacun navire quand elle estoit mise hault sur les escores et a veu de tout temps dont il a congnoissance que le dict seigneur joissoit des dictez droictures en la forme et manière que dessus et les a veus ceuillir par les fermiers du dict seigneur.

Dit aussi que les x solz et v solz dont cy dessus est faicte mencion, pour les pescheurs, en paianti celle somme ils estoient quictes pour le secage de leurs rez par chacun an, et à raison de ce povoient toutes et quanteffois qu'ilz voulloient, mectre leurs dictz rez sur le dict territoire pour secher, et si a dit que à sa conscience les dictes droictures cy dessus spéciffiez povoient valloir trente livres par an le tout.

Dit aussi qu'il y a environ trente ans, qu'il veist ung nommé Jehan Pellerin, demourant à Ingouville, fermier lors de la prévosté de la seigneurie de Graville lequel lors contraignist aucuns pescheurs qui avoient admené du harenc de luy en bailler ung cent pour chacun navire, soustenant que c'estoit la droicture du seigneur et les dictz pescheurs soustiennent le contraire ; ne sçait s'il y en eust procez, mais a tousjours oy dire et soustenir que de prendre telles droictures comme celle dont il est question estoit une exaction et pillerie, et jamais n'en avoit oy parler en précédent que le dict Pellerin feust fermyer.

Dit qu'il a tousjours et de tout temps oy dire et tenir que le seigneur a droict de eauye en sa terre sur le rivage de la mer et il depposant l'en a tousiours veu joir. Et fault entendre que le dict droict de eauye ne se paie jamais sur le territoire et communes de la parroisse d'Ingouville, mais sur les gravois et arene de la mer laquelle se coeuvre quand le flo de la mer vient et se descouvre quant elle retourne, et ce droict de eauye estoit une marée pour sepmaine de chacun qui tend les quideaulx et rez pour prendre du poesson et encor à présent le sieur de Graville le prend et se peult pescher aussi aisément que l'on feist jamais et en précédent la construction du dict havre et ville.

Dit que la dicte droicture povoit et peult valloir cinquante ou soixante solz par chacun an.

Dit aussi que à l'ancien havre de Grâce il y avoit des baillizes qui estoient mises aux despens du seigneur pour monstrer le seur chemin aux basteaulx pour entrer et sortir au dict ancien havre, mais à raison des dictes baillizes, les pescheurs ne paioient que les cinq solz et dix solz en la forme et manière que dessus.

Enquis si les droictures du dict sieur de Graville dont cy dessus est faicte mencion à raison de la construction de la dicte ville et havre sont diminuez et si cela porte préjudice au dict seigneur,

Dit que non, mais se peult ceuillir en la sorte qu'il faisoit, réservé le cent de harenc dont tousjours il a esté descord; touteffois depuis que la dicte ville est construite le dict seigneur, ses fermiers et officiers les ont voulu ceuillir à la ville, mais tousjours y a esté mis contredict et empeschement, et est sa dicte terre et seigneurie en aussi bonne et grosse valleur qu'elle feust jamais et en ce non comprins le revenu des fieffes faictes en la dicte ville de Grâce qui de présent sont de groz revenu et le tout au moien des dictes ville et havre de nouveau construictes, car sans cela les choses ne vauldroient non plus que le temps passé.

Dit qu'il congnoist bien les maisons construictes et basties en la dicte ville Françoise par le dict sieur de Graville, lesquelles sont de grosse valleur, ainsi qu'il se pourra voir par les pappiers, comptes et receptes de la dicte ville; et luy, enquis si les lieux et places fieffezs ont de plus grand commodité et proufict que ceulx qui sont encor à fieffer; a dit que oy, pour raison qu'ilz sont ès places plus commodes et prochaines de la mer où les marchandises plus aisément pevent estre portez et rapportées et davantage elles sont en plus hault lieu assises à raison de la terre du havre qui a esté vuydée et par la haulteur les dictes maisons sont hors de danger de la mer, car la dicte mer ne sçauroit si hault monter qu'elle y puisse entrer ne leur nuyre, et aux places qui sont encor à fieffer une grande mer y peult passer par dessus, par quoy en y faisant édiffier leur conviendra haulser de terre, qui leur sera de grand coust et despense, et à ce moien ne pourront pas estre fieffez si hault prix que les autres.

Enquis si le sieur de Graville a baillé rescompence aux manans et habitans d'Ingouville en ensuivant l'arrest de la court de l'an 1524 et quelle leur en peut appartenir, a dit qu'ilz n'en ont eu aucune et que le dict seigneur, en faisant son debvoir jouxte et ainsi qu'il est obligé par le dict arrest, leur devroit bailler trente livres de rente en bonne assiette, et à son advis et conscience, en peult autant appartenir.

Dit que le dict sieur de Graville par ses officiers faict tenir ses plès de quinzaine en quinzaine au dict lieu, ville et havre de Grâce où ses resseans plaident et en prend les amendes des procez, mais à quelle somme les dictes amendes pevent monter ne sçauroit bonnement parler ne depposer, et aussi a le dict seigneur officiers au dict lieu gaigez et stipendiez par luy ; ne sçait quelz gaiges il leur donne.

Dit qu'il ne sçait quelles droictures ou droictz féodaulx a le dit seigneur au dit lieu de Grâce et ès environs, réservez ceulx qu'il a dessus déclarez et plus n'en sçait. Et a le dict messire Martin Paré signé sa deppostion à la mynute.

Jehan Pestel aagé de LIII ans ou environ, à présent

laboureur, ney et natif de la parroisse d'Ingouville et demeurant en icelle, juré, non obstant la non comparence du dict Quemin, enquis et examiné sur les poinctz et articles dessus dictz,

Dit que de tout temps il s'est tenu en la dicte parroisse d'Ingoville, et par ce a congneu le territoire de la dicte parroisse sur lequel le havre est assis et mesmes la dicte ville.

Dit que la terre sur laquelle sont assis les dictes villes et havre estoient de l'essence et qualité comme celle qui est prochaine, c'est assavoir marestz, cricques et perroy, et sur la dicte terre croissoit de l'herbe, laquelle pasturent et mangeussent les bestes des parroissiens d'Ingouville, qui sont communiers en icelle pasture, et non autres; à raison des dictes communes pastures ne paient aucune chose au sieur de Graville ne autres, mais sont francz et quictes de tous subsides, car l'usage des dictes coustumes leur appartient franchement.

Enquis de quelle commodité povoient estre les dictes xxiiii acres en précédent la construction du dict havre, et combien elles eussent peu estre baillez à ferme, si on les eust voullu bailler à louage,

A dit que si les dictes xxiiii acres de terre estoient en la sorte qu'elles estoient en précédent la dicte construction, et que on les voulust affermer, il en vouldroit bien donner xl livres de ferme, et en vouldroit bien avoir autant pour le prix, et croit, à son advis et conscience, que lors elles povoient bien autant valloir.

Enquis si les terres prochaines de la dicte ville qui sont de semblable essence et qualité comme les autres, en précédent la dicte construction estoient à bailler à ferme, s'il en vouldroit bien bailler la dicte somme de xl livres tournois pour xxiiii acres par chacun an,

A dit que non, et la raison est pour autant que le havre

à présent est large et spacieux, la mer s'engoulle et enferme dedens par telle impétuosité qu'elle regorge par dessus des dictes communes à cause de quoy ils sont empirez.

Dit que ès dictes communes anciennement il y avoit ung havre nommé le havre de Grâce, dont la gueulle et embouchement d'icelluy estoit près Saint Nicollas de l'Eure, distant du nouveau de demie lieue ou environ, et duroit son canal jusques au nouveau, et au lieu où est assise la maison du sieur de Chillou, près la grosse tour, y avoit une cricque et fosse en laquelle se reposoient les basteaulx quand les pescheurs y avoient admenez des harens et maquereaulx.

Enquis quelles droictures le dict seigneur avoit ès dictes communes par raison du dict ancien havre, a dit qu'il a droicture de varesc selon la coutume, et si dit que de tout temps et ancienneté, pour raison de baillizage, que le dict seigneur estoit tenu à faire à l'entrée du vieil havre et aussi pour le defoullement que le dict basteau povoit faire, chacun basteau, au temps et saison de pescher harens et qui entroit dedens le dict havre, estoit tenu paier au dict seigneur ou à son fermier v sols tournois ou un cent de harenc à son choix, et en temps de pescher les maquereaulx, v solz et non autrement, et à raison de ce que dessus faisoient sécher leurs rez sur le territoire du dict seigneur ès communes prédites sans aucune chose paier, et l'a tousjours ainsi veu faire et ouy dire que ainsy se faisoit. Et il depposant dit que plusieurs fois il a esté par sept ou huit années à la pesche des maquereaulx et aux harens, passé a trente ans, et quand il admenoit son basteau au dict havre ancien, n'avoit esté par luy paié ne par ceulx qui estoient en sa compagnie autre chose que ce qu'il a dessus dict et que, si du depuis on en a céuilli em plus amplement, ce a esté par usurpacion et au temps passé comme de trente ans ou environ, il n'y avoit que vingt pescheurs et de présent en peult avoir plus de LX pescheurs, par quoy povoit valloir lors le dict droit XL ou L sols et de présent XXV ou XXVI livres de rente par an.

Dit que le dict seigneur avoit et a de coustume et l'en a vu ainsi joyr et user le droict de eauye, à raison de laquelle il avoit et a une marée par sepmaine de ceulx qui peschent aux quideaulx hors et sur la greve de la mer, et aussi le dict seigneur estoit subgect de charcher les pieulx pour faire les quideaulx où se montent les rez, et povoit valloir le temps passé environ C solz et à présent douze ou quinze livres.

Enquis si le dict seigneur avoit pas droict de prendre cinq solz pour chacun navire qui se faisoit sur le territoire, et deux solz six deniers pour rabillage de chacun navire,

Dit que au temps passé le dict seigneur ou ses fermiers n'en prenoient aucune chose, et il depposant encor puis dix ans a faict bastir et construire ung navire sur le dict territoire duquel il n'a rien paié pour la cause dessus dicte. Bien est vray que les fermiers du dict seigneur en tiroient et prenoient ce qu'ilz povoient avoir des dictz navires, et n'est pas par droict qu'ilz y eussent, mais plus tost par usurpacion.

Dit que à présent le dict sieur de Graville peult ceuillir et ceult les droictures dessus dictes, tout ainsi qu'il faisoit en précédent de la construction de la dicte ville et havre, à raison de laquelle construction les dictes droictures ne luy sont empeschéez, réservé les V solz pour le baillizage et entrée des dictz navires qui se faisoit au havre ancien, ne sçait si de présent les pescheurs qui sechent leurs rez sur leur territoire en paient aucune chose.

Dit que toutes les droictures cy dessus spéciffiez le temps passé se bailloient ensemble à ung seul prix, ne sçait combien, mais se pourra veoir et congnoistre par les pappiers et anciens fermiers qui sont encor de présent vivans.

Enquis à son advis et conscience quelle rescompense le sieur de Graville leur doibt bailler suyvant l'arrest de la court v^{cc} xxiiii, a dit comme dessus que les dictes xxiiii acres lors povoient valloir xxiiii livres de rentes et aussi que, à raison du dict havre, pour le regorgement et engoullement que faict la mer en icelluy, leurs communes sont tellement inundées et aussi à raison de la bare de la mer que cela leur porte grand dommage et plus que la taille de la dicte paroisse ne monte.

Dit que le sieur de Graville faict tenir la jurisdicion et plès en la dicte ville et d'icelle jurisdicion en prend les amendes, mais ne sçait à combien ils montent.

Dit par semblable que le seigneur y a officiers, séneschal, procureur, recepveur et autres, ne sçait quelz gaiges il leur peult bailler.

Enquis si les maisons fieffez à présent sont de plus grand valleur ou commodité que celles qui sont à fieffer et s'elles se pourroient bailler à aussi grand prix comme les fieffez,

A dit que non, car les fieffez sont en lieu plus commode et prochain du havre, à cause de quoy elles sont beaucoup plus requises pour les marchans et davantage qu'elles ont esté haulsées des terres qu'on a tirez du canal du havre, et celles qui sont à fieffer sont plus loing du dict havre en lieu plus remot et plus basses, qui conviendra haulser à l'equipolent des autres à ce que la mer ne leur puisse faire ou porter aucun dommage, qui sera en ce faisant de grand coust et mise et quasi autant que coustera l'ediffice de dessus. Et est tout ce qu'il en dit. Et avoit le dict Petel signé sa depposicion à la mynute.

Colin Auberge aagé de iiii^{xx} et deux ans ou environ, marinier et laboureur, demourant à présent en la dicte ville Françoise de Grâce, juré et sur ce que dict est enquis et examiné, non obstant la non comparence du dict procureur,

Dit et deppose que depuis qu'il est ney, il s'est tousjours tenu et a demouré en la dicte parroisse d'Ingouville et en ceste ville de Grâce, en laquelle il a faict sa résidence depuis dix ans et a la plus part de son temps tousjours hanté la mer et a eu des basteaulx a luy appartenans pour aller pescher et aussi a hanté pays estranges pour la marchandise et guerres marines au service du Roy.

Dit que de tout temps de sa congnoissance, les marestz d'Ingouville et le territoire où est assise la ville et havre de Grâce estoient d'une mesme essence et quallité et sur yeulx croissoit quelque herbe et y avoit des criques, fossez et perroy, ainsi qu'il y a encor de présent au lieu où est le vieil havre assis.

Dit que les dictz marestz en tant que est pasturage et herbe d'iceulx appartenoient et appartiennent à ceulx de la parroisse d'Ingoville, seullement et non à autres.

Enquis de quelle commodité, proufict et revenu estoient les dictes xxiiii acres de terre sur lesquelles est assise la dicte ville de Grâce et combien elles eussent peu estre baillées à ferme en précédent et lors de la construction d'icelle,

Dit que en précédent et à l'heure chacune acre povoit valloir xx solz de rente pour chacun an.

Enquis si les prochaines terres pourroient estre baillez à semblable prix, dit que non, mais à beaucoup moins comme la moictié pour autant que les dictes xxiiii acres estoient assises en plus hault lieu que n'est le demourant des dictes communes sur lesquelles vient à présent la bare de la mer, à raison qu'ilz sont plus basses le coeuvrent le plus souvent de la marée des grandz mers qui en garde que l'herbe n'y revienne si bonne et espesse.

Dit que de son temps il a veu tousjours èsdictes communes ung havre ancien nommé le havre de Grâce, dont la gueulle et embouchement d'icelluy estoit a Sainct-Nicollas de l'Eure, village prochain de la mer, distant du havre neuf de demie lieue ou environ, la fosse et canal duquel havre entroit jusques au lieu où est le nouveau havre construit et y avoit une crique et fosse où de présent est construite la maison du seigneur de Chillou, devant la tour du havre neuf et par semblable au dict vieil havre à l'entrée d'icelluy y avoit baillizes et pieulx fichez pour monstrer aux pescheurs et mariniers le lieu et passage plus seur pour faire entrer les basteaulx et navires qui y venoient, et estoit le sieur de Graville ou ses fermiers subgectz y faire mectre les dictes baillizes pour la dicte cause.

Enquis quelles droictures le sieur de Graville, propriétaire des dictes communes et ancien havre prenoit sur le dict territoire, a dit qu'il a veu tousjours de son temps que chacun basteau entrant dedens le dict havre ancien, chargé ou apportant des harens frez au temps et à la saison que se peschoit le harenc, paioit ung cent de harenc aud. sieur ou v solz pour son droict, à son choix, et ce quant le harenc n'estoit en baril ou caques; ou quant ilz apportoient des maqueraulx, de chacun cent le dit seigneur en avoit quatre durant la saison où se peschoit les dictz maquereaulx, en barilz il en prenoit deux deniers pour fons qui est quatre deniers pour baril, et estoit appellé telle droicture coustume, et de present le dict seigneur ou ses fermiers ceuillent icelles droictures au havre neuf et l'a veu tousiours ainsi user et à chacun jour on en use. Et mesmes avoit droict de varesc.

Dit davantage que le dict seigneur, au temps passé et de présent, avoit droicture de secage de rez, qui estoit v solz par an pour chacun rez, et par semblable avoit droict de eauyes, qui estoit une marée pour chacune sepmaine, dont mention est faicte cy dessus.

Enquis combien toutes les dictes droictures cy dessuz mencionnez povoient lors valloir au dict seigneur et de présent,

A dit que en précédent la construction du Havre, de tout temps dont il a mémoire, toutes les droictures prédictes se bailloient ensemble à ung seul prix et se crioient et bailloient aux plez de Graville, au plus offrant et dernier enchérisseur, et en estoit le prix commençant à dix livres aucuneffois plus, aucuneffois moins, mais c'estoit le commun prix. Et quant à présent ne sçauroit dire qu'ilz vallent, mais il croit que cela est bien augmenté à raison du dict havre, port et affluence de grand nombre de navires chargées de marchandises de tous pays et contrées, ce qui ne se faisoit auparavant et mesmes à raison du peuple qui c'est habitué et rendu à présent en la dicte ville Françoise.

Dit qu'il a congneu plusieurs fermiers de Graville, le temps passé, qui tenoient les dictes droictures au dict prix dessus dict de x livres, c'est assavoir ung nommé Cardin Taillefer, qui y estoit, et y a L ans, Guillaume le Breton et Guillaume Nourry, environ le dict temps, et ung nommé Guillaume Godin, dernier fermier, qui est trespassé puis deux ans. et par les enffans des dessus dictz et leurs héritiers, l'en pourra en trouver quelque chose y escript pour la vérifficacion de ce que dit est.

Dit qu'il a tousjours veu de son temps que le sieur de Graville, quant il se faisoit ung navire sur le dict territoire, pour le débrisement et foullement de la terre, il prenoit v solz et l'en a veu joir et user; et par semblable quant ung navire se refaisoit et estoit mis sur les escores, en prenoit et prend encore ıı solz vı deniers, et aucuneffois s'en faisoit des compositions avec les fermiers.

Dit que pour raison de la construction de la dicte ville et havre de Grâce, les droictures cy dessus mencionnez n'en sont aucunement diminuez, mais plus tost augmentez, en ce non comprins les fieffes du dict havre, qui se montent à beaucoup de deniers; ne sçauroit dire quelle somme, mais cela se pourra congnoistre par les pappiers.

Dit que suivant l'arrest de la Court mil v^{cc}xxIIII, le sieur de Graville, en baillant trente livres de rente aus dictz habitans d'Ingouville, pour la rescompence des dictz xxIIII acres ne seroit suffisante, car, à raison du dict havre et engorgement d'icelluy, la bare de la mer monte beaucoup plus hault qu'elle soulloit faire, à raison de quoy les communes, par la grande marée, sont couvertes, et par ce moien l'herbe n'y vient si bonne ne si espesse qu'elle faisoit. Et si a dit que du temps et alors que le dict sieur de Chillou avoit fieffé les dictes xxIIII acres des dictz parroissiens d'Ingouville, il leur avoit promis pour rescompence leur bailler le revenu de toute une rue au proufict des dictz parroissiens, et avec ce donner xL solz tournois de rente à l'église d'Ingouville.

Dit que les lieux à présent fieffez en la dicte ville de Grâce sont de trop meilleure commodité que ce qui est encor à fieffer, tant à raison qu'ilz sont plus prochains du havre et tour de Grâce et à la venue de toutes les marchandises qui affluent par la mer et basties en terre plus haulte qui ne leur a riens cousté à haulser, car c'estoit des vidanges du dict havre, et ne sera ce qui en reste à fieffer jamais autant baillé, car la terre est encor basse et en sa premiere nature, laquelle, pour éviter la grand force de l'eaue de la mer, il conviendra emplir et surhaulser, pour venir à l'équipolent de l'autre, ce qui coustera autant que le bastiment. Et de ce les fieffes à faire en dyminuront de prix en regard aux autres.

Dit que anciennement et enparavant que la dicte ville et havre feussent faictz, le sieur de Graville tenoit ses plès à Graville, mais depuis que la dicte ville a esté faicte, ses officiers les viennent tenir de quinzaine en quinzaine en la dicte ville, et a séneschal, procureur et recepveur ausquelz il donne gaiges; ne sçauroit dire combien ne mesmes à quelle somme les annuités se montent. Et plus n'en sçait. Et a le dict depposant signé sa depposicion à la mynute.

Jehan Noel aagé de quatre vingtz ans ou environ, natif de la parroisse d'Ingouville, du mestier de la mer et demourant en la dicte paroisse d'Ingoville, hors la dicte ville Françoise, juré, non obstant la non comparence du dict procureur, enquis et interrogué.

Dit que de tout temps de sa vie il s'est tenu au dict lieu hantant la mer et estoit aussi son père du dict mestier de la mer, et a le dict depposant quatre filz, maistres de navire, qui par semblable sont du dict estat et congnoist les marestz d'Ingoville et tout le territoire de la dicte parroisse, sur lesquelz marestz la ville et havre de Grâce sont assises et estoient les dictz marestz et xxiiii acres de terre où la dicte ville estoit assise de semblable essence et qualité, l'un comme l'autre, réservé que les dictes xxiiii acres estoient ung peu plus hault que les autres, à raison de quoy la mair ne passoit par dessus si souvent, et pour ceste raison l'herbe qui y croissoit estoit meilleure que l'herbe qui croissoit en l'outrepluz des dictz marestz.

Dit que les dictz marestz comprins les dictes xxiiii acres quant au pasturage appartenoient aux manans et habitans de la parroisse d'Ingouville communiers et non autres, à raison de quoy elles ne paioient aucune chose aud. sieur de Graville pour raison des dictz pasturages.

Enquis combien les xxiiii acres de terre eussent peu estre baillez à ferme enparavant que la dicte ville et havre de Grâce eussent esté acquis et édiffiez et de quelle commodité elles estoient,

A dit que le revenu de chacun des dictes xxiiii acres povoit bien valloir vinq-cinq solz par an et les eust bien voullu prendre à ce prix à raison que les dictes xxiiii acres estoient en hault lieu exempt de la mer, comme il a dit dessus, et à raison de sa haulteur la mer n'y alloit point, par quoy l'herbe y croissoit meilleure et plus espoisse.

Enquis si les terres prochaines et semblables des dictes xxiiii acres en précédent et à présent estoient de telle valleur que iceulx vingt quatre acres,

A dit que non pour raison que dessus, que les dictes autres terres sont plus basses et par ce la mer les couvroit plus souvent que les dictes xxiiii acres, et à ceste heure et de présent seroient encor moins baillez, car à cause de la dicte ville et havre neuf la bare de la mer, pour le regorgement qu'elle faict dedens le canal du havre nouveau, elle passe beaucoup plus hault et plus souvent par dessus les dictes praries et herbages, à raison de quoy l'herbe n'y croit pas comme elle soulloit ne si bonne, et de ce sont endommagez grandement les dictz parroissiens d'Ingoville et il depposant y a eu grosse perte et plus que homme de la parroisse, car il avoit des jardins plantez d'arbres fruictz portans qui ont esté fort empirez par raison de l'abondance de le dicte mer; et le Roy de ce deuement adverty avoit ordonné qu'il en seroit rescompencé, ce qui n'a esté faict, suppliant très humblement le Roy qu'il en soit contenté, car il en paie grand rente et si y a grosse perte.

Dit que anciennement il a tousjours veu ès dictz communes ung viel havre nommé le havre de Grâce dont la gueulle et embouchement estoit à Sainct Nicollas de l'Heure distant du dict havre nouveau demie lieue ou environ, lequel havre ancien à présent estouppé avoit ung canal qui montoit bien avant ès terres et jusques sur les dictes xxIIII acres de terre, et y avoit une crique et fosse d'icelluy canal où de présent la maison du sieur de Chillou est assise devant la grosse tour du nouveau havre.

Dit que au dict havre ancien y avoit des baillizes qui sont gaulles que les officiers font mectre à l'entrée du dict viel havre pour monstrer le droict fons du dict havre aux survenans en icelluy et se faisoient les dictes baillizes aus despens du dict seigneur.

Enquis quelles droictures il prenoit en dict temps d'icelluy ancien havre,

Dit que de chacun basteau de la parroisse d'Ingoville apportant harenc frez par le havre ancien, le seigneur ou ses fermiers avoient de coustume de tout temps prendre cinq solz pour basteau ou ung cent de harenc à leur choix, et en temps de maquereaulx, à chacun cent de maquereau, un maquereau ou v solz à leur choix pour toute la charge, et en paiant la dicte somme de v solz ou les dictz harencs et maquereaulx en essence, ainsi que dessus est dit, les dictz basteaulx estoient quictes du droict que on leur povoit demander, tant pour le dict droict de coustume, baillizage que secage de rez. Dit bien que s'il advenoit que aucuns pescheurs autres que ceux de la parroisse d'Ingoville, comme de Fescamp, Dieppe, Sainct Vallery, et partout les rues de la mer admenoient leurs basteaulx au dict vieil havre chargez de harens ou maquereaulx, si d'avanture ils faisoient charcher leurs rez, oultre et par dessus la dicte somme de v solz tournois ou cent de harenc et maquereau, au choix des dictz pescheurs, ils paioient v solz oultre pour la droicture de secage de rez.

Dit davantage que le dict seigneur a droit de eauye qui est une marée pour sepmaine, et a ainsi exposé la dicte droicture en la forme et manière qu'il est contenu cy dessus ès autres depposicions, et si a droit de varesc selon la coustume du pays.

Dit par semblable que le dict seigneur avoit droict de prendre cinq solz tournois de chacun navire qui se faisoit de neuf sur les dictes communes, et deux solz six deniers pour le raballage d'ung navire quand il estoit mis sur les escores, de toutes lesquelles droictures cy dessus par luy spéciffiez il en a tousiours veu joir le dict sieur de Graville et ses fermiers, en la forme et manière que dessus, et il depposant les a paiez plus de cinquante ans en ceste sorte, mesmes a veu joir le dict seigneur de la droicture de varesc, ainsi que font les autres seigneurs.

Enquis que povoient valloir et monter les dictes droictures au temps et alors du dict viel havre, dit qu'il a bien veu et oy dire que le dict seigneur et ses officiers bailloient toutes les dictes droictures à ferme, et à l'ancien temps pour ce qu'il n'y avoit lors que peu de pescheurs, ils estoient baillez dix livres par an, le tout; depuis sont augmentez, selon que le peuple est creu, à xv livres, à xx^1 et à xxii^1 jusques il y a dix ans ou environ, et a congneu lez fermiers qui les tenoient comme ung nommé Lebreton, ung nommé Taillefer, Jehan Pellerin, et un nommé Godin qui en joissoient et receuilloient les dictes droictures au myeulx qu'ilz povoient, et encor de présent ils sont ceuilliz et receus aussi bien comme l'on faisoit il y a dix ans, mais à quel prix il n'en sçeuroit bonnement parler et se pourra congnoistre par les pappiers. Dit bien que à raison du peuple et création de la dicte ville de Grâce et de l'augmentacion du dict nouveau havre, ils sont augmentez, ne sçait comme dessus de combien, pour ce que à présent les dictes ville et havre de Grâce sont causes que les grans navires chargez de diverses marchandises venans de tous pays arrivent à présent en la dicte ville Francoise et havre de Grâce qui sont causes de la dicte augmentacion et prouffict ; car si les choses estoient comme en paravant, les dictes droictures ne vauldroient non plus à présent qu'elles faisoient le temps passé, car il n'y avoit havre ne maison où grand navire peust estre receuilly, mais estoit comme lieu champestre.

Dit que le revenu de la dicte terre de Graville se seroit beaucoup augmenté à raison des fieffes qui y ont esté faictes en la dicte ville Françoise puis pou de temps en çà, quant le peuple a congneu que le voulloir et intencion du Roy estoit d'y faire havre et ville, et y ont esté construictes plusieurs maisons et héritages et autres ont fieffé les places qui ne sont pas encor basties, autres sont encor à bastir et à fieffer; mais à quelle somme de deniers le tout monte, n'en sçeuroit bonnement parler, et se pourra congnoistre par les pappiers et registres des dits fieffes.

Dit bien que de tout ne seroit riens en revenu, n'eust esté le dict ediffice du havre et ville Françoise et les dons et libertez que le dict seigneur a faictz et les previlèges qu'il a donnez à ceux qui y résideront.

Dit et deppose que les lieux qui sont jà fieffez en la dicte ville sont de trop meilleure valleur que ce qui reste à fieffer, parce que les premiers fieffeurs ont priz les meilleures et plus commodes places pour estre près du havre, affin d'avoir la commodité de la marchandise, les autres prez des marchez et places publiques qui sont plus hantés et fréquentez que les autres lieux, aussi qui estoient jà haulsez des vidanges du havre, ce qui leur a grandement prouffictè, car ès lieux encor à fieffer la terre est basse comme en sa premiere nature, subgecte aux grandz floz de la mer qui y survient souvent des grandes marées, par quoy pour faire le *prouffict de leur héritage conviendra les haulser, ce qui leur coustera autant comme à bastir et édiffier. Et à ces causes ce qui est encor à fieffer ne pourra pas autant estre baillé ne à rente comme celluy qui est jà fieffé, lesquels lieux jà fieffez montent les deux pars du dict territoire.

Dit que enparavant que le dict havre et ville de Grace feussent édiffiez, le dict sieur de Graville faisoit tenir ses plès au dict lieu de Graville, car il n'y avoit lieu à les tenir au dict ancien havre. Et depuis que la dicte ville s'est augmentée il a tenu de quinzaine en quinzaine les dictz plès en la dicte ville Françoise, et a seneschal, procureur, recepveur à gaiges pour l'exercisse des affaires de sa dicte terre. Ne sçait combien ilz ont de gaiges, et est tout ce qu'il en sçait.

Du lundi dernier jour de septembre mil cinq cens trente et deux au dict lieu et ville Françoise, devant nous, conseiller et commissaire dessus nommé, présent le dict Marye, adjoinct.

Robert du Hamel aagé de cinquante ans ou environ, qui autreffois a hanté la mer et de présent est manouvrier eu dict havre de Grâce, demourant en la dicte ville Françoise, juré et sur le tout enquis et examiné, non obstant la non comparence du dict Quemyn.

Dit et deppose qu'il est natif de la ville de Harfleu et qu'il c'est tenu de tout temps en ce pays et a congneu la parroisse d'Ingouville et le territoire d'icelle et mesmement le lieu où est assise la ville et havre de Grâce et enparavant que la dicte ville et havre feussent construictz, les terres prochaines d'icelluy estoient en criques et marestz comme ils sont de présent, et de semblable qualité estoient les xxiiii acres de terre, lesquelz marestz et xxiiii acres appartenoient aux parroiessiens d'Ingoville et d'iceulx joissoient et envoioient pasturer leurs bestes ordinairement et encor font à present.

Enquis sçavoir en précédent que le havre feust construict et la dicte ville combien les dictes xxiiii acres et autres terres povoient valloir s'ilz eussent estre baillez à ferme et quel revenu ou prouffict ilz pouvoient estre,

A dit que, à son advis et conscience, qu'il n'en eust voullu avoir donné dix solz par an de l'acre et le dit par sembleblement de ceulx qui y sont encor à présent, qui sont de semblable essence et qualité parce que de grans mers ilz sont toutes couvertes et en icelles y croist quelque herbe qui n'est pas des meilleures.

Enquis quelles droictures prenoit le dict sieur de Graville, propriétaire d'icelle terre ès dictz lieux et coustumes, dit que anciennement il y avoit ung vieil havre nommé le havre de Grâce, lequel avoit la bouche et engoulement à Sainct-Nicollas de l'Heure, lequel a esté estouppé en faisant le nouveau havre et en icelluy vieil havre arrivoient les basteaulx pescheurs de harens. A cause de quoy et pour le foullement que faisoient les dictz navires, le seigneur pour sa droicture prenoit et avoit acoustumé de prendre ung cent de harenc pour chacun basteau chargé de harenc, feust en caque, en baril ou autrement, ou cinq solz à leur choix. Et par semblable quant les dictz basteaulx apportoient des maquereaulx en la saison, ils paioient pour chacun navire v solz, pour raison que les dictz pescheurs faisoient sécher leurs rez sur le dict territoire et quand ils apportoient d'autre poesson, le dict seigneur n'en prenoit aucune chose.

Dit davantage que si les dictz pescheurs eussent emmené cent fois par an des basteaulx chargés de poesson au dict vieil havre et qu'ilz n'eussent seché leurs rez sur le dict territoire, ils n'estoient tenus paier aucune chose, car la dicte droicture se prenoit pour le secage et non pour autre chose. Et le sçait par ce qu'il a hanté la mer pour la pesche et autrement, et est arrivé plusieurs fois au dict havre ancien, où se ceuilloient les dictes droictures en la forme et maniere que dessus.

Dit davantage que quant aucun navire de ce pays chargé de pommes partoit du dict lieu et havre pour aller au pays d'Angleterre ou ailleurs, le seigneur ou ses fermiers avoient de coustume prendre et ceuillir xvi deniers pour grenier de pommes ou de grain, si grain y estoit. Et est à entendre ung grenier quant il se faict dedens ung navire aucunes séparations, car chacune séparation se nomme ung grenier.

Dit aussi que s'il arrivoit ung navire forain dedens le dict havre chargé ou non chargé, il paioit iiii deniers tournois pour le baillizage qui estoient pour la paine de mectre des perches à l'entrée du havre pour congnoistre sceurement l'entrée d'icelluy havre, mais estoient du dict baillizage les manans et habitans de la dicte parroisse d'Ingouville, Harfleu et ceulx de par deçà quictes et exemps, et n'en a paié aucune chose.

Enquis si le dict seigneur ou ses fermiers avoient de coustume prendre autre chose quant il se faisoit de neuf ou rabilloit quelque navire sur le dict territoire,

A dit qu'il a tousiours vu que la dicte somme de v solz tournois se ceuilloit pour chacun navire neuf, mais de radoub ou besongnes en vieil navire n'en a veu aucune chose paier.

Dit que le dict seigneur joist encor de présent des droictures cy dessus mencionnez et telles comme il faisoit en précédent et sont ceuillies au havre nouveau et les voit ceuillir par chacun jour ès autres lieux comme il a cy dessus depposé.

Enquis s'il a point de congnoissance que le dict seigneur

ou ses fermiers aient joy d'autres droictures le temps passé et mesmes de présent,

A dit que non, réservé la jurisdicion dont il a les amendes ; ne sçait combien ilz montent par chacun an, et si a dit que le dict seigneur a au dict lieu officiers, mais ne sçait quelz gaiges il leur donne.

Dit aussi que le dict sieur de Graville, à cause qu'il prend les rentes des fieffes nouvellement faictes en la dicte ville de Grâce, son revenu est grandement augmenté, ne seuroit dire combien.

Dit que les lieux fieffez sont de plus grand commodité que les lieux qui restent à fieffer pour ce qu'ilz sont plus prochains des bonnes places et commoditez du dict lieu, et aussi qu'il les convient haulser pour revenir à l'équipolent des autres et éviter la mer.

Enquis quelle rescompence devroit bailler le sieur de Graville aus dictz parroissiens d'Ingouville pour et au lieu des dictes xxiiii acres de terre, jouxte le contenu en l'arrest de la court mil v^{cc} xxiiii à luy donné à entendre,

A dit que le seigneur leur pourroit bien bailler xxiiii livres de rente pour ce qu'il y avoit des povres gens qui lors eussent peu mectre sur les dictes xxiiii acres plusieurs bestes à layne pasturer dont ils eussent eu leur nourriture et prouffict. Et est beaucoup de meilleur pour la descharge de sa conscience d'en bailler plustot plus que moins. Et est tout ce qu'il en sçait, et a le dict depposant signé sa depposicion à la mynute.

Michault Fauquerel aagé de lxiii ans ou environ, demourant à présent en la dicte ville Françoise tenant hostellerie, juré, nonobstant la non comparence du dict Quemyn, procureur, enquis et examiné sur ce que dit est,

Deppose qu'il est natif de la ville de Montivillier et à

son aage a mené et conduit la marée et par ce qu'il a continuellement fréquenté et demouré en ce dict pays il a congneu le lieu du havre et ville Françoise enparavant que le Roy ait faict édiffier et bastir icelle, ensemble l'essence et quallité, valeur et commodité qui povoit estre en icelluy lieu et principalement au lieu des xxiiii acres de terre appartenant propriétairement au dict sieur de Graville. Lequel territoire et celluy de l'environ estoient tous d'une mesme valleur et commodité, c'est assavoir lieux en partie remplis du perroy de la mer, plein d'aucunes criques, et en aucuns lieux y avoit quelques pastures de petite valleur, desquelz lieux ceux d'Ingoville joissoient comme de lieu coustumier pour leurs bestes.

Enquis si les dictes xxiiii acres eussent esté à bailler lors à ferme, à quel prix il les eust bien voullu prendre si eussent esté baillez,

A dit que, à son advis et conscience, il ne les eust voullu avoir ne prendre à quelque prix que ce soit et si n'y avoit personne qui lors en eust voullu donner aucune chose de fermage pour ce que tout n'en valloit rien et estoit comme chose abandonnée, à raison que la mer les couvre trop souvent et a veu que aucuneffois, quant les habitans d'Ingoville y envoioient quelques moutons, la mer les surprenoit et souventeffois estoient noyez que personne ne les eust peu garantir. Bien est vray qu'il y avoit aucuns qui tendoient aux oyseaulx à la saison, mais cela ne revenoit en aucun revenu.

Enquis quelles droictures le dict de Graville prenoit en ce temps au dict lieu, a dict qu'il ne congnoissoit pas certainement les dictes droictures et s'ilz estoient deues ou non, mais pour autant qu'il en a de congnoissance dit que en ce temps il y avoit une crique au dict lieu qui respondoit et commençoit au viel havre de Grâce de présent estouppé, par laquelle venoient au dict lieu aucuns navires pescheurs chargés de harencs en la saison, de maquereaulx en autre saison, auxquelz le dict depposant alloit souventeffois faire la charge, du temps qu'il estoit chasseur de marée, et a veu que aucuneffois il survenoit quelque fermier des coustumes de Graville qui ceuilloient sur les dictz navires, chacun v solz pour le secage de leurs rez, ne sçait s'il est deu ou non, les aucuns le paioient voluntairement, les autres en composoient. Plus a veu que les dictz fermiers pratiquoient tirer des dictz mariniers d'ung cent de maquereau, ung maquereau, et du harenc, de celluy qui estoit sans baril, ung cent pour navire, et du baril quatre deniers. Ce que les dictz mariniers contredisoient et disoient qu'ilz n'en debvoient riens, et sur ce pour éviter procez souvent en composoient et estoient quictes pour pou de chose. Et luy enquis combien le dict revenu povoit valloir par chacun an, a dit qu'il ne sçait, mais a ouy confesser autreffois aus dictz fermiers que la ferme leur coustoit cent solz par an ou telle petite somme. Et luy enquis s'il se ceult à présent a dit que non, par ce que c'estoit une chose qui de nouveau de ce temps là avoit esté eslevée et inventée, et si n'a jamais veu lettre ne enseignement par lequel il feust deu; mais de ce temps le feu admiral de Graville, pour lors seigneur du dict lieu, estoit en auctorité, par quoy aucun ne l'eust ozé contredire.

Dit que autreffois, par ung vent d'amont, il a veu au havre ancien plus de cent navires pescheurs de harenc, tant du lieu que estrangers, comme de Fescamp, Dieppe, Sainct Vallery et autres, arriver au viel havre ancien de l'Heure, à cause du temps, et d'iceulx le fermier du dict lieu de Graville demandoit ung cent de harenc pour chacun basteau, dont les aucuns paioient, les autres en composoient et les autres n'en paioient riens. Et quant les dictz pescheurs estrangers faisoient sécher leurs rez sur le perroy, ils paioient oultre v solz pour le secage, et ceulx de par deçà estoient quictes pour paier les dictz v solz tournois seullement.

Enquis s'il congnoist que c'est que la droicture de eauye et baillizage, a dit que de baillizage il ne sçait que c'est ne de eauye aussi, ne combien on en paioit, réservé qu'il entend que eauye estoit la pesche qui se faict sur la greve de la mer à quideaulx et escaliers, mais ne sçait que cela vault ou peult monter par an.

Dit qu'il a autreffois ouy dire que le sieur de Graville, pour chacun navire qu'il en édiffioit de neuf sur sa terre, pour le deffoullement d'icelle, demandoit ou ses fermiers pour luy v solz tournois, et en ce faisant il estoit subgect de charcher et querir le boys pour faire les escores à soustenir les ditz navires, qui estoit bon marché. Et aussi dit que, quant il se refaisoit ung viel navire, il en prenoit II solz VI deniers en fournissant les dictes escores comme dit est. Et n'a garde le dict seigneur à présent de ceuillir ne demander la dicte droicture pour ce qu'il luy cousteroit plus six fois qu'il n'en ceuilliroit. Et par ce moien, la construction de la dicte ville et havre ne préjudicie en riens au dict sieur de Graville ès dictes droictures précédentes à moins de cent solz pour an, mais est son revenu grandement augmenté à cause des dictes fieffes, lesquelles il a ceuillies et levées par longtemps, et luy ont beaucoup vallu depuis l'édiffication d'icelle ville et havre, ce qu'il n'eust pas eu, si elles n'eussent esté faictes de l'auctorité du Roy.

Enquis quelle rescompence le dict sieur de Graville seroit subgect bailler aux parroissiens d'Ingouville jouxte l'arrest de la Court 1524,

A dit pour les raisons que dessus que, attendu la scituacion du lieu et l'incommodité, qu'il ne leur en seroit appartenir cinquante solz par an.

Dit que le dict sieur de Graville tient à présent jurisdicion au dict havre et ville de Grâce depuis que la dicte ville de Grâce est édiffiée de nouveau, ce qu'il ne faisoit pas enparavant, mais les tenoit à Graville en laquelle il a des officiers. Ne sçait quels gaiges ilz ont, ne combien vallent les amendes.

Dit que les places fieffées sont assises en meilleure commodité que celles qui sont encore à fieffer et que ung pied de ce qui est fieffé en vault mieulx que deulx de ceulx qui sont encor à fieffer. Et est tout ce qu'il en sçait. Et a le dict depposant signé sa depposicion à la mynute.

Jehan Maunart aagé de soixante saize ans ou environ, marinier et pescheur, demourant à présent en la parroisse de Sainct Nicollas de l'Heure, juré, non obstant la non comparence du dict Quemyn, enquis et examiné.

Dit que tout le temps de sa vie il a esté marinier et pescheur et s'est tenu au dict lieu de l'Heure qui est assis sur le bort de la mer, et qu'il congnoist touz les marestz d'Ingouville et le lieu et place sur lequel le lieu, ville et havre de Grâce a esté construict et édiffié, qui estoit de semblable qualité, essence et commodité que sont les autres marestz et criques qui de présent sont encor auprès de la dicte ville. Et luy enquis de quelle valleur ou revenu povoient estre les dictes xxiiii acres, en précédent de la construction et édifficacion d'icelle ville et havre de Grâce, a dit que, à son advis et conscience, ils povoient valloir dix solz pour chacune acre par chacun an.

Enquis quelz prouffictz, coustumes et droictures avoit et prenoit le dict sieur de Graville.

A dit que anciennement il y avoit ung havre nommé le havre de Grâce, lequel le dict depposant a tousjours veu, et feust estouppé quant l'en feist le havre nouveau, et estoit la gueulle du dict havre ancien assise sur le territoire du Roy, et incontinent que les navires estoient entrez dedens se trouvoient sur la terre du dict sieur de Graville, lequel prenoit les droictures telles que seront cy aprèz par luy déclarez. Et à raison d'icelles droictures le dict sieur de Graville avoit de coustume pour mectre des baillizes pour enseignes de l'entrée et pour raison des dictz baillizages, chacun navire paioit IIII deniers à chacune fois qu'ilz y entroient et quant ilz posoient, excepté les parroissiens de Sainct Nicollas de l'Heure qui en estoient francz et quictes, et a veu ceuillir les dictes coustumes.

Dit que le dict sieur de Graville prenoit de chacun navire neuf qui se faisoit sur sa terre la somme de v solz tournois, et à ce moien estoit tenu querir le bois pour faire les escores. Touteffois les fermiers n'en bailloient point, et, neantmoins, se faisoient paier les dictz v solz tournois, et pour un ratellier ou radoub de navire s'en paioit autant, excepté que les dictz de l'Heure et autres qui sont francz n'en paioient riens.

Dit qu'il a tousjours veu paier au dict seigneur, et il depposant il a receu pour les fermiers dudict seigneur à raison qu'il demouroit sur le lieu, les droictures dessus dictes, le tout en précédent la construction de la dicte ville et havre, par le temps et espace de cinq années qu'il feust commis par les dictz fermiers et en précédent se paioient en la sorte.

Dit que le dict sieur de Graville ou ses fermiers prenoient de chacun navire ou basteau chargé d'harencz frez un cent de harenc, en la saison de maquereaulx, de chacun cent de maquereaulx onze maquereaulx et aucuneffois les dictz fermiers se contentoient à moins.

Dit que le dict seigneur prenoit pour le secage de rez de chacun navire par an, à raison de la pesche des harens, la somme de v solz tournois réservé les francz. Et aussi à la pesche et saison des maquereaulx, pour le secage des dictz rez, prenoit v solz réservé les francz.

Dit que le dict seigneur avoit et de présent [a] le dict droict de eauye et le ceult encor à présent, et par ce moien est subgect à querir les pieux pour attacher les rez ou quideaulx à pescher le poesson.

Dit que de chacun grénier à pommes ou grains estans dedens un basteau ou navire, le dict seigneur prenoit xvi d. pour grenier.

Dit aussi que de chacun navire chargé de buche qui deschargoit sur la dicte terre de Graville estoit paié du cent une buche, s'ilz n'estoient francz. Car les francz comme ceulx de l'Heure et les tenans aussi du fief du Roy ne paioient aucune chose des droictures dessus dictes, et en a ainsi veu joir et user le dict seigneur de tout le temps de sa vie et jusques à présent.

Enquis combien toutes les droictures cy-dessus spécifiez povoient lors valloir au dict sieur de Graville,

A dit que le tout estoit acoustumé estre baillé à ferme aux plès au plus offrant et derrain encherisseur et se bailloient communément à dix ou quinze livres par an le tout ensemble. Et luy depposant, quant il ceuilloit les dictes droictures, il n'en paioit que quinze livres.

Dit que de présent il ne sçait comme le dict seigneur en faict ne comme se ceuillent les dictes droictures par leurs fermiers ou recepveurs.

Dit que le sieur de Graville, en baillant douze livres de rente aux parroissiens d'Ingoville, auroit satisfaict à l'arrest v^{cc} xxiiii.

Dit que le dict seigneur a jurisdicion au havre, ne sçait combien se montent les amendes. Et en regard des places fieffez et non fieffez, il y a trop grand différence pour ce que les places fieffez vallent trop myeulx que ceulx encor à fieffer, pour ce qu'ilz ont les lieux les plus commodes. Et a le dict depposant signé sa depposicion à la mynute.

Pierre Roullant, aagé de soixante ans ou environ, manouvrier et pionnier, à présent au havre de Grâce, demourant en la ville Françoise du dict lieu, juré, non obstant la non comparence du dict Quemyn, procureur, enquis et interrogué,

Deppose qu'il est natif de Harfleu, et depuis trente ans en çà, tousjours hante la coste de Graville et parroisse d'Ingoville, et à ces causes congnoist les marestz et la terre qui estoient ès xxiiii acres où a esté construicte la dicte ville et havre de Grâce qui estoient de semblable essence et qualité comme les autres marestz, et n'y croissoit sinon de jonctz et le plus souvent couvert d'eaue, principallement deux fois le mois à la grande marée de la mer, par quoy n'y povoit venir de bonne herbe.

Enquis combien les dictes xxiiii acres de terre povoient valloir de louage, a dit qu'il ne le sçauroit estimer et èsquelles pastures les habitans d'Ingoville estoient coustumiers.

Enquis quelles droictures le dict seigneur prenoit ès dictz lieux, dit que, à cause qu'il y avoit ung havre ou entrée qui s'appelloit le havre de Grâce qui s'estendoit sur la terre du dict sieur de Graville, plusieurs basteaulx pescheurs, en temps de la pesche des harens et des maquereaulx, arrivoient au dict lieu avecq tout leur pesche, et pour ce qu'ilz y posoient, le dict seigneur ou ses fermiers ou recepveur prenoit de chacun navire chargé de harenc frez ung cent, de harenc sallé en baril, ung cent pour tout le navire, et iiii deniers pour baril à la prévosté. Ainsi prenoient des maquereaulx, à la saison, de chacun navire ung cent, pour secage de rez, de chacun navire, cinq solz, exceptez les personnes qui sont réputez francz dont il y en a grand nombre, comme l'on dit, et au regard de baillizage il se paie à Harfleu, mais n'a point veu qu'il ait esté paié en ce lieu de Grâce. Et au regard de l'eauye c'est ceulx qui tendent aux quideaulx sur le perroy ; ne sçait combien ils en paioient, et de ce a veu que les dictz fermiers en joissoient et en prenoient ce qu'ilz povoient avoir, et mesmes prenoient v solz de navire neuf, et ii solz vi deniers pour navire rabillé.

Dit que toutes les dictes droictures de coustumes, eauye, baillizage, secage de rez, et toutes autres droictures estoient baillez aux plez de la dicte seigneurie le tout ensemble au plus offrant et dernier enchérisseur, au prix de xv livres tournois par an, et a veu que ung nommé Godin les a tenus par longtemps à ce prix, en précédent la construction du dict havre, et ne sçait si elles sont ceuillies de présent ou non.

Enquis scavoir si l'édifficacion d'icelle ville de Grâce et havre neuf porte quelque préjudice ou diminucion au dict sieur de Graville et droictures dessus dictes,

Dit par son serment et à sa conscience que non, mais plus tost sont à son grand prouffict et advantage, car quant il ne ceuillira riens d'icelles coustumes ou droictz en la dicte ville et havre de Grace, encor ses droictz ceuillis en autre lieu augmenteront à cause de la communicacion et multiplicacion du peuple, navires et gens estrangers, qui de tous pays viennent et affluent en la dicte ville, en sorte qu'il est impossible que sa terre, ses hommes et subgetz n'en amendent et se augmentent, en ce non comprins les fieffes nouvelles.

Dit que pour la rescompence que est tenu le sieur de Graville aux habitans d'Ingoville, s'il leur bailloit xx solz tournois pour acre, jusques au nombre des xxiiii acres, il seroit raisonnable, à son advis et conscience.

Dit que le dict seigneur a sa jurisdicion en basse

justice qu'il soulloit tenir à Graville, et maintenant la tient en la dicte ville de Grace ; mais quelz officiers ne quelles amendes il a n'en sceuroit parler.

Dit que les porcions qui sont fieffez à présent sont trop meilleures et en plus commode assiette que ne sont ceulx qui sont encor à fieffer, et qu'ilz ne seront pas autant baillez ne à beaucoup prèz, tant à raison de l'assiette que aussi qu'il les conviendra haulser pour la haulteur de la mer. Et plus n'en sçait. Et a le dict depposant signé sa depposicion sur la mynute.

Guillaume le Moyne, maistre de navire, aagé de trente-six ans ou environ, demourant en la dicte ville de Harfleu, juré, non obstant la non comparence du dict Quemyn, enquis et interrogué,

Deppose que de tout temps de sa vie il a fréquenté la nef, et qu'il y a plus de vingt-cinq ans qu'il congnoist les marestz d'Ingoville, et par especial le lieu des xxIIII acres où est scituée et assise le havre et la ville de Grâce, lesquelz xxIIII acres estoient semblables des marestz qui y sont encor de présent, et au lieu où est assise la maison du seigneur de Chillou ou environ, y avait une mare en laquelle ung nommé Raoullin Hurel, dict Petit Pain tendoit aux oiseaulx, ne sçauroit dire combien vallent les dictes xxIIII acres en cas de louage, pour ce qu'il luy semble que à raison du perroy, des criques et du haut de la mer tout n'en valloit riens.

Enquis quelles droictures le dict seigneur prenoit au dict lieu enparavant la dicte construction,

A dit que par plusieurs fois il a esté à la pescherie des harens et des maquereaulx, et que alors qu'il avoit amené son navire au havre de Grâce et qu'ilz sechoient leurs rez sur le dict territoire du dict seigneur, le fermier en avoit v solz pour secage et pour chacune saison qui estoient dix solz tournois par an, sans payer cent de harenc, maquereau ne autre chose. Et se faisoit le paiement des dictz v solz, tant à raison de secage, baillizage que posage, et luy depposant en a paié et veu paier à son maistre pendant qu'il estoit page et compagnon de navire, et alors y avoit vingt-cinq ou trente pescheurs ; ne sçait si le dict seigneur avoit autres droictures, comme des eauyes, constructions de navires que autrement. Et si ne sçait si le dict seigneur les ceult à présent, dit bien que à raison des dictes fieffes la seigneurie est augmentée.

Dit que anciennement le dict sieur de Graville tenoit sa jurisdiction à Graville et à présent la tient en la dicte ville. Et au regard du lieu des fieffes ce qui est jà fieffé est par trop en meilleure assiete et commodité que ce qui est encor à fieffer. Et plus n'en sçait. Et a le dict depposant signé sa depposicion en la mynute.

Mathelin le Magnen aagé de XLVI ans ou environ, à présent demourant en havre et ville Françoise de Grâce, juré et non obstant la non comparence du dit Quemin, enquis et interrogué,

Deppose qu'il est natif de Harfleu, et que de tout son temps et jeune age, il a hanté et fréquenté la mer et congnoissoit ; en précédent la construction de la dicte ville, les XXIIII acres de terre où elle est assise, laquelle terre estoit de semblable qualité, sorte et essence que sont ceulx qui sont encore à l'entour et lesquelles terres et autres prochaines principalement les dictes XXIIII acres de terre estoient comme de nulle valleur au dict seigneur, parceque ce n'estoit que perroy, criques, caves, ordure, et le plus beau et meilleur qui y feust estoit une mare que tenoit deffunct Raoullin Hurel, dict Petit Pain qui estoit au lieu où est à présent bastie la maison du seigneur de Chillou, laquelle icelluy Petit Pain tenoit de ceux d'Ingoville par v solz tournois par chacun an qui estoient tout le revenu, car de pasturages pour les bestes il n'y en povoit pas gueres avoir à raison de la mer qui y est et frequente ordinairement.

Enquis quelles droictures icelluy sieur de Graville prenoit au dict lieu, précédent l'édiffice de la dicte ville.

Dit qu'il a veu de son jeune aage et en précédent la construction de la dicte ville et havre, qu'il y avoit ung havre ancien, et quant il arrivoit ung basteau chargé de maquereaulx, harens ou autre marchandise le seigneur prenoit v solz tournois pour secage de rez, et cela se paioit quant il y avoit un fermier processif, dont les aucuns qui craignoient procez aymoient beaucoup mieulx paier les dictz v solz tournois que plaider, et les autres qui avoient voulloir d'eulx en deffendre n'en paioient riens. Et n'a point congnoissance que on ait paié au dict seigneur aucunes autres droictures, réservé v solz qu'il demandoit pour chacun navire neuf construict au dict lieu et II solz VI deniers pour le rabillage d'un viel en fournissant par le dict seigneur du boys et pieulx pour faire les escores d'iceuls basteaulx, qui estoit ung grand marché à son advis pour ceuls qui les faisoient faire, car à présent les dictes escores cousteroient plus de cinquante solz. Ne sçait à quel prix le dict seigneur les bailloit à ferme, mais sçait bien qu'ilz n'excédoient le tout que dix ou douze francz par an.

Dit qu'il ne sçait si le dict seigneur à présent prend les dictes droitures ainsi qu'il fesoit le temps passé. Mais au regard de luy, combien que, puis la dicte ville faicte, il ait marée et escore, ce neantmoingtz il n'en a esté rien paié et ne luy en a esté rien demandé.

Dit aussi que le dict seigneur a jurisdicion qu'il tient en la dicte ville, combien qu'il la tenoit en paravant à Graville, et si a officiers au dict lieu à ses gaiges.

Dit aussi que ce qui est fieffé est par trop meilleur et en

meilleure assiete et commodité que ne sont ceulx qui sont encor à édiffier qui ne vauldront pas tant, et le scait pour ce que luy mesmes qui est des derniers fieffeurs lui a cousté plus de cent escus à soy haulser selon les autres et si n'est pas encor assez haulsé. Et aussi les dictes premières places sont assises aux meilleurs lieux d'icelle ville. Et plus n'en sçait. Et a le dict depposant signé sa depposicion sur la mynute.

Du mardi premier jour d'Octobre mil v^{cc} xxxii au dict lieu devant nous, conseiller et commissaire dessus nommé, présent le dict adjoinct.

Jehan Duval aagé de lxxii ans ou environ, demourant en la parroisse de Sainct Adresse distant du Havre d'un cart de lieue ou environ, juré, non obstant la non comparence du dict Quemyn, enquis et examiné,

Deppose qu'il a tousiours esté et encore est de présent du mestier de la mer et continuellement s'est tenu au pays, et par ce congnoist le territoire et marestz de la parroisse sur laquelle est assise la dicte ville Françoise et havre de Grâce, et estoit de semblable essence et qualité les terres prochaines èsquelles y a plusieurs criques et fossez, et y croit de bonne herbe en esté, pour nourrir les brebis et vaches des parroissiens de la dicte parroisse d'Ingouville.

Dit que sur les dictes xxiiii acres en précédent croissait du joncg et de grosse herbe, et y avoit aussi ferme perroy. Et dit que si les dictes xxiiii acres eussent esté à bailler à ferme, il en eust bien voulu donner v solz de l'acre.

Enquis quelles droictures prenoit le sieur de Graville au dict lieu,

Dit que depuis la place du hoc qui est prez de Harfleu jusques à la parroisse Sainct Adresse jusques à ung ruisseau qui depart la seigneurie de Graville et la seigneurie de Vitenval, le dict seigneur avoit droict de eauye à cause de laquelle il avoit ung jour de la semaine tel qu'il voulloit avoir, quant les pescheurs voulloient aller pescher, et en a veu joyr le dict seigneur, et encor en joyst à présent. Et luy depposant l'a paié par plusieurs fois en la forme et manière que dessus et de tout temps.

Dit qu'il y avoit anciennement ung havre nommé le havre de Grace dont la gueulle et embouchement estoit assise en la parroisse Sainct-Nicollas de l'Heure prez de la dicte ville Françoise de demie lieue ou environ, auquel havre ancien y avoit des baillizes que le sieur de Graville faisoit mectre, à cause de quoy tous les basteaulx au temps de la harenguesse, chargez de harenc, frez qui entroient dedens le dict havre et posoient sur la terre du dict seigneur, il prenoit v solz ou ung cent de harenc pour chacun basteau, et aussi en temps que se peschent les maquereaulx, pour chacun navire ung cent de maquereaulx ou v solz au choix et obcion du pescheur. Et par ce moien povoient sécher leurs rez sur le dict territoire sans riens paier. Et quant aucun basteau arrivoit au dict viel havre, où il y avoit harens ou maquereaulx en barilz ou caques, le seigneur prenoit de chacun baril et caque quatre deniers.

Dit aussi que le dict seigneur prenoit quelque tribut des basteaux qui sortoient hors du havre chargé de pommes ou fruitages creuz en ce pays et qui alloient dehors.

Dit aussi que quand il se faisoit ung navire neuf, pour le foullement de la terre, il en prenoit v solz et ii solz vi deniers pour rabillage de navire, à cause de quoy le dict seigneur estoit subgect de quérir du boys pour faire les escores, et aussi a veu qu'il avoit droict de varesc.

Enquis combien les droictures cy dessus spéciffiez et déclarez povoient valloir par chacun an,

A dit qu'il luy semble qu'ilz povoient bien valloir xv ou xvi livres, et si les a tousiours veu ainsi bailler.

Dit que le dict seigneur à présent prend encor des droictures dessus dictes, tant en la dicte ville de Grâce que dehors, ne sçait à quel prix ilz sont baillez.

Enquis quelle rescompence le sieur de Graville pourroit estre subgect de bailler aux manans et habitants d'Ingoville, jouxte l'arrest de la cour, en l'an mil v^{cc} xxIIII,

A dit que en leur baillant dix livres de rente ilz se debvoient grandement contenter, et est plus qu'il ne leur pourroit appartenir, car les dictes xxIIII acres lors ne valloient guères de chose.

Dit que les places fieffez sont de meilleure commodité que ceuls qui sont encor à fieffer pour ce qu'ilz sont plus prochaines et en meilleure assiete que celles qui restent à fieffer.

Dit que le dict seigneur tient sa jurisdicion au dict havre et ville de Grâce, ce qu'il ne faisoit enparavant l'édiffication d'icelle ville et havre, ne sçait quelz gaiges il leur donne. Et plus n'en sçait. Et a le dict tesmoingt signé sa depposicion à la mynute.

Jehan Petit aagé de LXVI ans ou environ, pescheur et marinier demourant en la paroisse de Octeville distant du dict lieu et havre de Grâce de une lieue ou environ, juré, non obstant la non comparence du dict Quemyn, enquis et examiné.

Dit qu'il congnoist de tout temps de sa congnoissance les marestz d'Ingoville et principalement le lieu des xxIIII acres où sont édiffiez et assis les ville et havre Françoise, laquelle terre estoit de semblable essence et qualité et que sont les autres prairies du dict lieu, ausquelles xxIIII acres y avoit des fossez, des criques et courants d'eaue, du perroy de la mer en aucunes parties et autres choses comme l'eaue de la mer qui y fluoit souvent, en sorte que les dictes terres ne povoient pas grandement valloir. Touteffois il y croissoit de l'herbe en aucuns lieux et à son advis et conscience, chacun acre ne valloit pas plus de v solz tournois par an, à la prendre à ferme, et estoit occuppée par les dictes parroisses d'Ingoville comme communes pour leurs pastures.

Dit et deppose que, à l'environ de ce lieu, il y avoit une crique qui procédoit d'un petit havre vers l'Heure où la bouche en estoit qui venoit vers le nouveau havre et s'appelloit la crique du perroy et depuis le vieil havre de Grace, en quel lieu aucuneffois venoit des navires chargez de poisson pour y poser, et n'estoit pas grand chose au temps de sa jeunesse, car il n'y avoit ne maison ne lieu à soy retirer, et du depuis les mariniers y ont continué à venir, par quoy les seigneurs et fermyers de la dicte terre de Graville, propriétaires des dictes xxIIII acres et du dict lieu, se sont entretenus d'y receuillir plusieurs droictures qu'ilz disoient avoir en ce lieu.

Enquis quelles droictures le dict sieur de Graville prenoit ès dictz lieux, a dit que chacun navire qui voulloit sécher lez rez, ilz en prenoient cinq solz et aucuneffois en avoient meilleure composicion. Aussi, quand les navires venoient de la mer chargez de harenc à la saison, le fermier qui survenoit à la vente, pourveu qu'il y en eust plus de demy lect, en demandoit v solz pour navire, et autant en la saison des maquereaulx. Mais aucuneffois on luy bailloit quelque quantité du dict poesson dont il se contentoit gracieusement et en prenoit ce qu'il povoit avoir d'eulx.

Dit plus qu'il a bien oy dire que le dict seigneur prenoit ung autre droict qui s'appelloit eauye qui est de ceulx qui peschent ès appletz et quideaulx sur le bort et rue de la mer, dont ils prenoient quelque tribut, mais combien ne comment, n'en sçauroit bonnement parler pour ce qu'il n'y a point tendu.

Aussi prenoit sur chacun navire faict de nouveau sur sa

terre v solz et d'un navire rabillé mis sur les escores sur la terre aussi v solz tournois, mesmes avoit ung autre droict qui s'appelloit le baillizage, qui est meçtre bournes et monstrez à l'entrée du havre, mais de la dicte droicture de baillizage ne s'en paioit que à la voulonté des mariniers, et en composoient les fermiers et recepveurs à somme modérée entre eulx.

Enquis combien les dictes droictures estoient baillez, dit qu'ilz se bailloient ensemble, mais ne seroit dire le prix. Bien confesse qu'il a autreffois oy dire à ung nommé Godin et autres qu'ilz n'estoient baillez que dix ou douze livres; et ainsi que le peuple est augmenté au dict lieu et ville, il est creu de prix, et avec ce est le revenu creu et augmenté par raison des nouvelles fieffes; mais combien ne comment, n'en scauroit parler.

Et au regard de la rescompense que debvoit le dict sieur de Graville à ceulx d'Ingouville, dit qu'ilz sont endommagez à raison de leurs pastures qu'ilz avoient au dict lieu de plus de quinze livres de rente par chacun an.

Et au regard de la valleur de ce qui est fieffé et encor à fieffer, dit qu'il n'y a nulle compareson et que les places fieffez sont de trop meilleure commodité que celles qui sont encor à fieffer tant pour l'assiete du lieu, que mesmes les lieux à fieffer sont bassieres où la mer vient encor d'une hault eaue, et les conviendra fort haulser, qui coustera grand argent à ceulx qui les prendront et d'autant moins les fiefferont. Et a le dict depposant signé sa depposicion à la mynute.

Jehan Godin aagé de trente deux ans ou environ, ney et natif de la parroisse de Senvy (Sanvic) distant du havre et ville Françoise de demie lieue ou environ, du mestier de labeur et de la mer et demourant en la dicte parroisse de Senvy, juré et non obstant la non comparence du dict Quemyn, examiné,

Dit que de tout temps il a congneu les marestz d'Ingouville et les xxɪɪɪɪ acres où est assise la ville Françoise; qui estoit de semblable estat et qualité que les autres marestz qui sont à l'environ de la dicte ville Françoise; et luy enquis de la valleur d'icelles xxɪɪɪɪ acres au temps et alors, a dit qu'ilz estoient de bien petit revenu et en ce temps ne povoient valloir que dix ou douze solz l'acre par an.

Enquis quelles droictures le dict seigneur prenoit au dict lieu eu temps passé et de sa congnoissance,

Dit qu'il y avoit ung havre ancien nommé le havre de Grâce, et quant il y entroit ung navire ou basteau chargé de harenc, icelluy seigneur en avoit ung cent, et en temps de maquereaulx, ung cent des basteaux chargez, et oultre cela prenoit pour toute l'année v solz pour secage de rez pour chacun navire, et à cause de ce le dict seigneur estoit tenu planter et faire mectre des baillizes à l'entrée du dict havre, et par le dict depposant en a esté mis et aidé à mectre plusieurs.

Dit qu'il avoit aussi droict de eauye qui est une marée par sepmaine à son choix des pescheurs à quitaulx et appletz, et l'a ceuillie et commandée, autreffois qu'il arrivoit quelques basteaulx au dict viel havre chargé de bois ou autre marchandise, il prenoit ɪɪɪɪ deniers pour chacun basteau. mais en paiant les autres droictures estoit quicte du dict baillizage, et ceulx qui n'estoient point chargez de marchandise paioient les dictz ɪɪɪɪ deniers de baillizage.

Enquis se le dict seigneur prenoit ɪɪɪɪ deniers pour baril de harenc, a dit que aucuneffois les fermiers le demandoient et en a veu une fois paier, mais les autres le contredisent, et pour ce qu'il ne venoit pas beaucoup de barilz n'en estoit le plus souvent riens ceuilly.

Dit plus qu'il prenoit de chacun navire que on faisoit de neuf sur sa terre v solz et mesmes d'un autre qui estoit rabillé v solz, et estoit tenu le dict seigneur en ce faisant bailler le bois qui servoit à tirer à terre les dictz basteaulx.

Enquis de la valleur des dictz droitz communes années, a dit que à son jeune aage il a veu que le tout estoit baillé à ceuillir ensemble a ung nommé Estienne de la Porte, personnier avec le père du dict depposant, au prix de xv livres par an, et depuis feust baillée à ung nommé Jehan Pellerin par vingt livres, il y a vingt ans ou environ. Et ainsi que le peuple est augmenté, la chose est creue de prix; mais de présent pour les procès, en ce lieu de havre on n'en ceult comme riens.

Enquis sur le faict de la rescompense que prétendent ceulx d'Ingouville, a dit que au temps passé, comme il a prédict, c'estoit pou de chose, mais de présent la rescompense peult bien valloir la somme de vingt livres tournois par chacun an.

Et touchant les dictes fieffes a dit que ceulx qui sont encor à fieffer ne seront jamais autant fieffez que les premieres, car chacun a prins premièrement les meilleurs endroictz, les plus haulx lieux et les plus commodes en tant qu'ilz sont haulx de terre, joignant le havre, prez des marchés et lieux publicques d'icelle ville. Et plus n'en sçait.

Jehan Piquemer aagé de soixante ans ou environ, natif de la parroisse d'Ingouville et à présent demourant en la dicte ville Françoise, juré et nonobstant la non comparence du dict Quemyn, enquis et examiné,

Deppose que à raison que toute sa vie il a résidé et demouré par de çà il a congneu que enparavant que le havre et la ville Françoise feussent édiffiez du voulloir et auctorité du Roy, c'estoit pou de chose du lieu des xxiiii acres où elle est assise et édiffiée, car ce n'estoit que perroy en partie, en partie criques et fossez et autre partie en marestz où il y avoit quelque pasture pour les bestes de ceulx de la parroisse d'Ingouville communiers ès dictz lieux, et croit que le tout n'eust sceu valloir c solz par an de ferme, car personne n'y résidoit et n'y avoit que la mer qui souvent y estoit par dessus.

Et au regard des droictures que le dict sieur de Graville y povoit prendre, il a veu que au moien d'ung petit havre qui s'appelloit le havre de Grâce où aucuns petits basteaulx pescheurs de harens et maquereaulx venoient aus saisons aborder, les fermiers du dict seigneur les controignoient et demandoient avoir de chacun basteau chargé de harenc v solz pour secage de rez, et pour harenc, s'il n'estoit chargé, paioit aussi bien les v solz pour secage, et des maquereaulx ung cent pour navire ou cinq solz, sans paier secaige, et s'il y avoit baillizage, qui estoit IIII deniers pour navire, qui se prenoient à l'Heure à l'entrée du havre de Grace et non pas au lieu et havre nouvellement édiffié. Aussi prenoit son droict de eauye, qui est de trois marées l'une, de ceulx qui peschent à quideaulx et apletz au long de la rue de la mer, mesmes v solz pour navire faict de neuf et radoubé. Toutes lesquelles droictures se bailloient à ferme ensemble au plus offrant et derrain enchérisseur aucuneffois à cent solz, aucunneffois à dix livres. Et de présent les veist bailler, mardi derrain passé, aus plès du sieur de Graville tenus en ceste dicte ville, c'est assavoir, de secage et façon de navire à LXII solz tournois à le ceuillir hors la ville Françoyse, et des autres ne sçait s'ilz sont ceuillies ou non.

Et au regard des fieffés, ce qui est encor à bailler ne vault à beaucoup prez ceulx qui sont baillez, parce qu'ilz ne sont pas en telle commodité. Et plus n'en sçait.

Tous lesquelz tesmoingtz dessus nommez ont esté convenus et adjournez à la requeste du dict advocat à venir porter le dict tesmoignage par Pierre Duval, sergent royal en la sergenterie de Monstiervillier, ainsi qu'il nous a recordé et tesmoigné.

Ensuit la teneur de la requeste du dict de la Masure, premier tesmoing examiné, jouxte qu'il est contenu en la fin de sa depposition.

Jehan de la Masure, escuier, fermier de la terre et seigneurie de Graville, auquel il a pleu au Roy mander par ses lettres missives cy après transcriptes qu'il eust à surceoir et arrester de lever l'aquict et coustume deubz à la dicte seigneurie sur les marchandises et poissons chargez et deschargez en ce havre de Grâce, lesquelles coustumes se sont montez en l'année dernière à la somme de quatre cens livres tournois et pour ceste année et saison à présent courant pourront monter semblable ou plus grande somme, auquel mandement il a obéy et vouldroit partout obéyr, Supplie très humblement au Roy qu'il lui plaise lever la dicte surceance à ce que le dict suppliant se fasse paier de son deu ou bien luy ordonner sur ce rescompence au bon voulloir et plaisir du Roy nostre dict seigneur. Et il prira Dieu pour luy.

Ensuit la teneur des dictes missives : De par le Roy, nostre amé et féal, pour ce que nous avons délibéré de bref faire la rescompence de la seigneurie de Grâce deppendante de la terre de Graville dont vous avez charge de la recepte et en avons faict despescher commissaire pour informer de la valleur suyvant la transaction qui en feust faicte par nous avec les héritiers du feu seigneur du dict Graville, nous vous prions et mandons que vous surceez et supersedez de lever la ferme et subside que voullez faire lever sur plusieurs marchandises chargeans et deschargeans au dict havre de Grâce jusques à ce que par nous autrement en soit ordonné. Et à ce ne faictes faulte ne difficulté. Donné à Caen, le xe jour d'apvril mil cinq cens trente deux, ainsi signé : François. Et au bas,

Dorne. Et sur le doz estoit superscrit : A nostre amé et féal maistre Jehan de la Masure, lieutenant de nostre cousin l'admiral à Harfleu. Signé : de la Masure, ung paraphe.

Et affin d'entendre et congnoistre de quoy et comment vous, Sire, pourriez asseoir ou bailler rescompence au dict sieur de Graville en la dicte viconté de Montiviller pendant que vos dictz officiers dessuz nommez estoient en la dicte ville de Grâce, leur avons enchargé et commandé adviser et délibérer entre eulx en quel lieu la dicte rescompence se pourroit bailler au moins de dommage pour vous et vos subgectz et ce qu'ilz en trouveroient l'envoier ou apporter par escript en rapassant par le dict lieu de Harfleu au retour de la dicte commission. Auquel retour ne les ay trouvez, mais depuis suyvant les lettres missives que leur ay escriptes l'ont envoié par escript signé d'eulx mis et incéré en ces présentes et dont la teneur ensuit :

« Suyvant le commandement et ordonnance faicte par Monseigneur Maistre René de Becdelievre, conseiller du Roy, nostre sire et commissaire depputé pour le dict seigneur pour faire l'estimacion de la valleur des vingt quatre acres de terre enclosez en la ville Françoise de Grâce, à maistres Jehan Hacquet le jeune, advocat du Roy nostre dict seigneur eu bailliage de Caux, Pierre Deschamps, procureur d'icelluy seigneur en la viconté de Moustierviller, et Guillaume Marye, lieutenant général du viconte du dict Monstierviller et recepveur du domaine en la dicte viconté, par laquelle ordonnance le dict seigneur commissaire leur a ordonné et enjoinct réduire par escript leurs advis de ce qu'il pourroit estre baillé et assigné par le Roy sur son dommaine au sieur de Graville pour la rescompence des dictes vingt-quatre acres. Et ce qui en despend appartendra au dict sieur de Graville.

Iceulx dessus nommez après avoir sur ce desliberé entre eulx ont esté et sont d'advis que la dicte rescompense peult estre baillée et consignée pour le moins dommageable au Roy en son domaine de ceste viconté, soubz le bon plaisir et voulloir du dict seigneur, sur aucuns des parties qui ensuit.

Il y a le tiers et danger appartenant au Roy à prendre en la forest et buisson de Hallates, laquelle forest et buisson appartient au dict sieur de Graville, lequel tiers et danger pourroit valloir communes années deux cens quarante livres par chacun an et communément depuis, vingt ans a, le dict tiers et danger a peu monter jusques à la dicte somme ou environ par chacun an, Et es troys dernières annees a esté baillé troys cens livres, et les trois années précedentes les deux derniers deux cents quatre livres par an, et ne pourra diminuer selon leurs advis obstant que le boys est en valleur au lieu où il est assis. Touteffois le Roy, nostre dict seigneur a, tousiours de la congnoissance des dictz officiers, faict don du dict tiers et danger aus dictz sieurs de Graville, et ce dernier don dure encore jusques à six ans.

Item, il est deu à cause des fiefz fermes de Presteval assises en la sergenterie de Godarville, que tient messire Guillaume de Presbtreval, chevalier, deux cens vingt huict livres ung soult quatre deniers obole tournois d'ancienne rente, laquelle a esté, par cy devant et passés sont plus de quarante ans, moderée par les feus Roys de bonne mémoire que Dieu absoulle à quatre vingtz livres tournois de rente par chacun an, par lesquelz quatre vingtz livres tournois il a esté tousiours quicte. Touteffois, les dictes IIII^{xx} livres tournois ont esté reduictz à la dicte ancienne rente de deux cens vingt huit livres ung soult quatre deniers depuis Pasques dernieres, par vertu du mandement de nos seigneurs les commissaires ordonnez par le Roy sur le faict de la révision de son dommaine. Et sont bien advertys les dictz officiers que le dict sieur de Presbtreval s'est puis nagaires retiré par devers les dictz sieurs commissaires pour joir de la dicte moderacion et estre quicte pour paier seullement les dictes IIII^{xx} livres, lesquelz ont esté bien paiez par cy devant.

Item il y a vingt et une livres de rente deubz sur les héritages qui furent Roger Huet, dont est à present tenant maistre Guillaume Tirel, à cause de plusieurs héritages nommez Coqueriauville, assiz près Graville.

Et le tout comme dessus soubz le bon plaisir et voulloir du Roy, nostre sire. Ainsi signé : J. Haquet, Deschamps et Guillaume Marye, plusieurs paraphes. Et sur le doz estoit escript. Pour présenter à Monseigneur, Monseigneur maistre René de Becdelievre, conseiller du Roy nostre sire en sa court de parlement à Rouen. »

En tesmoing desquelles choses j'ay signé ces présentes de mon signe cy mis et faict signer au dict Marye, mon adjoinct, pour le tout, Sire, vous estre presenté suyvant vostre bon commandement et ordonnance.

BECDELIÈVRE.

MARYE.

TABLE.

	Pages.
INTRODUCTION	I

DOCUMENTS RELATIFS A LA FONDATION DU HAVRE.

I. — Commission de lieutenant-général des armées de mer contre les Anglais, délivrée à Guyon le Roy, sr de Chillou, vice-amiral de France. 1
II. — Lettre de Jean Robineau à M. de Chillou. 6
III. — Commission de commissaire général pour la construction du port et des fortifications du Hâvre de Grâce délivrée à l'amiral de France, Guillaume Gouffier, sr de Bonnivet. . 9
IV. — Transmission, par l'amiral Bonnivet, de la commission de commissaire général pour la construction du port et des fortifications du Hâvre de Grâce, à Guyon le Roy, sr de Chillou, vice-amiral de France. 11
V. — Ordre adressé par Guyon le Roy, vice-amiral de France, à M. de Blosseville, capitaine de la côte de Normandie, d'appeler les maîtres maçons et autres ouvriers à l'adjudication des travaux qui doivent être faits pour la construction du port et des fortifications du Hâvre de Grâce. 14
VI. — Publication des ordres de l'Amiral de France faite à Fécamp par Pierre Fouache, son sergent en ce lieu. . . . 15
VII. — Publication des ordres de l'Amiral de France faite en la vicomté d'Auge par le sergent Guillaume Picot. 16
VIII. — Publication des ordres de l'Amiral de France faite dans le comté de Lisieux et à Honfleur par les sergents Jean de Latache et Robert Lesguillon 17

IX. — Publication des ordres de l'Amiral de France faite à Fécamp par Pierre Fouache, son sergent 18

X. — Publication des ordres de l'Amiral de France faite à Saint-Valery par Nicolas Bosquet. 20

XI. — Publication des ordres de l'Amiral de France faite à Harfleur et à Montivilliers par le sergent Jacques Bourguet. 21

XII. — Procès-verbal de la visite des terrains sur lesquels doivent être construits le port et les fortifications du Hâvre de Grâce et de l'adjudication des travaux qui y seront exécutés, faites par Guyon le Roy, vice-amiral de France, et autres. . 22

XIII. — Procès-verbal de l'adjudication des travaux de terrassement et de maçonnerie à exécuter pour la construction du port et des fortifications du Hâvre de Grâce, et reconnaissance des devis et charges par Jean Gauvain et Michel Feré 30

XIV. — Douze copies des rôles de la dépense faite pour la construction du port et des fortifications du Hâvre de Grâce du 27 avril au 11 juillet 1517. 39

XV. — Estat abregié de la despence qui c'est faicte au havre de Grace jusques au xiime de juillet mil v^c xvii. 59

XVI. — Huit copies des rôles de la dépense faite pour la construction du port et des fortifications du Hâvre de Grâce du 12 juillet au 5 septembre 1517. 60

XVII. — Ordre de paiement adressé par M. de Chillou au receveur général de Normandie. 73

XVIII. — Trois copies des rôles de la dépense faite pour la construction du port et des fortifications du Hâvre de Grâce du 6 au 26 septembre 1517. 74

XIX. Rôle de la dépense faite au Hâvre de Grâce du 21 au 26 septembre 1517. 78

XX. — Quatre copies des rôles de la dépense faite pour la construction du port et des fortifications du Hâvre de Grâce du 5 au 31 octobre 1517. 81

XXI. — Procès-verbal de toisage des travaux de maçonnerie du Hâvre de Grâce du 29 octobre 1517. 88

XXII. — Quatre copies des rôles de la dépense faite pour la construction du port et des fortifications du Hâvre de Grâce du 1er au 27 mars 1518. 91

XXIII. — Procès-verbal de toisage des travaux de maçonnerie du Hâvre de Grâce du 27 mars 1518. 99
XXIV. — Six copies des rôles de la dépense faite pour la construction du port et des fortifications du Hâvre de Grâce du 29 mars au 9 mai 1518. 104
XXV. — Ordre donné par François Ier de payer diverses sommes à Jacques d'Estimauville. 115
XXVI. — Procès-verbal de toisage des travaux de maçonnerie du Hâvre de Grâce du 4 juillet 1518. 120
XXVII. — Neuf copies des rôles de la dépense faite pour la construction du port et des fortifications du Hâvre de Grâce du 29 août au 15 octobre 1518. 128
XXVIII. — Procès-verbal de toisage des travaux de maçonnerie du Hâvre de Grâce du 30 octobre 1518 143
XXIX. — Lettre du roi François Ier à M. du Chillou. 147
XXX. — Ordre de paiement adressé par le Roi François Ier au général de Normandie. 148
XXXI. — Lettre de Thomas Bohier à Guillaume Preudhomme. 149
XXXII. — Quittance de Guyon le Roy. 151
XXXIII. — Engagement par M. du Chillou de faire construire une fontaine au Hâvre de Grâce. 151
XXXIV. — Procès-verbal de réception des travaux faits au Hâvre de Grâce pour la construction d'une fontaine. . . . 155
XXXV. — Ordre donné par les généraux des finances de payer à M. du Chillou 800 livres pour surveiller les travaux faits au Hâvre. 158
XXXVI. — Quittance donnée par M. du Chillou d'un à-compte sur ce qui lui est dû pour la construction d'une fontaine. . 160
XXXVII. — Évaluation des travaux de réparation faits à une fontaine du Hâvre de Grâce. 162
XXXVIII. — Lettre de Thomas Bohier à M. du Chillou. . . . 163
XXXIX. — Letttre de Thomas Bohier à M. du Chillou 164
XL. — Lettre de Thomas Bohier à M. du Chillou. 165
XLI. — Lettre de Guillaume Preudomme à M. du Chillou. . . 166
XLII. — Lettre de François Ier à M. du Chillou 168
XLIII. — Ordre de payement donné par le roi François Ier à Guillaume Preudhomme. 170
XLIV. — Procès-verbal de toisage des travaux de maçonnerie du Hâvre de Grâce du 14 avril 1519 171

XLV. — Lettre de l'amiral Bonnivet à M. du Chillou. 175
XLVI. — Commission donnée à Guyon le Roy, sʳ du Chillou, pour commander une expédition en Danemark. 176
XLVII. — Lettre du roi François Iᵉʳ à M. du Chillou 179
XLVIII. — État des dépenses faites au Hâvre de Grâce pour la construction du port et des fortifications, du 1ᵉʳ mars au 31 octobre 1519. 181
XLIX. — Procès verbal de toisage des travaux de maçonnerie du Hâvre de Grâce, du 31 octobre 1519 183
L. — Deux procès verbaux de toisage des travaux de maçonnerie du Hâvre de Grâce, des 4 mai et 14 juin 1520. 187
LI. — Rôle des dépenses faites pour la construction du port et des fortifications du Hâvre de Grâce, du 20 au 25 août 1520. 197
LII. — Lettre du roi François Iᵉʳ à M. du Chillou 199
LIII. — Lettre du roi François Iᵉʳ à M. du Chillou. 200
LIV. — Rôle des dépenses faites pour la construction du port et des fortifications du Hâvre de Grâce, du 29 juillet au 3 août 1521. 201
LV. — Lettre du roi François Iᵉʳ aux échevins de Rouen . . . 204
LVI. — État des dépenses de la marine dans le port du Havre. 205
LVII. — État des vivres nécessaires pour l'entretien de vingt mille hommes en six semaines. 207
LVIII. — Lettre de l'amiral Bonnivet à Guyon le Roy. 209
LIX. — Lettre de J. de Beaune à Guyon le Roy 210
LX. — Ordre de payement donné par le roi François Iᵉʳ aux généraux des finances. 212
LXI. — Certificat de livraison de denrées délivré par le capitaine général des galions du duc d'Albany 214
LXII. — État des dépenses faites au Hâvre de Grâce pour la construction du port et des fortifications, du 1ᵉʳ juin au 31 octobre 1523 214
LXIII. — Procès-verbal de toisage des travaux de maçonnerie du Hâvre de Grâce du 2 novembre 1523. 216
LXIV. — Lettre de Guillaume Preudomme à M. du Chillou . . 227
LXV. — Lettre de l'amiral Bonnivet à M. du Chillou. 228
LXVI. — Lettre de l'amiral Bonnivet à M. du Chillou 230
LXVII. — Procès-verbal de la mesure des divers lieux et places fieffées en la ville du Hâvre ordonné par arrest du Parlement de Rouen. 231

LXVIII. — Lettre de l'amiral Bonnivet à M. du Chillou   256
LXIX. — Lettres patentes accordant exemption de tailles et de droit de franc saller aux habitants du Hâvre de Grâce. . . .   257
LXX. — Attache des généraux des finances.   262
LXXI. — Lettres patentes portant confirmation des priviléges accordés aux habitants du Hâvre   264
LXXII. — Attache de la Chambre des comptes de Paris. . . .   271
LXXIII. — Requête des bourgeois du Hâvre à la Chambre des comptes de Paris et à la Cour des Aydes de Normandie, pour obtenir l'entérinement des lettres patentes qui leur avaient été accordées par le roi.   274
LXXIV. — Avis des avocat du roi et procureur général près la Cour des Aydes de Normandie sur la requête présentée par les bourgeois du Hâvre, pour obtenir l'entérinement des lettres patentes du mois d'août 1520.   275
LXXV. — Entérinement, par la Cour des Aydes de Normandie, des lettres patentes accordées aux habitants du Hâvre en août 1520   276
LXXVI. — Cession de 24 acres de terre par les paroissiens d'Ingouville à Guyon le Roy   278
LXXVII. — Aveu rendu au Roi, par Guyon le Roy, de 24 acres de terre à lui cédées sur le territoire d'Ingouville par les habitants de cette paroisse.   280
LXXVIII. — Arrêt rendu par le Parlement de Rouen sur le procès entre Louis de Vendôme et Guyon le Roy, à propos de 24 acres de terre sises sur le territoire d'Ingouville, fieffées à ce dernier.   282
LXXIX. — Arrêt définitif rendu par le Parlement de Rouen, dans l'instance entre Louis de Vendôme et Guyon le Roy. .   289
LXXX. — Rapport au Roi sur l'enquête ordonnée pour évaluer l'indemnité due aux héritiers de Louis de Vendôme pour la prise de possession des terrains à eux appartenants, sur lesquels ont été élevées les fortifications et ville du Havre. . .   315

FIN

Rouen. — Imp. de H. Boissel.

www.ingramcontent.com/pod-product-compliance
Lightning Source LLC
Chambersburg PA
CBHW060220230426
43664CB00011B/1495